拥抱互联网之电子商务系列

最新实战版

天猫开店
创业致富一本就够

张发凌◎编著

人民邮电出版社

北京

图书在版编目（CIP）数据

天猫开店创业致富一本就够 ：最新实战版 / 张发凌编著. -- 北京 ：人民邮电出版社，2015.7
（拥抱互联网之电子商务系列）
ISBN 978-7-115-39781-2

Ⅰ. ①天… Ⅱ. ①张… Ⅲ. ①电子商务－商业经营 Ⅳ. ①F713.36

中国版本图书馆CIP数据核字(2015)第129387号

内 容 提 要

随着互联网和电子商务的的发展，越来越多的人投入到了互联网创业的大潮中。在天猫开店，已经成为人们创业的一种重要途径。再加上阿里巴巴的“双十一”“双十二”等营销策略，天猫的崛起更是势不可挡。那么，怎样才能在天猫上开一家真正能赚到钱的店铺，实现创业致富的梦想呢？

本书围绕这个主题，系统、全面地介绍了天猫开店前的准备工作、天猫店铺管理与美装、如何玩转千牛工作台、如何做好天猫店铺营销与推广。此外，本书还讲述了与天猫相关的客服、物流以及相关开店经验。最后，本书列举了一批优秀的天猫店铺案例。全书语言简练，图文并茂，内容实用，强调实战，能够帮助计划在天猫创业的新手解决开店入门的一系列问题，也能够帮助天猫商家进一步提升销售业绩和利润水平。

本书适合计划在天猫开店创业的读者阅读，适合已经开通了淘宝店铺并打算向天猫旗舰店、天猫专卖店、天猫专营店转型的读者，以及想进一步深入掌握网店经营技巧和方法的读者阅读。同时，本书也可作为高校电子商务相关专业或培训机构的参考用书。

◆ 编　　著　张发凌
　责任编辑　张国才
　责任印制　焦志炜
◆ 人民邮电出版社出版发行　　北京市丰台区成寿寺路 11 号
　邮编 100164　　电子邮件 315@ptpress.com.cn
　网址 http://www.ptpress.com.cn
　北京隆昌伟业印刷有限公司印刷
◆ 开本：787×1092 1/16
　印张：20.5　　2015 年 7 月第 1 版
　字数：200 千字　　2015 年 7 月北京第 1 次印刷

定价：49.00 元

读者服务热线：(010)81055656　印装质量热线：(010)81055316
反盗版热线：(010)81055315
广告经营许可证：京崇工商广字第 0021 号

前 言

随着网上购物的普及，网上开店已经成为许多人实现创业梦想的捷径。无论是自主创业的年轻人，还是拥有实体店的老板和生产商品的厂家，开一家天猫店铺都是他们实现创业梦想、扩大商品知名度、提高商品销量与收入的切实可行的手段。

然而，天猫的开店申请有限制条件，天猫的管理规则更加严格，以及天猫店铺运营经验的缺乏使得大多数人的梦想都成了泡影。很多网店的运营者和管理者缺乏天猫店铺运营技巧，甚至是常识，他们的店铺在开设之初就注定要面对失败的结局。为了帮助广大天猫商家在最短的时间内成长为一名合格的店长，帮助他们有效提升店铺的业绩，我们特别编写了本书。本书按照天猫运营的实际状况，结合最新的天猫规则，系统而全面地讲解了在天猫上开店的准备工作、店铺推广与营销的业务流程以及店铺运营思路与操作技巧等内容。

本书共分 12 章，分别介绍了天猫当今的情况与趋势、天猫规则、公司注册、申请天猫开店前的准备工作、天猫店铺的初始设置、天猫店铺的商品分类管理与宝贝发布、天猫店铺的设计与美化、千牛工作台的实战应用、天猫店铺最实用的营销手段、天猫店铺的宣传与推广、规划客户服务、选择最佳物流与包装方式以及天猫开店的一些经验之谈等方面的内容。这些内容涉及天猫店铺运营与管理的方方面面，是广大天猫商家最关心和最重视的。相信读者在掌握了这些理念、方法与技巧之后，能够使天猫店铺的运营和管理更加高效、正规，进而提升天猫店铺的业绩。

另外，本书还收集了很多优秀商家的宝贵经验，以“提示”和“注意”的形式呈现给读者，对广大天猫商家在网店运营、管理过程中可能会遇到的问题及相关要点进行了极具针对性的解答和说明。这正是本书的主要特色：一切从实战出发，强调实效，帮助商家实实在在地提高网店收益。

在此要特别说明的是，本书是团队合作的成果，姜楠参与编写了本书的第 1 章，杨红会参与编写了本书的第 2 章，吴祖珍参与编写了本书的第 3 章，曹正松参与编写了本书的第 4 章，汪洋慧、沈燕共同参与编写了本书的第 4 章，李勇、郑发建共同参与编写了本书的第 5 章，张铁军、音凤琴共同参与编写了本书的第 6 章，陈伟、杨进晋共同参与编写了本书的第 7 章，陈媛、郝朝阳共同参与编写了本书的第 8 章，朱梦婷、韦余靖共同参与编写了本书的第 9 章，王正波、周倩倩共同参与编写了本书的第 10 章，王涛参与编写了本书的第 11 章，张发凌参与编写了本书的第 12 章，全书由张发凌统撰定稿。

由于作者水平有限，书中难免存在疏漏之处。如果您在阅读的过程中发现了问题，或者有一些好的建议，请发邮件到 witren@sohu.com 交流。

目 录

第1章
知天猫、懂天猫、赢在天猫

1.1 马云与天猫的情缘

1.1.1 天猫名称的由来

天猫，这个名字由马云突发奇想而来。当年淘宝商城要改名时，马云的同事们想了很多名字，但马云觉得都太正统、太直接，缺乏想象力。一天晚上回家，马云睡觉前冲凉时突然想到“天猫”二字，兴奋异常，便立即打电话给同事们。话筒里传来的不是赞扬，而是悲愤：“这咋行啊！太土了！”

马云不死心，接连给很多同事和朋友打电话，结果全是讽刺和劝阻。第二天一大早，办公室里就有同事传话给马云，说一定不能叫这个搞怪的名字。但是，马云觉得既然人人讨厌这个名字，就说明这名字具有独特性。名字本没有意义，念的人多了就有意义了。而且，马云判断这个名字一宣布，骂的人会很多。因此，马云偏偏反其道而行，认为名字就是为了被记住，骂的人越多，传播就越快，更重要的是后面如何给名字加入文化内涵。

最终，在马云的坚持下，“天猫”被隆重推出。结果是骂声一片，四天内经久不息。网友们也纷纷开启吐槽模式：怪怪的啊，天猫是什么东西？太妖娆，给消费者一种不靠谱的感觉……但是五天后，人们反而觉得这名字很有意思了。而且，直至今天，人们对天猫已经耳熟能详，谁也不会觉得“天猫”这个名字有什么问题。马云的天猫，如图 1-1 所示。

天猫 TMALL.COM

图 1-1 马云的天猫

马云想到“天猫”这个名称，真可谓不拘一格！如果他在最初遭到所有人反对时稍微示弱，也许就没有“天猫”这个名称了。这次小小的起名事件，显示了马云深思熟虑、坚持己见的个性。而且事实也证明，网友并没有因为这个有点怪异的名字就舍弃它。

1.1.2　天猫的定位

天猫的品牌形象定位是“时尚”，它与众多品牌商合作，并促使其在天猫上发布新品。在传统的“两新一促一节”（春夏和秋冬上新品、六月大促以及“双十一”购物节，见图 1-2）之外，天猫将会与平台上的品牌合作，帮助单个店铺开展品牌活动。

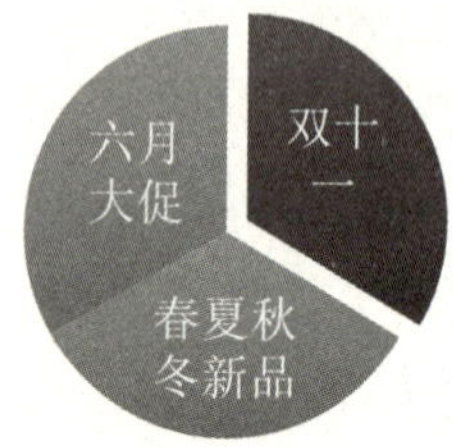

图 1-2　天猫促销活动

1.1.3　天猫的含义

淘宝官方对“天猫”的解释为：猫是性感而有品位的，天猫网购代表的就是时尚、性感、潮流和品质（见图 1-3）；猫天生挑剔，挑剔品质、挑剔品牌、挑剔环境，这恰好就是天猫网购要全力打造的品质之城。天猫的广告标语为“尚天猫，就够了”，更是凸显了天猫的时尚定位和网购需求。

图 1-3　天猫的含义

天猫的 LOGO 是一只卡通化的猫，新的 LOGO 形象意味着天猫网购拥有了自己独立、完整的品牌人格。有这个 LOGO 出现的地方，消费者便能享受到有品质的商品和便捷高质量的服务。

1.2　天猫的昨天、今天与未来

时至今日，天猫已经建立了一套完备的运营体系，成为人们消费生活中的重要组成部分。展望天猫的未来，它将成为一个千人千面的天猫，为每一位消费者提供个性化的服务需求；同时在开放的 B2C 平台理念下，带动社会化分工和协作，打造完整的电商生态体系；并最终推动 C2B 大规模柔性化生产成为主流，彻底改变企业的生产和销售模式。

天猫一开始被称为淘宝商城，它诞生于 2008 年，这一年也被誉为国内 B2C 的元年。淘宝商城是淘宝网的一个独立业务单元，当时的淘宝网已经占据国内超过 80% 的网购市场份额。更重要的是，经过淘宝网这几年的培育，国内网购的基础设施与环境已经逐渐成熟，诚信体系及以支付宝为代表的网络支付体系搭建完毕。接下来，分别从几个方面来帮助讲述天猫的昨天、今天以及未来。

1.2.1　从销售金额角度

1. 开启电商之路

2008 年至 2009 年间，大多数传统企业还处于对电子商务的观望阶段。李宁公司在

2008 年进驻淘宝商城，其官方旗舰店在短时间内就成为公司所有店面的销售冠军。此后逐渐有其他品牌入驻淘宝商城并取得了不俗的成绩，淘宝商城平台的高效低成本特点和直接抵达消费者的模式开始被传统品牌所认识。从 2009 年起，越来越多的传统品牌开始了与淘宝商城的电子商务合作。2014 年 10 月，天猫运动品牌的销量排名如图 1-4 所示。

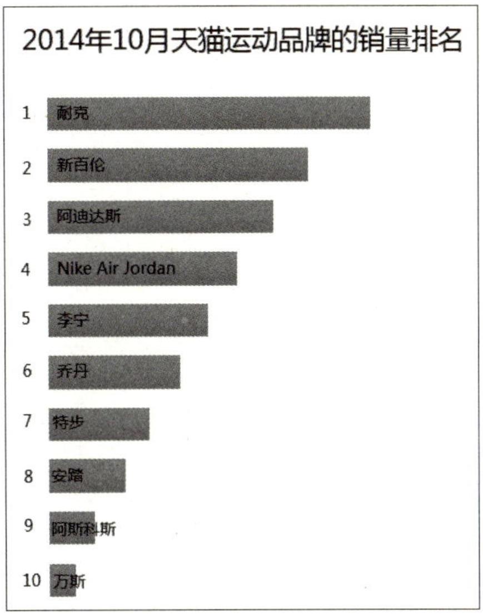

图 1-4　天猫运动品牌在 2014 年 10 月的销量排名

2011 年 6 月，阿里巴巴集团决定将淘宝网一分为三，即拆分为淘宝网（C2C）、淘宝商城（B2C）、一淘网。其中，C2C 和 B2C 的区别如图 1-5 所示。

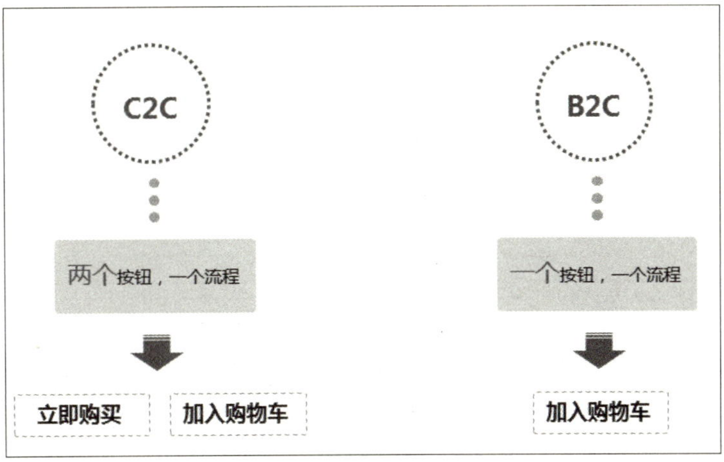

图 1-5　C2C 和 B2C 的区别

2. 销售数据

淘宝和天猫在 2010—2014 年的总销售数据如图 1-6 所示，从中可以看出其销售额是呈直线上升的。如今，越来越多的人选择在淘宝和天猫上购物，很多商家都将传统的线下销售转为线上销售。

淘宝商城在刚开始起步时，会向一些淘宝集市卖家发邀请。例如，如今的七格格旗舰店、裂帛旗舰店等都是从淘宝集市卖家成长起来的。天猫涉及的商品种类繁多，包括美妆、电器、食品等。其中，入驻天猫的男装品牌在 2014 年 8 月的销售额数据排名如图 1-7 所示。

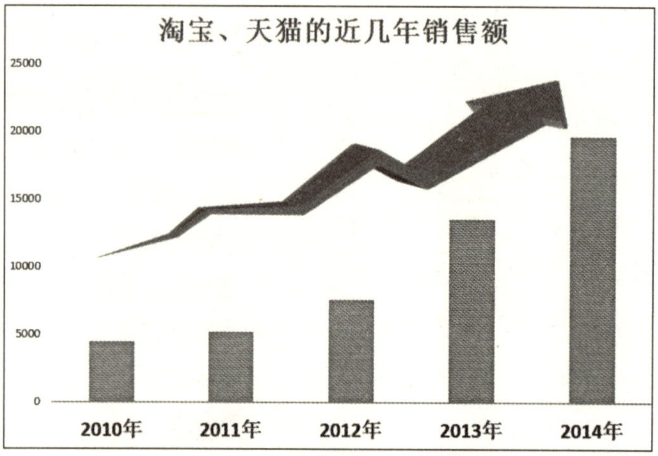

图 1-6　淘宝与天猫在近几年的销售额趋势

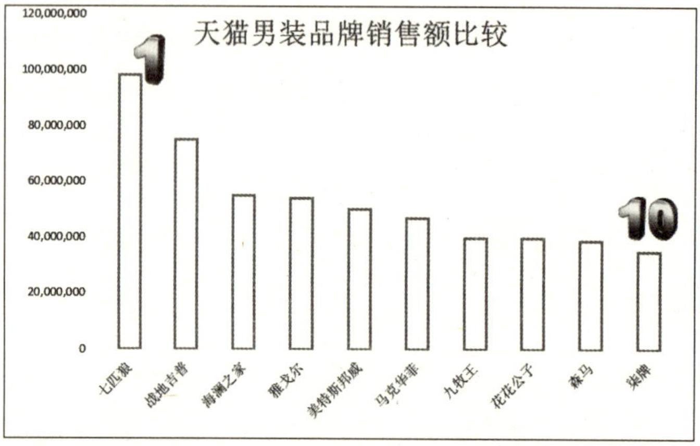

图 1-7　天猫男装销售额数据排名

1.2.2　注册用户（商户）

迄今为止，天猫已经拥有 4 亿多买家、5 万多家商户、7 万多个品牌，如图 1-8 所示。

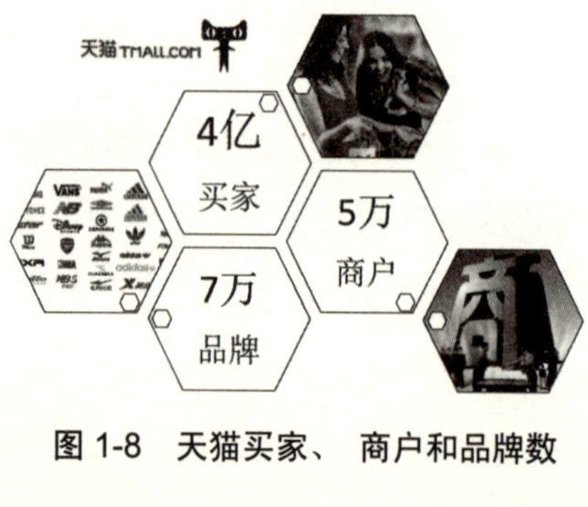

图 1-8　天猫买家、商户和品牌数

如今的电商平台非常多，例如亚马逊、京东、苏宁易购等。一项用户最常使用的移动购物网站的调查显示：选择淘宝的用户数量遥遥领先，高达 83.8%；排名第二的是天猫，用户数量占比为 22.4%；其他电商的用户数量排名情况如图 1-9 所示。

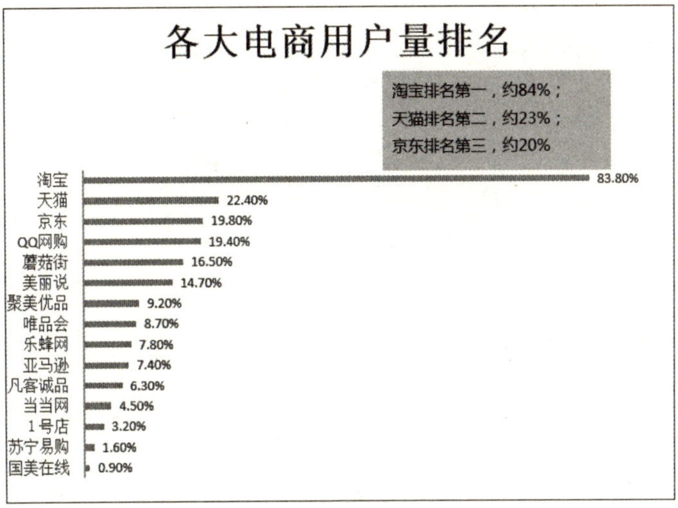

图 1-9　电商用户数量排名

2014 年第 3 季度，天猫和京东在主流 B2C 活跃用户数量排名中继续领先，活跃用户数量分别达到了 10300 万和 3860 万，而唯品会和当当网分别排名第三、四位，其他电商的用户数量排名情况如图 1-10 所示。

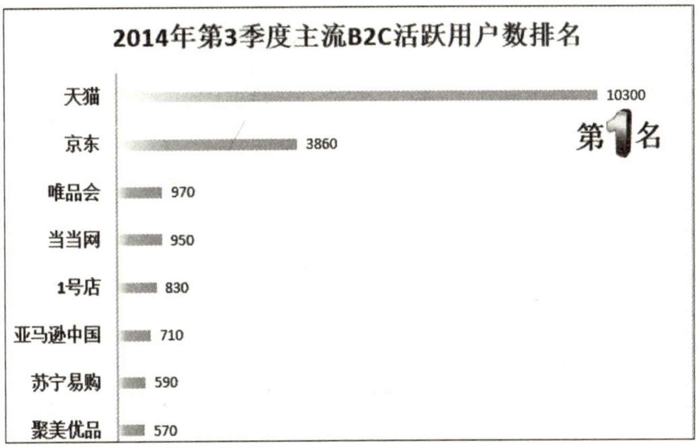

图 1-10　B2C 活跃用户数排名

1.2.3　网购趋势

我国网购的异军突起，不仅见证了我国市场的消费潜力，也为一批电商巨头奠定了未来发展的基础。根据 2014 年网购消费数据、用户消费特点以及各行业的发展趋势，2015 年网购市场将呈现五大热点，即数码智能化、居家健康化、时尚国际化、品质全球化和读书潮流化，如图 1-11 所示。

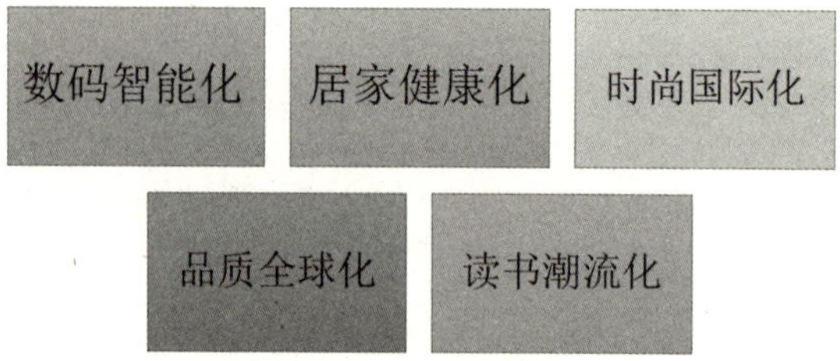

图 1-11　网购市场五大热点

二、三线城市网购渗透力持续增强，纵观当今的网购趋势，天猫和淘宝各方面的数据一直遥遥领先。

1. 网购数据分析

截至 2014 年 12 月，我国网购用户规模已经达到 3.61 亿，比 2013 年底增加了 5953 万人，增长率为 19.7%；我国网民使用网络购物的比例从 48.9% 提升至 55.7%，如图 1-12 所示。

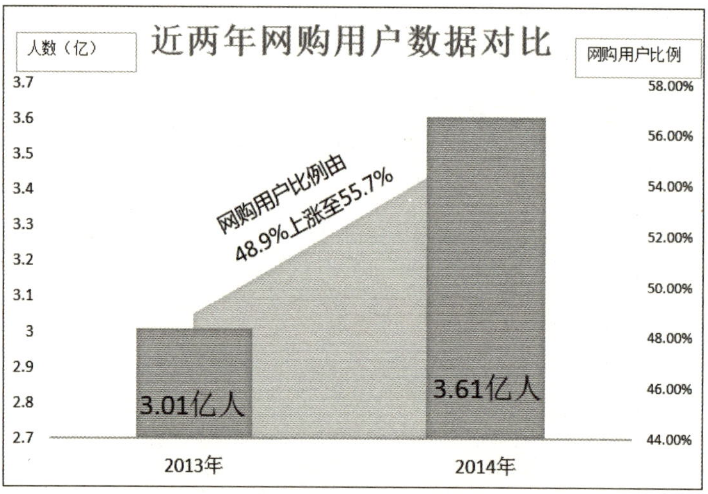

图 1-12　网购用户增长对比

从图 1-13 中可以直观地看到网络和手机购物用户呈逐年上升的趋势，使用率也大大提高了，手机网购正在引领网络购物发展的新方向。手机购物并非 PC 购物的替代，而是在移动环境下产生的增量消费，并将重塑线下商业形态以促成交易，从而推动网络购物向移动化发展。

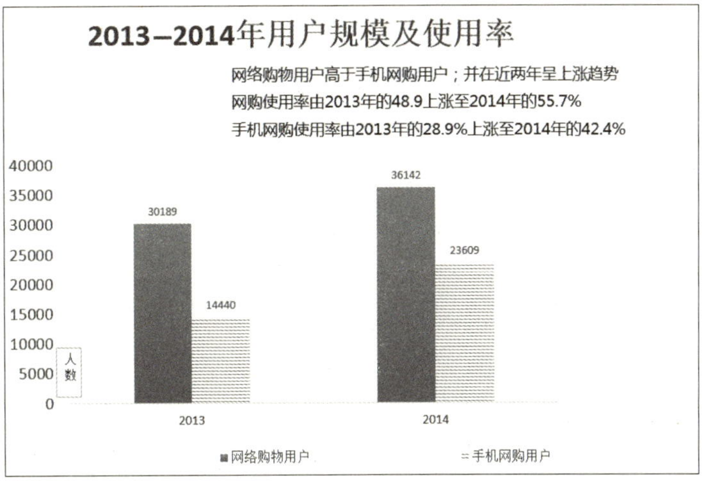

图 1-13　用户规模及使用率趋势图

纵观 2014 年我国网络购物市场，主要呈现出普及化、全球化、移动化的发展趋势。具体地说，网购群体主流年龄跨度增大，并向全民扩散。根据相关数据显示，2014 年最主流网购用户（20~29 岁网购人群）规模同比增长 23.7%，10~20 岁网购人群用户规模同比增长 10.4%，50 岁及以上网购人群用户规模同比增长 33.2%，如图 1-14 所示。

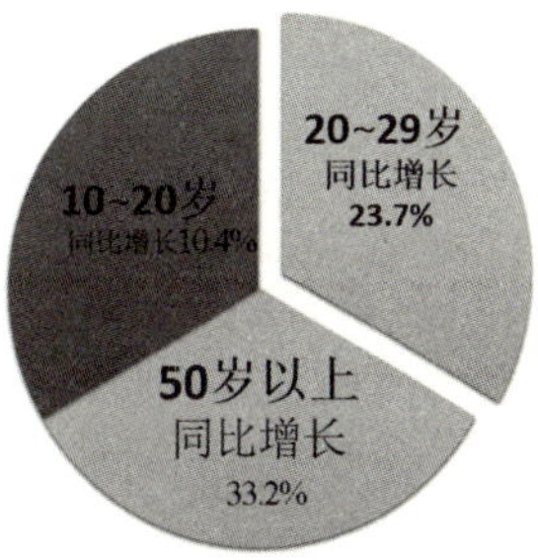

图 1-14　网购年龄层占比数据

随着京东、聚美优品、阿里巴巴的上市，网络零售市场格局趋于稳定。淘宝网、天猫、京东的品牌渗透率位居前三位，如图 1-15 所示。唯品会以特卖形式后来居上，超过众多传统网络购物平台，位居第四位，品牌渗透率达 18.8%。由团购网站转型成功的聚美优品排在第九位，品牌渗透率达 11.7%。

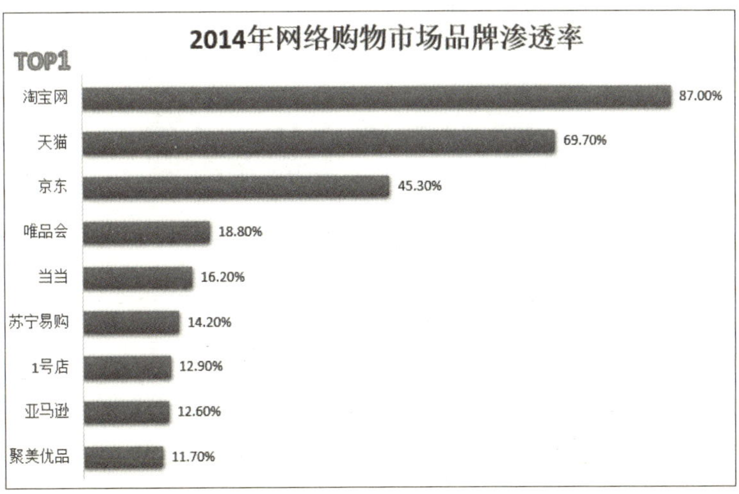

图 1-15　网购市场电商品牌渗透率排名

2. 天猫的五化战略

天猫针对网络购物推出新玩法，在2014年发布了“五化”战略，即品牌时尚化、行业垂直化、会员价值化、无线个性化和服务分层化，其具体说明如图1-16所示。

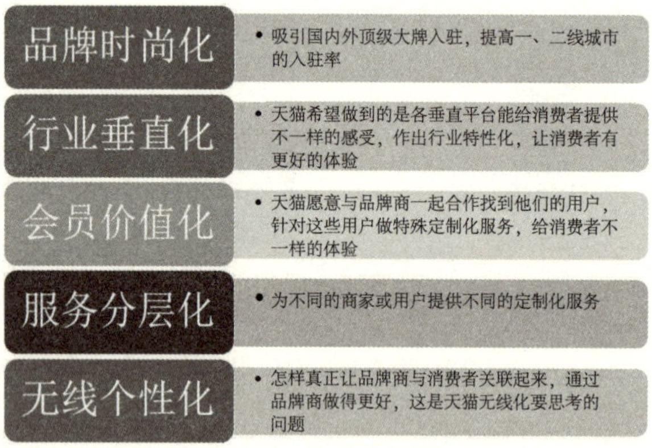

图1-16 天猫五化战略

1.2.4 天猫的未来

作为国内最大的B2C平台，天猫真正要做的是如何从单纯的销售平台升级为消费者连接平台，从E-commerce（电子商务）走向Social Commerce（社交商务）。天猫未来的平台过渡方向如图1-17所示。

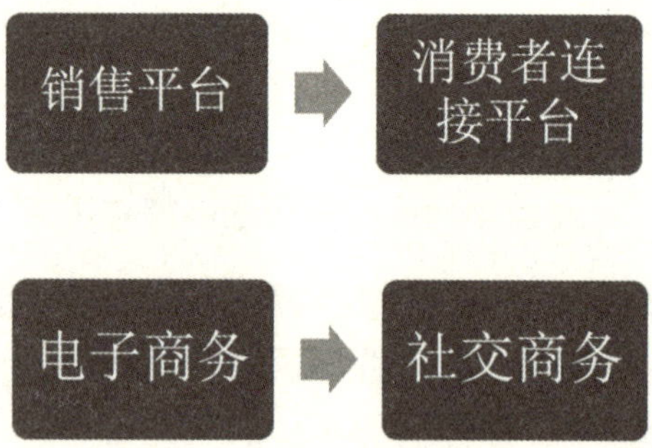

图1-17 天猫未来平台过渡方向

1. 2015年新战略

天猫在2015年推出了新战略，如图1-18所示。新战略在消费者服务、维护消费者权益方面作出了新的承诺。例如，消费者购买并使用化妆品后如果出现过敏，可以向天猫申请退货。

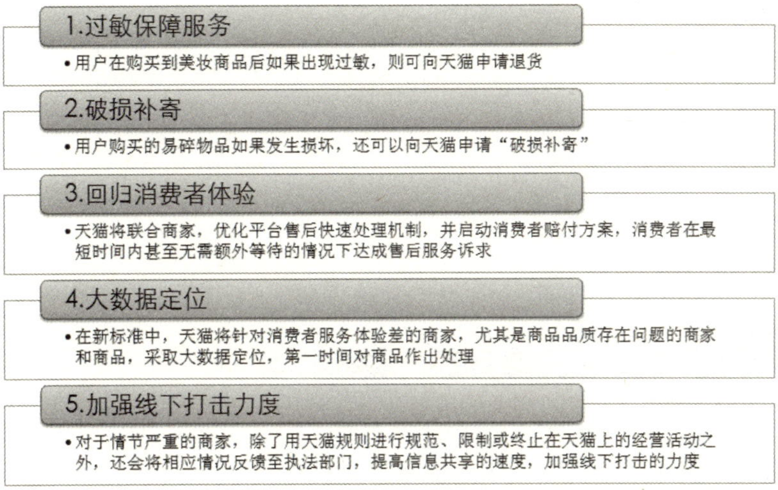

图 1-18　天猫新战略

除此之外，天猫还会深化各项服务，如会员优先购、汽车先开后买等，如图 1-19 所示。

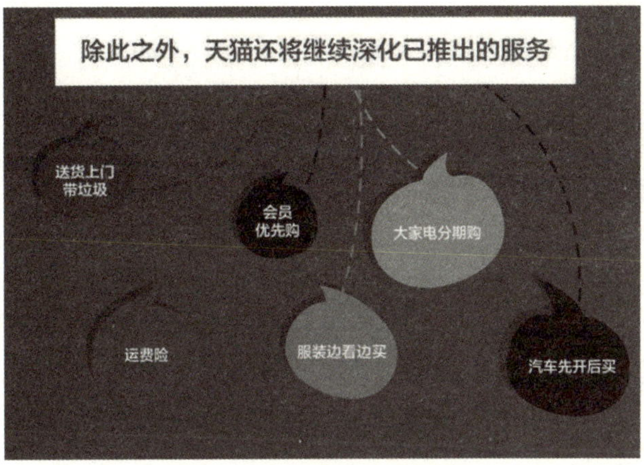

图 1-19　天猫深化的服务内容

2. 年会应对策略

2015 年 1 月 21 日，阿里巴巴在杭州召开了主题为“开放、争鸣、连接”服务商年会，分析了以下几点市场变化趋势。

（1）消费者已经从 PC 端转到无线端，已经远远走到了我们的前面。

（2）销售产品从实物转向服务。

（3）消费者和商家从线上转到线下。

（4）消费者需求从国内转向国际。

针对新趋势，天猫积极作出以下应对策略。

（1）增加市场调节功能，注重无线端营销。

（2）到了运营数据的时代，将数据完全向品牌商开放。

（3）重新定义客户第一：天猫首先服务好商家，商家才会服务好消费者。

（4）麻吉宝、达摩盘等新产品开发。

（5）严查虚假交易。

1.3 天猫VS淘宝，谁更胜一筹

天猫的开店审核比较严格，入驻商家需要提供营业执照、企业相关证明等文件（本书第2章将具体介绍如何申请入驻天猫以及需要准备的资质）。入驻天猫商城需要交纳一定的开店费用及保证金，相比淘宝开店成本要高很多。

而淘宝店铺属于个人集市，是一种个人卖家开店平台，开店流程也相对简单，只需要有个人身份证即可免费在淘宝开店，其具体流程如图1-20所示。

图1-20 淘宝开店流程示意图

淘宝属于集市产品，其产品更加多样化，销售价格相对于天猫来说更低。但淘宝个人卖家信誉良莠不齐，假冒伪劣产品频频出现。因此，有些买家会更倾向于在天猫购物。天猫一旦出售假货，其保证金就会被阿里巴巴冻结，用于补偿受害者。因此，天猫所售商品都有较好的质量保证。

天猫非常注意品牌形象，会比淘宝集市卖家更加重视客服、产品质量等方面，其在细节和整体上也更优于淘宝店铺。天猫上的店铺一旦标明了某个品牌，那么在入驻天猫时，天猫官方会审核店铺是否有这个品牌的销售权，如品牌代理、专营或者可以提供合法的购货渠道等。天猫与淘宝的区别如图1-21所示。

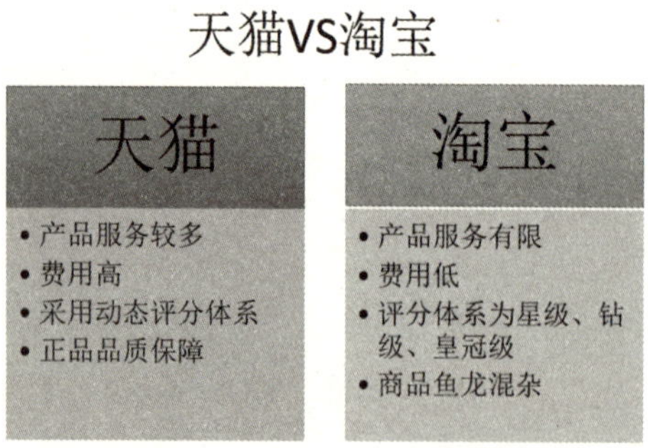

图1-21 天猫与淘宝的区别

天猫有严格的品质保障要求，它主要从三个方面进行品质维护，如图1-22所示。

一、对入驻商家进行严格的资质审核	二、与各大品牌商合作，对商品进行抽检，并委托知识产权权利人进行鉴定，对于售假商家进行清退处理	三、对于购买到假货的消费者根据正品保障进行赔偿

图 1-22 天猫维护品牌的三个方面

除此之外，天猫每年还会投入数千万的专项抽检资金，同时设立了神秘访客抽检机制对平台商品进行品质管控，并和国家权威的第三方质检机构进行合作。对于检测不合格的商品，天猫将依据规则对商家进行处罚。神秘购买流程如图 1-23 所示。

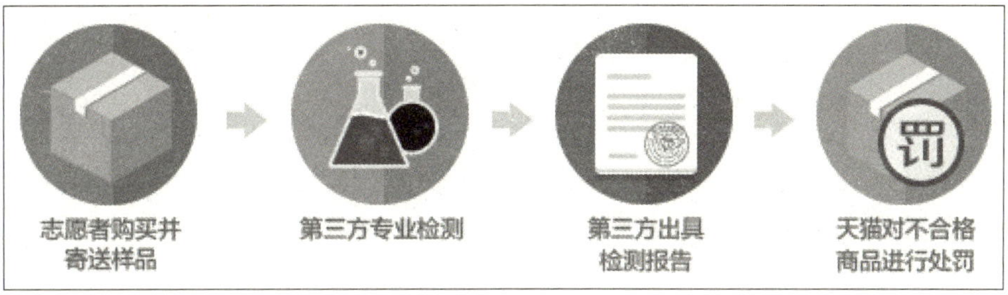

图 1-23 神秘购买流程

注 意

正品保障是淘宝网的一种消费者保障服务，具体是指买家使用支付宝服务购买商家在 tmall.com（天猫）网站出售的商品时，如认为该商品为假冒（包括盗版）商品或非原厂正品、未经报关进口商品、假冒材质成分商品（其中假冒商品、未经报关进口商品、假冒材质成分商品的定义以天猫的规定为准），且在与商家协商未果的前提下，则可在天猫指定的期间内发起针对商家的维权。买家申请消费者保障赔付时，如天猫判定买家赔付申请成立，商家则应按照协议约定向买家退回其实际支付的商品价款，赔偿其受到的损失，并承担维权所涉商品的所有物流费用。

天猫还提供了众多特色服务，主要包括时效展示、次日送达、送货入户等，如图 1-24 所示。这些特色服务更好地保障了买家的权益，而淘宝普通店铺是没有这些特色服务的。

（1）时效展示：买家在电器城购买带有“123 时效”标识的商品时，如收货地址在商家提供的时效服务区域内，则商家将提供在页面显示的预计到货时间内送达的服务。

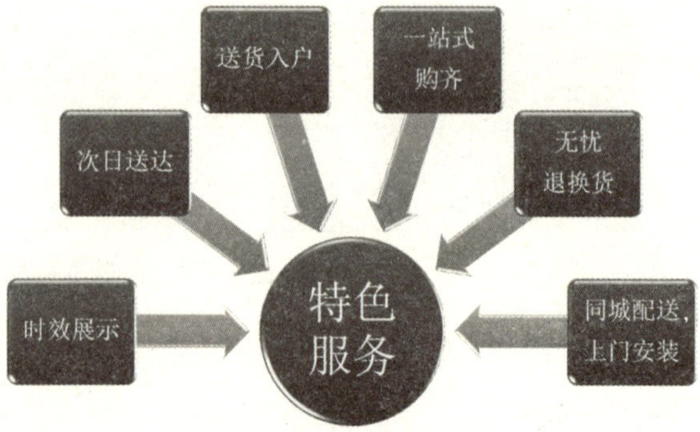

图 1-24　天猫的特色服务

（2）次日送达：买家在符合天猫超市配送范围内，当日 18:00 前成功提交的订单，次日达；当日 18:00 之后成功提交的订单，2 日达。

（3）送货入户：买家购买带有“送货入户”标识的商品，如收货地址在商家承诺的销售区域内，则商家需要向买家提供送货到买家购买时填写的详细收货地址，并搬楼、送货入户的特殊服务。

（4）一站式购齐：买家在符合天猫超市配送范围内，购买多笔订单将支持统一结算、统一打包、统一寄送服务。

（5）无忧退换货：买家购买带有“无忧退换货”标识的商品后，商家承诺所售商品符合退换货要求的情况下，自售出之日起 7 天内可以退货。

（6）同城配送，上门安装：买家购买商品时选择“送货上门并安装”服务后，由第三方服务商向买家提供货物从发货地送至买家事先指定地址并安装的服务。

1.3.1　客户流量

网站流量大，才能更好地促成交易。所以，商家在选择电商时，首要考虑的一个因素就是客户流量。2013 年各大电商的流量条形图如图 1-25 所示，从中可以看到淘宝远远领先于其他电商，天猫排名第二位，再次是京东商城，仅次于天猫。

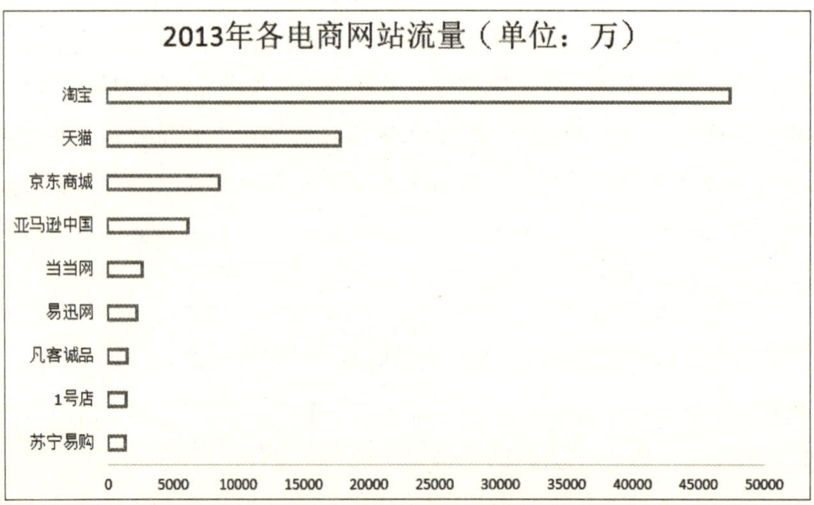

图 1-25　2013 年各电商网站流量条形图

1.3.2　销量比较

2013 年淘宝与天猫各季度成交额比较如图 1-26 所示。从中可以看到，天猫保持了高速的增长，2013 年四季度成交额达到 1830 亿元人民币（电商的成交额通常在四季度最高）。

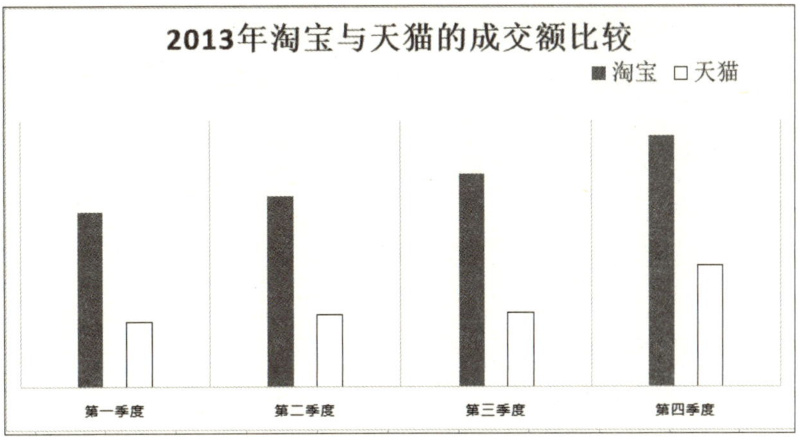

图 1-26　淘宝与天猫同年成交额比较

我们从这些数据中可以看到：天猫虽然晚于淘宝成立，但其交易额增长速度是惊人的，增长率也猛超淘宝。2014 年 10 月销量排名前十的女装品牌如图 1-27 所示，其中大部分为天猫官方旗舰店，如韩都衣舍、茵曼、初语等，而且排名靠前的商铺均为天猫旗舰店。

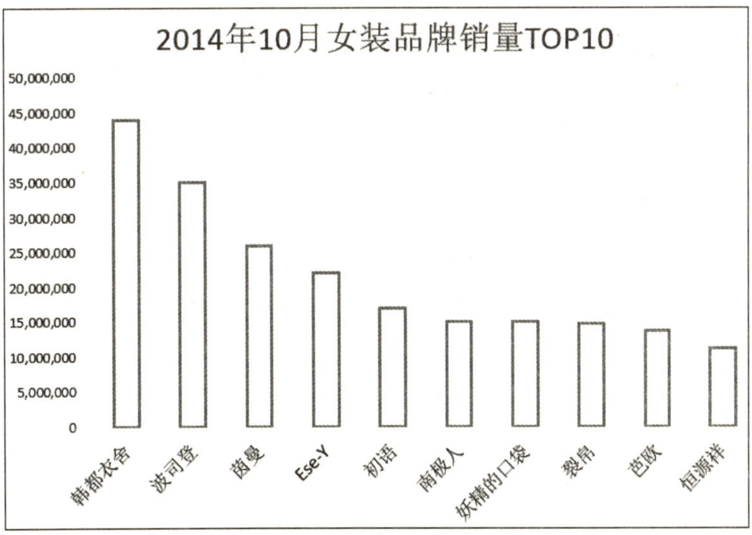

图 1-27　天猫女装品牌销量

1.3.3 客户认可度

电子商务网站不同于一般意义上的网站，它存在的目的是帮助企业通过这个平台向终端用户成功销售产品或服务，所以客户认可度非常重要。提高客户认可度的方式如图 1-28 所示。

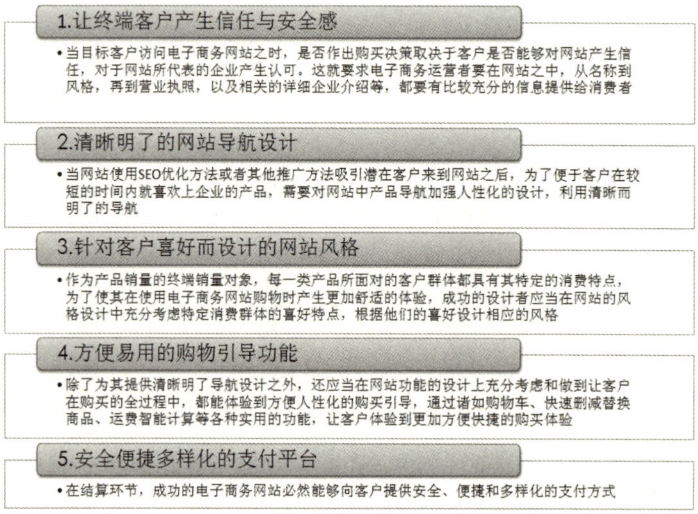

图 1-28 如何提高客户认可度

质量越好的产品，其客户认可度自然就越高。质量认可度是指某品牌、产品或组织在一段时间内的质量管理、产品质量等内容被网民关注并认可的程度，其主要以互联网上网民对某产品质量的标准、安全、可靠的正面评价信息，与消费者在互联网上对所研究品牌或组织产品质量的正面信息总数之比。该数值越高，表明其产品质量越被认可。

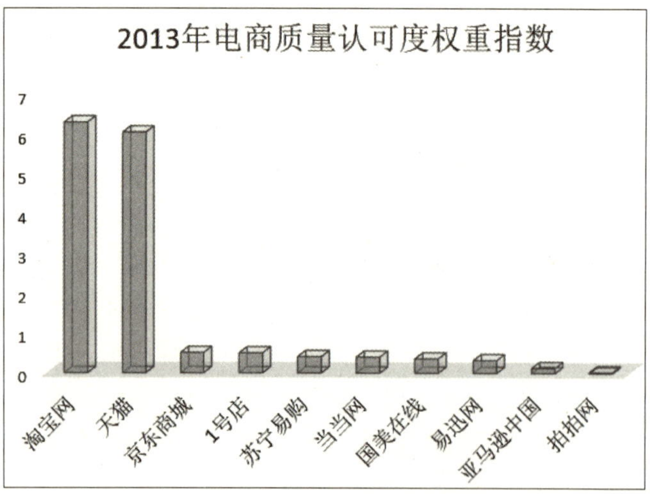

图 1-29 电商质量认可度权重指数

从口碑上讲，淘宝网的品牌知名度、消费者互动度、质量认可度以及产品好评度都位列第一，整体口碑位居总榜单第一名。2013 年全国各大电商的质量认可度权重指数如图 1-29 所示。从中可以看出，淘宝网和天猫分别位列第一和第二，京东商城位列第三。

1.3.4　天猫的优势

天猫的功能更加丰富，相对于普通淘宝店铺来说，其优势如图 1-30 所示。

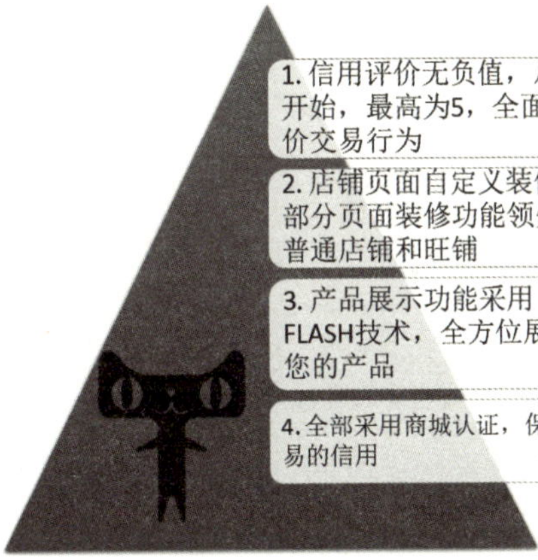

图 1-30　天猫的功能优势

具体地说，天猫的优势主要体现在以下方面。

（1）入驻天猫的商家，按人气综合排名将有机会在搜索页面优先展示。例如，搜索“手机壳”得到的宝贝优先显示页面，如图 1-31 所示。

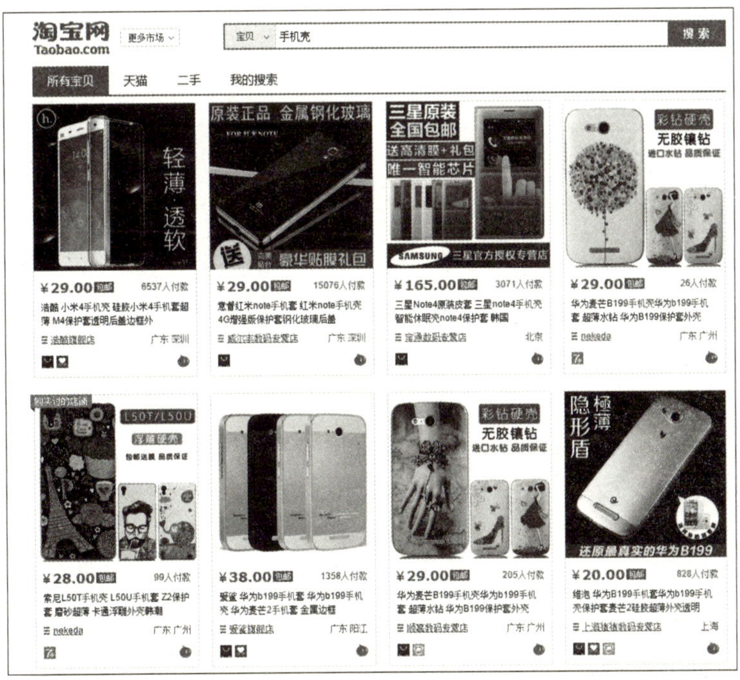

图 1-31　天猫商品的优先显示范例

（2）入驻天猫的商家可报名参加天猫的淘宝培训及针对各种类目的课程，以提高自身的网店营销技巧。

（3）入驻天猫的商家有机会参加天猫官方组织的活动，获得更多的展示机会。例如，天猫年货节、“双十一”狂欢节等，商家都只能在天猫卖家工作台进入官方报名页面，而淘宝是没有的。

（4）提高品牌知名度，树立买家心中的品牌形象，提高买家的信任度。天猫店经营商品需要具备自有品牌或者获得授权，淘宝不需要，所以天猫运营需要懂得更多品牌方面的规则。

（5）入驻天猫的商家可以通过天猫运营托管，提高自身的销售质量。

（6）商城不显示信誉，只显示售出件数和评价，所以商家不会像刚开的集市店铺那样受信誉低的困扰。

（7）入驻天猫的商家容易得到买家的信任。因为商城是强制执行，为买家提供消保、先行赔付、7 天无理由退货等保障服务，管理上也比集市规范。

1.3.5　是否可以同时入驻天猫和淘宝

目前，商家可以同时在天猫和淘宝集市开设同一家店，但是同一营业执照认证通过的支付宝账户不能同时绑定淘宝 ID 和天猫 ID。如果商家在淘宝以营业执照认证性质开店后，同时也想入驻天猫，则需要另外申请企业类型的支付宝账号并通过商家认证。也就是说，在使用天猫 ID（一号店）开设了天猫店铺 A 后，可以再申请另外的一个淘宝 ID（二号店），用来开设淘宝店铺 B，如图 1-32 所示。例如，女装品牌韩都衣舍就同时拥有淘宝集市店和天猫旗舰店。

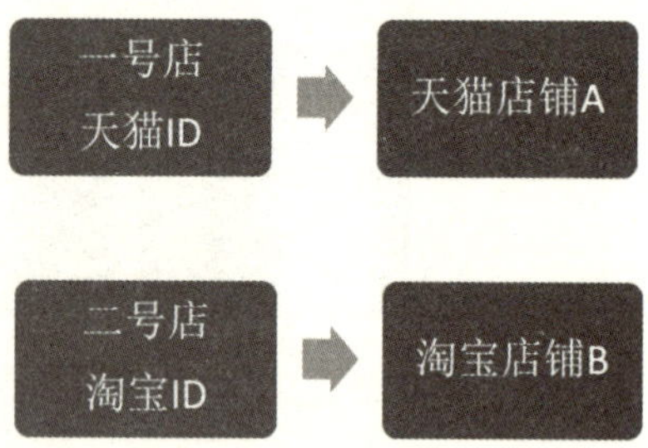

图 1-32　同时入驻天猫和淘宝如何设置 ID

注　意

商家成功入驻天猫后，会有一个专属的、和淘宝集市店铺名不同的商城店铺 ID。

1.4　天猫的“双十一”营销策略

各大实体商场都会在节假日推出大型促销活动，而如今网店营销已经成为一种重要的销售手段。每年的 11 月 11 日最初是被调侃为“光棍节”，但随着电子商务的发展，这一天除了是“光棍节”，也变成了电商企业进行大规模打折促销活动的购物狂欢节，如图 1-33 所示。

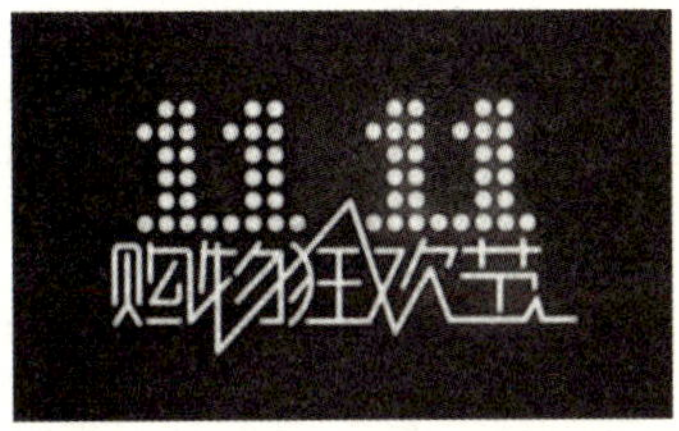

图 1-33　“双十一”购物狂欢节

阿里数据显示，“双十一”期间，有 217 个国家和地区在阿里巴巴平台上进行交易，消费额排名前五的国家和地区如图 1-34 所示。

全球消费TOP5
国家与地区

1.中国香港
2.俄罗斯
3.美国
4.中国台湾
5.澳大利亚

图1-34　“双十一”期间全球消费排名前五的国家和地区

2010 年 11 月 11 日在我国电商史上是个标志性的日子，当天淘宝商城联合 150 个品牌推出的促销活动吸引了 2100 万人疯抢，单日交易额达 9.36 亿元。这次网购狂欢节撬动了全社会的神经，人们开始真正领会到电子商务的力量。传统企业不再观望，电子商务被纳入他们的发展战略。“双十一”成为了整个电商市场一年一度固定的购物节，这一天的交易量十分惊人。

1.4.1　营销策略

1. 饥饿营销

天猫很会营造紧张气氛，网友们每到“双十一”就开始聚集在电脑前抢购自己心仪已久的宝贝。很多商家都在这一天运用限量低价的销售策略，如“抢购”“最后 × 件”“全年最低优惠”等常用的促销手段，给网友一种错过就不再有的感觉。

2. 广告营销

广告包括硬广告和软广告，硬广告投放在各大网站、线下的地铁站及公交站等随处可见的地方，软广告如“双十一”抢购攻略、“双十一”购物清单等都在潜移默化地影响买家的消费心理。

3. 活动营销

天猫为网友设置了很多趣味活动，如砸红包、秒杀、邀请好友返利等。这些活动设立的丰富奖品吸引了大量买家，在很大程度上将“双十一”促销推送到了巅峰。

4. 预约、订金销售

很多商家通过新款预约销售来吸引眼球，买家可以提前预付订金，低价抢到商品。

5. 联合营销

“双十一”期间，天猫会通过支付宝、新浪微博等大量资源进行联合营销，与网友互动，更好地推广“双十一”活动。

1.4.2 销售数据分析

“双十一”期间的交易量是惊人的。2014 年 11 月 11 日的交易数据显示，交易额当天就突破了 571 亿元。2014 年“双十一”当天的交易动态如图 1-35 所示。

天猫在近几年“双十一”的交易额数据如图 1-36 所示。从中可见，仅仅 5 年的时间，2014 年的交易额就远远超过 2009 年。相信 2015 年“双十一”，交易额将会达到一个新高峰。

3分钟	10亿	12时58分	350亿
5分钟	20亿	14时41分	385亿
14分钟	50亿	15时00分	390亿
38分钟	100亿	15时28分	400亿
60分钟	122亿	17时00分	426亿
1时44分	150亿	17时11分	430亿
7时17分	200亿	19时25分	463亿
10时51分	300亿	20时20分	480亿
11时11分	308亿	21时12分	500亿
11时48分	323亿	23时30分	557亿
12时00分	327亿	24小时	571亿

图 1-35 2014 年 “双十一” 的交易动态

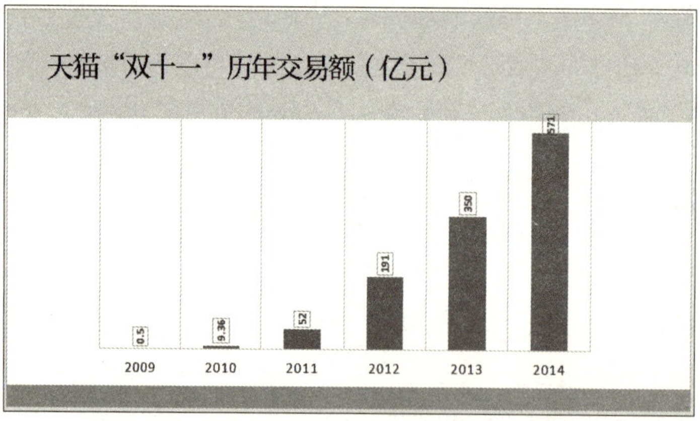

图 1-36 天猫 “双十一” 历年交易额比较图表

牛尔天猫官方旗舰店在淡季（6 月为美妆产品的淡季）的销售额每月大约 500 万元，旺季（3~5 月为美妆产品的旺季）的销售额每月大约 800 万元，月平均销售额可达 700 万元左右。而在 2014 年的“双十一”晚上九点钟，牛尔品牌的销售额达到了 2800 万元，为月平均销售量的 4 倍，如图 1-37 所示。由此可见，“双十一”对商家的交易额增长贡献很大。

不同城市的经济发展状况有所不同，消费能力也有所差别。近两年来，“双十一”期间消费金额排名前十位的城市如图 1-38 所示，可以看出基本上没什么变化，沿海一、二线城市消费能力依旧遥遥领先。

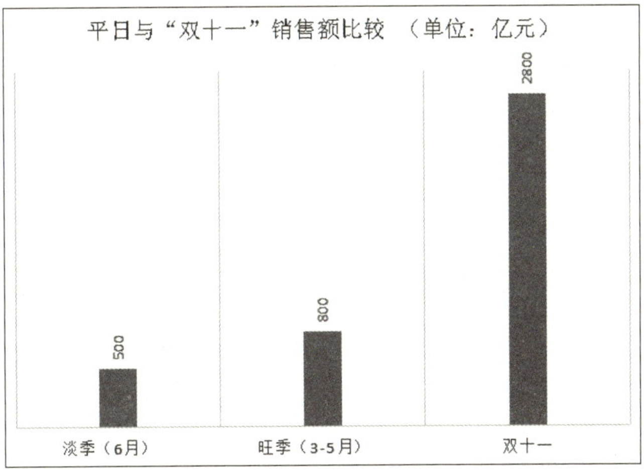

图 1-37　某天猫店铺平日与“双十一”销售额比较

“双十一”期间各省市交易额排名

排名	2013年	2014年
1	浙江	广东
2	广东	浙江
3	江苏	江苏
4	上海	上海
5	北京	山东
6	四川	四川
7	山东	北京
8	湖北	湖北
9	湖南	湖南
10	河南	河南

图 1-38　“双十一”期间各省市交易额排名

1.4.3　“双十一”新特点

1. 促销力度大，线上线下联合营销

传统的线下零售即将全面转向电子化，线下门店、PC 端、移动端等正在建立起一种全新的、线上线下的新零售模式。2014 年“双十一”期间，天猫、淘宝除了推出各种类型基于线上消费的促销活动以及派发为数不少的购物红包之外，其中一个新特点就是联合线下商家玩起了 O2O(Online To Offline)。10 月 17 日，天猫宣布在“双十一”当天将打破线上线下商业界限，整合覆盖全国 1000 多个市县的 3 万多家线下门店，打造一个线上线下同时进行的购物狂欢节。银泰商业集团也已与天猫达成了 O2O 战略合作，如图 1-39 所示，其遍布全国一线城市的 35 家商场将会全线参与天猫的“双十一”购物狂欢。大量线下门店、线下商业巨头与天猫的结盟，意味着线下商业和电子商务的进一步融合。

图 1-39　O2O

注　意

O2O 即 Online To Offline(在线离线 / 线上到线下)，是指将线下的商业机会与互联网结合，让互联网成为线下交易的前台。这个概念最早来源于美国。O2O 的概念非常广泛，既可涉及线上，又可涉及线下，通称为 O2O。

2. 不同终端促销

天猫“双十一”的成功离不开网络营销的推动，其中 2 亿多元的交易额来自于手机客户端。由此可见，手机已成为人们网购的必备工具。在各类软件争相发展的同时，网络营销也在飞速发展。有的用户为了确保网络畅通，除了家里的宽带，还利用 WiFi 和 4G 网络来抢购商品。

从 2014 年的“双十一”大促中可以看出，移动端和 PC 端的交易数量基本差不多，而且以后会有越来越多的人选择在移动端购物。近两年移动端和 PC 端购物的比例分析如图 1-40 所示。

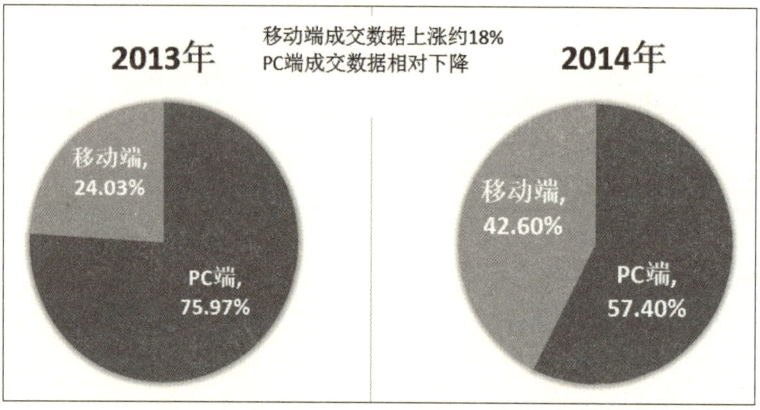

图 1-40　移动端和 PC 端购物比例分析

无论是天猫还是淘宝集市，使用手机客户端进行交易的买家都会获得一定的优惠，这也是促使买家选择手机客户端的重要因素。图 1-41 展示了近两年移动端突破一亿元大关的时间；图 1-42 展示了阿里巴巴 2014 年“双十一”移动端销售额与 2013 年“双十一”移动端销售额。

图 1-41　移动端突破一亿元大关时刻

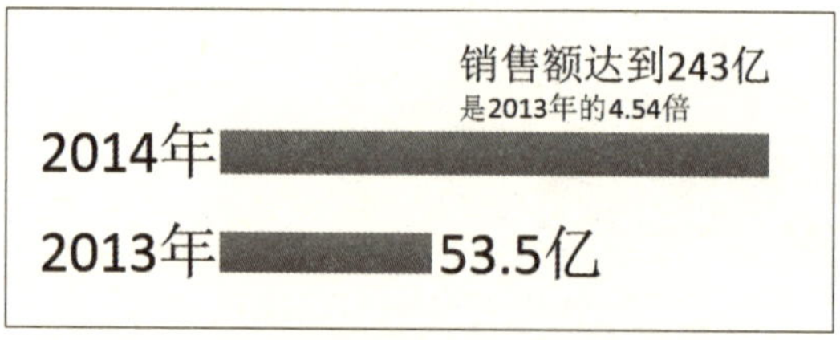

图 1-42　“双十一”移动端销售额比较

1.5　商家眼中的天猫

每个人心中都有一个不一样的天猫。对于商家而言，天猫的巨大流量是最有吸引力的，但高额的营销费用让人望而却步。接下来分别从四个方面诉说商家眼中的天猫。

1.5.1　流量方面

商家选平台入驻，最关键的就是看流量。个人店铺入驻天猫以后，给天猫带来的最大好处是流量暴涨。但是，由于个人店铺难以管控，会将淘宝的一些问题带到天猫，例如卖假货、虚假销售等，这些行为会给天猫带来巨大的不利影响。虽然天猫流量很大，但由于天猫上的店铺很多，竞争非常激烈，商家如果想让自己的店铺获得不错的流量，就必须购买天猫的各种服务来获取流量。这一方面给一些商家提供了更多的运营空间，另一方面也让一些商家无法承受。

天猫店铺的流量来源有三个：免费流量、活动流量和付费流量（也就是营销带来的流量）。对于新开的店铺而言，免费流量几乎不存在；活动流量则主要依靠聚划算，但聚划算也不是人人可以参加的；而营销带来的流量往往占了店铺总流量的很大一部分。相对于其他电商来说，天猫为商家提供了丰富的营销工具。商家只要合理利用这些营销工具，就能很好地提高自己的店铺流量。

1.5.2　收入来源

如果单从收入上来看，很多商家的主要收入仍然来自天猫。韩都衣舍 CEO 赵迎光曾在微博上公开了一些数据，显示韩都衣舍有 50% 的销售额来自天猫，其余 50% 来自其他平台，如图 1-43 所示。

冠毕鞋服有 60% 的销售额来自天猫，30% 来自京东，如图 1-44 所示。而如果除去运营和营销的费用，来自天猫的盈利仍然高于京东。

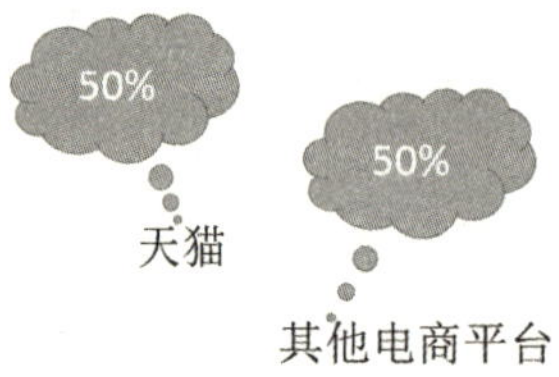

图 1-43　韩都衣舍销售额来源

图 1-44　冠晔鞋服销售额来源

1.5.3　平台服务

天猫没有任何自营店铺，商家可以在后台实时查看各方面的最新数据，如流量来源、地域来源、搜索关键词等重要信息。相对于其他电商来说，天猫的卖家后台经过多年的调整，已经更加符合商家的使用习惯。

我国电商的几种常见模式如图 1-45 所示。从中可以看出，天猫和淘宝为商家提供了成熟的平台服务以及营销手段。

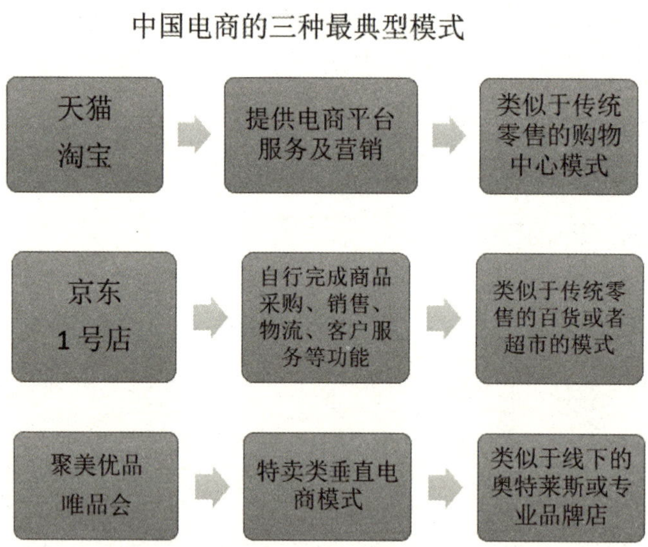

图 1-45　各电商为商家提供的平台及营销比较

1.5.4　品类结构

天猫的商品类别在近几年有了明显的扩展，除了涉及汽车、电脑、服饰、家居装修、建材等领域，还设置了网游装备交易区，如图 1-46 所示。

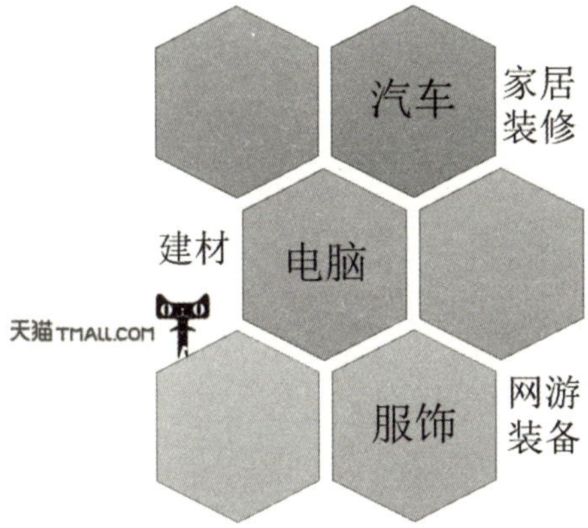

图 1-46　天猫涉及的商品类别

1.6　买家眼中的天猫

买家可以选择的电商有很多，如京东商城、亚马逊、唯品会等。但是，这些电商的购物体验与天猫还是有一定区别的。

相对于其他电商来说，天猫可以和商家实现即时在线咨询与互动，如询问货物情况、砍价、索要小礼品等。这些互动让买家拥有像在实体商店购物差不多的体验，所以在心理上也更有好感。

相对于冷冰冰的自营电商购物体验，买家在天猫购物之后还可以与商家互相评价，可以使用真实的语言交流。在付款方面，买家并不是直接付款给商家，而是通过第三方支付平台。这样可以让购物更有保障，买家更加放心。

在售后问题的处理上，天猫也是比较完善的。由于天猫是独立的、不受干扰的第三方，而商家是甲方，买家是乙方，从而可以实现公平、公正的消费纠纷处理。

当然，天猫也有其不足之处。众所周知，其他电商都有发展成熟的自有物流，而天猫一般是通过第三方物流和快递公司将商品运输到买家手中。自有物流的特点是快速及时到达，而天猫使用的第三方物流经常会被买家抱怨丢件、速度慢。

第2章 天猫创业，怎样起步

2.1 天猫规则

天猫是大商家和大品牌的集合地，因此需要更多的规则约束。天猫规则就是对天猫商家基本权利和义务的规定，它不但可以促进开放、透明、分享、责任的新商业文明，还可以保障商家的合法权益，同时维护正常的经营秩序。

商家必须满足如图 2-1 所示的条件才有资格申请加入天猫；如果商家发生如图 2-2 所示的情形，则天猫有权清退商家。

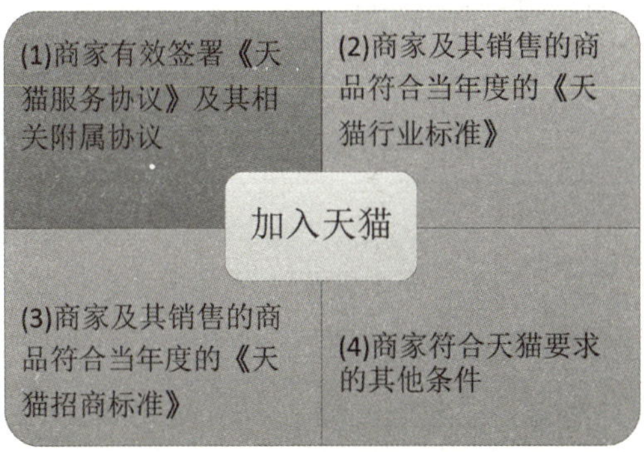

图 2-1　商家申请加入天猫的条件

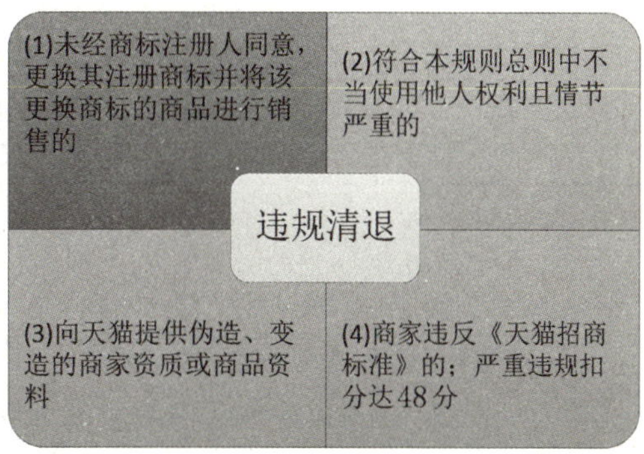

图 2-2　天猫清退违规商家的情形

天猫规则涉及多方面，如延迟发货规范、营销活动规则、预售业务管理规则等。接下来，详细介绍几种天猫规则，以帮助读者更好地理解。

2.1.1　营销活动规则

天猫向商家推出了众多营销活动，如“双十一”、天猫年货节以及聚划算等。这类大型活动对店铺的要求比较高，淘宝普通店铺是无法参加的，而想要参加的天猫店铺必须达到一定的条件才能报名。

（1）天猫商家参加天猫官方发起的营销活动之后，如违反《天猫规则》规定，且在处罚期内或未通过考试，其被限制活动报名处罚扣分及限制营销活动天数如表 2-1 所示。

表 2-1　违规情形以及限制营销活动天数

违规类型	违规分值	限制营销活动天数
A类一般违规	累计达到12分	7天
	一次达到48分	90天
B类严重违规	累计达到12分	30天
	累计达到24分	60天
	累计达到36分	90天
	累计达到48分	永久

（2）以下两点视同违反天猫举办的“大型官方活动”要求，按照违反“违背承诺”规定，予以扣一般违规 6 分处罚，如图 2-3 所示。

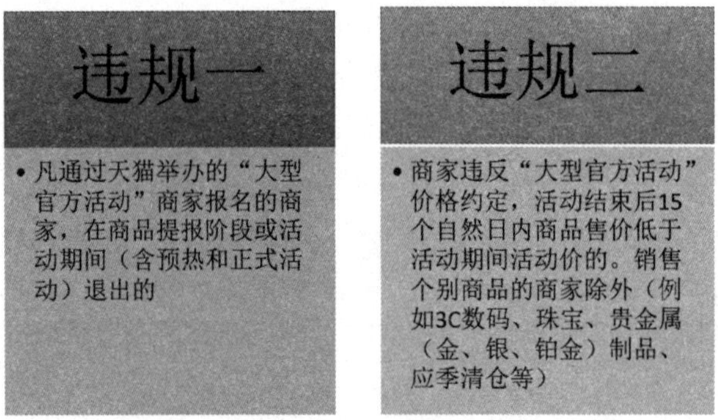

图 2-3　违规说明

（3）商家 DSR 评分及售后服务综合指标需达到该店铺所属主营一级类目的要求。

（4）商家店铺在综合排名较低时，不得报名参加天猫营销活动。

提　示

综合排名是指天猫从多个维度对报名营销活动的商家进行排名。排名的维度包括但不限于商家店铺的品牌知名度、活动契合度、店铺成交额、店铺类型、开店时长、客单价、店铺主营类目、诚信经营情况（如近 90 天是否存在严重虚假交易行为）等。商家店铺的综合排名仅适用于营销活动准入。针对排名过低的商家，天猫将通知其不得参加营销活动，但不对外公示排名的具体结果。

（5）商家的报名经天猫审核通过后，如在营销活动前或活动进行过程中发现商家店铺在交易、维权、营销等各环节存在异常的数据现象（包括但不限于交易账号异常、交易资金异常等情形），天猫将中止或结束商家继续参与营销活动。

（6）为了确保消费者在天猫营销活动中享受到切实的优惠，天猫要求参与营销活动的商家应向消费者提供更具竞争力的商品价格，不得对消费者有价格欺诈行为。如商家并未通过其参加的营销活动将最具价格竞争力的商品提供给消费者，一经天猫发现并核实，天猫有权中止及/或终止商家继续参与营销活动。同时，商家参与历次天猫营销活动时给到消费者的优惠力度，将作为考量商家能否参加天猫重大营销活动的标准之一。

2.1.2　预售业务管理规则

天猫预售模式（C2B）是指商家提供一个商品或服务方案，通过天猫预售产品工具聚集消费者订单，再按照事先约定将商品或服务提供给消费者的一种销售模式。例如在“双十一”营销活动中，商家都会事先做好预售活动，如图 2-4 所示。

图 2-4　“双十一”　商家预售页面

1. 什么是预售

预售是指商家在产品还没有正式进入市场前进行的销售行为。下面，首先介绍什么是天猫预售产品工具和天猫预售商品。

（1）天猫预售产品工具，是指天猫为支持商家进行天猫预售模式销售而提供的工具。根据天猫预售商品价格与订购人数的变化关系，以及交易支付方式，天猫预售产品工具分为一阶、三阶和全款三种形式，具体说明如图 2-5 所示。

（2）天猫预售商品是指天猫商家使用天猫预售产品工具发布的商品。使用全款预售产品工具，天猫预售商品的商品详情页面显示商品预售价和其中所含订金金额，需一次性支付商品全款，并显示商品发货时间。仅在商品标题或商品详情页标示预售字样，而未使用天猫预售产品工具的商品，不属于天猫预售商品。

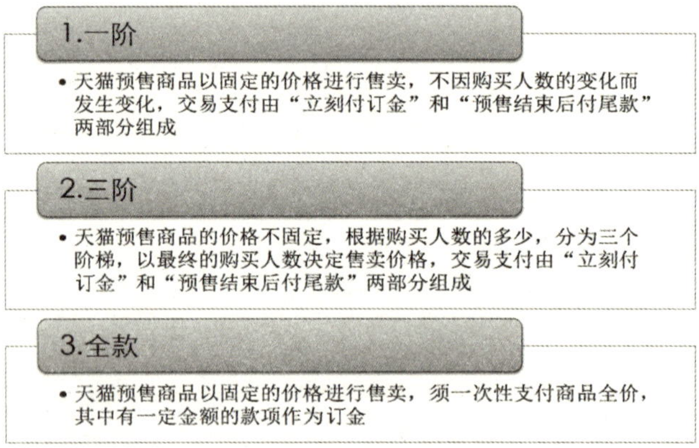

图 2-5　天猫预售产品工具的形式

2. 准入规则

申请加入天猫预售的商家 / 商品需同时满足如图 2-6 所示的要求，并通过各商品对应类目的审核。

3. 市场管理

天猫预售商家均应遵循如图 2-7 所示的行为规范。

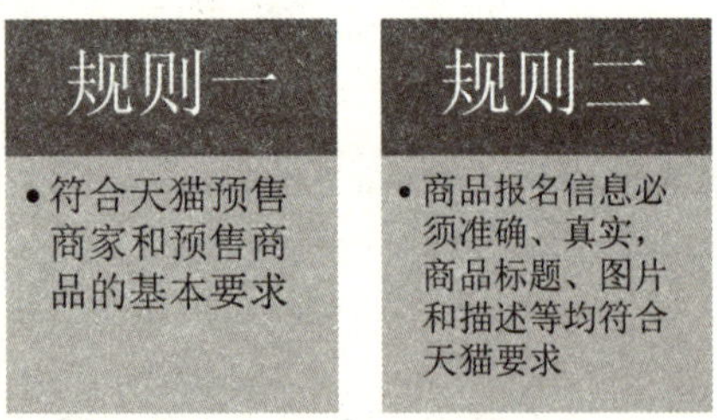

图 2-6　天猫准入规则

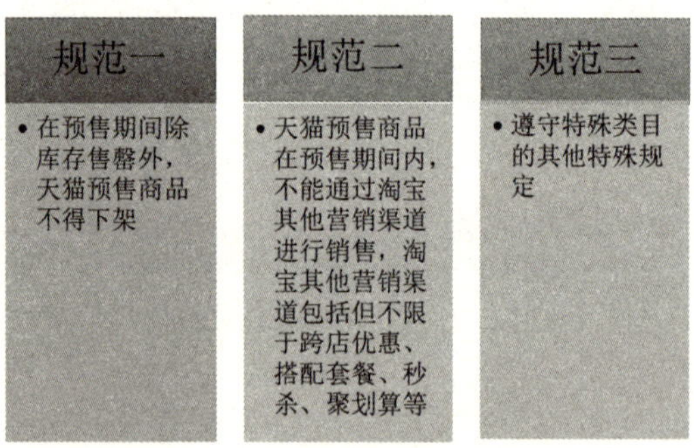

图 2-7　天猫预售商家应遵循的规范

4. 违规处理

参与天猫预售的商家出现虚假交易等违规行为，除了依据《天猫规则》的规定进行处理之外，天猫还将遵循如表 2-2 所示的办法进行处理。这里分为两个时间段，分别是一个月内和三个月内不允许申请使用天猫预售产品工具。

2.1.3　无忧退换货规则

表 2-2　天猫预售违规商家处理办法

三个月内不允许	虚假交易
一个月内所有商品不允许申请使用天猫预售产品工具	预售期间除库存售罄外下架预售商品的
	预售期间通过淘宝其他营销渠道进行销售的
	发货时间不明确的
	预售商品构成延迟发货的

1. 发货规范

商家在接到订单后，应遵循如图 2-8 所示的规范进行发货。

（1）商家首次发货应在买家付款后的 72 小时内或与买家约定时间内，但有特殊规定的除外。

（2）买家申请退款时商家尚未发货的，商家应征得买家同意后再发货。商家逾期发货，或者未经买家同意，在买家申请退款后发货，商家应追回已经发出的商品。但是，买家已经签收并确认收货的除外。

（3）除非买卖双方另有约定，商家应负责将货物送到买家收货的地址。商品需要买家到指定地点提取的，商家应在发货前告知买家并征得买家同意。商家违反前述规定的，买家有权拒绝签收商品。

2. 争议处理规范

如果买卖双方对退换货有争议，可按照如图 2-9 所示的流程向天猫提交凭证并作出处理。

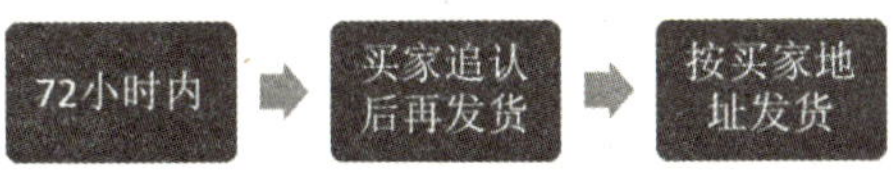

图 2-8　发货规范

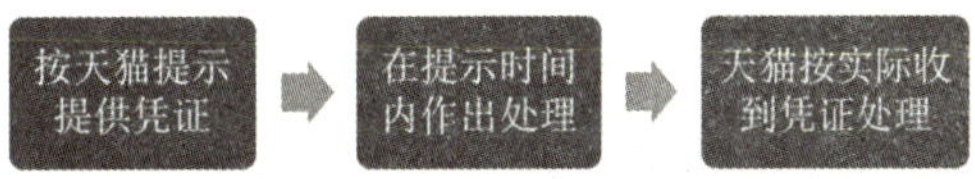

图 2-9　争议处理流程

（1）天猫处理争议期间，买卖双方应按照天猫系统的提示或天猫发送的短信、电话、邮件通知及时提供凭证。

（2）天猫收集双方提供的凭证后，将在天猫系统提示的时间内，按照本规范对相应争议作出处理；本规范没有明确规定的，由天猫依其独立判断作出处理。

（3）任何一方无正当理由，未按照前款规定提供凭证的，天猫有权按照实际收集到的凭证作出处理。

2.1.4　违规行为

1. 违规行为分类

根据严重程度，违规行为可分为严重违规行为及一般违规行为，如图 2-10 所示。两种违规行为分别扣分、分别累计、分别执行。

2. 一般违规

商家因一般违规行为，每扣 12 分将会受到限制参加天猫营销活动 7 天、向天猫支付违约金一万元的处罚，如图 2-11 所示。

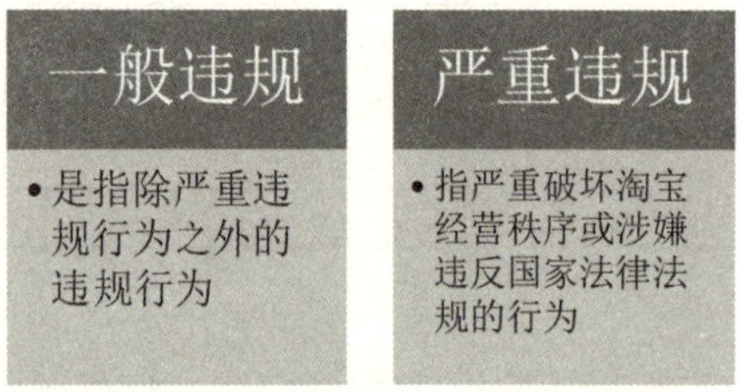

图 2-10　违规行为分类

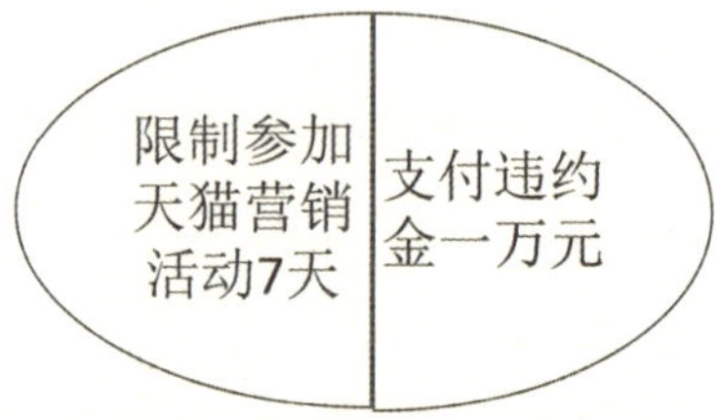

图 2-11　一般违规处理办法

一般违规行为的分类与描述，以及对应的处理规则和严重星级程度，如表 2-3 所示。

表 2-3　商家一般违规行为的详细说明

违规行为		违规描述	处理规则	严重程度
滥发信息	发布禁售信息	商家未按本规则及淘宝发布的其他管理内容（包括但不限于规则、规范、类目管理标准、行业标准等）要求发布商品或信息，妨害买家权益的行为		
	发布广告信息		删除	★
	发布重复信息		删除或者屏蔽	★
	发布规避信息		删除或者屏蔽	★
	发布错误描述信息		删除	★
虚假交易	一次或第二次发生虚假交易行为：违规交易笔数达96笔以上	用户通过虚构或隐瞒交易事实、规避或恶意利用信用记录规则、干扰或妨害信用记录秩序等不正当方式获取虚假的商品销量、店铺评分、信用积分等不当利益，妨碍买家权益的行为	每次以一般违规行为扣12分	★
	第三次发生虚假交易行为：若违规交易笔数达96笔以上		每次以一般违规行为扣48分	★★★
	第四次及以上发生虚假交易行为，不论笔数		每次以一般违规行为扣48分	★★★
	短期内产生大规模虚假交易行为		扣48分；同时给予天猫买家30天的全店商品淘宝网搜索降权和天猫搜索降权	★★★
延迟发货		除特殊商品外，商家在买家付款后实际未在72小时内发货，或定制、预售及其他特殊情形等另行约定发货时间的商品，商家实际未在约定时间内发货，妨害买家购买权益的行为	商家需向买家支付该商品实际成交金额的30%（金额最高不超过500元）作为违约金，该违约金将以天猫积分形式支付	★★

（续表）

<table>
<tr><th colspan="2">违规行为</th><th>违规描述</th><th>处理规则</th><th>严重程度</th></tr>
<tr><td rowspan="4">描述不符</td><td>商品材质、成分等信息的描述与买家收到的商品严重不符</td><td rowspan="4">买家收到的商品或经淘宝官方抽检的商品与达成交易时商家对商品的描述不相符，商家未对商品瑕疵、保质期、附带品等必须说明的信息进行披露，妨害买家权益的行为</td><td>首次扣6分，再次及以上每次扣12分</td><td>★★</td></tr>
<tr><td>商家未对商品瑕疵等信息进行披露或对商品的描述与买家收到的商品不相符</td><td>每次扣6分</td><td>★★</td></tr>
<tr><td>商家未对商品瑕疵等信息进行披露或对商品的描述与买家收到的商品不相符</td><td>每次扣3分</td><td>★★</td></tr>
<tr><td>被抽检商品描述不符情形特别轻微的</td><td>删除商品信息</td><td>★</td></tr>
</table>

3. 严重违规

天猫对商家的严重违规行为有一套自己的处理体系，不同的违规行为会被扣除对应的积分，如图 2-12 所示。

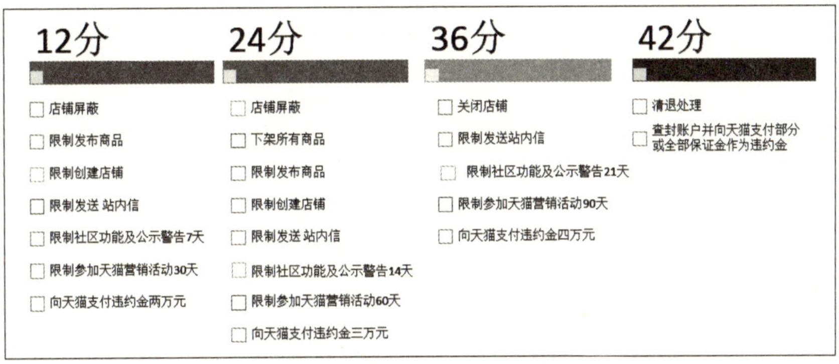

图 2-12 严重违规行为扣分规则

不同类型严重违规行为的描述、惩罚措施以及严重星级程度如表 2-4 所示。

表 2-4 商家严重违规行为的详细说明

违规行为	违规描述	处理规则	严重程度
发布违禁信息	构成严重违规行为的商品或信息	每次扣48分	★★★
盗用他人账户	盗用他人淘宝账户或支付宝账户，涉嫌侵犯他人财产权的行为	每次扣6分	★
泄漏他人信息	传递他人隐私信息，涉嫌侵犯他人隐私权的行为	每次扣48分	★★★
骗取他人财物	以非法获利为目的，非法获取他人财物，涉嫌侵犯他人财产权的行为	每次扣48分	★★★
假冒材质成分	商家对商品全部材质或成分信息的描述与买家收到的商品完全不符的	一次6分；二次12分 特定类目商家假冒材质成分的不论是否首次，每次扣12分	★★

（续表）

违规行为	违规描述	处理规则	严重程度
出售假冒商品		每次扣48分	★★★
出售未经报关进口商品	未经正常中国海关报关程序的进口商品	每次扣48分	★★★
扰乱市场秩序	以任何方式，刻意规避淘宝的各类规则或市场管控措施，或以不正当的方式获取、使用淘宝官方资源的行为	每次扣24分；情节严重扣48分	★★★
发布非约定商品	商家通过天猫平台发布或出售未经天猫许可的品牌的商品	删除商品信息	★
拖欠淘宝贷款	会员自阿里巴巴金融申请并获得淘宝贷款，到期未足额偿还贷款本息或其他费用，经阿里巴巴金融自催及委外催收仍未归还的行为	每次扣48分，该会员符合特定条件的关联店铺永久不得参加淘宝营销活动	★★★

提　示

天猫一旦确认商家销售的是假货，将会立即对其进行下架处罚并冻结涉假店铺，待查实后将对店铺进行封店、清退。

2.1.5　信用评价规则

天猫的评分体系和淘宝有所不同，其不同评价对应的积分规则如图 2-13 所示。店铺评分参照包括商品与描述相符、商家服务态度、商家发货速度、物流发货速度四项，每项均为动态指标，为此前连续 6 个月内所有评分的算术平均值。买家如完成对天猫商家店铺评分中商品与描述相符一项的评分，则其信用积分增加 1 分。

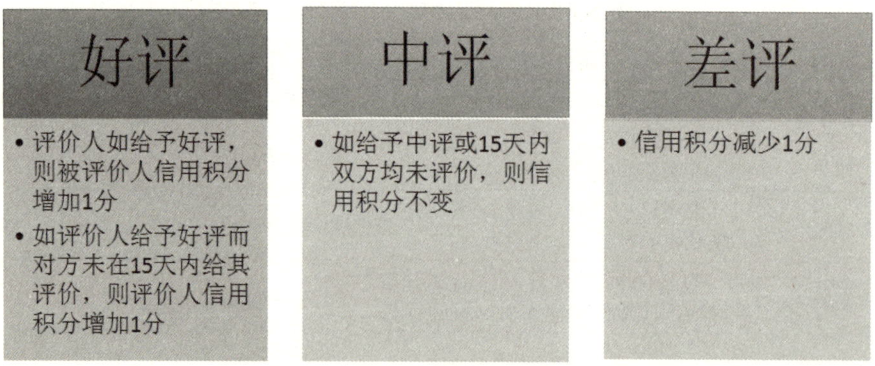

图 2-13　天猫信用评价规则

提 示

每个自然月，相同买家与商家之间交易，商家店铺评分仅计取前3次。店铺评分一旦作出，就无法修改。天猫有权删除评价内容中所包含的污言秽语、广告信息，以及其他有违公序良俗的信息。

2.2 注册公司，拥有合法营业执照

商家了解一系列天猫规则之后，在入驻申请之前需要注册自己的合法公司并办理营业执照。天猫不接受个人名义的入驻，而且入驻天猫还需要上传一些资质文件。商家需要将文件上传至天猫管理中心，天猫会对其进行审核。审核通过后，商家才能进行其他入驻流程。

2.2.1 注册公司

公司是指一般依法设立的，有独立的法人财产，以营利为目的的企业法人。商家入驻天猫，首先要注册合法公司。下面介绍公司的形式和注册流程，以给需要入驻天猫的商家提供参考。

1. 选择公司形式

在注册公司之前，商家需要了解公司形式并选择合适的公司类型注册。我国现行公司法规定的公司，分为有限责任公司和股份有限公司。普通的有限责任公司，其最低注册资本3万元，需要2个（或以上）股东；一人有限责任公司，最低注册资本10万元。如果是和朋友、家人合伙投资创业，可选择普通的有限公司，最低注册资本3万元。

天猫暂不接受个体工商户的入驻申请。申请入驻天猫的公司，必须符合如图2-14所示公司类型和注册资金的要求。

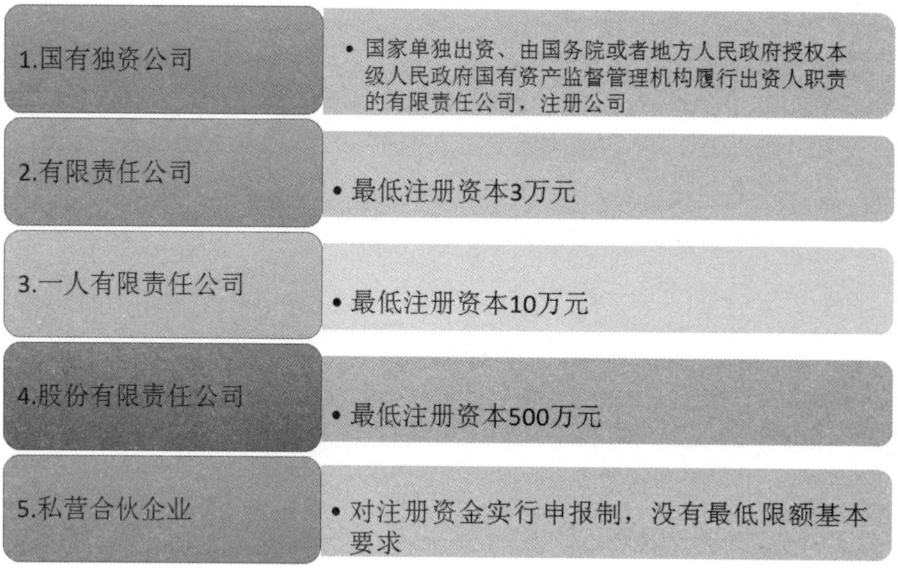

图 2-14　入驻天猫的公司形式

2. 注册公司流程

注册公司需要事先准备如图 2-15 所示的相关文件资料，然后按照如图 2-16 所示的流程提交资料并完成注册。

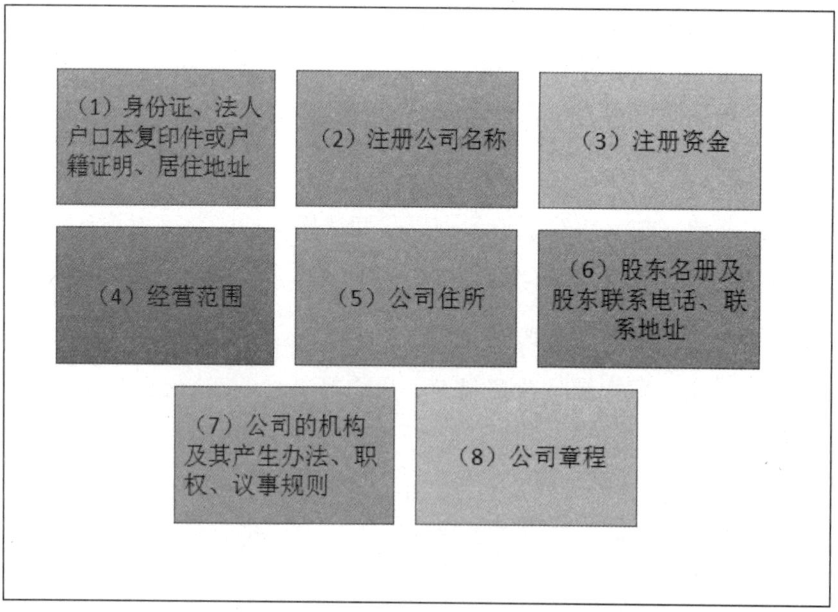

图 2-15　注册公司需要的资料

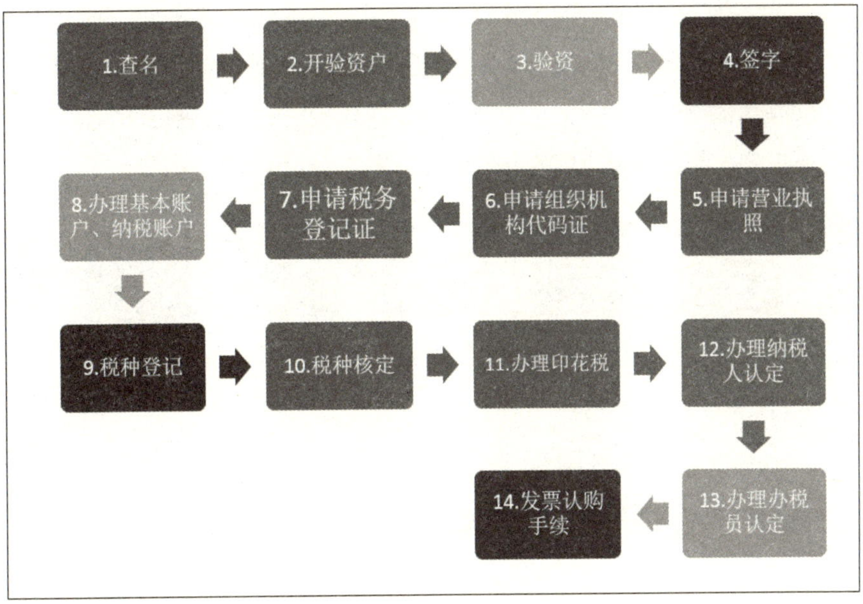

图 2-16　注册公司流程图

2.2.2　办理营业执照

营业执照是企业或组织合法经营权的凭证。营业执照的登记事项包括名称、地址、负责人、资金数额、经济成分、经营范围、经营方式、从业人数、经营期限等，如图 2-17 所示。

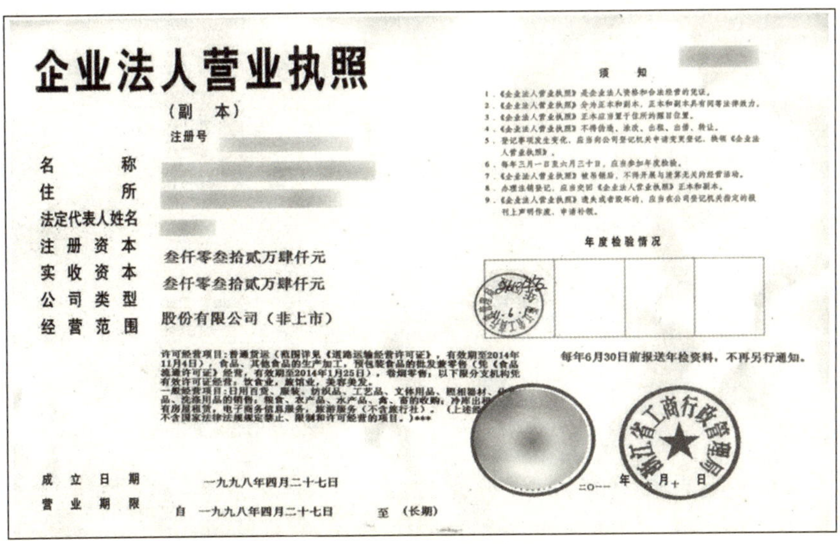

企业法人营业执照

（副　本）

注册号

名　　称

住　　所

法定代表人姓名

注 册 资 本　叁仟零叁拾贰万肆仟元

实 收 资 本　叁仟零叁拾贰万肆仟元

公 司 类 型　股份有限公司（非上市）

经 营 范 围

成 立 日 期　一九九八年四月二十七日

营 业 期 限　自　一九九八年四月二十七日　　至　（长期）

须　知

1．《企业法人营业执照》是企业法人资格和合法经营的凭证。
2．《企业法人营业执照》分为正本和副本，正本和副本具有同等法律效力。
3．《企业法人营业执照》正本应放置于住所的醒目位置。
4．《企业法人营业执照》不得伪造、涂改、出租、出借、转让。
5．登记事项发生变化，应当向公司登记机关申请变更登记，换领《企业法人营业执照》。
6．每年三月一日至六月三十日，应当参加年度检验。
7．《企业法人营业执照》被吊销后，不得开展与清算无关的经营活动。
8．办理注销登记，应当交回《企业法人营业执照》正本和副本。
9．《企业法人营业执照》遗失或者毁坏的，应当在公司登记机关指定的报刊上声明作废，申请补领。

年度检验情况

每年6月30日前报送年检资料，不再另行通知。

图 2-17　企业法人营业执照

营业执照的正副本具有同等法律效力，实质上没有区别。在使用方面，正本必须悬挂在经营场所的醒目位置，否则可能因未悬挂执照而受到处罚；副本一般用于外出办理业务使用，如办理银行开户许可证、企业组织机构代码证、税务登记证、签订合同等。

内资企业（公司制）营业执照的办理流程如图 2-18 所示。

图 2-18　营业执照办理流程图

2.3　申请旗舰店、专卖店或专营店

天猫店铺分为旗舰店、专卖店和专营店三种类型，如图 2-19 所示，商家可以根据天猫招商规则和自身情况选择合适的店铺类型。不管入驻哪种类型店铺，商家都需要提供企业营业执照副本复印件（需完成有效年检且所售商品属于经营范围内）、企业税务登记证复印件（国税、地税均可）、银行开户许可证复印件、店铺负责人身份证正反面复印件，以及商家向支付宝公司出具的授权书等一系列相关真实文件。

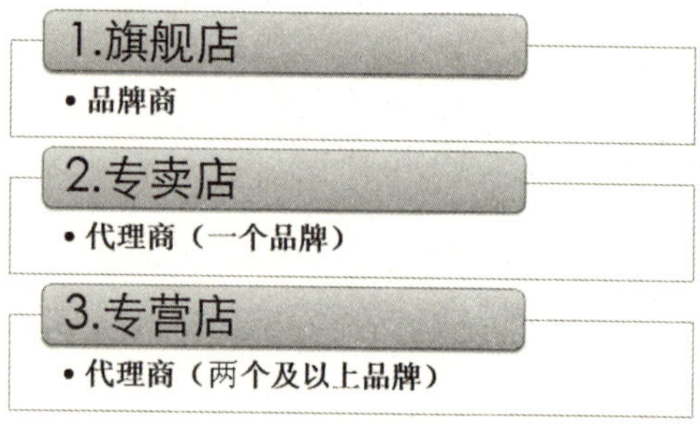

图 2-19　天猫店铺的三种类型

下面分别从概念及入驻要求来介绍旗舰店、专卖店和专营店，以更好地帮助商家理解和区分，从而选择正确合适的店铺类型申请入驻。

1. 旗舰店

旗舰店是商家以自有品牌（商标为 R 或 TM 状态）入驻天猫的店铺。

旗舰店实际上就是品牌商自身，或代表品牌商自身的企业。这种店铺一般会标示“官方”字样，如“×× 官方网店”“×× 官方旗舰店”，而且同时都标示“品牌直销”字样，表明是该品牌的正品商品，如图 2-20 所示。

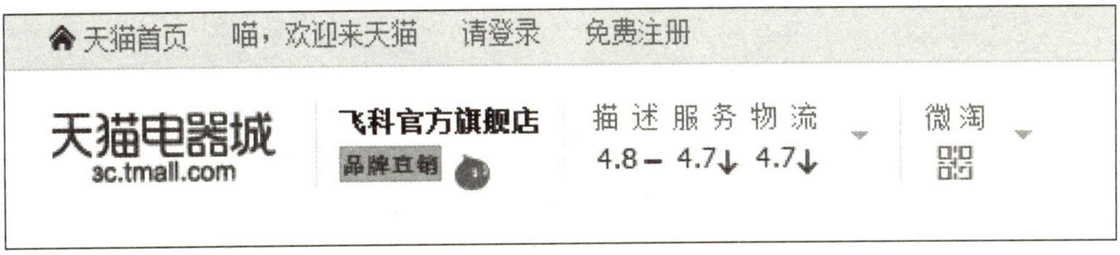

图 2-20 天猫旗舰店标志

商家在申请天猫旗舰店时，还需要提供如图 2-21 所示的资质文件。

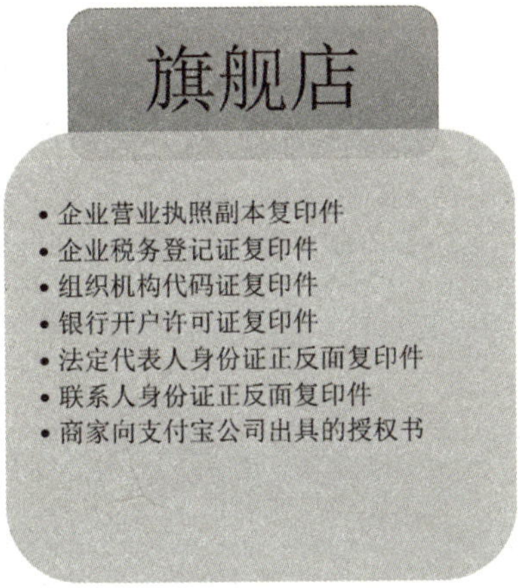

图 2-21 申请旗舰店所需文件

旗舰店有以下几种类型：

（1）经营一个自有品牌商品的旗舰店；

（2）经营多个自有品牌商品且各品牌归同一实际控制人的品牌旗舰店；

（3）卖场型品牌（服务类商标）所有者开设的品牌旗舰店。

其中，后两种类型旗舰店仅限天猫主动邀请入驻。

开店主体必须是品牌（商标）权利人或持有权利人出具的开设天猫品牌旗舰店独占授权文件的企业。

注 意

代理多个品牌的商家不可以申请旗舰店，可以申请专营店。天猫国际并没有旗舰店、专卖店和专营店之分。入驻天猫之后的店铺性质是不能修改的，如需修改，商家需要退出天猫后再重新申请其他店铺类型。

2. 专卖店

专卖店是指商家持他人品牌（商标为 R 或 TM 状态）授权文件在天猫开设的店铺，其资质主要是代理商和品牌商。代理商经营多个品牌，必须持有每个品牌商的授权书；另一种专卖店是品牌商开设的，如果该企业旗下有众多品牌，并需要同时经营多个品牌，按照规定是不能入驻旗舰店的，所以只能入驻专卖店，并且要保证 100% 为正品。

如果商家在天猫的店铺名称以“专卖店”结尾（见图 2-22），即为专卖店。

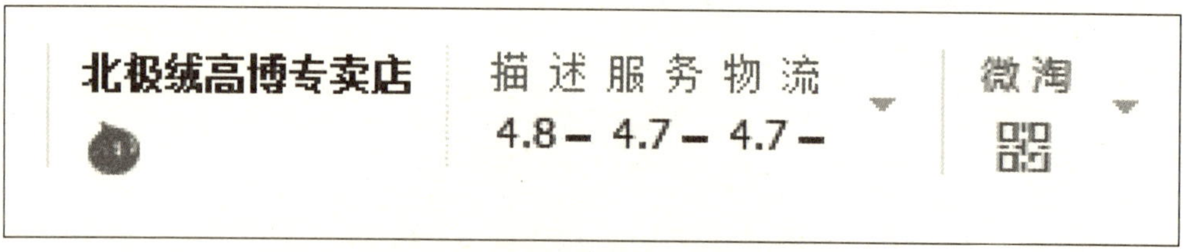

图 2-22　天猫专卖店标志

商家在申请天猫专卖店时，需要提供如图 2-23 所示的资质文件。

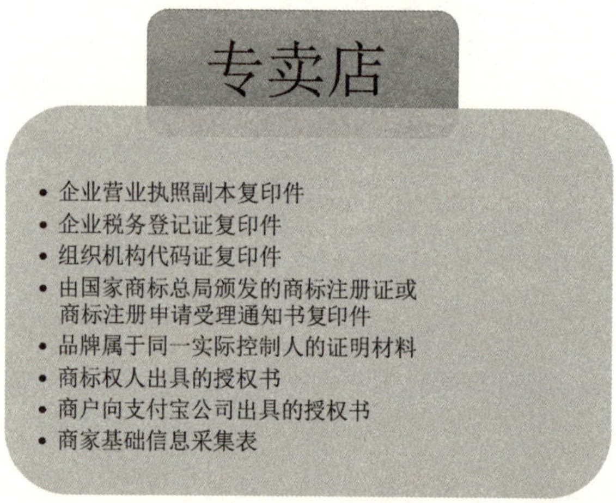

图 2-23　申请专卖店所需文件

专卖店主要有以下几种类型：

（1）经营一个授权销售品牌商品的专卖店；

（2）经营多个授权销售品牌的商品且各品牌归同一实际控制人的专卖店；

其中，第 2 点所述类型的专卖店仅限于天猫主动邀请入驻。

品牌（商标）权利人出具的授权文件，除个别类目，不得有地域限制。

3. 专营店

专营店是指经营天猫同一招商大类下两个及以上品牌（商标为 R 或 TM 状态）商品

的店铺。一个招商大类下专营店只能申请一家。如果商家在天猫的店铺名称以“专营店”结尾（见图 2-24），即为专营店。

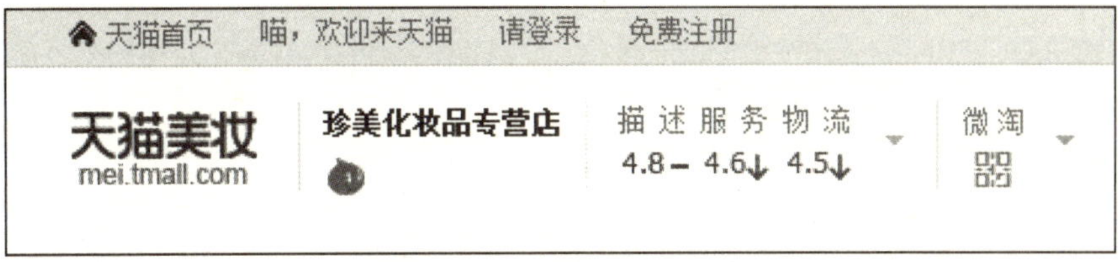

图 2-24　天猫专营店标志

商家在申请天猫专营店时，需要提供如图 2-25 所示的资质文件。

专营店

- 企业营业执照副本复印件
- 企业税务登记证复印件
- 组织机构代码证复印件
- 自有品牌：商标注册证或商标注册申请受理通知书复印件；代理品牌：（1）商标注册证或商标注册申请受理通知书复印件；（2）上一级的正规品牌授权文件或正规采购合同及进货发票，若上一级的授权方或供货商为自然人，则需同时提供其亲笔签名的身份证复印件
- 商户向支付宝公司出具的授权书
- 商家基础信息采集表

图 2-25　申请专营店所需文件

注　意

专营店可以经营两个及以上品牌的商品，只需要再次申请其他品牌即可。店铺提交的所有资质文件均为复印件，并加盖公司红章；公司所提交的复印件材料，天猫概不退回。

2.4　准备好投入资金与运营资金

天猫店铺和淘宝店铺在投入资金上也有所不同，资金的限制直接提高了商家入驻天猫的难度。只有资金实力雄厚的商家才能顺利入驻天猫。商家入驻天猫时需要按照规定缴纳保证金、技术服务费年费以及实时划扣技术服务费等，具体说明如图 2-26 所示。

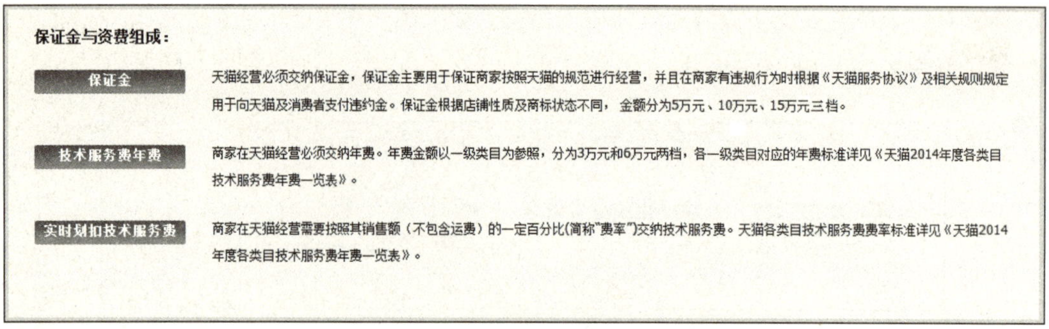

图 2-26　商家入驻天猫需要缴纳的费用说明

2.4.1　保证金

天猫店铺要想正常运营，就必须缴纳保证金。保证金主要用于保证商家按照天猫的规则进行经营；商家有违规行为时，会根据《天猫服务协议》及相关规则向天猫及买家支付违约金。续约商家须在当年续签要求的时间内，一次性缴纳次年度保证金；新签商家在申请入驻获得批准时，需一次性缴纳当年度的保证金。针对不同的店铺类型和特殊类目，商家需要按照以下要求缴纳相应的保证金，如图 2-27 所示。

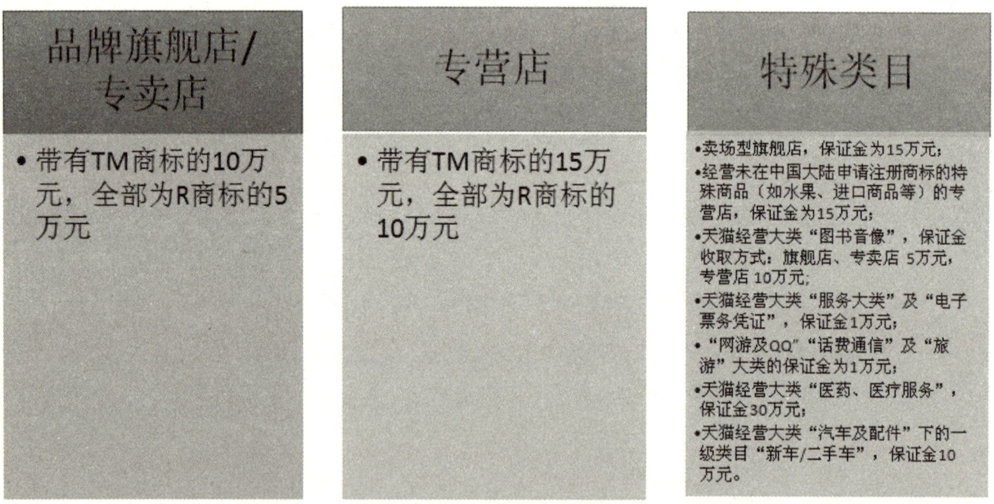

图 2-27　不同性质的店铺需要缴纳保证金的要求

商家缴纳了规定的保证金后，买家也可以在店铺查看保证金金额，如图 2-28 所示。

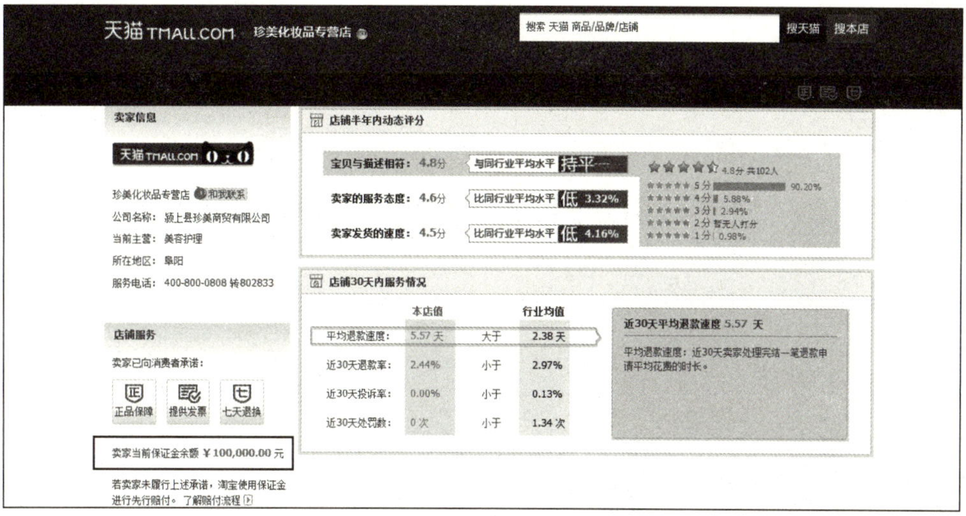

图 2-28　查看商家保证金金额

商家需要通过支付宝支付保证金，可以将企业支付宝账户绑定相关银行账户，实现账户充值缴纳保证金。而且，商家在充值前可以先联系银行，核实该银行账户的限额是否足够，因为限额是由银行控制的。企业类型的支付宝账户支持充值的银行如图 2-29 所示。

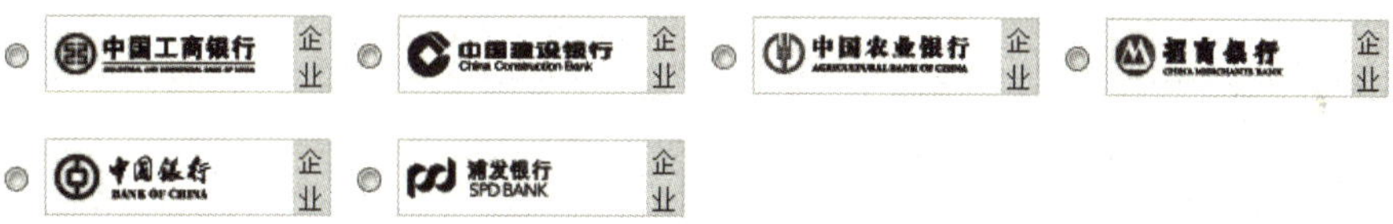

图 2-29　支持支付宝账户充值的银行

提　示

如果商家退出天猫，保证金会在所有环节（包括交易、积分发票、佣金、年费结算）完成、申请退出（或被清退）后的 30 天 +10 个工作日内自动解冻至店铺支付宝账户内。因违规行为或资质造假被清退的，不返还保证金。

2.4.2　技术服务费年费

技术服务费年费是商家向天猫支付的技术服务费，由商家在服务开通之前预存在自己的支付宝账号，由天猫进行扣划。商家要想在天猫实现正常经营，就必须要交纳年费。

年费金额以一级类目为参照，分为 3 万元和 6 万元两档。天猫 2015 年度部分类目的技术服务费年费如表 2-5 所示。

表 2-5　天猫 2015 年度部分类目技术服务费年费一览表

《天猫2015年度各类目技术服务费年费一览表》

备注：

1）涉及跨类目问题费用缴纳及返还，全部参照相对高的类目的标准，即入驻时缴纳年费的金额参照商户选择经营的类目中对应年费金额的最高档；结算时参照有效月份内销售额占比最大类目对应的返还标准；

2）由于类目划分较细，二级类目、三级类目仅列出与一级类目扣点或固定年费不同的类目，各一级类目下完整的二级类目、三级类目列表以商品发布页面为准。

天猫经营大类	一级类目	技术服务费费率	二级类目	技术服务费费率	三级类目	技术服务费费率	四级类目	技术服务费费率	技术服务费年费（元）	返50%年费对应年销售额（元）	返100%年费对应年销售额（元）
服饰	服饰配件/皮带/帽子/围巾	5%							30,000	180,000	600,000
	女装/女士精品	5%							60,000	360,000	1,200,000
	男装	5%							60,000	360,000	1,200,000
	女士内衣/男士内衣/家居服	5%							60,000	180,000	600,000
鞋类箱包	箱包皮具/热销女包/男包	5%							60,000	180,000	600,000
	女鞋	5%							60,000	180,000	600,000
	流行男鞋	5%							60,000	180,000	600,000
运动户外	运动鞋new	5%							60,000	360,000	1,200,000
	运动服/休闲服装	5%							60,000	360,000	1,200,000
	运动/瑜伽/健身/球迷用品	5%	电动车/电动车配件	2%					60,000	180,000	600,000
			其他二级类目	5%					60,000	180,000	600,000
	自行车/骑行装备/零配件	2%							60,000	180,000	600,000
	户外/登山/野营/旅行用品	5%							60,000	180,000	600,000
	运动包/户外包/配件	5%							60,000	180,000	600,000

为了鼓励商家提高服务质量和壮大经营规模，天猫将对技术服务费年费有条件地向商家返还，具体返还规则如表 2-6 所示。返还方式上参照店铺评分（DSR）和年销售额（不

包含运费）两项指标，返还的比例为 50% 和 100% 两档。

表 2-6　天猫返还技术服务费年费的规则

不返还年费	因违规行为或资质造假被清退的
年费返还	根据协议通知对方终止协议、试运营期间被清退的，将全年年费返还均摊至自然月，按照实际经营期间来计算具体应当返还的年费
	年费的返还结算在协议终止后进行
	“新车/二手车”类目，技术服务费年费按照商户签署的《天猫服务协议》执行

提　示

（1）年销售额：即在协议有效期内，商家所有交易状态为“交易成功”的订单金额总和。该金额中不含运费，也不包含因维权、售后等原因导致的失败交易金额。

（2）入驻天猫的技术服务费年费需要充值进支付宝，与保证金一起冻结。

2.4.3　实时划扣技术服务费（佣金）

商家在天猫经营，需要按照销售额（不包含运费）的特定百分比（简称“费率”）交纳技术服务费。例如，服饰类商品实时划扣技术服务费如表 2-7 所示，化妆品类商品实时划扣技术服务费如表 2-8 所示。

表 2-7　服饰类商品实时划扣技术服务费

一级类目	技术服务费费率	二级类目	技术服务费费率	三级类目	技术服务费费率	技术服务费年费	年费50%返还销售额标准	年费100%返还销售额标准
服饰配件/皮带/帽子/围巾	5%					30,000	180,000	600,000
女装/女士精品	5%					60,000	360,000	1,200,000
男装	5%					60,000	360,000	1,200,000
女士内衣/男士内衣/家居服	5%					60,000	180,000	600,000

表 2-8　化妆品类商品实时划扣技术服务费

一级类目	技术服务费费率	二级类目	技术服务费费率	三级类目	技术服务费费率	技术服务费年费	年费50%返还销售额	年费100%返还销售额
彩妆/香水/美发/工具	4%					30,000	360,000	1,200,000
美发护发/假发	4%					30,000	360,000	1,200,000
美容护肤/美体/精油	4%					30,000	360,000	1,200,000

提　示

用户可以在http://www.tmall.com/go/chn/mall/cost-standard.php?spm=3.21146.0. 0.0wc1Sh网页中查询各类目商品的实时划扣技术服务费。

2.4.4　其他资金投入

商家申请入驻天猫，除了需要准备上述资金，还应准备包括部门运营人员的工资以及一些流动资金。为了保证赚钱，商家还需要投入店铺推广资金。所以，商家加入天猫需要准备一笔不小的成本投入和运营投入。

2.5　组建技术团队与运营团队

做好开店的前期准备工作之后，下一步就是将天猫店铺运营起来。因此，商家接下来就需要组建自己的技术团队和运营团队。

2.5.1　岗位划分

公司为了保证正常运营，都会设置相关的岗位，如工程部岗位主要是管理与规划工程、财务部岗位主要管理平日的财务支出以及年度财务核算等。只有合理地划分岗位，才能保证公司日常事务有条不紊地进行。

图 2-30　天猫店铺主要岗位

天猫店铺可以建立网店美工、网店编辑、客服人员以及店长岗位，如图 2-30 所示。根据具体的需求，店铺还可以增加其他岗位。

1. 网店美工

天猫店铺的装修离不开网店美工的贡献。店面中包括店招、分类页面（见图 2-31），以及商品页面（见图 2-32）等，都需要美工的设计。美工除了要负责店铺的视觉规划、设计以及产品描述等工作，还需要负责网店产品模特后期图片的处理和排版。

图 2-31　分类页面

图 2-32　商品页面

2. 网店编辑

网店编辑是天猫店铺必不可少的一个技术岗位，其职责如图 2-33 所示。

图 2-33　网店编辑职责

网店编辑的工作内容主要包括以下几项：

（1）负责网店产品上架和下架的相关工作；

（2）负责撰写对网店产品的文字描述；

（3）负责构思和撰写促销活动文案，如图 2-34 所示；

（4）负责网店产品标题的编辑和修改等。

图 2-34　促销活动文案

3. 客服人员

有买卖就离不开客服人员。客服人员主要负责接待客户，是达成交易的重要环节。而网店客服人员的主要工作是与买家进行交流沟通，如图 2-35 所示。

图 2-35　客服人员工作职责

客服人员的工作内容大致包括以下几项：

（1）耐心回复并解决客户的任何问题，处理订单信息；

（2）熟悉天猫的操作规则，及时处理改价格、管理店铺、引导客户以及提供售后服务等；

（3）能够解决一般的客户投诉；

（4）配合店铺和独立网站的推广宣传；

（5）在各种群和论坛发贴，宣传和推广店铺。

4. 店长

实体店的店长主要掌管店铺的一切大小日常事务，天猫店铺的各个技术部门当然也需要一个领头人物，即店长，其工作职责如图 2-36 所示。

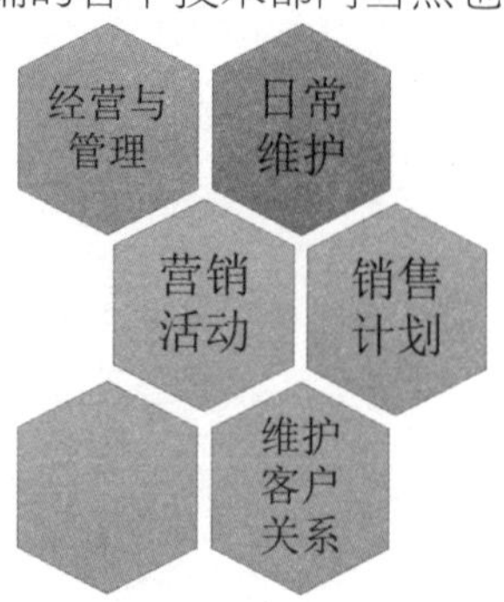

图 2-36　店长工作职责

店长的工作内容主要包括以下几项：

（1）负责网店日常改版策划、上架、推广、销售、售后服务等经营与管理工作；

（2）负责网店日常维护，保证网店的正常运作，优化店铺及商品排名；

（3）负责执行与配合店铺的相关营销活动，策划店铺促销活动方案；

（4）制订销售计划，带领团队完成销售业绩目标；

（5）维护客户关系，处理相关客户投诉及纠纷问题。

2.5.2　运营团队

并非所有开店的商家都懂得如何运营，所以很有必要招募并组建专业的团队。商家也可以聘请专业的天猫运营团队，进行全托形式的管理和运营。一般组建运营团队主要包括的几个部门，如图 2-37 所示。不同运营部门有不同的工作职责，每个部门的工作都是环环相扣的。

客服部
- 主要负责售前咨询、订单报定、售后服务及配合市场部工作；含有职位：售前客服、售后客服

市场部
- 负责市场推广计划制定，活动策划及推广等工作；含有职位：数据分析专员、广告推广专员

物流部
- 负责订单接受、配货、打包、发货及配合客服部工作

技术部
- 负责网站维护、产品编辑、美工；含有职位：产品摄影师、平面网页美工、文案编辑

运营部
- 负责整个电子商务团队管理、店铺经营、发展规划；含有职位：运营总监

图 2-37　运营团队介绍

天猫团队组建完成后，首先员工需要花时间熟悉新店铺、新产品，其次需要注意人员流失的问题。这个问题对于一个正在运营中的天猫店铺来说，影响是比较大的。假设当店铺准备开展活动时，美工突然辞职了，那么活动图没有人设计；客服也辞职了，买家就没有人接待。所以，商家为了保证运营团队的有序进行，需要着重注意这两个问题。

1. 为什么要组建天猫运营团队

我们都知道，团队的力量远远大于个人力量。对于天猫商家来说，拥有一支具有超强向心力、凝聚力、战斗力的团队，一批能够互相鼓励、支持、学习、合作的员工，才能更有利于店铺的运营。

为了更好地运营天猫店铺，商家需要划分详细的岗位职能，明确各部门的职责。组建天猫运营团队，就是要整合利用现有的资源共同去达成一个既定的目标，而单凭一己

之力是无法实现的。

2. 运营技巧

运营技巧是天猫店铺需要不断探索和总结的一项重要内容，下面对几种运营技巧作些简要介绍。

（1）有一个销售计划，如月销售目标、季度销售目标等。

（2）善于丰富自己的经验，让自己的运营团队通过学习天猫规则、运营方法等把自己的店铺运营得更好。

（3）要重视数据分析，不能只盯着今天交易量是多少、本月交易量是多少，而要仔细研究天猫上的各类数据，如查看流量来源、页面浏览时间、买家收藏等。对这些数据进行分析，从而总结出更好的店铺运营方法。

（4）注重细节。例如，店铺的优化、商品的优化、上下架时间以及客服用语等，这里面都有很多技巧，是属于细节的一部分。注重这些细节，就可能会为店铺提高流量和增加转化率。

2.6 如何申请天猫

做好所有前期准备工作之后，接下来就可以着手了解天猫招商标准，并准备好入驻资料和资金，申请入驻天猫并等待审核。

2.6.1 了解招商标准

1. 招商对象

申请入驻天猫的商家必须是在中国大陆注册的企业，包括法人（公司）和合伙人（合伙企业），持有相应的企业营业执照。同时，申请入驻天猫的品牌必须在中国国家工商行政管理总局商标局申请注册了合法的文字商标，并持有国家工商行政管理总局商标局颁发的商标注册证或商标注册申请受理通知书（部分类目的进口商品除外）。

入驻天猫的商家分为品牌/厂商和代理商，两者需要提供的入驻资料和需要遵守的要求如图2-38所示。

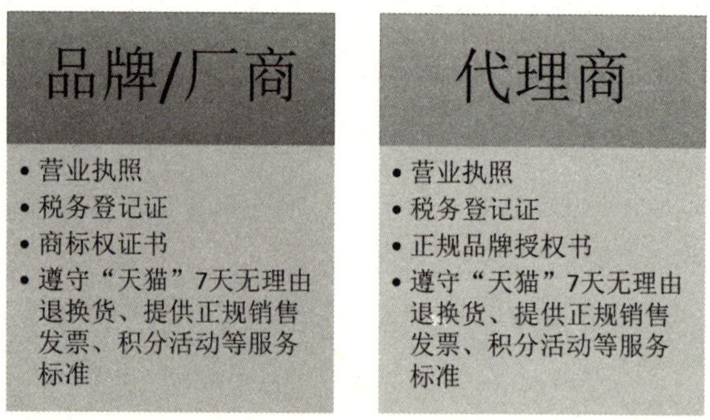

图2-38 招商对象说明

入驻商家必须如实提供资料和信息，主要包括以下内容。

（1）确保申请入驻及后续经营阶段提供的相关资质和信息的真实性（如商家提供的相关资质为第三方提供，包括但不限于商标注册证、授权书等，请务必先行核实文件的真实有效性），一旦发现虚假资质或信息，公司将被列入非诚信客户名单，天猫将不再与其进行合作；

（2）商家应如实提供其店铺运营的主体及相关信息，包括但不限于代理运营商、实际店铺经营主体等信息；

（3）天猫关于商家信息和资料变更有相关规定的从其规定，但商家如变更第二款所列信息，应提前 15 天书面告知天猫。

除了前面小节介绍的公司注册需要合法的企业营业执照之外，商家注册公司之后还要提供的部分资质要求如表 2-9 所示。

表 2-9　资质要求

证照名称	办理渠道	说明
企业法人营业执照	各级工商行政管理局	企业营业执照经营范围须包含实际经营商品
企业税务登记证	税务局	
组织机构代码证	质量技术监督部门	
商标注册证或商标注册申请受理通知书	国家工商行政管理局商标局 或委托商标代理组织代理服务	
检测报告	质量监督检验所、质量检验中心或其它具备CNAS和CMA资质的第三方权威检测机构	产品流通需保障的质量标准
城市园林绿化企业资质证书	1．一级证书由市绿化市容局初审，建设部核发； 2．二、三级证书市绿化市容局审核并核发。	1．具备该证照即说明该公司具备城市园林绿化资格； 2．用于规范全国城市园林绿化企业资质行政许可行为，加强对城市园林绿化企业的监督管理。
食品流通许可证	各级工商行政管理局	1．具备该证照即说明该公司具备食品或保健食品或滋补品等销售权限。 2．依照2009年6月1日《食品安全法》出台为划分界限，在此日期之后为工商局颁发，需至工商局办理该证件；在此日期之前为卫生部颁发，证件抬头为《食品卫生许可证》，入驻天猫两者中持有其一即可。（注：生产厂家不具备流通资质）
酒类零售许可证	酒类专卖管理局	1．具备该证照即说明该公司具备酒类商品的零售资质； 2．入驻天猫只须《酒类零售许可证》《酒类批发许可证》《酒类流通备案登记表》，三者中持有其一即可。
酒类批发许可证	酒类专卖管理局	1．具备该证照即说明该公司具备酒类商品的批发资质； 2．入驻天猫只须《酒类零售许可证》《酒类批发许可证》《酒类流通备案登记表》，三者中持有其一即可。
酒类流通备案登记表	地方商务局、经贸局、商贸旅游局等机构颁发	1．具备该证照即说明该公司具备酒类商品的零售或批发资质。（具体参照证照经营类型） 2．入驻天猫只须《酒类零售许可证》《酒类批发许可证》《酒类流通备案登记表》，三者中持有其一即可。
全国工业产品生产许可证	省级质量技术监督局	1．任何企业未取得生产许可证不得生产实行生产许可证制度管理的产品。任何单位和个人不得销售或者在经营活动中使用未取得生产许可证的产品。 2．国家对重要工业产品实行生产许可证制度管理
化妆品生产企业卫生许可证书	省、自治区、直辖市卫生行政部门批准并颁发	1．具备该证照的单位即说明可以从事化妆品生产活动。 2．任何单位和个人不得销售或者在经营活动中使用未取得卫生许可证的产品。
消毒产品生产企业卫生许可证	省、自治区、直辖市卫生行政部门批准并颁发	1．具备该证照的单位即说明可以从事消毒产品生产活动。 2．任何单位和个人不得销售或者在经营活动中使用未取得消毒产品生产企业卫生许可证生产的消毒产品。
中华人民共和国海关进口货物报关单	中国海关	指进出口货物收发货人或其代理人，按照海关规定的格式对进口货物的实际情况做出书面申明，以此要求海关对其货物按适用的海关制度办理通关手续的法律文书。
商品出入境检验检疫卫生证书	国家质检总局指定的出入境检验检疫机构	1．具备该证书表明进口商品的正常使用不会对安全、健康、环境保护项目产生危害。对于进口产品任何企业未取得商品出入境检验检疫卫生证书不得擅自销售 2．国家质量监督检验检疫总局（简称国家质检总局）主管全国进出口化妆品检验检疫监督管理工作。国家质检总局根据便利贸易和进口检验工作的需要，可以指定在其他地点检验。

注　意

商家提供的正规品牌授权书中，如果同时代理多个品牌在一家店铺销售可以提供正规的进货渠道证明。

2. 入驻须知

商家选择是品牌 / 厂商还是代理商入驻之后，接下来需要了解入驻须知。

（1）天猫暂未授权任何机构进行代理招商服务，入驻申请流程及相关的收费说明均以官方招商页面为准。

（2）天猫有权根据包括但不仅限于品牌需求、公司经营状况、服务水平等其他因素退回客户申请；同时，天猫有权在申请入驻及后续经营阶段要求客户提供其他资质；天猫将结合各行业发展动态、国家相关规定及消费者购买需求，不定期更新招商标准。

注　意

天猫暂不接受个体工商户的入驻申请，也不接受非中国大陆企业的入驻申请。除此之外，天猫暂不接受未取得国家工商行政管理总局商标局颁发的商标注册证或商标受理通知书的品牌开店申请（部分类目进口商品除外），也不接受纯图形类商标的入驻申请。

2.6.2　入驻申请流程

商家了解了天猫招商标准之后，接下来就可以在相关网页在线申请入驻。淘宝店铺注册需要遵循一系列的流程，如首先要上传身份证进行实名资格认证，然后再缴纳保证金等。相对来说，天猫的入驻要求就会更加严格，而且手续比较繁杂。因此，商家应事先了解天猫的入驻流程，再逐步操作。入驻天猫的流程如图 2-39 所示，申请入驻的商家都需要按照该流程依次提交信息并等待天猫审核。

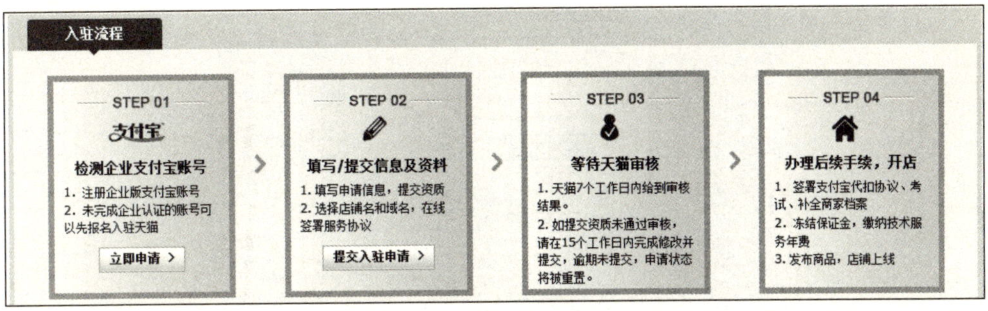

图 2-39　入驻天猫的流程示意图

注　意

商家取得工商局的核准变更证明后，要先致电支付宝客服热线（95188 转 1），进行支付宝账户对应公司名称（或法定代表人）的变更。

1. 申请企业支付宝账户

淘宝店主需要申请个人支付宝账户，以方便交易管理。而申请入驻天猫，则首先要申请企业支付宝账户。个人支付宝账户验证的是个人身份证，以及与身份证姓名相同的银行卡资料。而企业支付宝账户验证的则是公司营业执照，还有以公司名义在银行开的账户资料。下面介绍如何申请注册企业支付宝账户。

❶ 进入支付宝注册页面（https://memberprod.alipay.com/account/reg/enterpriseIndex.htm）后，单击“企业账户”选项，如图 2-40 所示。

❷ 输入账户名和验证码后单击“下一步”按钮，弹出“验证账户名”对话框，如图 2-41 所示。

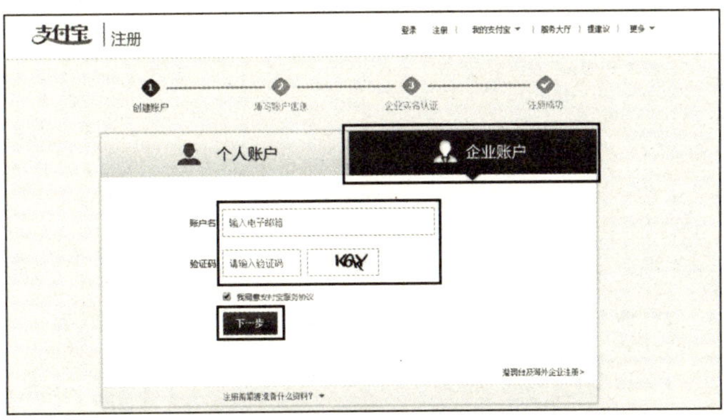

图 2-40　单击“企业账户”选项并输入账户名

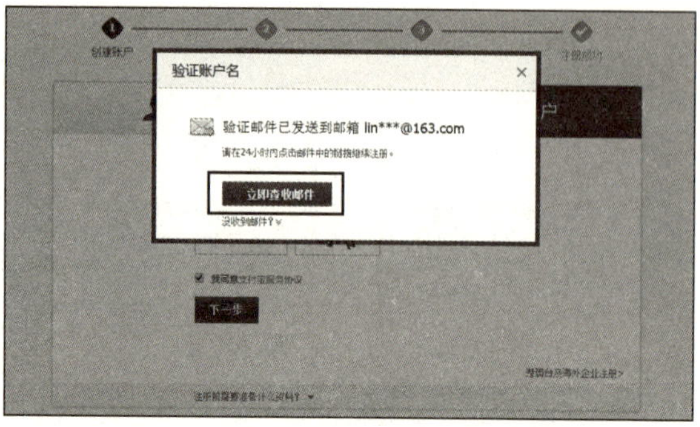

图 2-41 “验证账户名”对话框

❸单击“立即查收邮件”按钮，打开指定邮箱页面查看支付宝注册邮件，如图 2-42 所示。

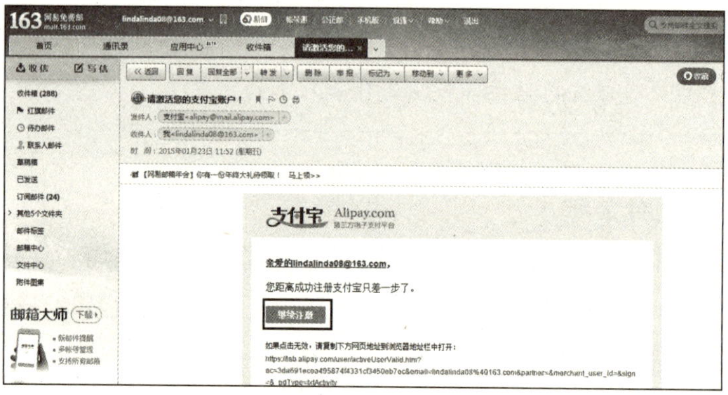

图 2-42 查看支付宝注册邮件

❹单击“继续注册”按钮，进入支付宝填写账户信息页面，按照页面提示分别设置登录密码、支付密码和安全保护问题，如图 2-43 所示。

图 2-43 进入支付宝填写账户信息页面

❺ 单击“下一步”按钮，进入支付宝实名认证页面，如图 2-44 所示。

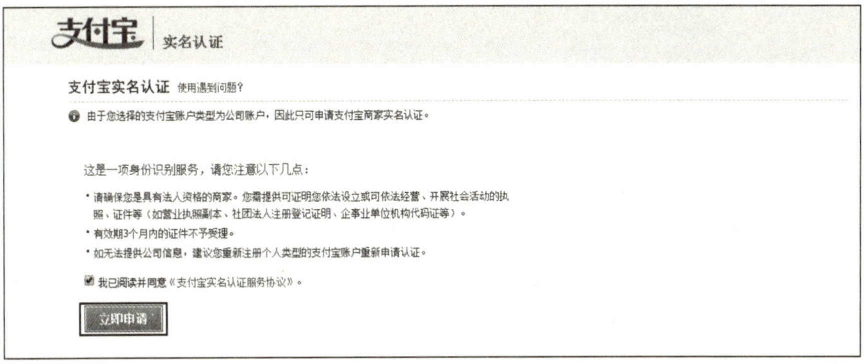

图 2-44　支付宝实名认证页面

❻ 单击“立即申请”按钮，进入实名认证设置页面，如图 2-45 所示。单击“法定代表人”选项下的“立即申请”按钮，打开企业认证信息填写页面，如图 2-46 所示。

❼ 按照提示分别填写企业名称、营业执照注册号、所在地、期限等基本信息，并上传企业营业执照，如图 2-47 所示。

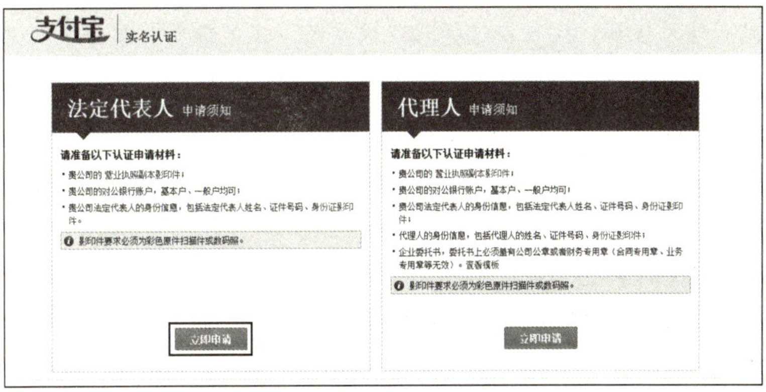

图 2-45　实名认证设置页面

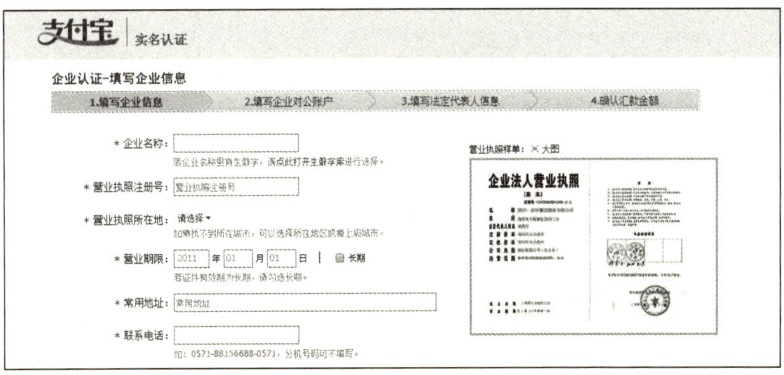

图 2-46　进入企业认证信息填写页面填写企业信息

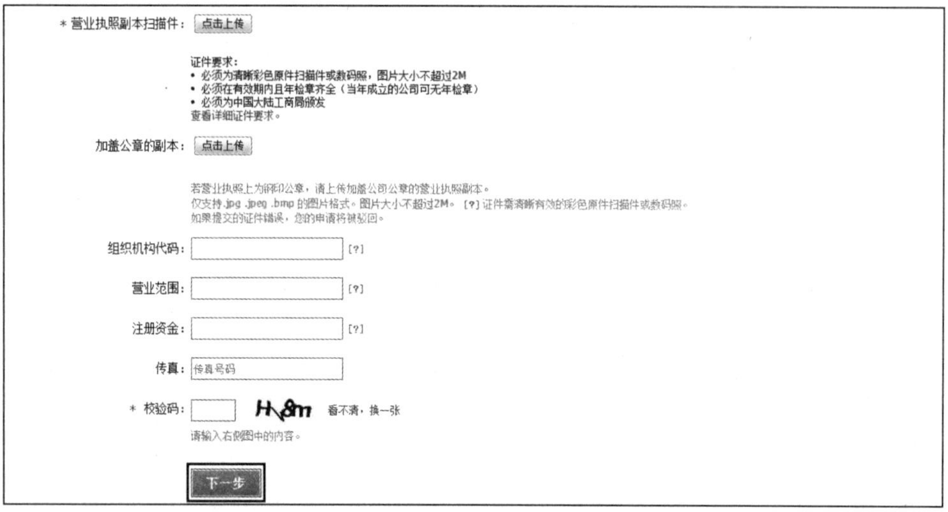

图 2-47　填写企业基本信息和上传营业执照

❽ 单击“下一步”按钮，进入第二步：填写企业对公账户步骤，再依次填写法定代表人信息，以及确认汇款金额；第三步：填写法定代表人信息；第四步：填写确认汇款金额，即可完成企业支付宝账户的注册。

❾ 如果是代理人注册，也可以选择代理人申请。在第❻步中选择“代理人”选项下的“立即申请”按钮即可，并按照步骤提示依次填写企业信息、企业对公账户、法定代表人信息、代理人信息以及确认汇款金额即可，如图 2-48 所示。

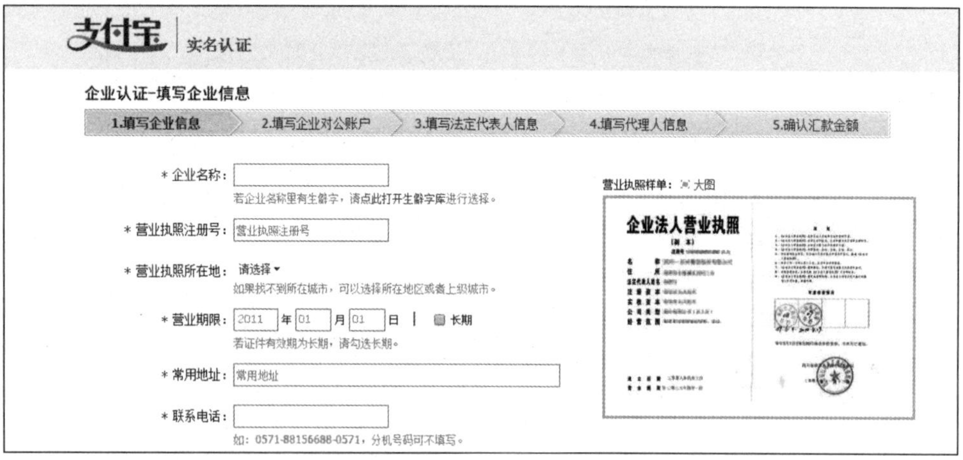

图 2-48　代理人申请设置步骤

注　意

天猫要求商家所提供的支付宝账号是一个全新的账号，不可绑定任何淘宝会员 ID，也不可作为登录邮箱绑定任何淘宝或天猫账号。

关于企业支付宝账户认证，商家可在报名前至支付宝网站完成认证，也可在提交报名后等待天猫审核时至支付宝网站完成认证；或等天猫审核通过、收到天猫账户名及密码后，登录天猫后台完成认证（营业执照和法人相关证件已在申请入驻天猫环节中通过校验，商家此时只需完成银行卡认证或关联认证）。

2. 填写基本资料并等待审核

注册好企业支付宝账户之后，商家首先需要在天猫招商页面了解入驻标准，然后再根据提示逐步填写企业资料并提交申请资料。

❶ 进入天猫招商页面（http://www.tmall.com/go/chn/mall/zhaoshang_home.php?spm=0.0.0.0.kOxJmC），单击页面中间的“立即入驻”按钮（见图 2-49），打开入驻申请页面（见图 2-50），在页面中选择类目并单击“品牌拥有者”下方的“旗舰店”按钮，打开新页面，如图 2-51 所示。

图 2-49　进入天猫招商页面

图 2-50　入驻申请页面

图 2-51　选择鞋类品牌

❷ 选择品牌链接后单击“确定，继续入驻”按钮，进入天猫用户登录页面。

❸ 输入登录名和密码，单击“登录”按钮即可进入图 2-52 所示的页面。根据提示注册企业版支付宝（前面已经介绍在其他页面如何注册），这里可以略过支付宝账户的注册。

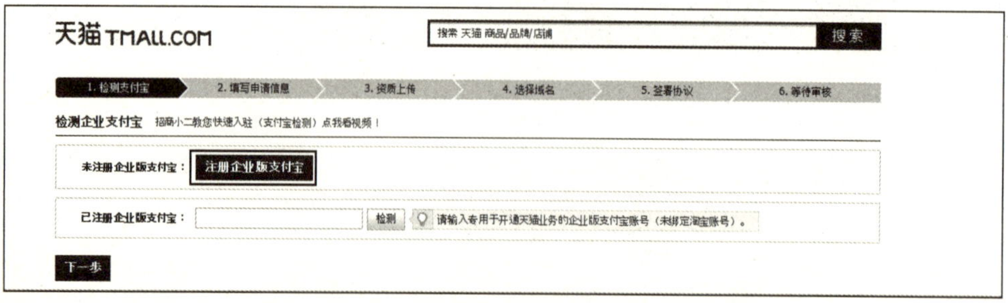

图 2-52　输入企业支付宝账户并单击“下一步”按钮

❹ 输入企业支付宝账户并单击“下一步”按钮，依次填写申请信息、资质上传、选择域名、签署协议并提交信息等待审核，天猫工作人员会在7个工作日内给到审核结果。

注　意

（1）报名时如支付宝账号未完成企业认证，商家可以在等待审核的过程中至支付宝页面完成认证，也可以在天猫资质审核完成后登录天猫账号完成认证。

（2）录入的支付宝账号未用于申请入驻天猫并未绑定任何淘宝账号，支付宝邮箱也未作为任何淘宝账号的登录邮箱进行使用。支付宝账号通过检测后，请勿自行将该支付宝与任何淘宝账号绑定，店铺成功上线后系统会自动将该账号与天猫账号绑定。

（3）天猫店铺ID及域名一旦生成是无法修改的。

（4）商家会员的会员名、店铺名的命名应严格遵守《天猫店铺命名规范》。天猫店铺ID及域名根据商品所在类目、品牌属性等要素生成，如遇店铺名称已被占用等特殊情况，天猫有权进行适当调整。

3. 审核通过

审核通过后，商家需要以天猫账号登录天猫服务专区，并同步完成支付宝相关操作。商家在报名时未完成企业认证的需要继续完成认证，完成后在线签署支付宝代扣协议；再学习天猫规则，完成后需考试；最后再补全商家档案信息，主要为公司信息、店铺运营信息及人员信息。

接下来，天猫会冻结缴纳保证金 / 技术服务费年费，商家需要在收到天猫账户名和密码的15天内完成保证金 / 技术服务费年费的冻结缴纳操作。如果逾期未操作，本次申请将会作废。

4. 发布商品

根据审核结果完成信息补充，并使用天猫用户名和密码登录后，商家需要在30天内发布满规定数量的商品。如果逾期未操作，本次申请将作废。如何发布商品的详细步骤，请见第4章内容。

第3章

天猫之路，店铺初始设置

3.1 亮出营业执照

买家在天猫购买商品时经常会产生一些疑问，例如想要核实商家的地址、想知道商家是否正规等。实体店铺会挂出营业执照等资质原件或复印件供买家查看，同样的，在虚拟的天猫店铺中，商家也可以上传相关的资质文件，方便天猫管理以及买家随时查看，保障买家权益并增强其购买信心。

❶ 进入 http://work.taobao.com/ 网页中，下载“千牛 - 卖家工作台”程序并安装。安装完成后，双击计算机桌面中的“千牛工作台”图标，打开“千牛 - 卖家工作台”登录界面，如图 3-1、图 3-2 所示。

图 3-1　双击 “千牛工作台” 图标

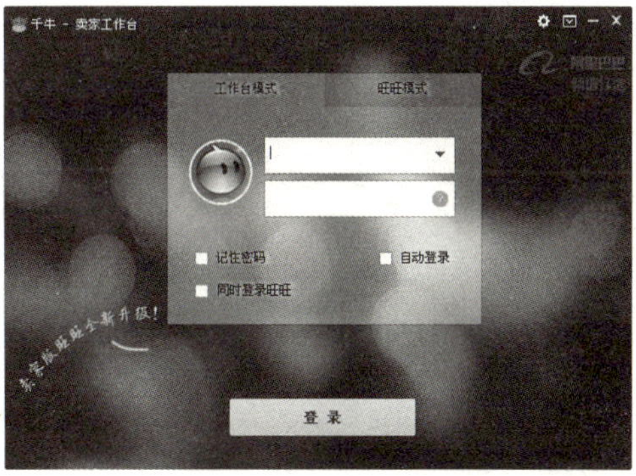

图 3-2　千牛登录界面

❷ 在“工作台模式”下依次输入会员名和密码，并根据需要分别勾选上“记住密码”“自动登录”“同时登录旺旺”复选框（见图 3-3），单击“登录”按钮即可登录千牛工作台。

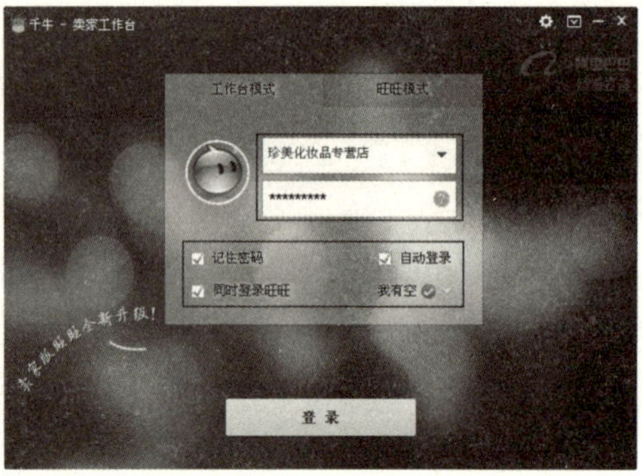

图 3-3　输入会员名和密码

注　意

如果在登录界面没有勾选“同时登录旺旺”复选框，那么商家在登录千牛工作台后将无法同时在工作台左侧登录旺旺。

❸ 登录至千牛工作台后，单击右下角的“常用网址”按钮，弹出功能界面，如图 3-4、图 3-5 所示。单击“店铺管理”下的“卖家中心”链接，即可快速打开天猫商家中心的“我的工作台”页面。

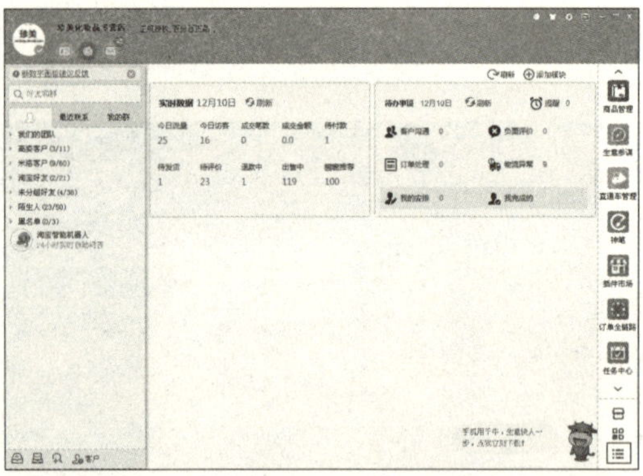

图 3-4　单击“常用网址”按钮

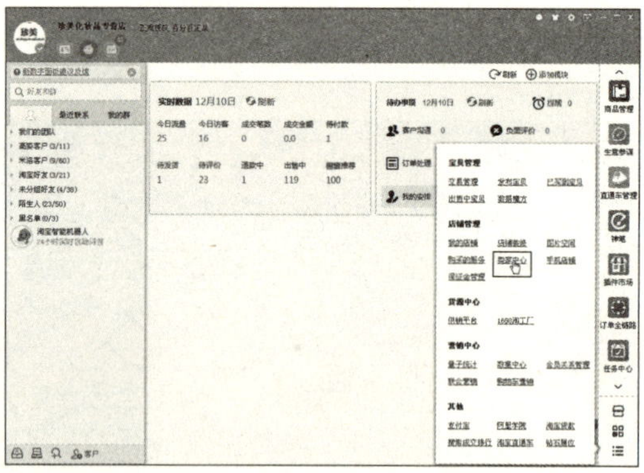

图 3-5　单击“卖家中心”链接

提　示

商家只需要在千牛工作台即可实现快速打开任意相关网页页面，并执行相关设置。

❹ 单击左侧“店铺管理”下的“品牌管理”链接，打开设置页面，如图 3-6 所示。

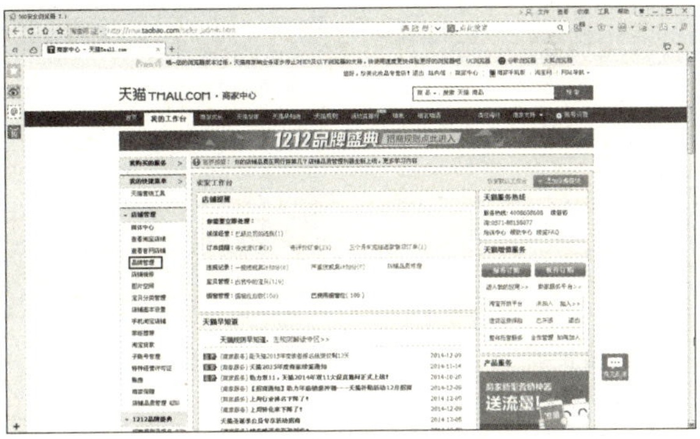

图 3-6　单击“品牌管理”链接

❺ 单击切换至“我的资质管理”页面（见图 3-7），自动弹出“提示”提示框，并单击“确定”按钮（见图 3-8），进入企业资质设置页面。

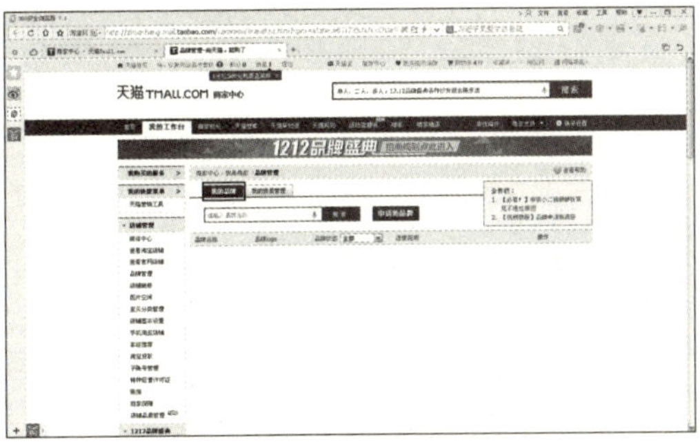

图 3-7　“我的资质管理”页面

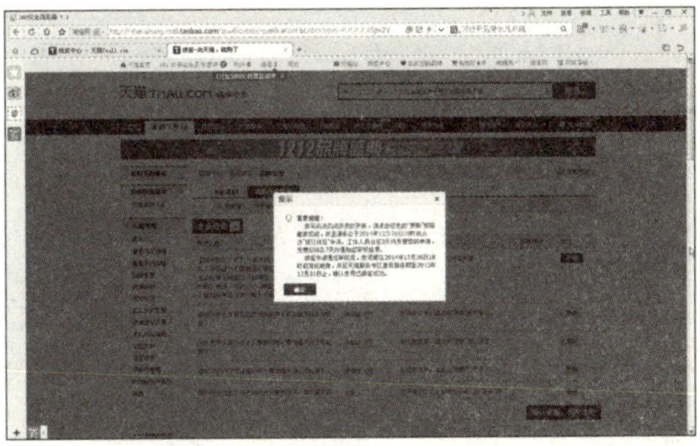

图 3-8　单击“确定”按钮

提　示

（1）如果资质即将过期，即距资质过期少于或等于 90 天，请尽快联系相关方办理资质延期，并在资质过期前登录天猫，在线更新有效资质（商家中心－店铺提醒－资质提醒）。

（2）如果资质有效期已超过当前时间，且未及时向天猫提供最新、有效的资质，商家可以继续提交有效资质。

（3）如果离资质过期大于 90 天，暂时无需更新资质，则可以核实系统显示的资质有效期及对应资质图片是否正确无误。

❻ 在页面中单击“更新”按钮完成及时在线资质更新，在弹出的“资质更新”对话框中上传文件并单击“提交”按钮，如图 3-9、图 3-10 所示。

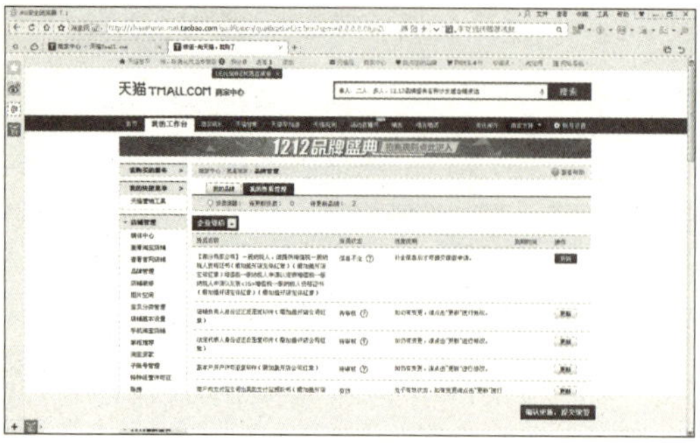

图 3-9　在线更新资质

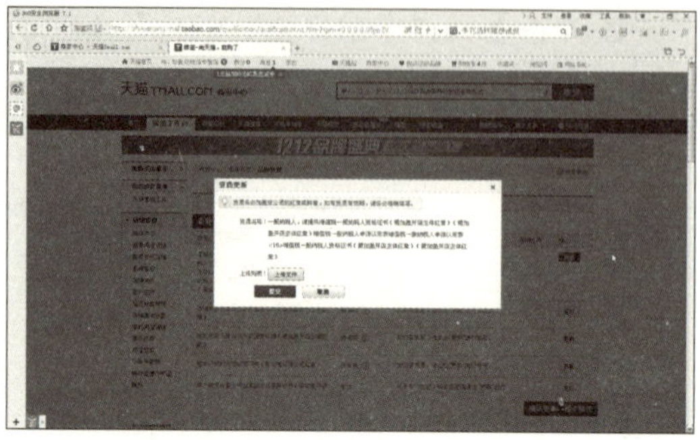

图 3-10　单击“提交”按钮

❼ 提交结束后，就可以等待天猫的审核。

注　意

（1）上传资质更新并通过审核后，天猫会提示商家继续完成信息确认和协议签署，并按照规定完成缴费续签，如图 3-11 所示。

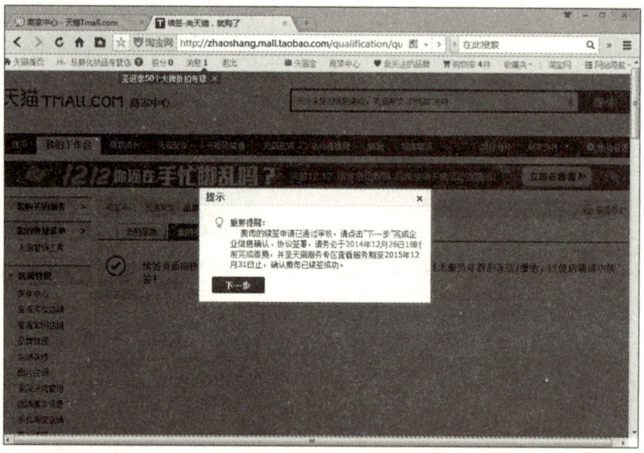

图 3-11　资质通过审核

（2）逾期未提交续签申请、审核未通过、未缴纳年费或未冻结保证金，则商家将无法于新年度继续使用天猫服务。

3.2　品牌管理，上传品牌授权资质

如果天猫店铺计划销售某些品牌的商品，就需要拿到该品牌的授权资质，并将其上传至品牌管理供天猫检验，合格后才能销售该品牌的相关产品，具体设置步骤如下。

❶ 商家在“我的品牌”下可以查看店铺当前的所有品牌名称以及品牌状态等信息。如果需要申请新品牌，单击“申请新品牌”按钮（见图 3-12），打开“请确认你已知晓以下内容”提示框（见图 3-13），单击“确认”按钮即可打开资质上传页面。

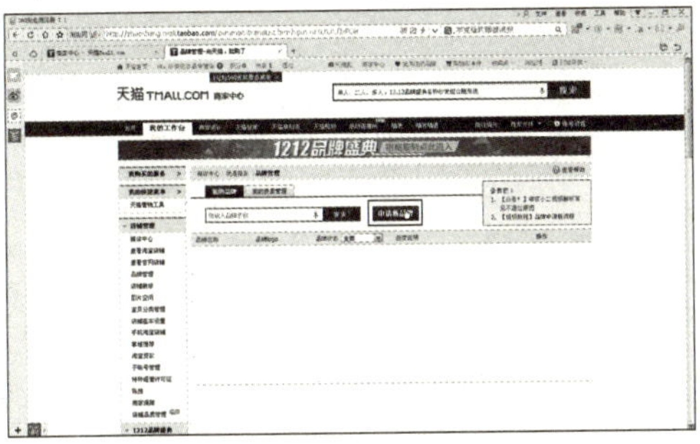

图 3-12　单击“申请新品牌”按钮

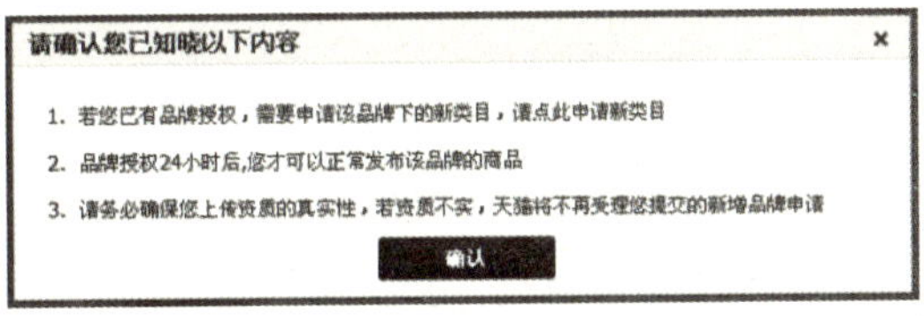

图 3-13　“请确认你已知晓以下内容”提示框

❷ 在“资质上传注意事项”向导页中，单击右侧“ 〉”按钮，进入“盖红章”向导页，如图 3-14、图 3-15 所示。

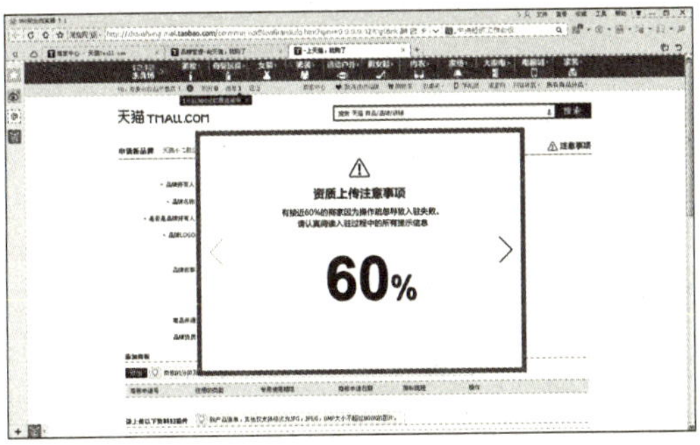

图 3-14　“资质上传注意事项”向导页

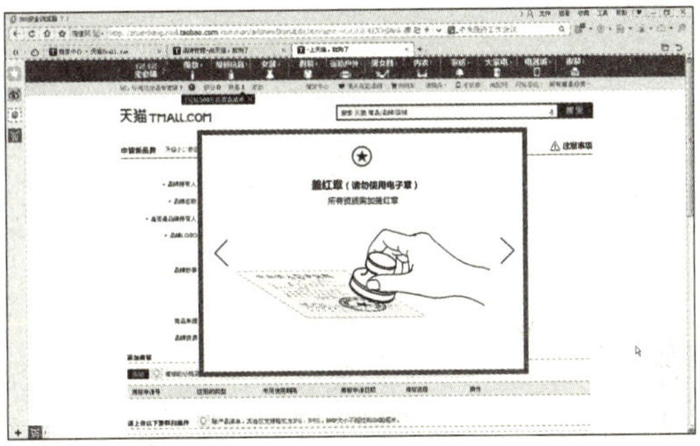

图 3-15　“盖红章”向导页

❸ 在“盖红章”向导页中单击右侧的“ 〉”按钮，进入“正确方向”向导页，如图 3-16 所示。

❹ 在“正确方向”向导页中单击右侧的“ 〉”按钮，进入“正确顺序”向导页，如图 3-17 所示。

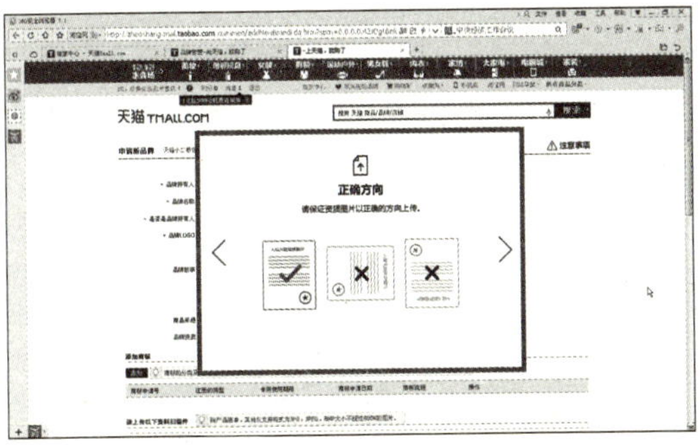

图 3-16　“正确方向”向导页

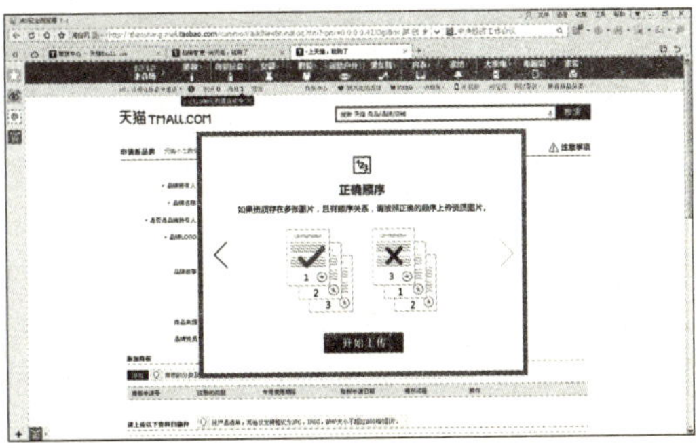

图 3-17　“正确顺序”向导页

❺ 在“正确顺序”向导页中单击“开始上传”按钮，打开“申请新品牌”页面，根据提示依次输入“品牌持有人”“品牌名称”等各项品牌信息，并上传需要的文件（见图 3-18），即可完成品牌授权资质设置，最终效果如图 3-19 所示。

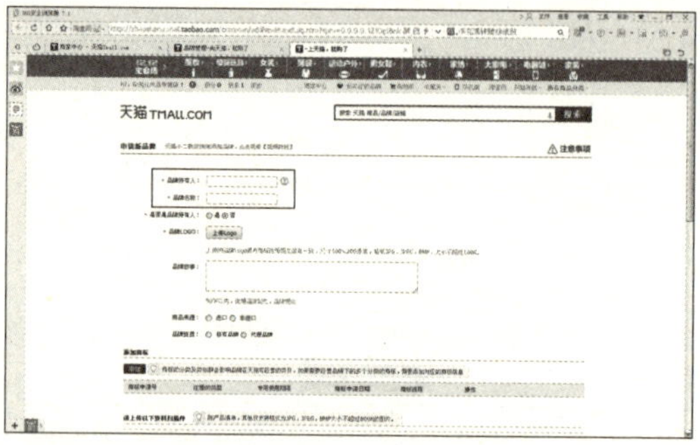

图 3-18 “申请新品牌” 页面

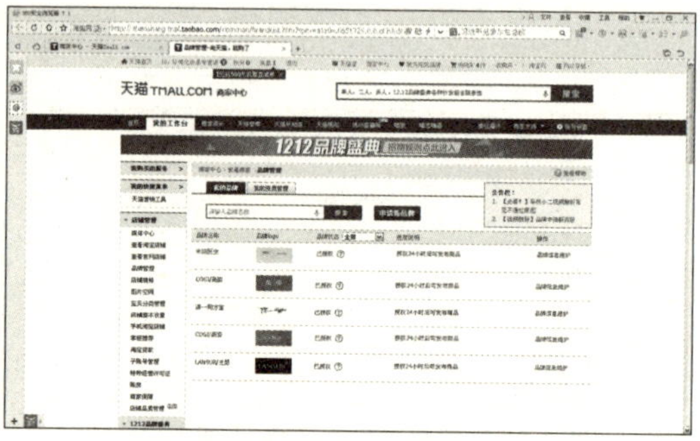

图 3-19 完成品牌授权资质设置

注 意

（1）商家在上传资质时，应确保文件红章盖在右下角位置，并保证图片以正方向顺序上传；当有多张资质文件需要上传时，应该按照“1、2、3…位置”的规定顺序，否则将会导致天猫入驻失败。

（2）如果上传的品牌资质已经失效，则商家需要重新申请新的品牌，并在规定时间内提交续签申请和上传新的品牌授权资质文件。

3.3 子账号管理，设置使用权限

子账号业务是天猫提供给商家的一体化员工账号服务。掌柜使用主账号创建员工子账号并授权后，子账号可以登录旺旺接待买家咨询，或登录卖家中心帮助管理店铺。而且，主账号还可以对子账号的业务操作进行监控和管理。

3.3.1 新建员工

商家开通子账号后，可以根据实际运作要求新建一个或多个员工，并设置相应的权限。

❶ 进入天猫工作台后，单击“店铺管理”下的“子账号管理”链接，打开子账号管理页面，如图 3-20、图 3-21 所示。

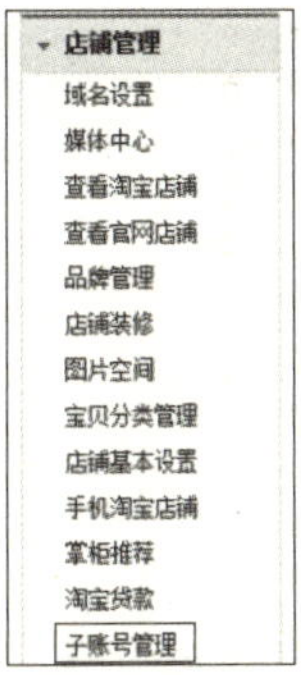

图 3-20　单击“子账号管理”链接

图 3-21　子账号管理页面

❷ 单击子账号管理页面中的“新建员工”按钮，打开新员工设置页面。在“部门结构”下分别设置新员工的姓名、部门、职务、角色等，如图 3-22、图 3-23、图 3-24、图 3-25 所示。

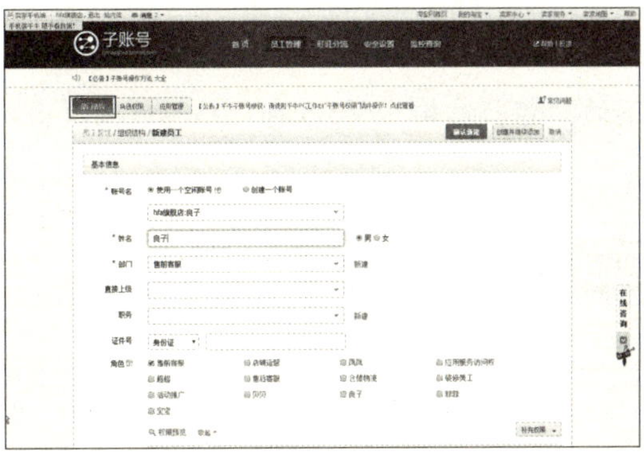

图 3-22　新建员工设置页面 1

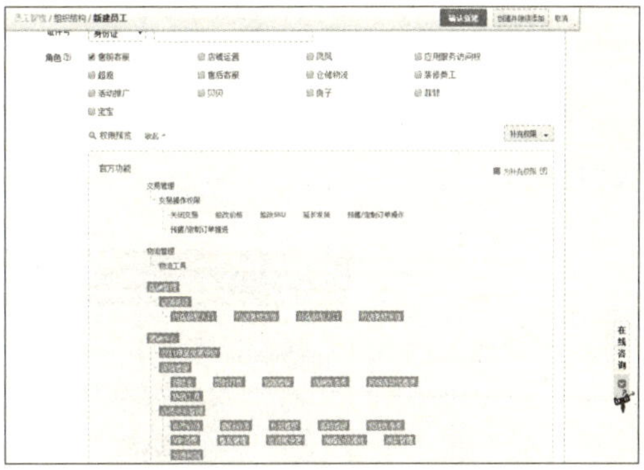

图 3-23　新建员工设置页面 2

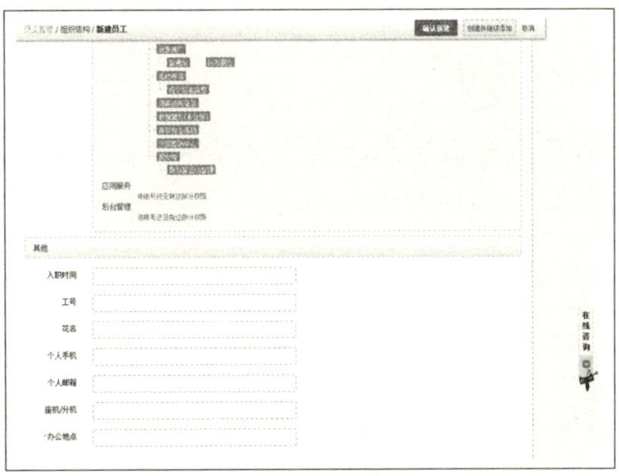

图 3-24　新建员工设置页面 3

图 3-25　新建员工设置页面 4

❸ 设置完成后单击上方的“确认新建”按钮，即可新建员工，如图 3-26 所示。按照相同的方法依次建立其他新员工，如图 3-27 所示。

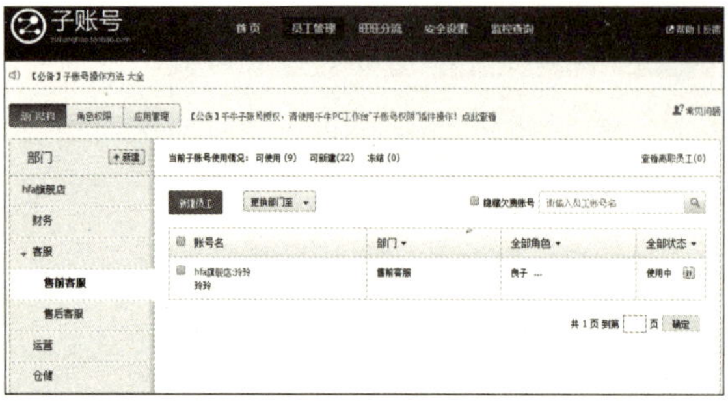

图 3-26　完成员工新建

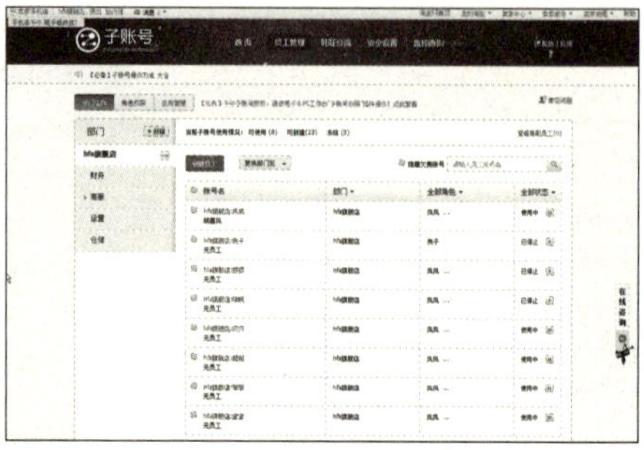

图 3-27　所有新建的员工

3.3.2　设置部门结构

为了方便在子账号中对多个账号进行管理，商家还需要设置不同的部门，如客服部、财务部、运营部等。

❶ 进入天猫工作台后单击“员工管理”下的“部门结构”，进入部门结构设置页面，如图 3-28 所示。

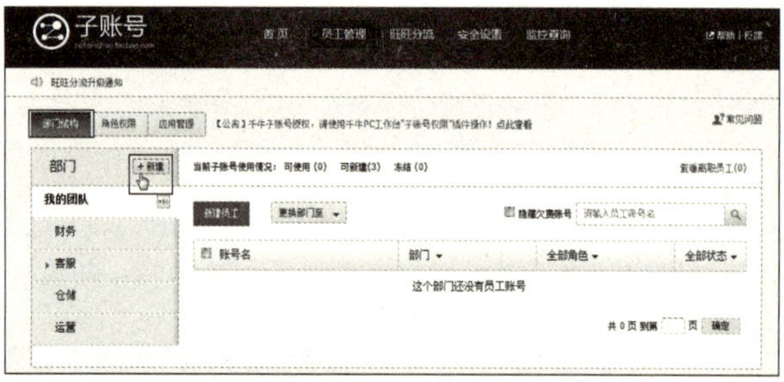

图 3-28　部门结构设置页面

❷ 单击部门右侧的“新建”按钮即可进入部门命名状态，直接输入部门名称即可，如图 3-29 所示。

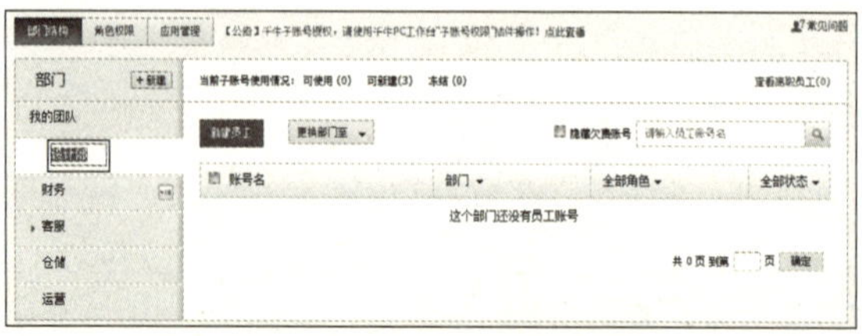

图 3-29　进入部门命名状态

❸ 单击部门名称右侧的按钮，在下拉列表单击“新建子部门”选项，如图 3-30 所示，即可在刚才新建的名称下方进入编辑状态，输入子部门名称，如图 3-30、图 3-31 所示。

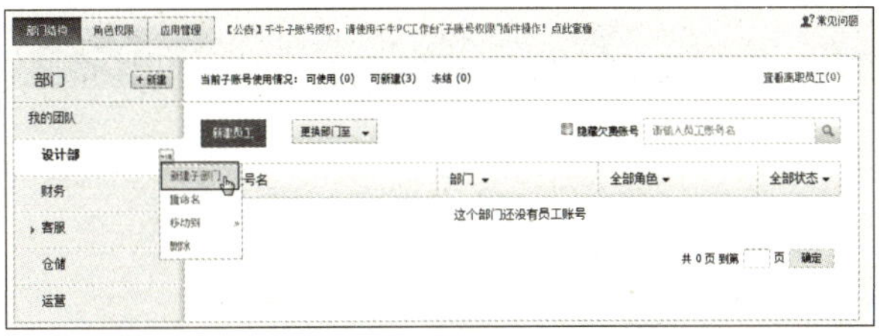

图 3-30　在下拉列表中单击“新建子部门”选项

图 3-31　输入子部门名称

❹ 设置完成后按下回车键，即可完成部门的创建，如图 3-32 所示。

图 3-32　创建完成的子部门

❺ 为部门添加员工之后，可以在列表中选择需要转移部门的员工账号，单击上方的“更换部门至”按钮，在下拉列表选择一个部门，即可完成部门更换，如图 3-33、图 3-34 所示。

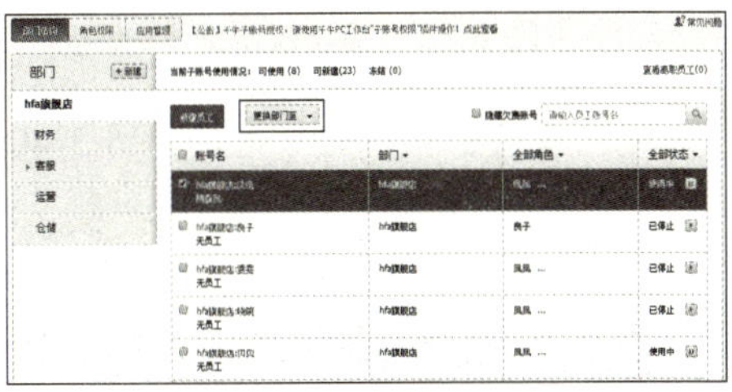

图 3-33　单击“更换部门至”按钮

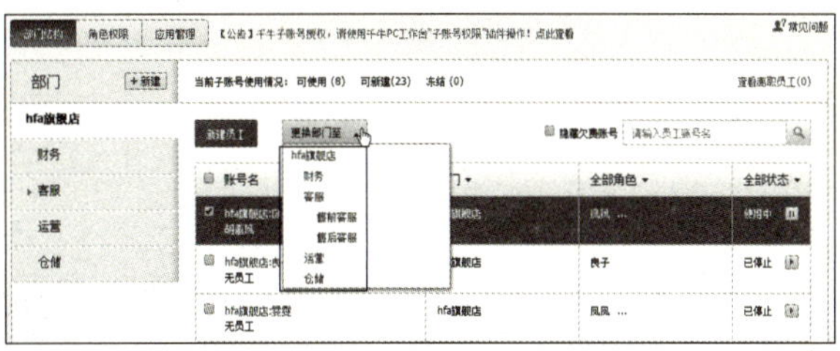

图 3-34　选择要更换的部门

3.3.3　设置角色权限

❶ 进入天猫工作台后，单击“员工管理”下的“角色权限”，进入“角色权限”设置页面，如图 3-35 所示。

❷ 左侧显示了所有角色名称，单击选中需要设置权限的角色，再右侧单击“修改权限”，进入角色修改页面，如图 3-36 所示。

图 3-35 “角色权限” 设置页面

图 3-36 角色修改页面

❸ 在该页面中可以重新修改各类权限，如图 3-37、图 3-38 所示。

图 3-37 修改权限 1

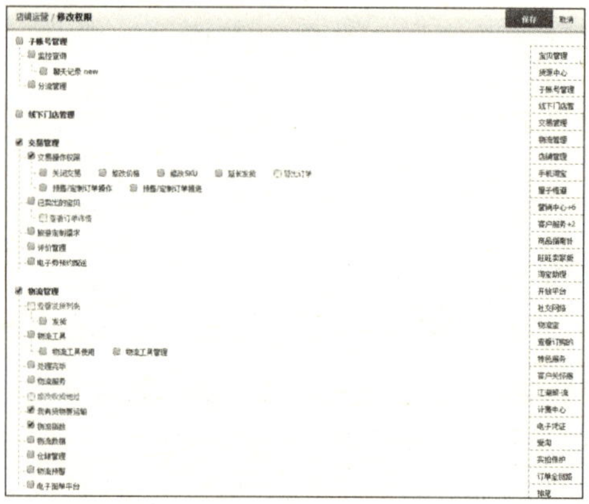

图 3-38 修改权限 2

❹ 设置完成后单击“保存”按钮（见图 3-39），即可完成角色权限的修改，如图 3-40 所示。

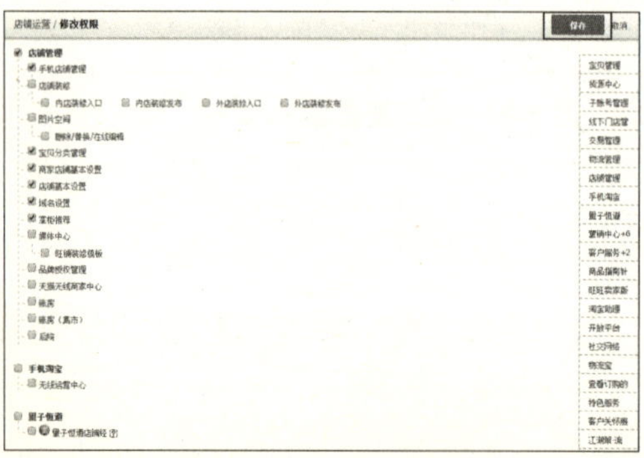

图 3-39 修改权限 3

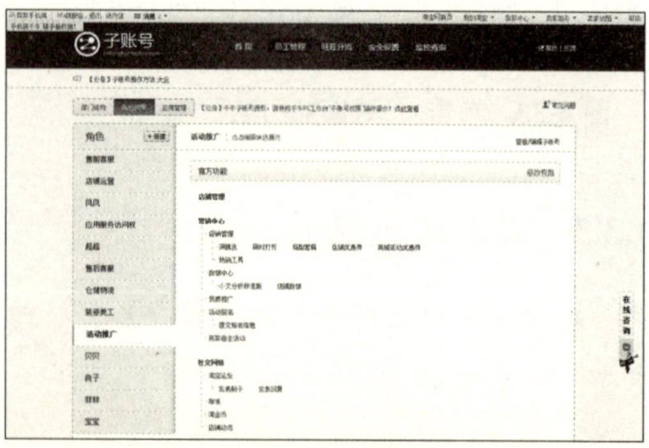

图 3-40 修改权限 4

3.3.4 旺旺分流

旺旺分流的方式主要有“平均分流”和“权重分流”两种，如图 3-41 所示。分流设置要根据平时的接待能力分权重值。

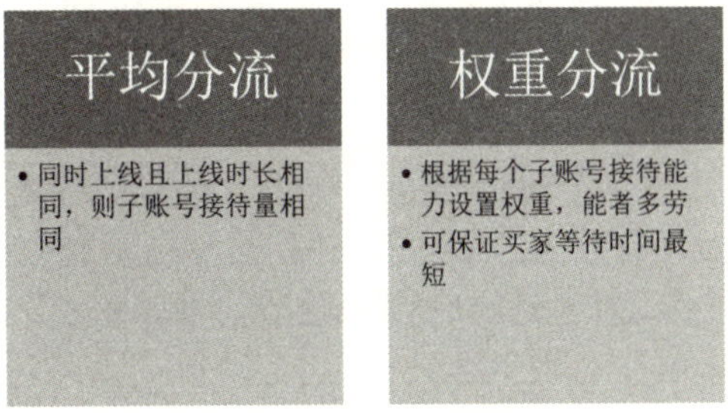

图 3-41　旺旺分流的方式

❶ 在子账号管理页面中切换至“旺旺分流”，直接进入旺旺分流设置页面。

❷ 在“分流客服”标签下可以看到整个客服的组织结构，如图 3-42 所示，找到分流的账号，点击“启用”就可以了，然后根据客服的接待能力分配权重。

图 3-42　旺旺分流页面

3.4　商家保障管理

天猫购物的首要事情就是保障消费者权益，只有完善的购物体系，并为商家提供保障管理服务，才能更好地买与卖。下面介绍具体的操作步骤。

❶ 进入天猫“我的工作台”后，单击页面左侧“店铺管理”下的“商家保障”，打开“商家保障”设置页面，右侧页面中提供了多种保障项目供商家选择。例如，在“卖家运费险”保障项目后向右拖动滑块，使滑块左侧呈现绿色显示状态，表示该保障项目被选择，同时原先的“未加入”更改为“已加入”，如图 3-43 所示。

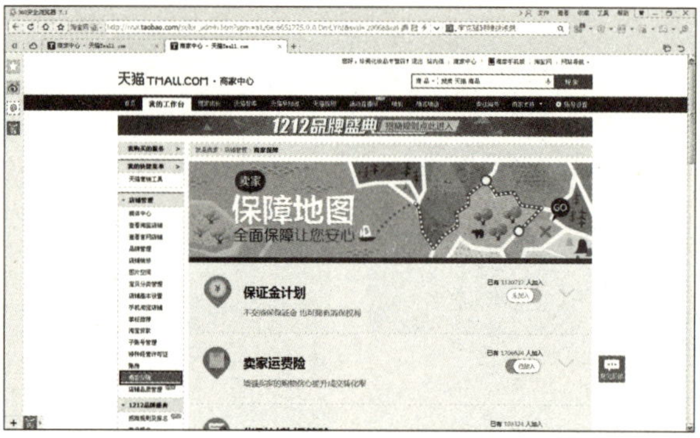

图 3-43　“商家保障” 设置页面

提　示

天猫商家基本上都会加入“卖家运费险”，这样可以提高买家购买的信心，提升店铺销量。除此之外，天猫还提供了“货到付款拒签险”“乐业保”“大件破损险”“商品质量保证险”等保障业务，如图 3-44 所示，商家可以根据需要加入相应的保障。

图 3-44　商家保障业务

3.5　店铺品质管理

评价实体店商品的品质是否合格，买家可以通过了解其商品退货率、合格率以及是否违规操作等几个方面进行判断。天猫系统可以根据近一个月的商品销售情况，对店铺的退货率进行统计。例如，和当月的销售额对比，计算出退款占比并以图表形式呈现。

进入天猫“我的工作台”后，单击页面左侧“店铺管理”下“店铺品质管理”，打开品质管理设置页面，如图 3-45 所示。页面中显示了店铺品质退款数据，包括品质退款占比、总退款等项目，同时会显示出店铺退款率最高的商品信息，如图 3-46 所示。

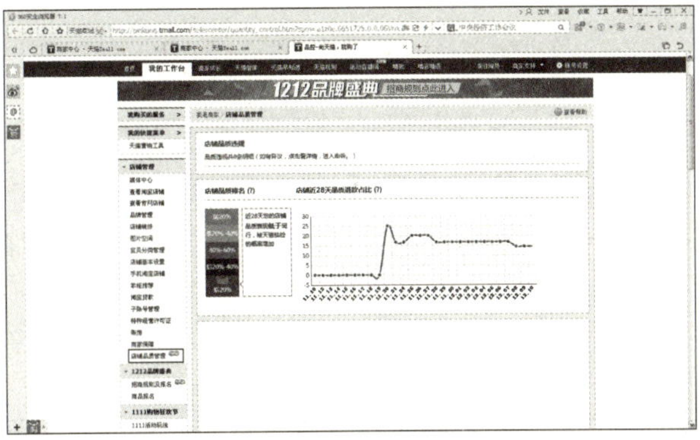

图 3-45　品质管理设置页面

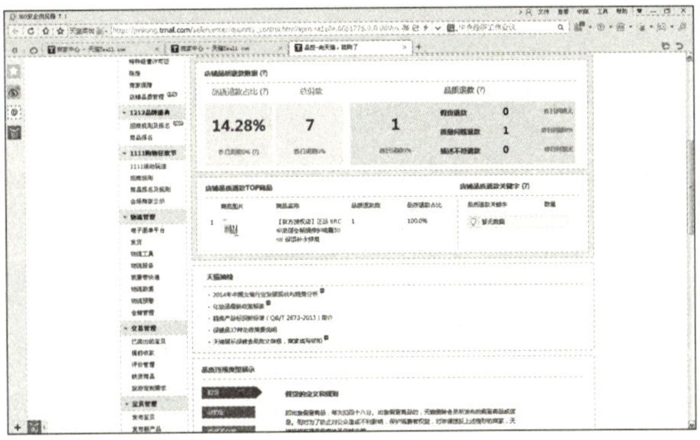

图 3-46　店铺品质管理页面

提　示

符合天猫退款规则的情况，主要包括 7 天无条件退款、实物与图片严重不符、假货以及质量不合格等。如果在近 28 天中，商家是因为品质问题出现退款率高于同行业的平均值，则被天猫抽检的概率就会增加。

3.6　手机淘宝店铺

为了能够享受随时随地轻松购物，买家可以直接通过手机客户端选购心仪的商品，并与天猫商家旺旺沟通再直接下单付款，坐等送货上门。商家使用千牛工作台，可以一次性实现计算机客户端和手机客户端的订单处理。下面介绍如何开通手机淘宝店铺。

3.6.1　开放“码上淘”

现在很多商家都推出手机扫描二维码，买家可以直接添加商家或者参加优惠活动。

淘宝“码上淘”可以制作生成二维码，这是淘宝新出的一种针对卖家营销的方法。许多商家通过创建一个二维码，让买家收货确认扫描二维码即可得到相关优惠。通过创建手机淘宝店铺二维码之后，买家只要扫描二维码就会直接跳转到对应的天猫店铺。

“码上淘”主要包含码上下载和码上淘宝两个功能，在手机淘宝服务中主要是通过对商品上条码的解读，搜索该商品在主要电子商务网站上的售价，来为买家提供价格参考信息。添加“码上淘”的操作步骤如下。

❶ 进入天猫“我的工作台”后，单击页面左侧“店铺管理”下的“手机淘宝店铺”，打开设置页面。再单击“码上淘”下的“进入后台”按钮，即可打开“码上淘”设置页面，如图 3-47 所示。

❷ 默认为激活的“承接页管理”页面，单击“开启二维码之旅”按钮即可打开二维码创建页面，如图 3-48 所示。

图 3-47　打开“码上淘”设置页面

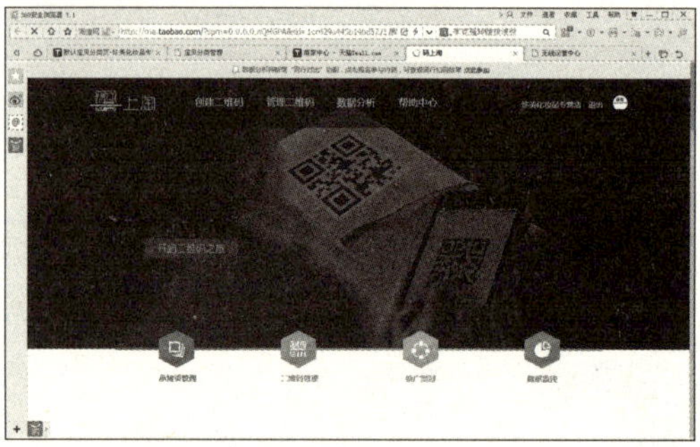

图 3-48　单击“开启二维码之旅”按钮

❸ 页面左侧提供了三种创建二维码的方式，首先单击“通过模板创建”，在右侧可以选择合适的模板创建，如图 3-49 所示。

❹ 其次，单击“通过页面创建”按钮，在右侧可以设置“页面 URL”“二维码名”和“推广渠道”，单击“创建二维码”按钮即可，如图 3-50 所示。

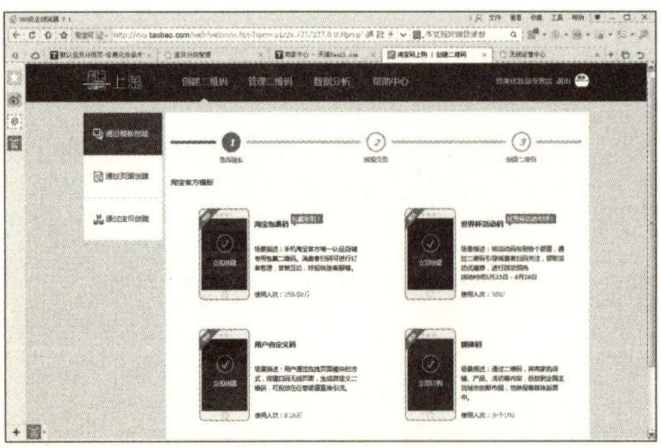

图 3-49　选择合适的模板创建

图 3-50　单击“通过页面创建”按钮

❺ 最后切换至“通过宝贝创建”，右侧会以列表条目形式显示天猫店铺中的所有商品，单击选中某一个商品条目（如果商品众多，可以在搜索框中搜索指定商品），再单击下方的“创建二维码”按钮即可，如图 3-51 所示。

图 3-51 选择商品并单击 “创建二维码” 按钮

提 示

（1）淘宝包裹码的使用人次最高，因为它是商家维护老客户的一个重要工具。商家可以通过创建这样的二维码，让客户得到一些小小的返利优惠。

（2）可以将页面 URL 设置为天猫店铺地址的首页、商品活动页面或者其中的某个特别页面（例如包邮商品页面），买家可以通过扫描二维码直接进入店铺的指定页面选购商品。

（3）在“码上淘”页面中的数据分析工具下，商家可以查看到通过二维码的扫码量、商品访问量、成交数等数据。

3.6.2 手机专享价

为了在手机淘宝上抢占更多免费流量，获得搜索加权，让买家更容易找到店铺商品，手机淘宝在 2014 年推出了一款官方营销工具，即手机专享价。

手机专享价是一款专门针对手机客户端下单的促销工具，它在手机和电脑上分别以不同的折扣优惠价显示。目前常见的合作主要有“双十二”大促、聚划算（仅限 C 商品）、天天特价、限时打折等所有第三方促销工具叠加使用，并且支持折上折。

进入天猫“我的工作台”后，单击页面左侧“店铺管理”下的“手机淘宝店铺”，打开设置页面，再单击“营销工具”下的“手机专享价”按钮，即可打开“手机专享价”设置页面，如图 3-52、图 3-53 所示。

图 3-52　单击“手机专享价”按钮

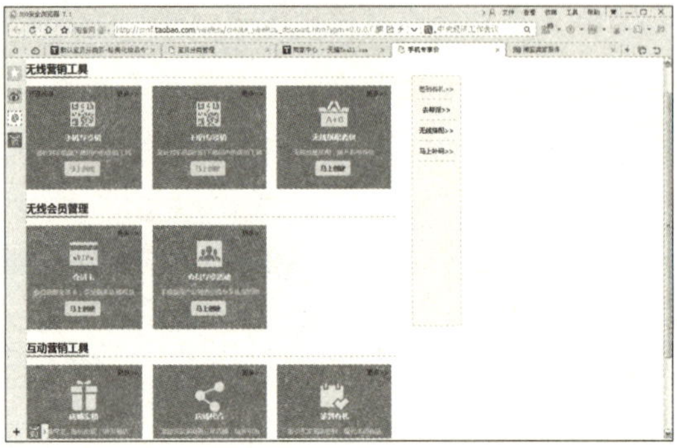

图 3-53　“手机专享价”设置页面

提　示

设置手机专享价后，买家可以通过在手机淘宝客户端上单独筛选出参加了手机专享价的商品，买到更实惠的商品。

3.6.3　手机营销平台

除了设置“码上淘”以及手机专享价等提高店铺流量和交易量，商家也可以使用专用的店铺营销插件，以更好地提高营销手段，其具体设置步骤如下。

进入天猫“我的工作台”后，单击页面左侧“店铺管理”下的“手机淘宝店铺”，打开设置页面，再单击“无线开放平台”下的“店铺营销开放”按钮，即可打开“营销插件”页面，如图 3-54、图 3-55 所示。

图 3-54　单击“店铺营销开放”按钮

图 3-55　“营销插件”页面

第4章 “猫”店起航，改头换面

4.1 店铺名称、店招、LOGO与相关信息设置

为天猫店铺设计一个既独特又符合商品特征的名称、店招和产品 LOGO，是商家开通店铺后首先需要着手的事情，因为这些一旦确定，就不能修改。天猫店铺的基本设置包括店铺招牌、标签页、自定义内容区、掌柜推广区、自定义推广区以及店铺类目，具体如图 4-1 所示。

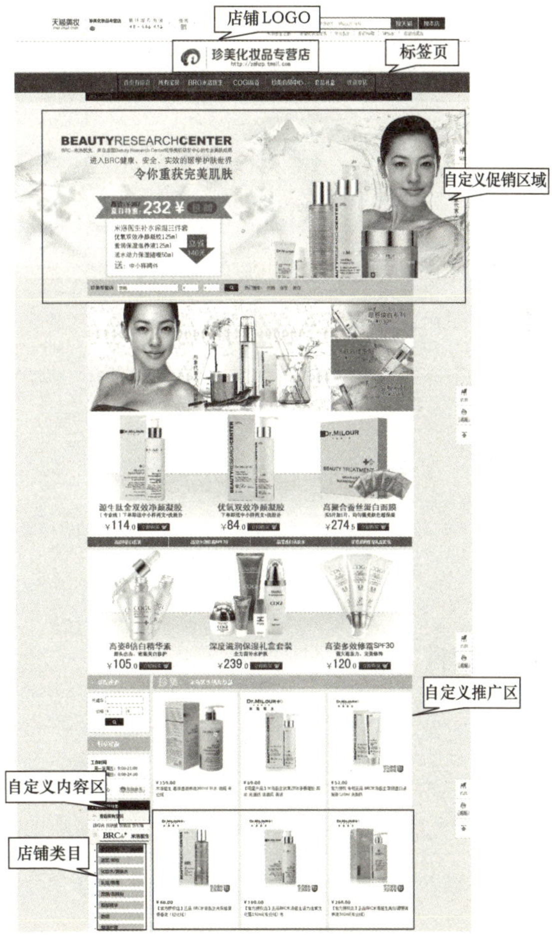

图 4-1 天猫店铺界面

店招是最好的广告位，但被很多人忽略了。LOGO、Slogan（即广告口号）都要设置好，要让买家点击进来能记住。店铺名称应强调店铺所售商品，销售品牌商品的店铺则应突出品牌信息。

4.1.1　名称与LOGO设置

对于天猫商家来说，卖的是商品品质，所以一般都会在店铺内放上商品的品牌LOGO，让买家一眼看到，从而增强其购买信心。淘宝集市卖家销售的多是工厂杂货，很多都没有自己的品牌，从商品到包装都会比较随意，而天猫店铺则比较注重品牌。天猫店铺的LOGO设置可以参照以下四项原则，具体如图4-2所示。

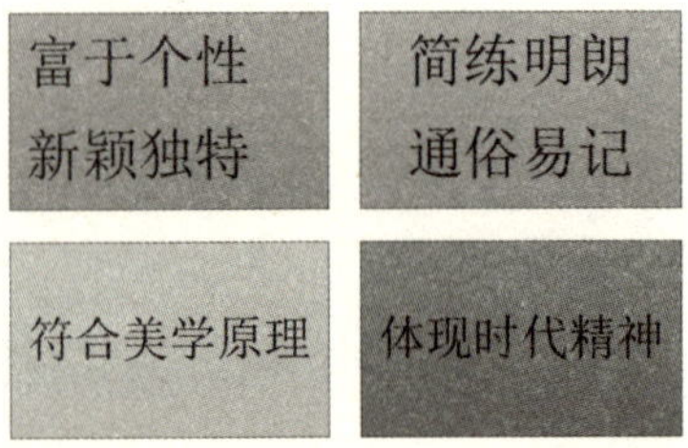

图4-2　天猫店铺LOGO的设置原则

某知名运动品牌的旗舰店首页品牌LOGO如图4-3所示。从中可以看出，店铺的名称非常简洁、一目了然，直接使用品牌名称，再加上旗舰店、专营店或专卖店字样。

某手机品牌的首页品牌LOGO如图4-4所示。

图4-3　首页品牌LOGO 1

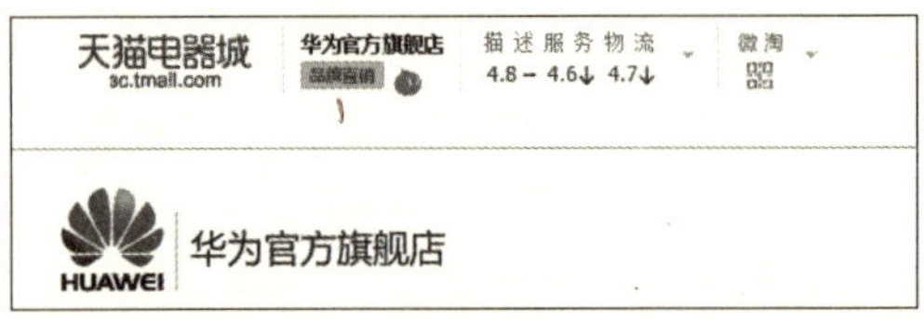

图4-4　首页品牌LOGO 2

4.1.2　官方网店装修

官方网店是赠送的独立网站，在淘宝平台上是不能被搜索到的。考虑到试运营考核的情况，建议商家应先将自己的天猫店铺运营好。下面首先介绍装修官网的操作步骤。

❶ 进入天猫“我的工作台”后，单击页面左侧“店铺管理”下的“店铺装修”，打开淘宝网店铺管理平台，如图4-5所示。

❷ 单击“官方网店”下的“装修”按钮，进入官方网店装修页面，如图 4-5、图 4-6 所示。

图 4-5　淘宝网店铺管理平台

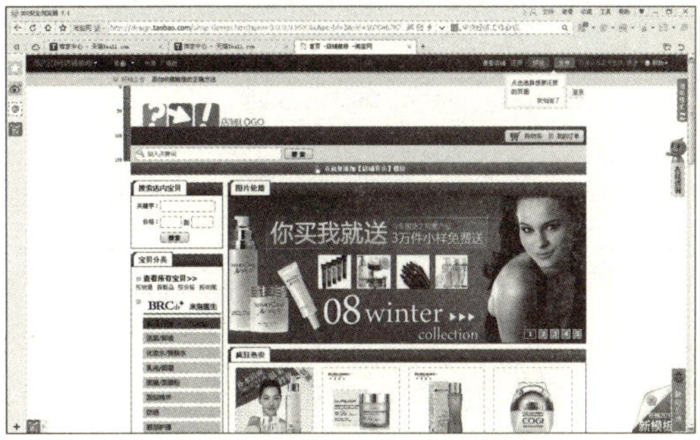

图 4-6　官方网店装修页面

❸ 将鼠标指针指向装修首页的店铺 LOGO 区域，该区域会呈现浅蓝色蒙版状态，单击右上角的“编辑”按钮，打开“编辑内容”对话框，如图 4-7、图 4-8 所示。在该对话框中，商家可以设置背景图片、头部高度、是否显示店铺标志以及店铺标题等。

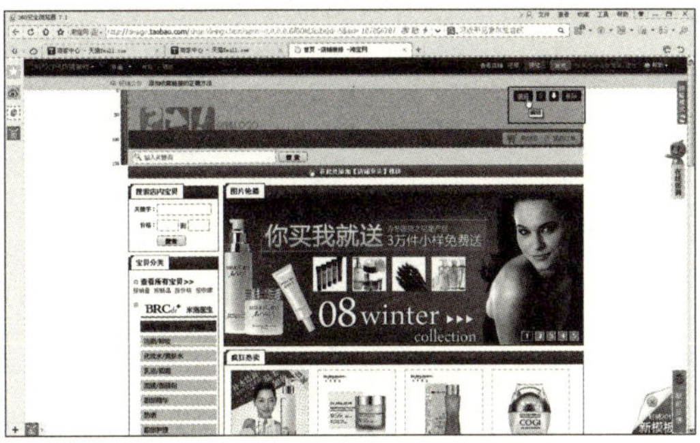

图 4-7　单击“编辑”按钮

图 4-8　“编辑内容”对话框

注　意

在浅蓝色区域右侧，商家还可以通过单击其余两个按钮，实现对该模块的上移、下移以及删除操作。

❹ 将鼠标指针指向装修页面的自定义区域，该区域会呈现浅蓝色蒙版状态，单击右上角的“编辑”按钮，打开“编辑内容”对话框，如图 4-9、图 4-10 所示。在该对话框中，商家可以设置自定义区域的标题、宝贝类型以及显示方式等。

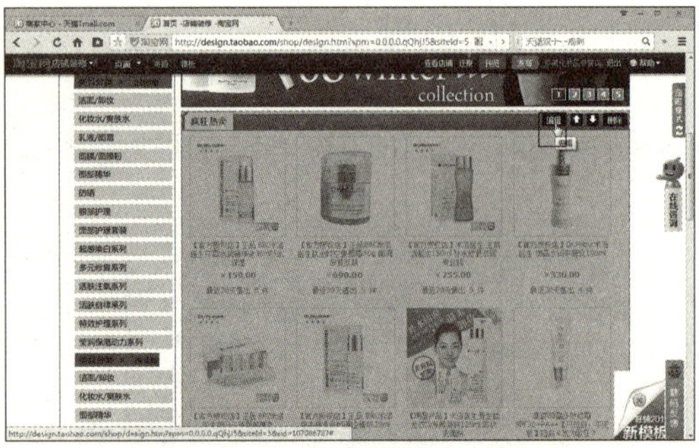

图 4-9　单击“编辑”按钮

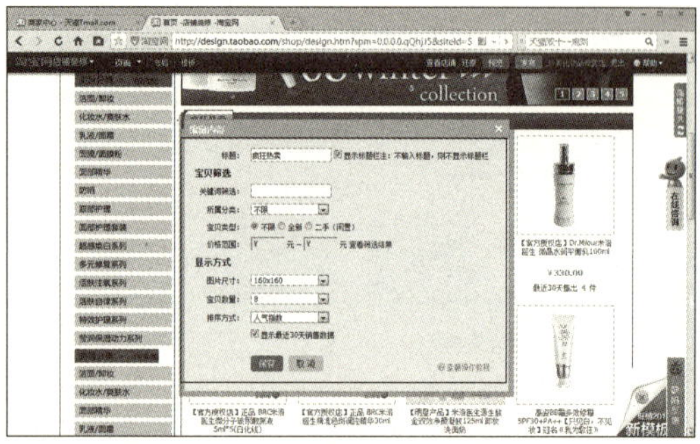

图 4-10　“编辑内容”对话框

4.1.3　淘宝店铺装修

淘宝店铺即天猫店铺，它是能够在淘宝平台上搜索到的。对店铺进行装修设计，可以起到品牌识别的作用。网店的美化如同实体店的装修一样，能让买家从视觉上和心理上感觉到店主的用心，并能最大限度地提升店铺的形象，有利于网店品牌的形成；还可以提高浏览量和延长买家在店铺停留的时间，从而间接提高店铺的交易量。商家在对网店进行装修时需要遵循的四项基本原则，如图 4-11 所示。

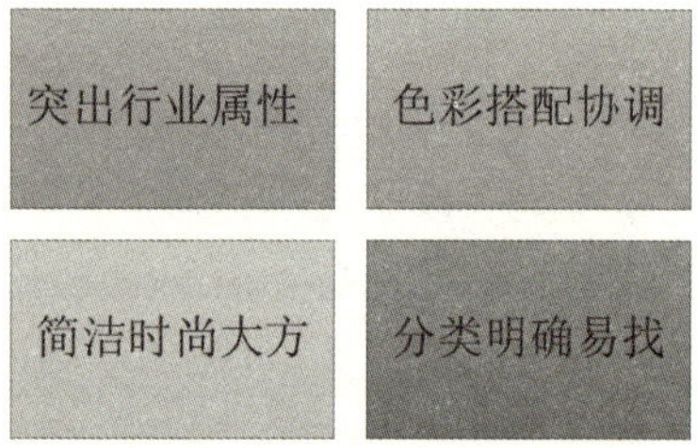

图 4-11　网店装修原则

不同行业的店铺装修，需要注重不同的要点。例如，化妆品店铺尤其需要注意两点：时尚性及文化性。因为销售化妆品不仅是卖功效，更是出售时尚和文化，化妆品店铺的包装不能脱离其蕴含的文化。读者可以参考一些品牌店铺，可以看出其装修都是和自身所宣传的文化相贴合的。

虽然美观实用的店铺装修更能吸引买家视线，但是，商家要切记，一切设计都是为营销服务的。有些店铺的装修确实高端、够档次，但就是不接地气，买家看了半天却根本不知道是卖什么的，也找不到它的优势在哪里，只是被炫目的装修设计所吸引，而无法将视线聚集在产品本身。所以，商家在装修店铺时，应以简洁大方为宜，避免华而不实。

淘宝网店和官方网店装修版面基本一致，下面介绍如何装修设计淘宝网店。

❶ 进入天猫“我的工作台”后，单击页面左侧“店铺管理”下的“店铺装修”，打开淘宝网店铺管理平台，如图 4-12 所示。

❷ 单击“淘宝店铺”下的“装修”按钮，进入淘宝店铺装修页面，如图 4-12、图 4-13 所示；将鼠标指针移至店铺标志区域，该区域会呈现浅蓝色蒙版状态，单击右上角的“编

辑”按钮，如图 4-14 所示；打开“店铺招牌”对话框，在“招牌内容”中选中“默认招牌”单选按钮，并同时在背景图中显示默认的图片，如图 4-15 所示。

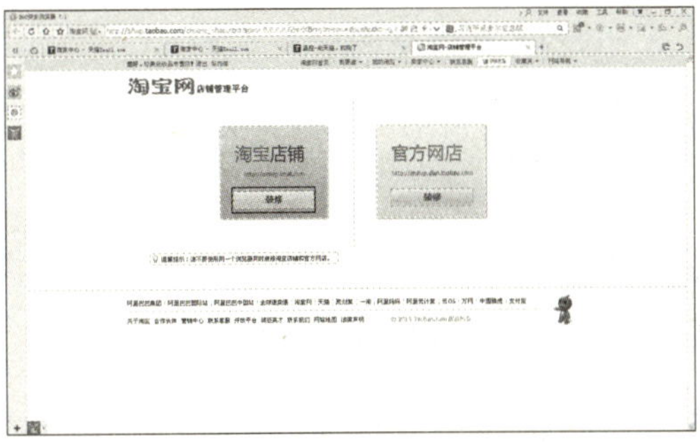

图 4-12 淘宝网店铺管理平台

图 4-13 淘宝店铺装修页面

图 4-14 单击右上角的“编辑”按钮

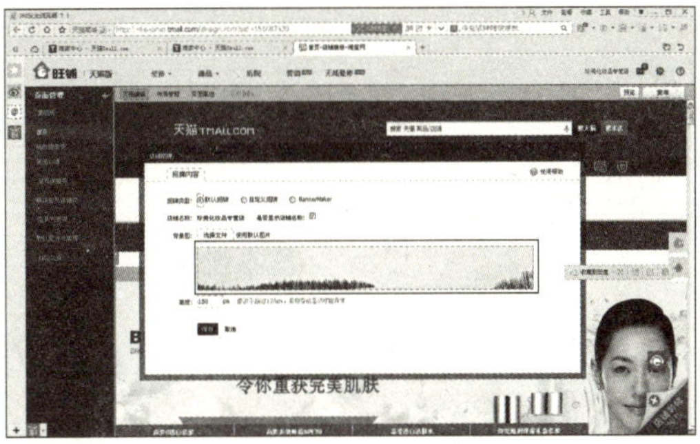

图 4-15 在“店铺招牌”对话框中设置“默认招牌”

❸ 在“招牌内容”中选中“自定义招牌”单选按钮，并在激活的自定义文本框中复制一段代码，设置高度为“150px”，如图 4-16 所示；稍等片刻后，系统会根据代码显示出图片作为背景，效果如图 4-17 所示。

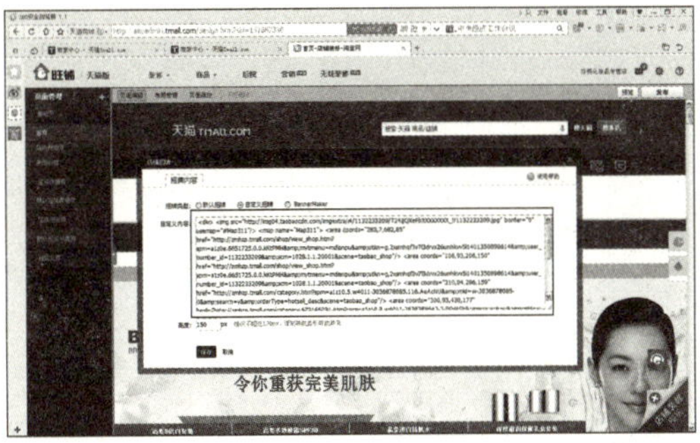

图 4-16 设置“自定义招牌”

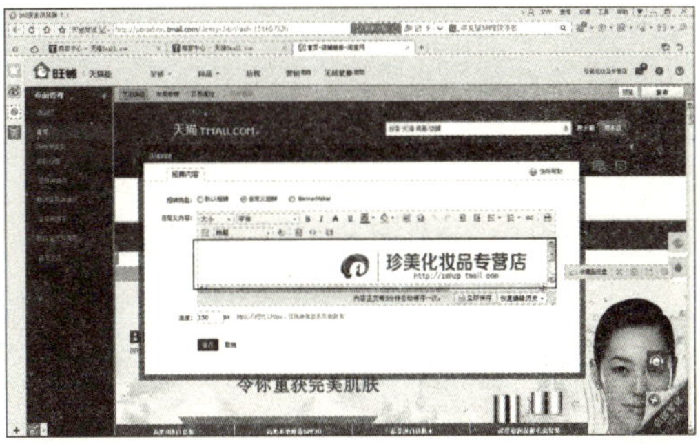

图 4-17 “自定义招牌”效果图

❹ 单击“保存”按钮，即可完成“自定义招牌”装修设置。

4.1.4 店铺基本设置

天猫店铺的基本设置，主要包括“店铺名称”“店铺标志”“店铺简介”“店铺联系人”以及“联系地址”等基本信息。下面介绍如何统一设置这些基本信息。

❶ 进入天猫“我的工作台”后，单击页面左侧“店铺管理”下的“店铺基本设置”，打开相关设置页面。

❷ 在“淘宝店铺”选项下可以分别设置“店铺名称”“店铺标志”“店铺简介”“经营类型”“联系地址”“主要货源”等信息，如图 4-18、图 4-19 所示。

图 4-18 “淘宝店铺” 基本设置 1

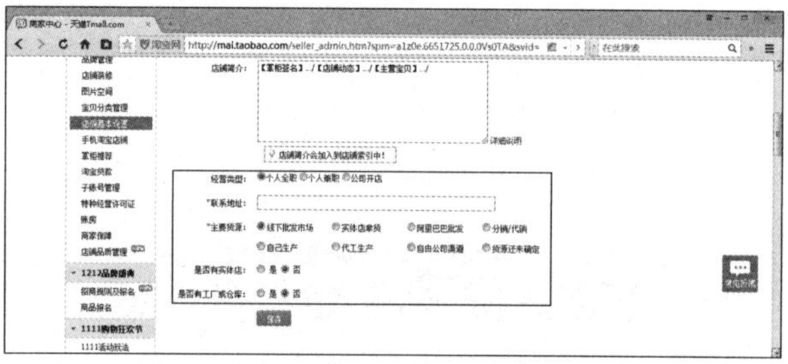

图 4-19 “淘宝店铺” 基本设置 2

❸ 单击“手机淘宝店铺”选项，可以分别设置“手机淘宝店标”和“客服电话”，如图 4-20 所示；单击“官方网店”选项，可以设置“店铺名称”“关键字”以及“店铺标志”，如图 4-21 所示。

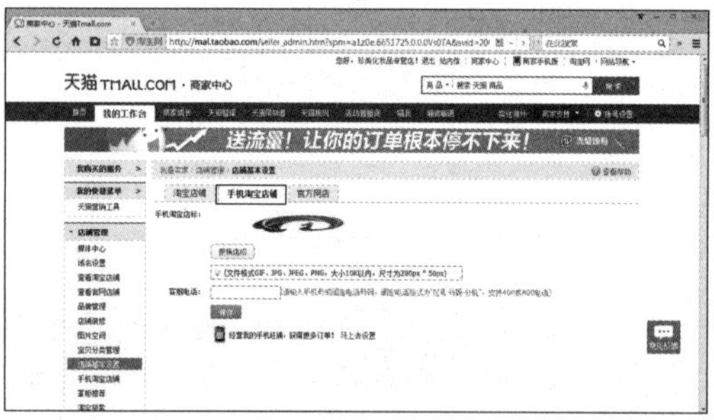

图 4-20 “手机淘宝店铺” 的基本设置

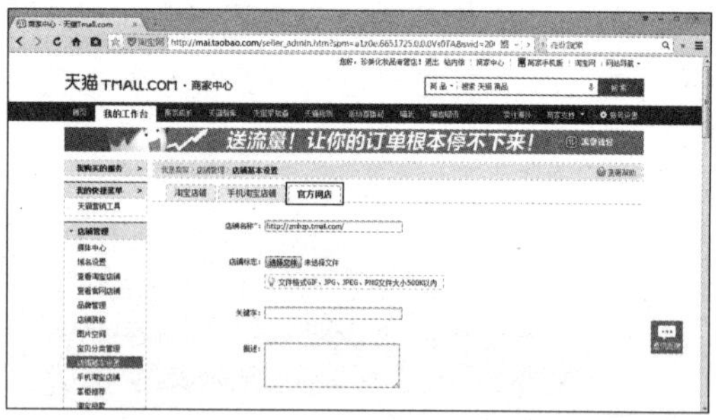

图 4-21 “官方网店” 的基本设置

注 意

天猫商家是无法自行更改店铺类别的。如因错误需要修改，可致电天猫客服：4008 608 608。

4.2 店铺商品分类管理

如果天猫店铺出售不同品牌的商品，而且不同品牌又包含不同的商品类别，商家就可以事先在宝贝管理中对其分类。这样不但可以方便商家的管理，也能方便买家最快速地找到自己想要的商品。例如，化妆品按照品牌、功效、系列分类如图 4-22 所示，生鲜水果按照水果类型、礼盒分类如图 4-23 所示，服饰按照上衣、下装、裙装和配饰分类如图 4-24 所示。

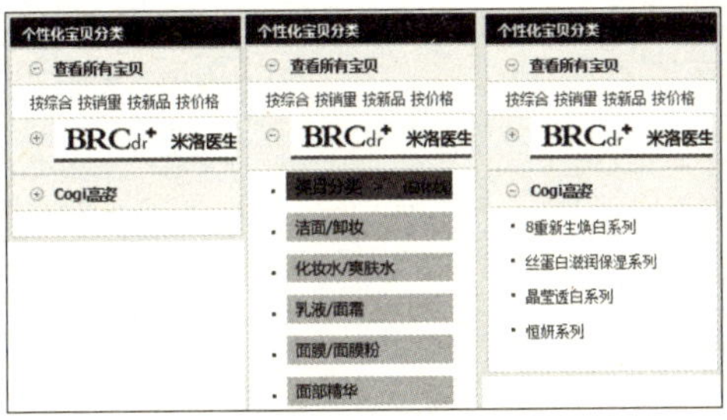

图 4-22 化妆品宝贝分类

图 4-23 生鲜水果分类

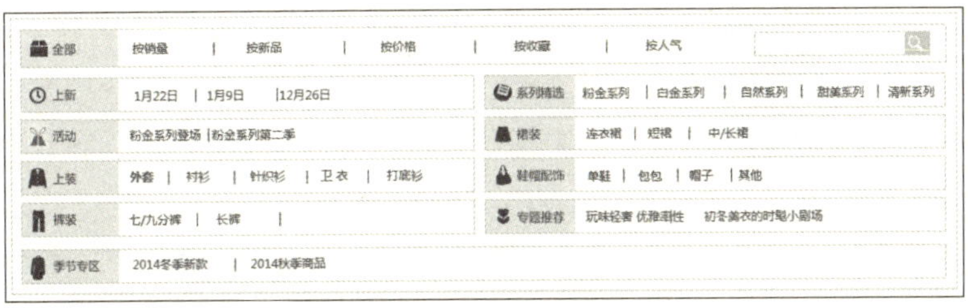

图 4-24 服饰分类

那么，如何对商品进行分类呢？下面具体介绍如何对店铺商品设置手工分类和自动分类。

4.2.1 添加手工分类

商家在了解商品的品牌种类和功效之后，就可以手动输入设置商品的名称，按照自己的思路设置分类，其具体步骤如下。

❶ 进入天猫“我的工作台”后，单击页面左侧“店铺管理”下的“宝贝分类管理”按钮，如图 4-25 所示，打开宝贝分类管理页面。

❷ 进入“商品管理”下的“宝贝管理”，单击“商品”选项上方的“添加手工分类”按钮，分别输入两个品牌名称完成创建，如图 4-26 所示。

图 4-25 单击 “宝贝分类管理” 按钮

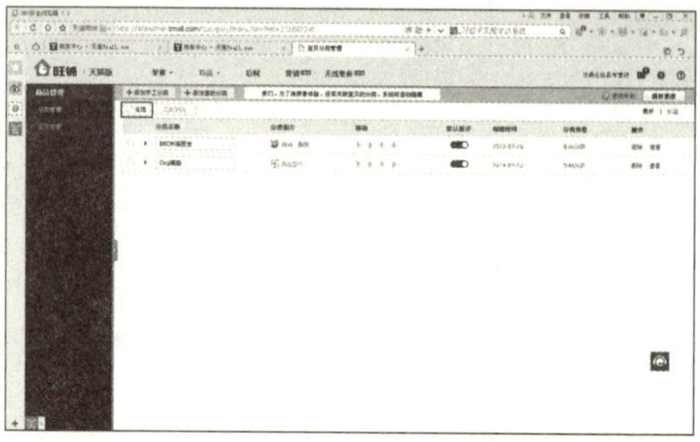

图 4-26 单击 “添加手工分类” 按钮

❸ 选中其中的某个品牌，再单击“添加手工分类”按钮，进入子分类编辑状态，如图 4-27 所示。

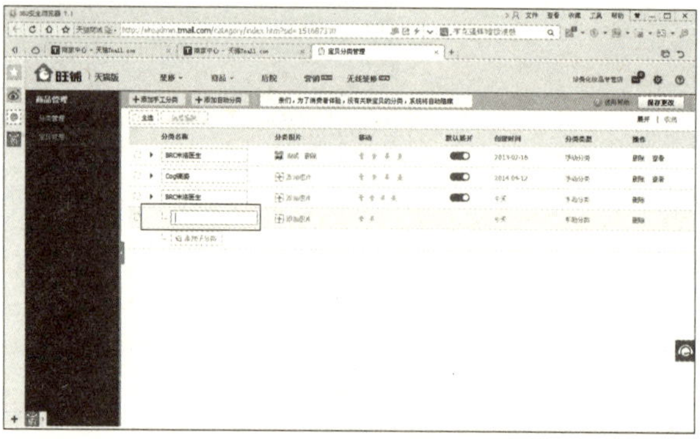

图 4-27 添加子分类

❹ 将光标放置在子分类编辑框中，直接输入名称，如图 4-28 所示，再按照相同的设置方法依次输入其他子分类名称。

❺ 按照相同的方法在另一个品牌类别下方创建子分类并输入名称，完成指定品牌子分类商品的设置，如图 4-29 所示。

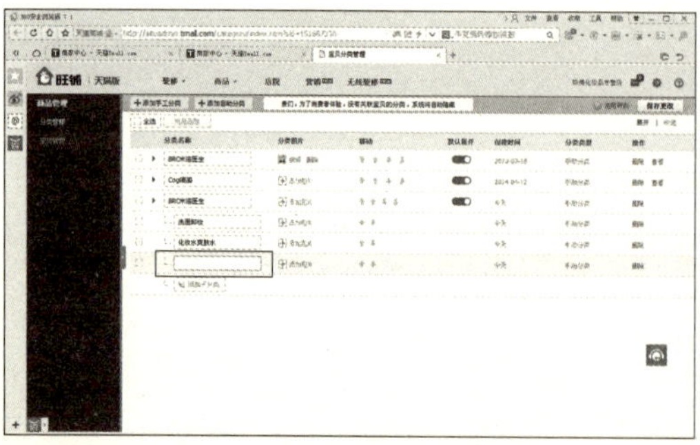

图 4-28 设置子分类名称

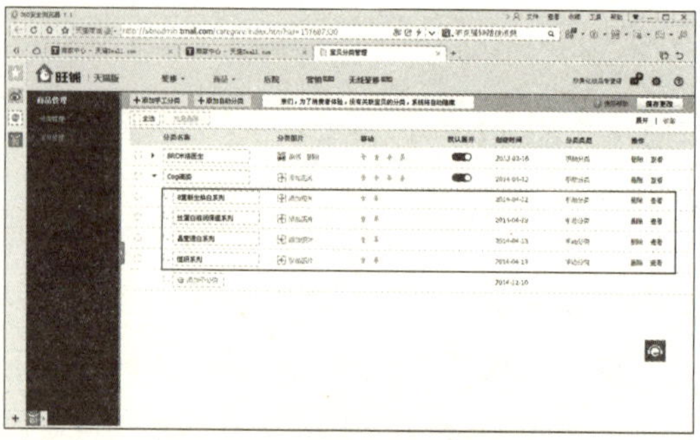

图 4-29 完成子分类设置

提　示

（1）如果要创建子分类，首先必须要选中已经创建好的某个分类名称，再添加手工分类即可，否则会默认创建同一级别的分类名称。

（2）商家可以在分类图片下方单击“添加图片”按钮，在不同分类下添加指定图片修饰，还可以实现对图片的编辑和删除。

4.2.2　添加自动分类

自动分类是固定的分类方式，目前可以按照类目、属性、品牌、时间等要素划分。商家选择相应的分类要素后，接下来就可以分类了。添加自动分类，可以按照以下步骤进行。

❶ 进入天猫“我的工作台”后，单击页面左侧“店铺管理”下的“宝贝分类管理”，打开宝贝分类管理页面。

❷ 进入“商品管理”下的“宝贝管理”，单击“商品”选项上方的“添加自动分类”按钮（见图 4-30），打开“自动分类条件设置”对话框；在“按类目归类”选项下可以看到显示的不同类目名称，通过勾选复选框可以快速选中指定类目（见图 4-31），再单击“确定”按钮即可完成自动分类设置。

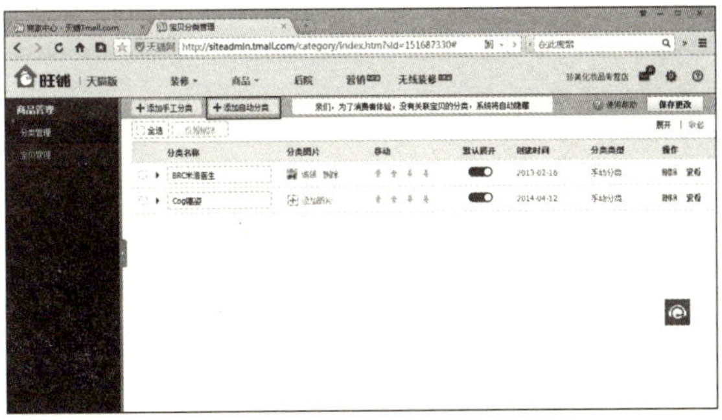

图 4-30　单击“添加自动分类”按钮

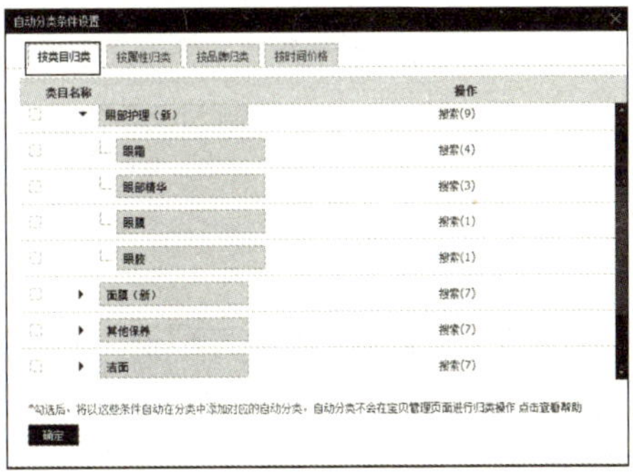

图 4-31　勾选指定类目复选框

❸ 例如，在“类目名称”选项下勾选上“化妆水 / 爽肤水”复选框，再单击“确定”按钮即可完成自动分类的添加，如图 4-32、图 4-33 所示。

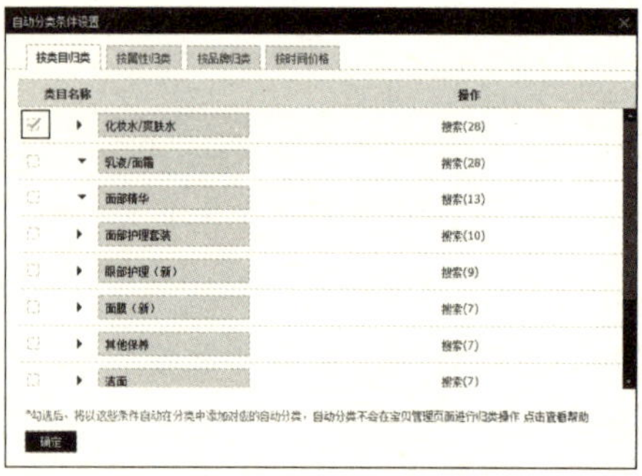

图 4-32　勾选 “化妆水 / 爽肤水” 复选框

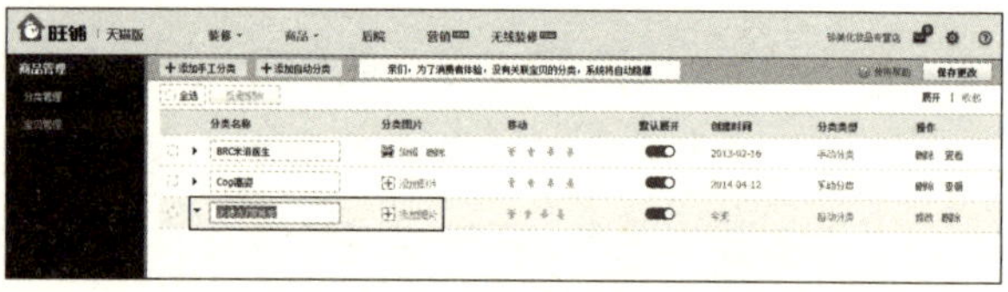

图 4-33　单击 “确定” 按钮完成自动分类

❹ 在“按品牌归类”选项下可以看到显示的不同品牌名称，通过勾选复选框可以快速选中指定品牌，然后单击“确定”按钮即可完成自动分类设置，如图 4-34 所示。

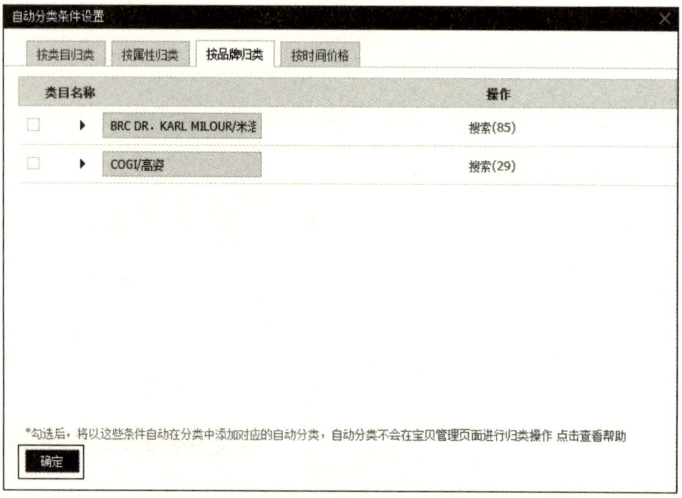

图 4-34　选择品牌类目

4.3　宝贝发布管理

商家准备好宝贝图片、名称、价格以及相关属性等信息后，为了能够让买家看到并购买宝贝，就需要发布这些宝贝，让宝贝显示在天猫店铺页面，如图 4-35 所示。呈现给买家的店铺页面应正确显示宝贝图片、价格和详细描述等。发布宝贝后显示的详情页面，如图 4-36 所示。

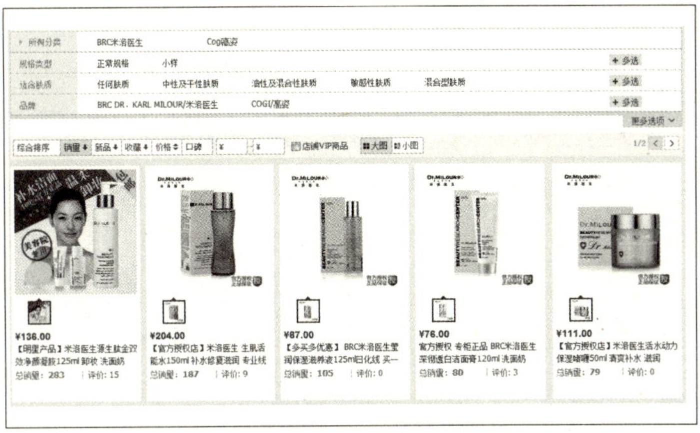

图 4-35　店铺宝贝展示页面

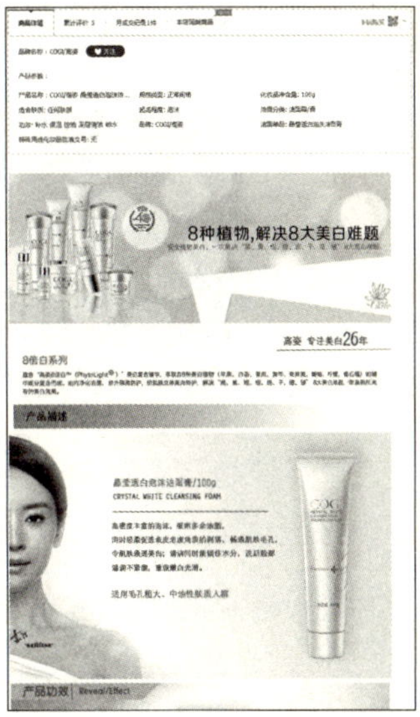

图 4-36　店铺宝贝详情页面

4.3.1　如何发布宝贝

为了将宝贝完整地呈现在买家面前，商家可以按照如图 4-37 所示的说明做好发布宝贝的准备工作。

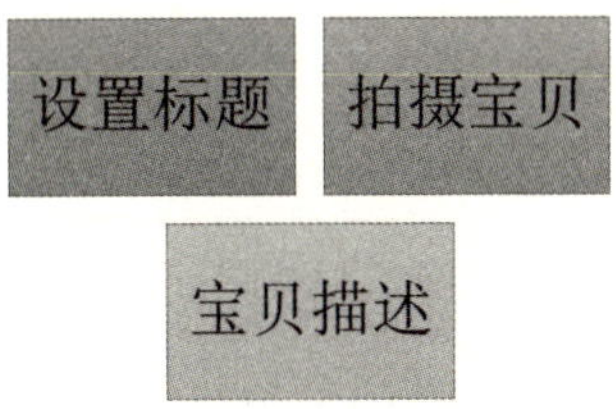

图 4-37　发布宝贝的准备工作

1. 设置标题的技巧

买家在购买商品之前都会在网页上搜索商品关键词，关键词会根据商家设置的宝贝标题完成自动搜索。设置好宝贝标题至关重要，它会直接影响商家的商品能被搜索到的概率大小。

标题撰写的基本格式是：促销 / 热词 + 黄金关键词 + 大流量关键词 + 目标关键词 + 类目关键字 + 长尾关键字 / 型号。在天猫首页搜索框输入关键词后，下拉框中会自动显示相关词，如图 4-38 所示。

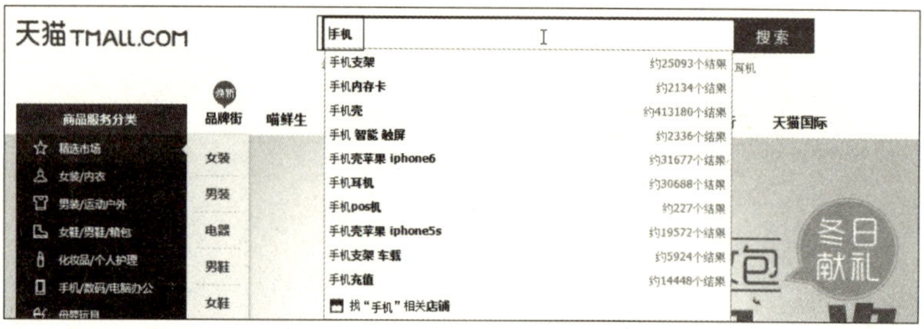

图 4-38　搜索关键词

第二处是搜索结果属性分类的提示词，如图 4-39 所示。特别要注意的是，如图所标记的“你是不是想找”那个选项为搜索热词，商家可以适当借鉴其中的热词加以提炼，变为宝贝标题的关键词。

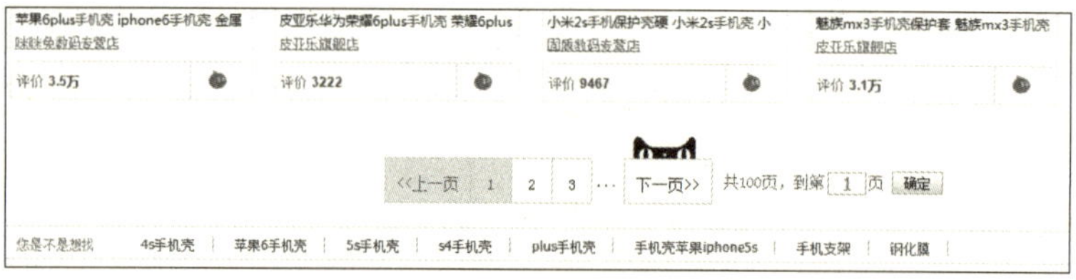

图 4-39　搜索结果属性分类的提示词

总而言之，掌握宝贝标题的设置技巧就是为了能够增加店铺流量。除此之外，商家也可以通过诸如直通车等付费手段提升流量。如果想要得到一些免费流量，商家就需要在宝贝标题设置的关键词上下功夫。

2. 宝贝拍摄

专业的天猫店铺会聘请专业的摄影师给宝贝拍照。而如果商家想要自己为宝贝拍照，那就需要掌握一些拍摄技巧。针对不同的宝贝，其拍摄技巧也是不同的。例如，饰品、珠宝类就属于难拍的类型。它们较小巧，而且式样和种类较多，对摄影技术要求也较高，商家可以选择具有微距功能的相机进行拍摄。

（1）合适的器材：如果使用单反数码相机，镜头可以选用中长焦距镜头和微距镜头；如果使用中长焦距镜头，镜头和被摄物体的最近对焦距离可以比较大，布光较方便；如果希望拍摄出高品质的画面效果，可以选择微距镜头比较好的相机。现在一般的家用数码相机都有微距功能，商家只要适当掌握一些布光和构图技巧，再利用软件后期修饰，基本上就可以得到满意的宝贝照片了。

（2）拍摄手法：不同类目的商品需要结合不同的拍摄手法。例如，在拍摄珠宝首饰时需要注意构图，或者将其与其他物品相称也可以单独拍摄。珠宝首饰的拍摄效果，如图 4-40 所示。

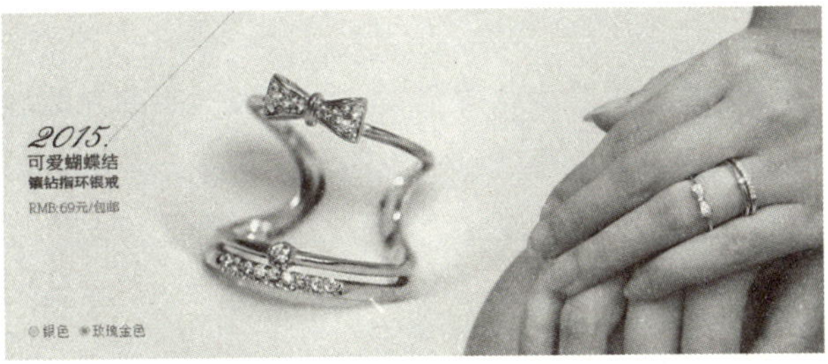

图 4-40 珠宝首饰拍摄效果

（3）曝光补偿：商家如果不能准确地判断曝光，可以事先拍几张不同曝光指数的照片，然后从所有照片中选取曝光最合适的一张并进行后期制作，就可以得到效果满意的宝贝图片了，如图 4-41 所示。

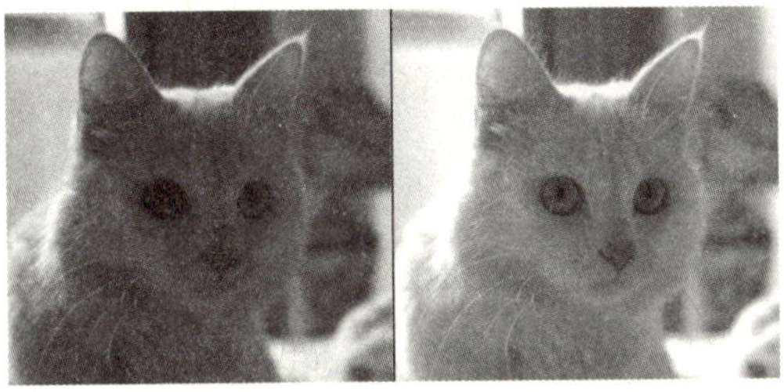

图 4-41 宝贝图片曝光前后效果

（4）合适的背景与拍摄角度：建议背景用纯色（根据行业不同，选择不同的颜色），这样才能更加突出宝贝。而白色是百搭色，可以和任何宝贝搭配拍摄。如果觉得纯色背景过于单调，可以添加一些小道具凸显宝贝，但是切记不可喧宾夺主。合适的拍摄角度可以更完美地展现宝贝，一般建议斜放约 30~45 度，效果都很好，如图 4-42 所示。总之，只有不断探索学习，才能拍摄出满意的宝贝图片。

图 4-42 宝贝拍摄角度

宝贝的拍摄技巧有很多，这里只是列举了几点。其核心思想就是，宝贝照片只有清晰并能够展现商品的特质和优点，才能吸引买家的目光，从而提高成交量。

3. 宝贝描述

好的宝贝描述，不但可以清楚地介绍宝贝，还能吸引买家并促成交易。现在的宝贝描述都是直接套用模板，或者事先设计好平面图并上传至图片空间，再将其代码复制到宝贝描述页面即可。

宝贝描述主要包括宝贝材料、宝贝产地、售后服务、生产厂家、宝贝性能等信息，如图 4-43 所示。

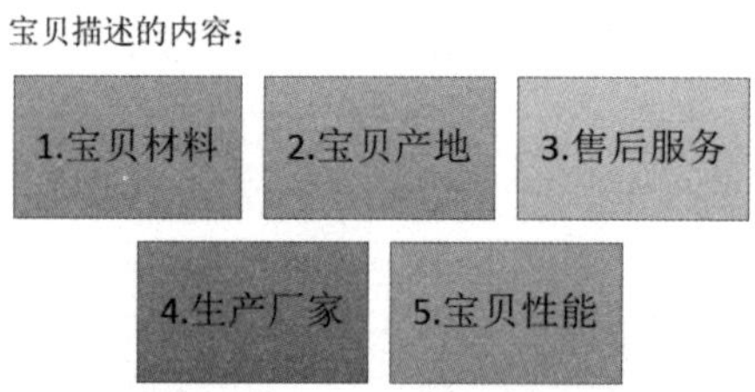

图 4-43　宝贝描述信息

宝贝描述需要做到条理分明、重点突出。建议商家在做宝贝描述时，最好只用 1~3 种颜色，最好不要超出三种；字体可以选择最适合阅读的宋体，并且只用一种大小的字号；标题可以用颜色来突出显示；描述比较琐碎时，可以使用表格来规范。最重要的一点就是，宝贝描述要做到真实。

4. 发布宝贝

商家拍摄好宝贝图片并设计好宝贝标题之后，接下来就可以将宝贝发布到网上了。在实体店的买家可以直观地看到物品的颜色、款式、大小等，还可以通过试穿或试用来决定是否值得购买。而天猫店铺只能够提供商品的图片以及详细描述，买家需要自己斟酌后才会决定是否下单。具体的宝贝发布流程，如图 4-44 所示。

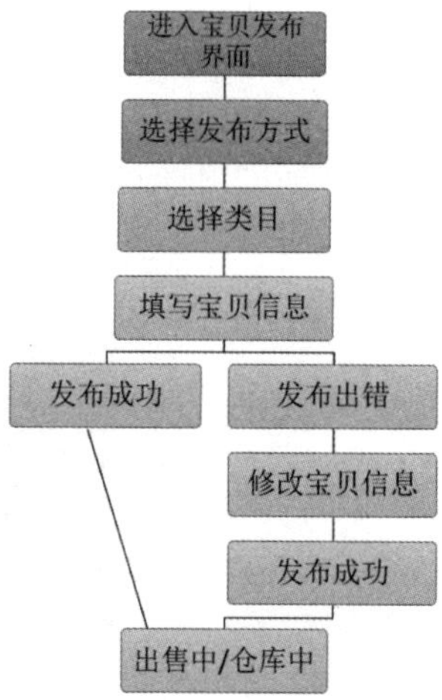

图 4-44　宝贝发布流程

商家在发布宝贝时应尽量详细，并照顾到方方面面。下面介绍如何正确发布准备好的宝贝，将其充分展现在买家面前。

❶ 进入天猫“我的工作台”后，单击页面左侧“宝贝管理”下的“发布宝贝”链接（见图 4-45），打开宝贝发布页面。

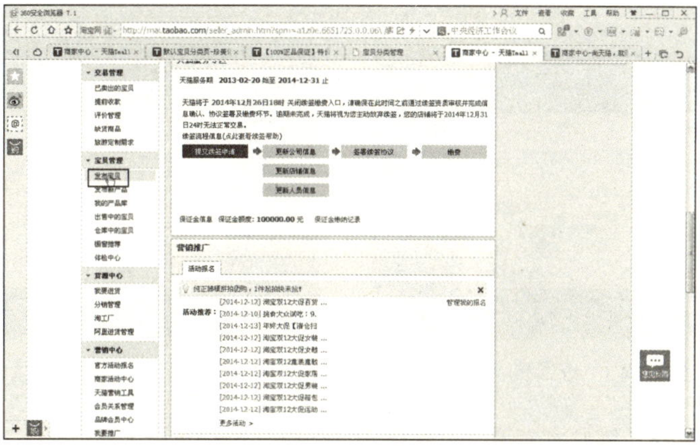

图 4-45 单击 “发布宝贝” 链接

❷ 进入页面后会自动弹出发布宝贝的简易教程学习，初次发布宝贝的商家可以单击“开始学习教程”按钮，进入“Step 1：发布新产品”，如图 4-46、图 4-47 所示。

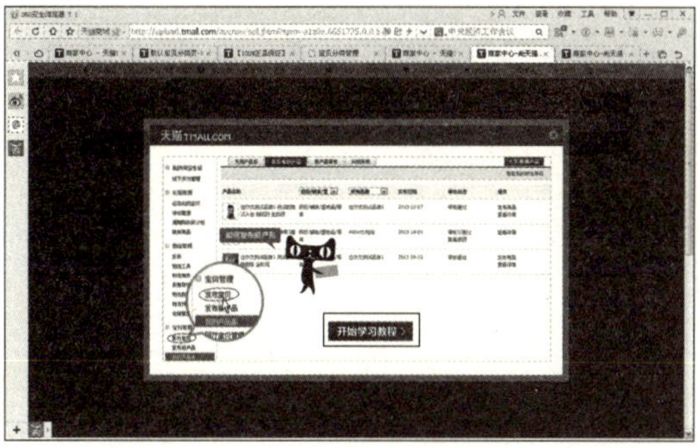

图 4-46 开始学习教程

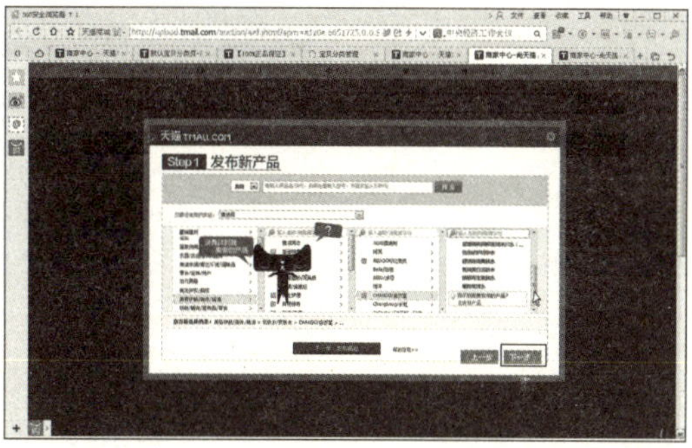

图 4-47 Step 1： 发布新产品

❸ 单击“下一步”按钮进入“Step 2：选择产品”，继续单击“下一步”进入“Step 3：确认产品信息”，依次单击“下一步”直至“Step 5：发布宝贝成功”，如图 4-48、图 4-49、图 4-50、图 4-51 所示。

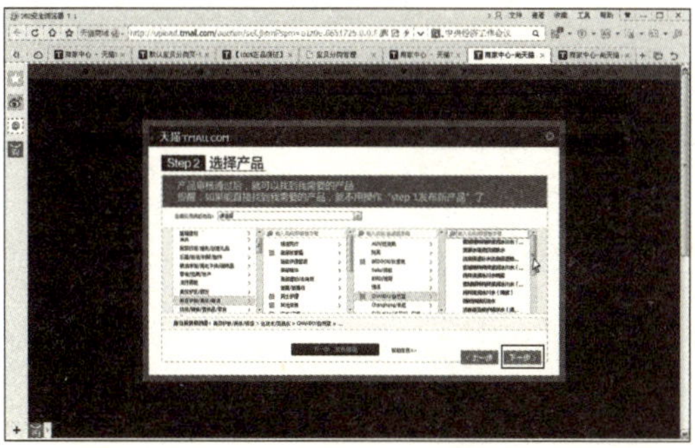

图 4-48 Step 2： 选择产品

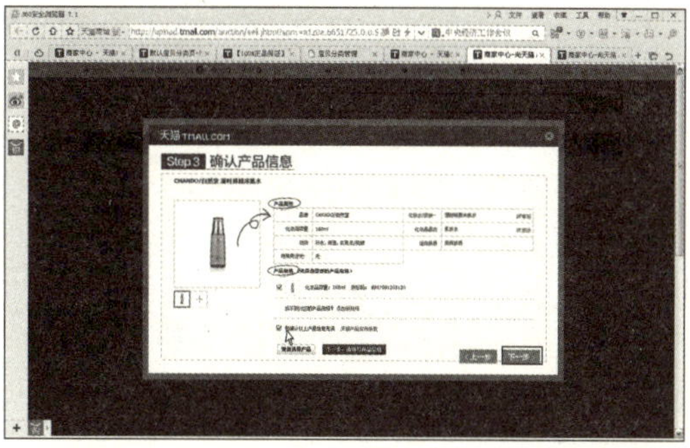

图 4-49 Step 3： 确认产品信息

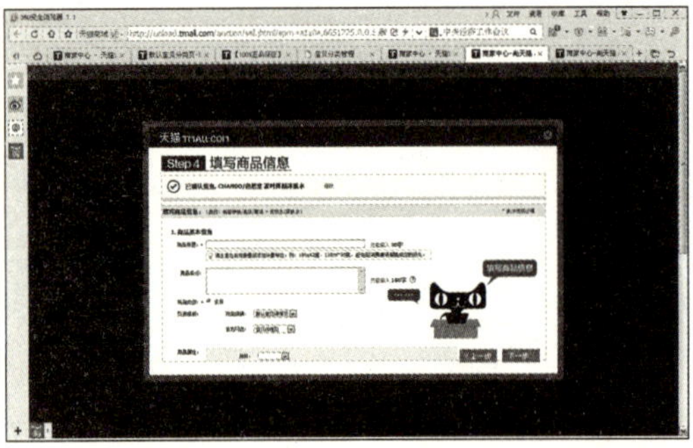

图 4-50　Step 4： 填写商品信息

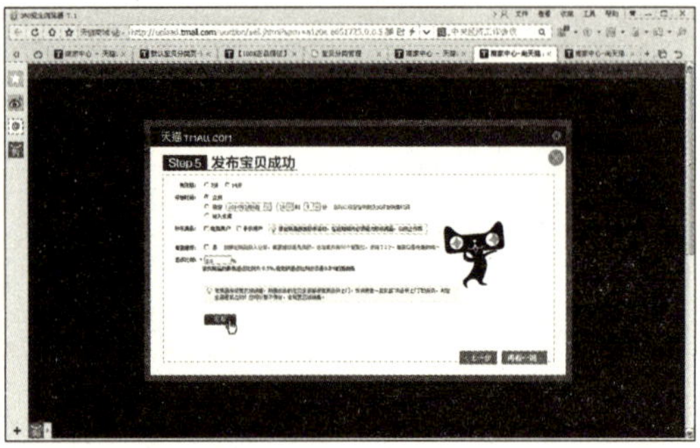

图 4-51　Step 5： 发布宝贝成功

❹ 根据学习教程了解发布宝贝的步骤后，首先在“您最近使用的类目”下拉列表中选择一个类目，再单击下方搜索框右侧按钮，打开列表并选中一个类目名称，如图 4-52 所示。

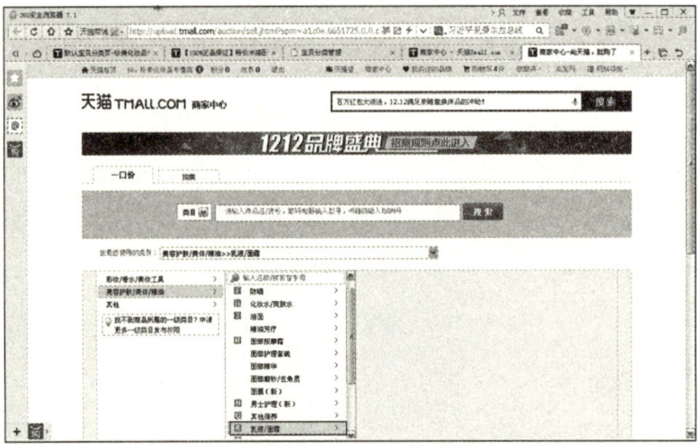

图 4-52　选择类目名称 1

❺ 选中之后会自动激活下一级类目列表，在下拉列表中选择一个品牌类目名称，并继续在右侧列表选择一个类目名称，如图 4-53 所示。最后单击“下一步，发布商品”按钮，打开天猫产品信息确认页面，如图 4-54 所示。在该页面中勾选上“全选”“我确认以上产品信息无误”复选框，再单击“下一步，请填写商品信息”按钮。

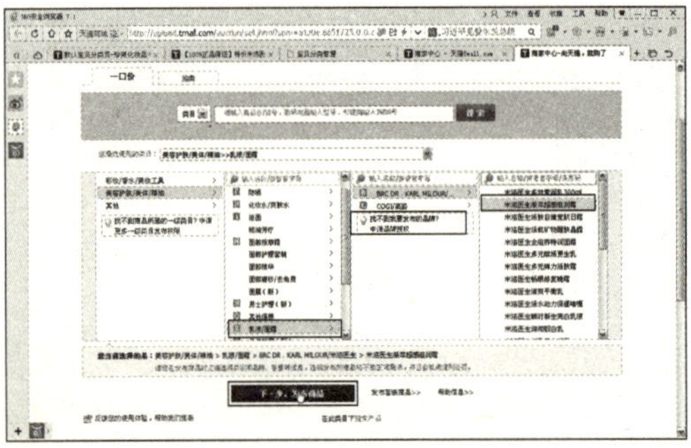

图 4-53　选择类目名称 2

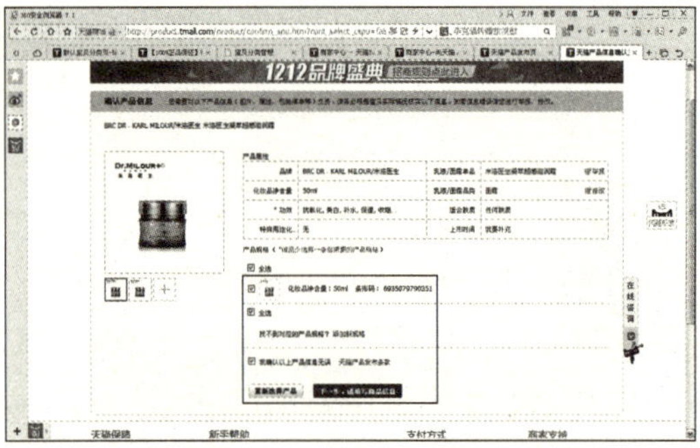

图 4-54　天猫产品信息确认页面

注　意

这里必须要勾选上“产品规格”复选框，否则会弹出提示框，如图 4-55 所示。

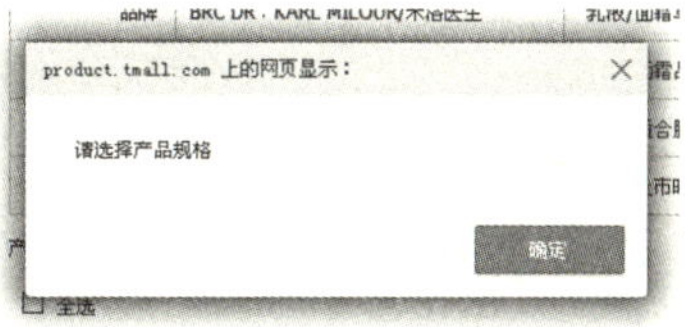

图 4-55　勾选“产品规格”复选框

❻ 打开“填写商品信息”页面，设置商品类型和商品属性，再设置商品标题、价格、数量、规格等信息，如图 4-56、图 4-57 所示。

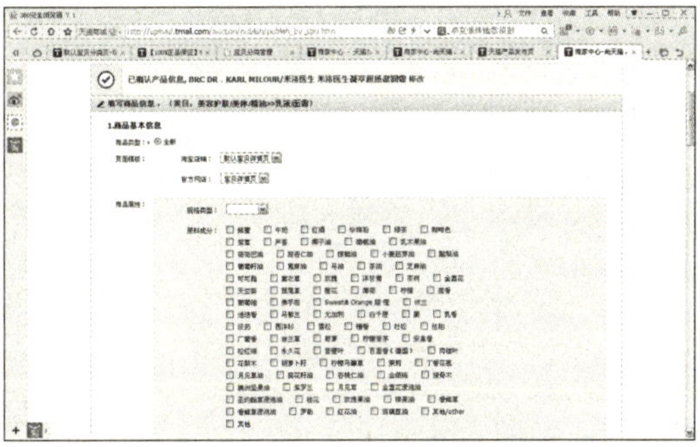

图 4-56　设置商品信息 1

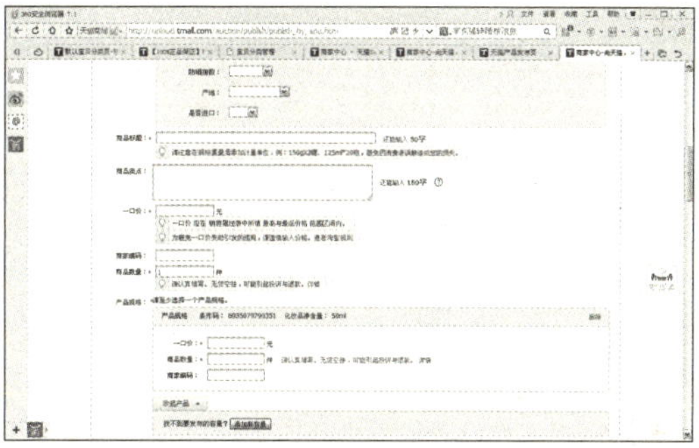

图 4-57　设置商品信息 2

❼ 在“商品图片”标签下可以选择上传的宝贝图片，单击“上传新图片”按钮即可，如图 4-58 所示。也可以选择商品视频上传。商品图片上传后的效果如图 4-59 所示。

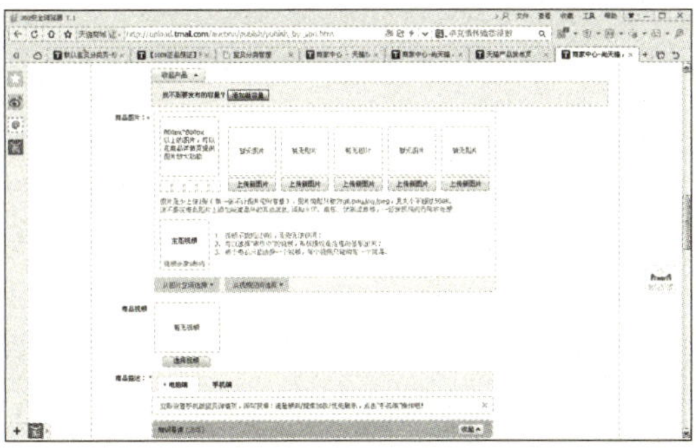

图 4-58　设置商品信息 3

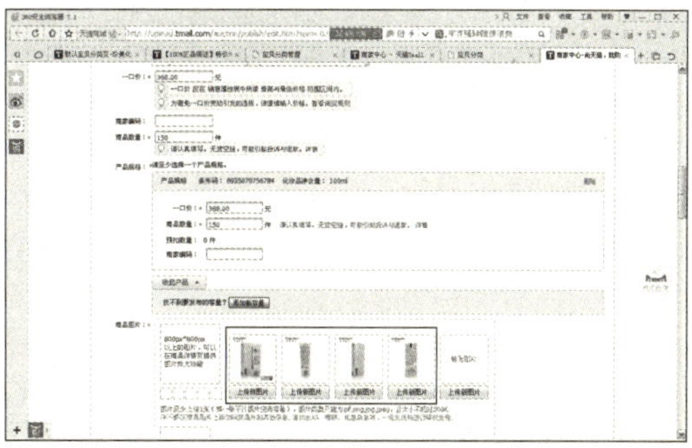

图 4-59　设置商品信息 4

注 意

每张图片大小不能超过 500KB，并应为指定的 jpg、jpeg、png 格式，否则将无法在宝贝页面正确显示图片。

❽ 继续向下拖动滚动条，在接下来的页面中设置商品描述，如图 4-60 所示。商品描述包括文字和图片，商家可以在图片空间上传宝贝描述的图片，再添加到商品描述文本框内，其效果如图 4-61 所示。

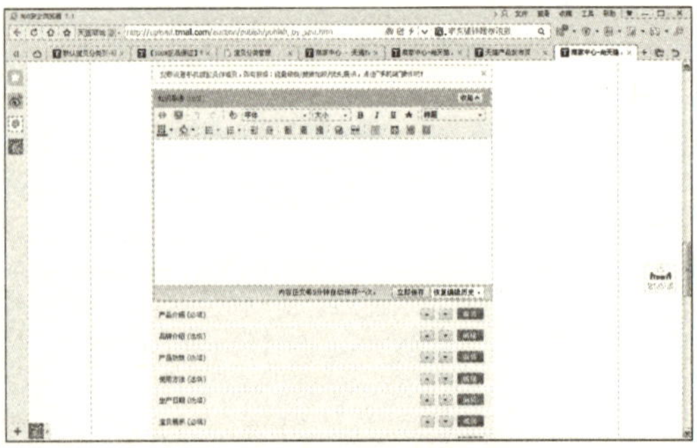

图 4-60 设置商品信息 5

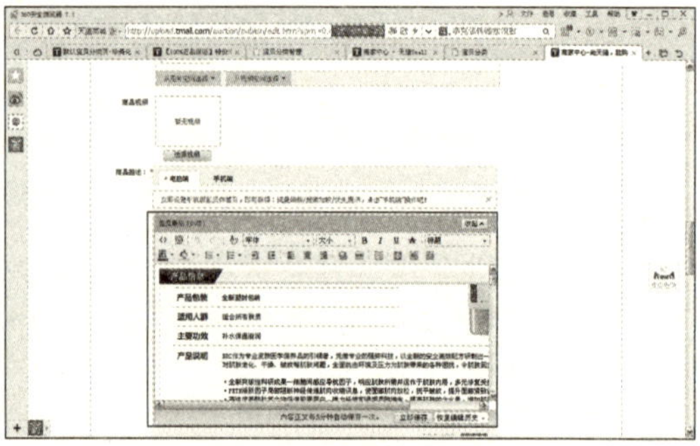

图 4-61 设置商品信息 6

提 示

这里可以直接手动输入文字描述宝贝。为了使宝贝发布页更加美观，通常宝贝描述图片可以在一些设计软件设计好页面。初学者也可以使用光影魔术手和美图秀秀等简单易操作的软件设计宝贝描述页面，再按照本章第 5 节介绍的图片空间使用方法，将其代码或链接复制到这里的宝贝描述文本框内即可。

❾ 继续向下拖动滚动条，在下方的页面中设置宝贝类目、商品物流信息、售后保障信息以及其他信息（见图 4-62、图 4-63），最后单击“发布”按钮即可发布宝贝。

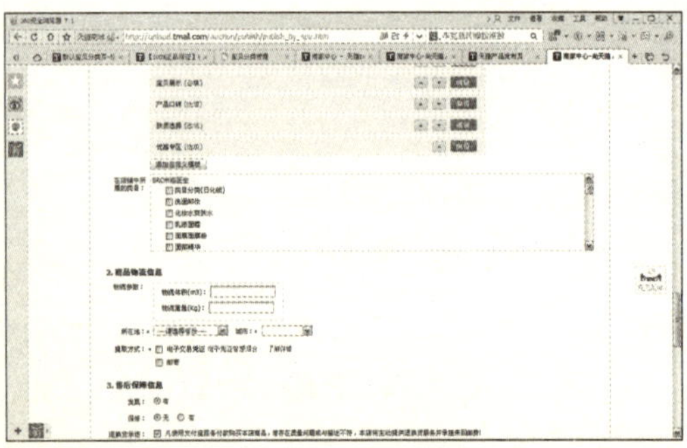

图 4-62 设置商品信息 7

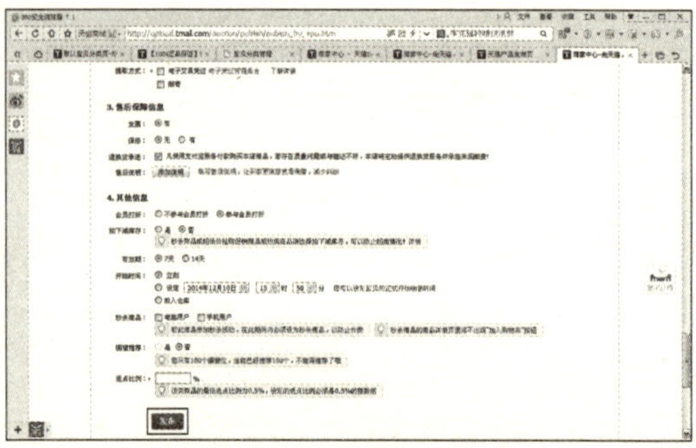

图 4-63 设置商品信息 8

4.3.2　发布新产品

天猫店铺注册时都有其可以发布的类目，如果还是发布这些类目的商品，只需要经过天猫的简单审核就可以了。如果店铺发布的是新品，新品库里面也没有这些宝贝，那就只能发布新品，并根据选项来填写需要的产品信息。

发布新产品和发布宝贝的步骤稍微有些不同，下面介绍如何发布新产品。

❶ 进入天猫“我的工作台”后，单击页面左侧“宝贝管理”下的“发布新产品”，打开宝贝发布页面。

❷ 单击“发布新产品”按钮，打开“天猫产品发布页”，在空白文本框内输入产品名称并单击“确定”按钮，如图 4-64、图 4-65 所示。

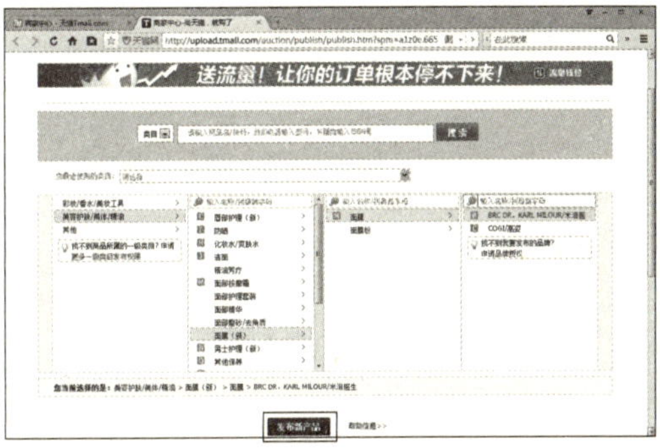

图 4-64　单击“发布新产品”按钮

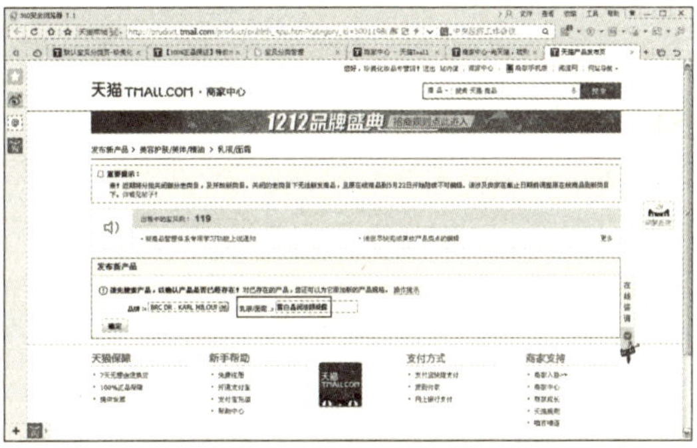

图 4-65　天猫产品发布页

❸ 此时会显示无该条产品信息，并提示需要发布新产品，单击“发布新产品”按钮，打开新产品发布页，重新设置产品属性、规格等各项信息，如图 4-66、图 4-67 所示。

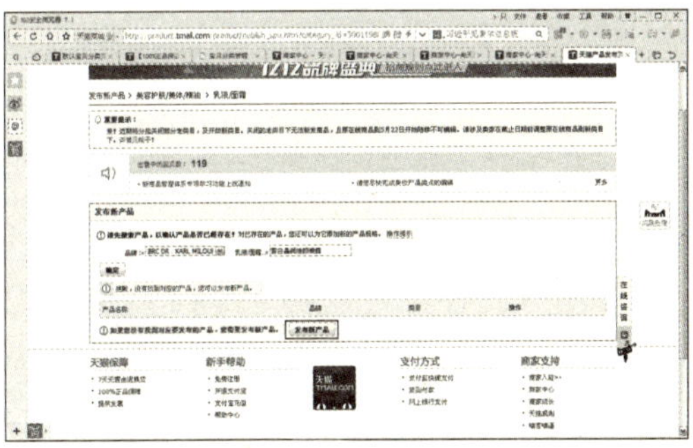

图 4-66　单击“发布新产品”按钮

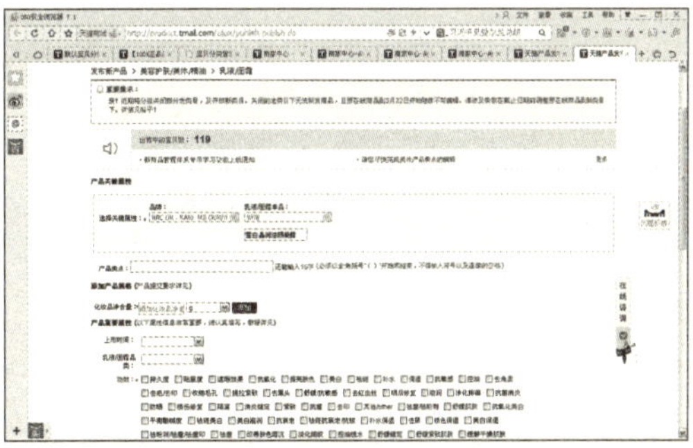

图 4-67　设置新产品信息 1

❹ 继续向下拖动滚动条，在下方的页面上传产品的图片，单击“提交申请”按钮即可发布新产品，如图 4-68 所示。

图 4-68　设置新产品信息 2

4.3.3　交易快照

交易快照就是买家拍下商品时生成的一张商品快照，它记录了商品成交时的模样，如图 4-69 所示。交易快照可以作为买卖双方发生交易的凭证，用于处理任何交易纠纷或投诉事件。如果商家再对已经完成交易的商品进行编辑修改，都不会影响交易的信息。因为只要买家成功拍下，当时的所有信息都将会被记录下来作为交易快照。

图 4-69　交易快照页面

4.4　商品编辑与下架管理

掌握好商品的编辑发布和下架时间，可以增加店铺的浏览量，并让买家能够在众多商品中找到自己需要的东西。淘宝依据剩余时间决定排名的先后，对所有商家来说都是公平的。商品在即将下架的一天到数小时，特别是最后几十分钟内，将获得最有利的宣传位置。下面介绍几点商品编辑与下架需要掌握的技巧。

（1）商品下架后，之前的收藏人气仍然存在；重新上架商品，收藏人气不会受到影响。

（2）如果商品处于已经下架的状态，则买家无法进行购买。

（3）已卖出的商品订单在“等待买家付款”的状态下，商家可以修改订单的销售属性、价格。一旦买家完成付款，即交易状态变更为“买家已付款”，商家将不能再修改。

4.4.1　编辑商品信息

商品在发布之后，如果相关属性发生改变，商家可以重新修改商品的指定信息，包括数量、价格以及描述等。商家可以在“宝贝管理”中重新编辑商品信息。

❶ 进入天猫“我的工作台”后，单击页面左侧“店铺管理”下的“宝贝分类管理”，打开宝贝分类管理页面。

❷ 单击左侧“宝贝管理”标签下的指定类别宝贝目录，即可在右侧显示该指定目录下的所有商品条目。找到需要修改属性的商品后，单击右侧的“编辑”按钮，打开宝贝编辑页面，如图 4-70、图 4-71 所示。

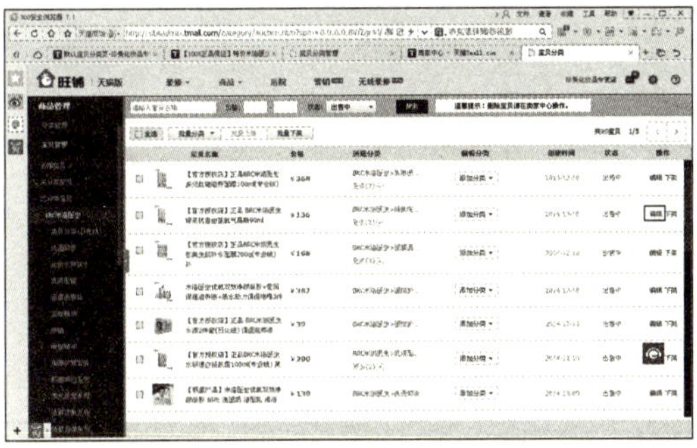

图 4-70　单击“编辑”按钮

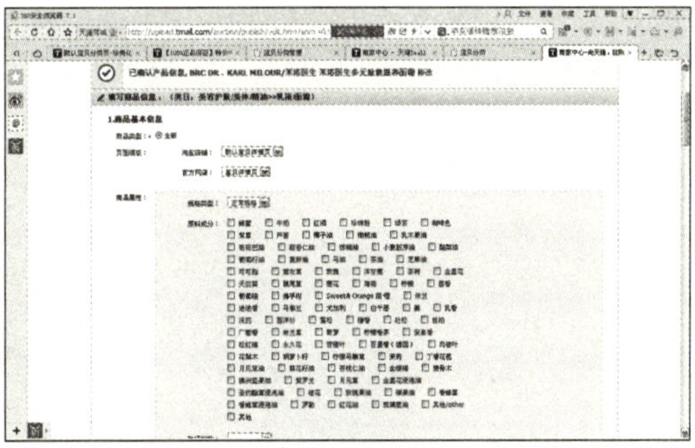

图 4-71　宝贝编辑页面

❸ 在页面中可以重新修改商品基本信息、售后保障信息以及其他相关信息，编辑完成后单击“确认”按钮即可，如图 4-72 所示。

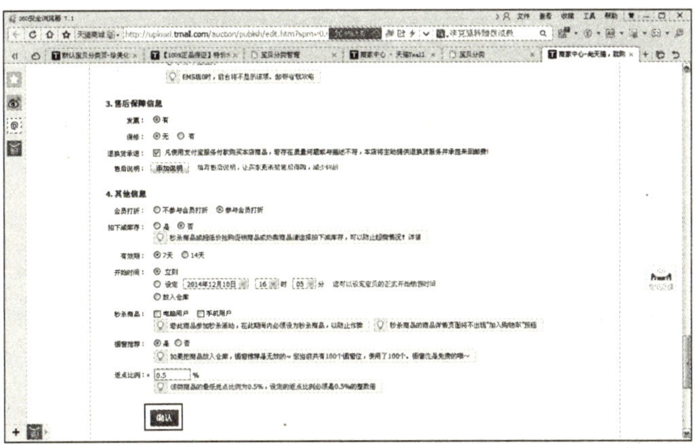

图 4-72　编辑宝贝信息

注　意

（1）也可以在交易管理中的出售中的宝贝选项下，找到需要修改属性的商品并单击“编辑”按钮，即可执行修改。

（2）商品下架可以实现批量设置，而商品编辑只能够一个一个地编辑修改。

4.4.2　商品下架

店铺中发布的商品都有一定的期限，过了期限就会自动下架。如果想在指定时间设置指定单个或多个商品下架，可以在“宝贝管理”下设置。

❶ 进入天猫“我的工作台”后，单击页面左侧“店铺管理”下的“宝贝分类管理”，打开宝贝分类管理页面。

❷ 单击左侧“宝贝管理”标签下的指定类别宝贝目录，即可在右侧显示该指定目录下的所有商品条目。找到需要下架的商品后，单击右侧的“下架”按钮即可下架该商品，如图 4-73 所示。

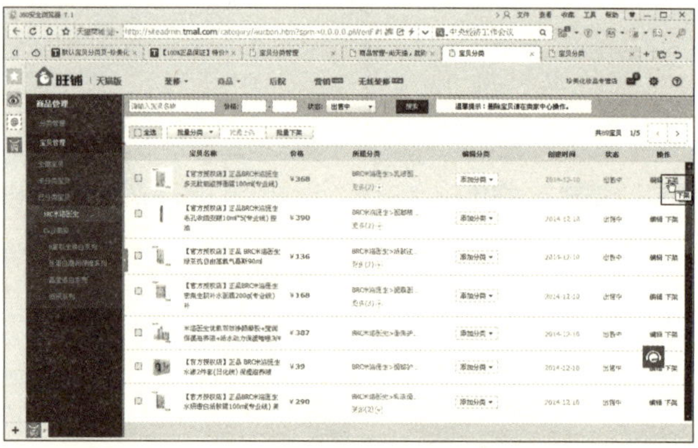

图 4-73　单击右侧“下架”按钮

注　意

（1）也可以在交易管理中的出售中的宝贝选项下，事先勾选上需要下架商品前面的复选框，再统一设置下架。

（2）如果需要一次性快速下架多件商品，可以依次勾选需要下架商品前面的复选框，再单击“批量下架”按钮即可。

4.5 图片空间管理

图片空间是由天猫提供的一项免费的图片管理工具。装修天猫店铺时需要上传大量的图片，用于美化店面并说明产品。商家可以将店招、标签页、商品等图片分类上传到图片空间，从而方便统一使用与管理。

淘宝官方图片空间的主要功能，如图 4-74 所示。

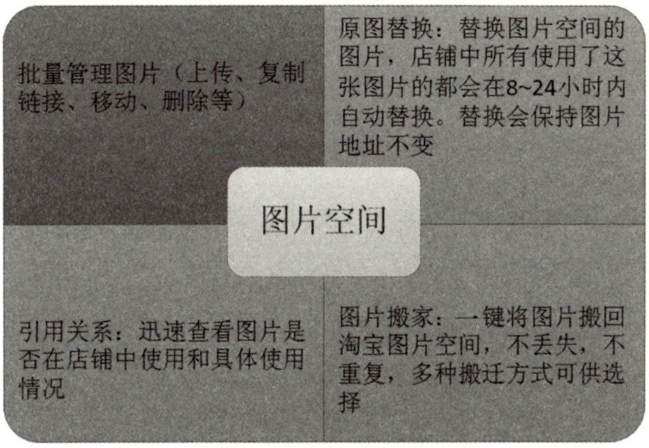

图 4-74 图片空间的功能

4.5.1 图片空间管理图片

商家在使用图片空间之前，需要分类所有将用到的图片，如装修类、宝贝描述类、产品展示类等。下面介绍创建分类文件夹并上传图片的操作方法。

❶ 进入天猫“我的工作台”后，单击页面左侧“店铺管理”下的“图片空间”按钮，打开“图片空间”页面，如图 4-75、图 4-76 所示。这里已经事先建立好了多个文件夹。

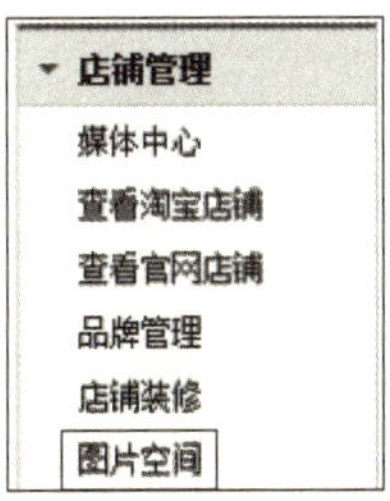

图 4-75 单击 “图片空间” 按钮

图 4-76 “图片空间” 页面

❷ 在“图片空间”页面中单击“新建文件夹”按钮，打开“新建文件夹”对话框，如图 4-76、图 4-77 所示。

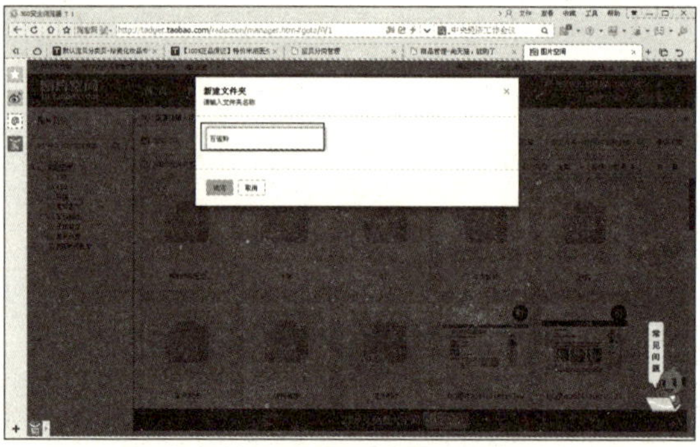

图 4-77　设置新建文件夹名称

❸ 在文本框内输入文件夹名称并单击“确定”按钮，即可新建文件夹，如图 4-78 所示。单击该文件夹即可打开空白子文件夹，单击“上传图片”按钮即可上传图片，如图 4-79 所示。

图 4-78　完成文件夹的新建

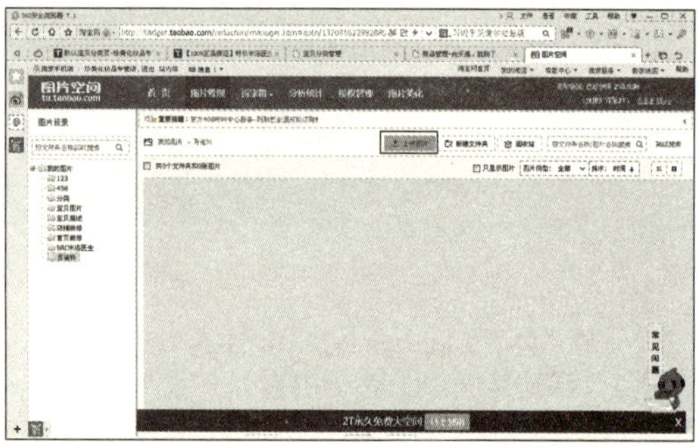

图 4-79　单击“上传图片”按钮

❹ 打开“上传图片”对话框后，单击右侧的“点击上传”按钮，打开“选择要上传的文件”对话框，选中需要上传的图片并单击“保存”按钮，即可完成图片上传，如图 4-80、图 4-81 所示。

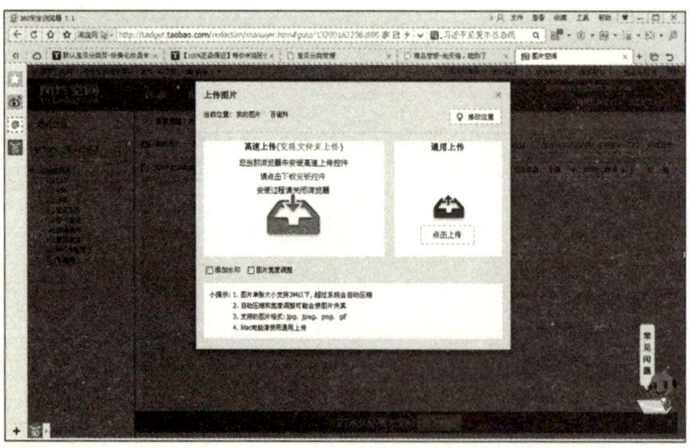

图 4-80 单击“点击上传”按钮

图 4-81　选择需要上传的文件

注　意

为了节省容量和提高买家访问页面的速度，单张图片的大小限制在3MB以内。

❺ 返回“图片空间”页面，即可看到指定的图片作为新建文件夹的封面显示，如图4-82所示。

图4-82　指定图片作为封面的效果

❻ 将鼠标指针指向图片下方，会显示三个功能按钮。将指针悬停在第一个按钮上，其下方会显示提示文字，表示单击该按钮可以快速复制该图片，如图4-83所示。

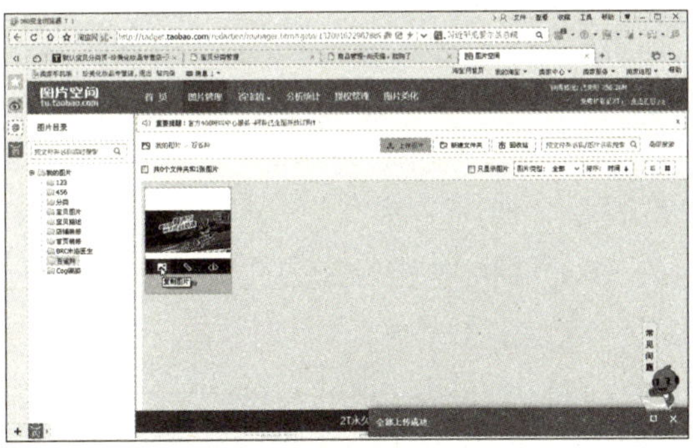

图4-83　复制图片按钮

❼ 将指针悬停在第二个按钮上，其下方会显示提示文字，表示单击该按钮可以快速复制链接，如图4-84所示。商家在发布商品操作时，可以进入图片空间直接复制指定商品的描述图片链接，实现商品的快速发布。

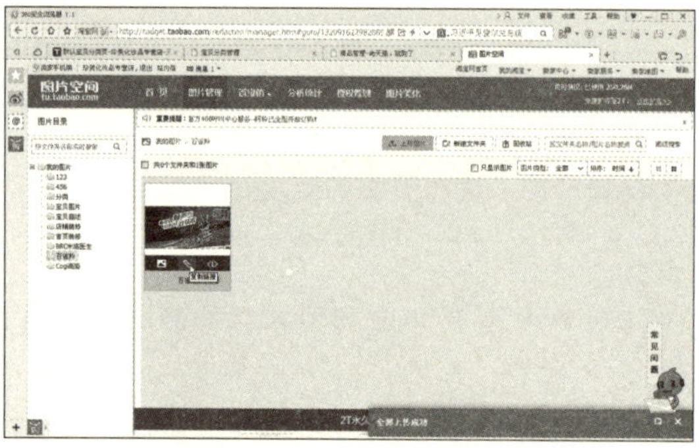

图 4-84　复制链接按钮

❽ 按照相同的方法在创建的不同类目文件夹下上传图片之后，通过单击左侧指定图片目录，就可以在右侧快速打开对应的图片子文件夹，显示所有上传的图片。“店铺装修”文件夹下的所有图片如图 4-85 所示，“首页装修”文件夹下的所有图片如图 4-86 所示。

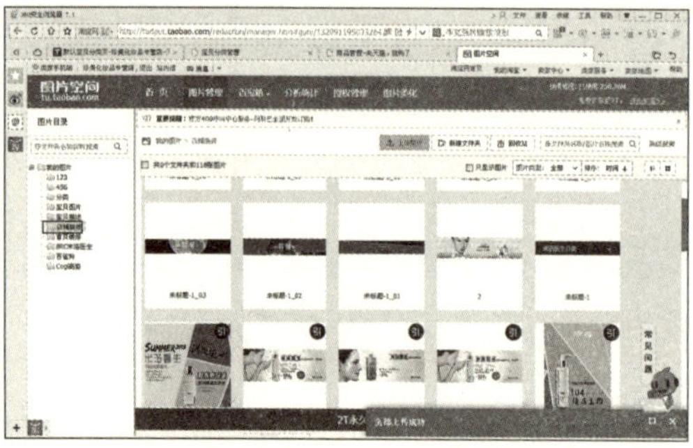

图 4-85　店铺装修图片

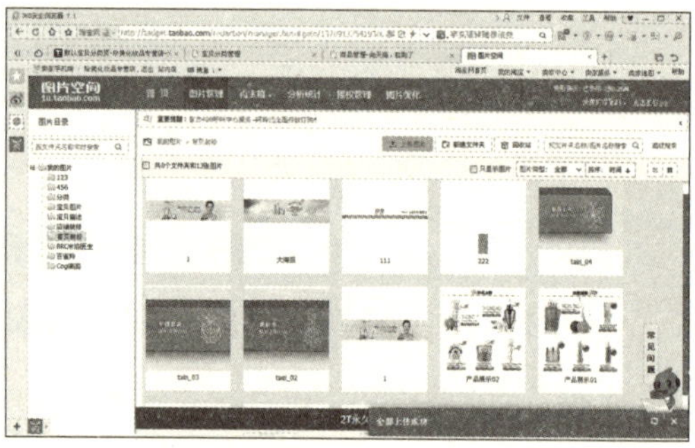

图 4-86　首页装修图片

提　示

如果要删除已经建立好的图片空间文件夹，可以选中不需要的文件夹，再单击上方的“删除”按钮，弹出“删除文件”对话框，单击“确定”按钮即可删除，如图 4-87、图 4-88 所示。

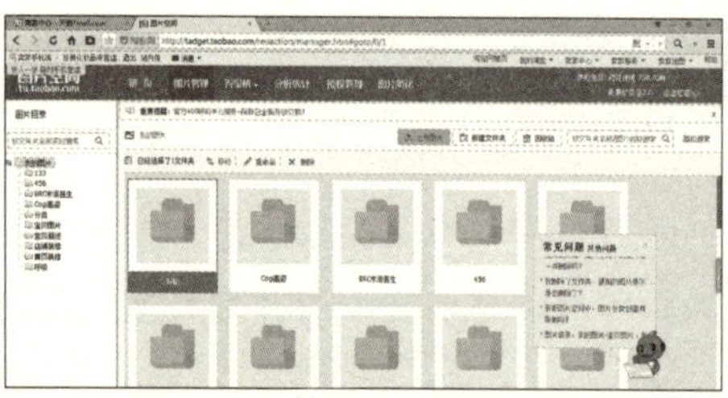

图 4-87　选择不需要的文件夹

图 4-88　单击“删除”按钮

4.5.2 定制商品图片水印

在商品图片上添加水印，可以使其和其他店铺的商品图片得到更好的区分，同时也可以防止盗图。所以，商家给自己店铺的商品图片加上一个具有显著标记的水印就显得很重要。而且，加上水印的图片能被买家一眼就识别出来。

商品详情页面上，商家为商品照片添加的水印效果如图 4-89 所示。

图 4-89 添加水印的商品照片

❶ 进入天猫“我的工作台”后，单击页面左侧“店铺管理”下的“图片空间”，打开“图片空间”页面。

❷ 单击“百宝箱”后会自动弹出下拉列表，单击“设置水印”选项，如图 4-90 所示；打开“水印参数设置”页面，在“添加文字水印”选项下可以设置水印文字、字号、颜色等相关参数，可以在左侧图片中预览添加水印后的效果，如图 4-91 所示。

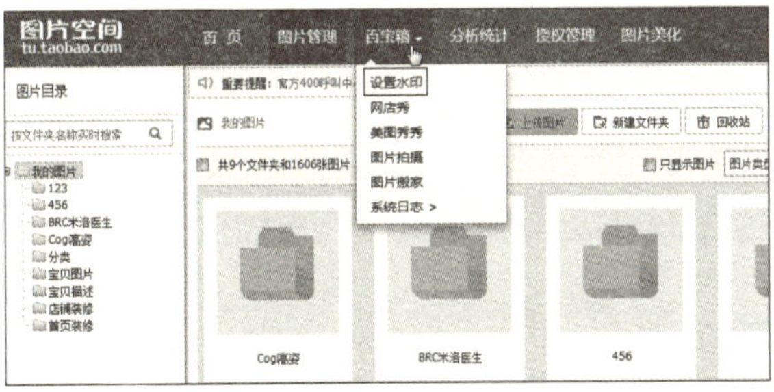

图 4-90 单击 “设置水印”

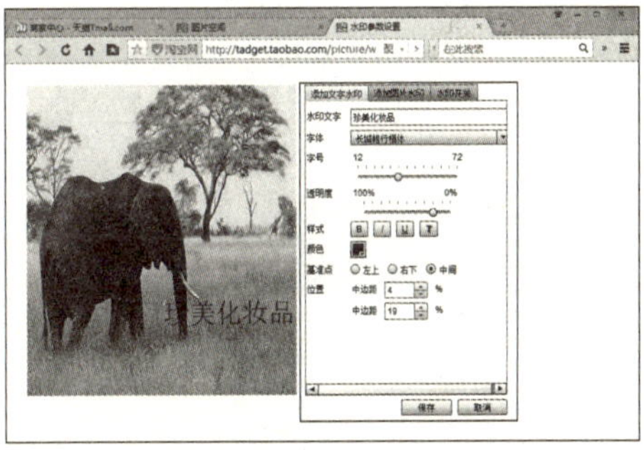

图 4-91 设置水印参数

注 意

设置水印效果时，文字和图片大小不得超过主图面积的 10%，且不得覆盖主图商品。否则，淘宝会根据情况对部分牛皮癣化严重的商品给予一定程度的降权或屏蔽处理。

❸ 单击“图片美化”后，在新打开的页面可以看到一些美化工具，如图 4-92 所示。这里大部分图片美化工具都是需要收费的。

图 4-92　图片美化工具

4.5.3　扩容图片空间

图片空间的默认使用容量毕竟是有限的，商家可以按照以下方法扩展使用空间。

❶ 进入天猫“我的工作台”后，单击页面左侧“店铺管理”下的“图片空间”，打开“图片空间”页面。

❷ 在“图片空间”页面下方会自动提示 2T 永久免费大空间，单击右侧的“马上领用”按钮，打开陶盘页面，如图 4-93、图 4-94 所示。

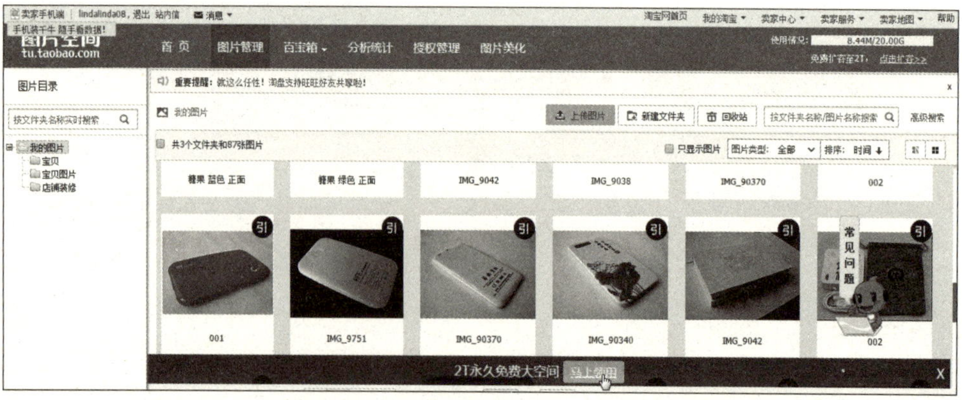

图 4-93　单击　“马上领用”　按钮

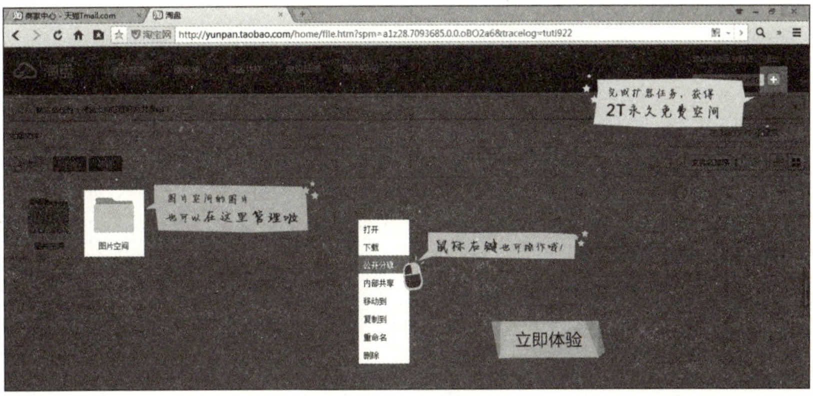

图 4-94 陶盘页面

❸ 单击“立即体验”按钮并单击“上传”按钮，打开“文件上传”对话框，可以选择添加新文件，如图 4-95 所示。

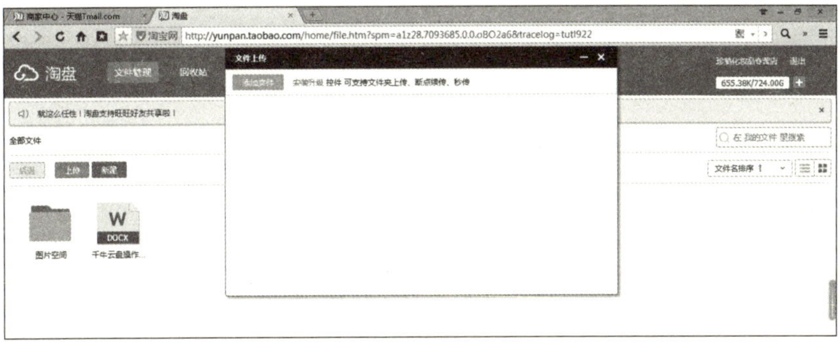

图 4-95 打开 “文件上传” 对话框添加新文件

第5章
“猫”店美装，打造视觉盛宴

5.1 个性化店标设计

店标即店铺标志，是买家对店铺的第一印象，不仅可以体现出店铺的风格及产品的特性，还可以将店铺的名称、经营产品的类型等信息传达给广大买家。这样不但能吸引买家的眼球，更能提高店铺的浏览量。

和淘宝集市店铺一样，天猫店铺的店标也显示于淘宝中的很多位置。搜索、收藏店铺时显示的店标，分别如图 5-1、图 5-2 所示。

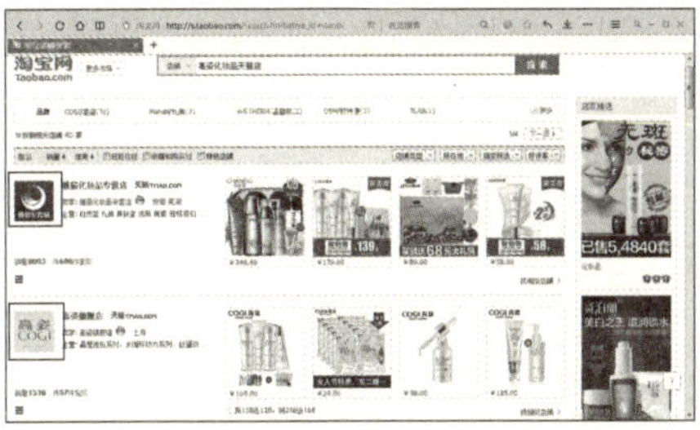

图 5-1 搜索时显示的店标

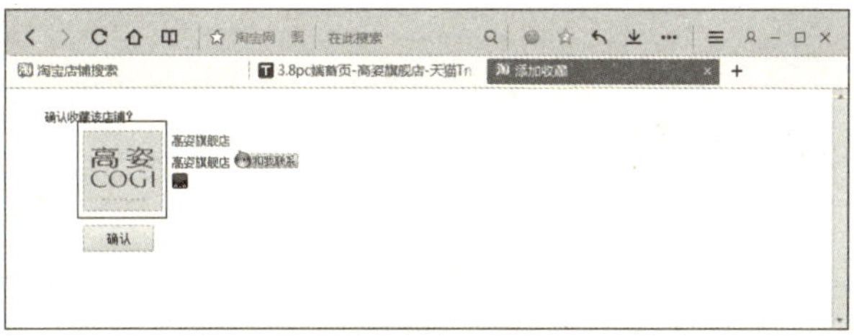

图 5-2 收藏时显示的店标

5.1.1 静态店标设计

一般来说，静态店标由文字和图案构成，主要分为三种，如图 5-3 所示。

图 5-3 三种静态店标

文字店标：主要以文字和拼音字母等单独或组合构成，适用于多种传播方式。

图案店标：这种标志仅用图案构成，比较形象生动，色彩明快，且不受语言限制，非常易于识别，但由于没有名称，因此表意不如文字店标准确。

组合店标：就是用文字和图案组合而成的店标，这种店标发挥了文字及图案店标的优点，图文并茂，形象生动，又易于识别。

下面讲述如何使用 Photoshop CS6 制作静态的天猫店铺店标，其具体操作步骤如下。

❶ 启动 Photoshop CS6 软件，打开主界面，如图 5-4 所示。

❷ 按“Ctrl+N”组合键，打开“新建”窗口，在“宽度”和“高度”文本框中均输入“80”，如图 5-5 所示。

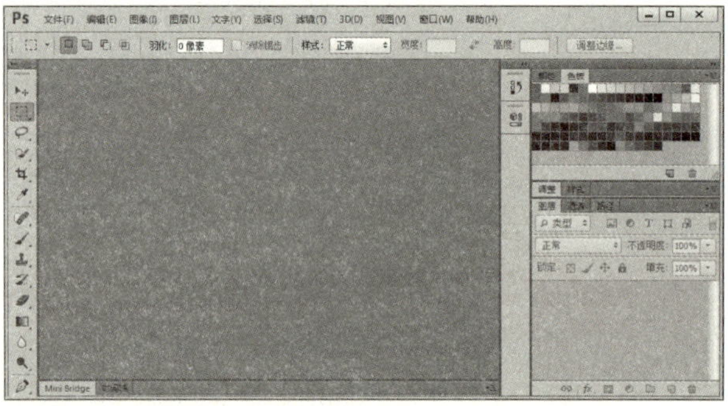

图 5-4 Photoshop CS6 主界面

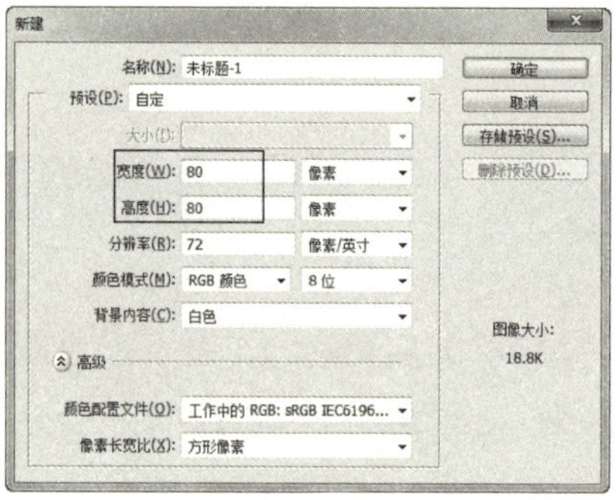

图 5-5 输入宽度和高度

提 示

与淘宝集市店铺相同，天猫店铺的店标尺寸也是 80 × 80 像素，大小为 80KB 以内，支持的格式为 GIF、JPG、JPEG 和 PNG。所以，商家在制作店标之前，需要先将用来制作店标的图像的宽度和高度都设置成 80 像素。

❸ 输入完成后单击“确定”按钮，即可新建一个 80 × 80 的名为“未标题 -1”的文档，如图 5-6 所示。

❹ 按“Ctrl+O”组合键，弹出“打开”窗口，找到并选中用来制作静态店标的素材图片，如图 5-7 所示。

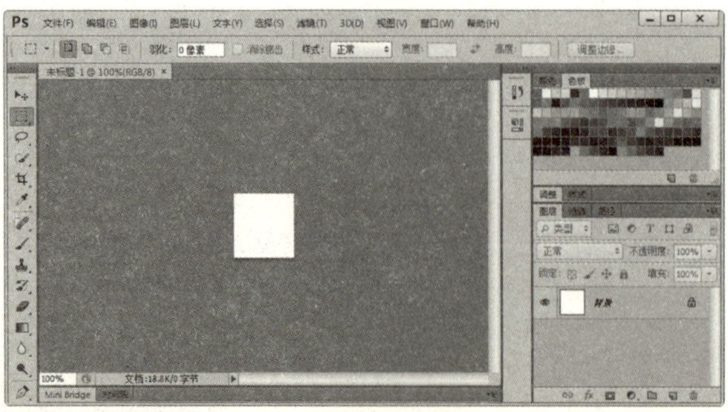

图 5-6 新建的“未标题 -1”文档

图 5-7 选中静态店标素材

❺ 单击“打开”按钮即可打开素材图片，如图 5-8 所示。

❻ 先按“W”键，再按“Shift+W”组合键，启用魔棒工具，此时鼠标指针变成形状。在页面上方的“选项”面板中设置容差为“20”，然后在图片周围的空白部分同时按下“Shift”键和鼠标左键，从而选中所有空白部分，如图 5-9 所示。

图 5-8 打开素材图片

图 5-9 使用魔棒工具选中空白部分

❼ 按下“Shift+Ctrl+ I”组合键，进行“反向”操作，即可将图中的化妆品选中，如图 5-10 所示。

❽ 按“V”键启用移动工具，按住鼠标左键不放，将选中的化妆品拖至“未标题 -1”窗口中，释放鼠标即可完成移动操作，效果如图 5-11 所示。

图 5-10 进行“反向”操作

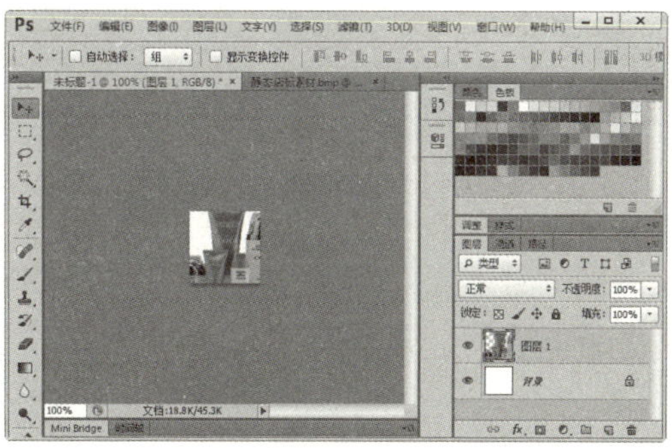

图 5-11 启用移动工具移动选中的化妆品

❾ 为了更好地观察图片的设置效果，需要同时按下“Ctrl”键和“+”键，将图片进行放大，效果如图 5-12 所示。

❿ 按“Ctrl+T”组合键，进行“自用变换”操作。此时，化妆品图片四周会出现节点，如图 5-13 所示。

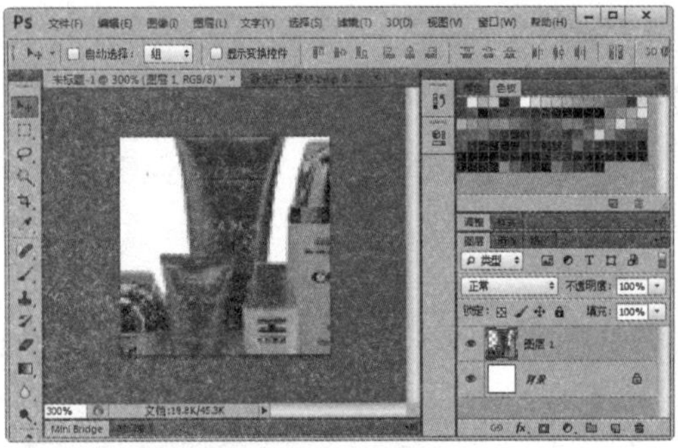

图 5-12　放大图片

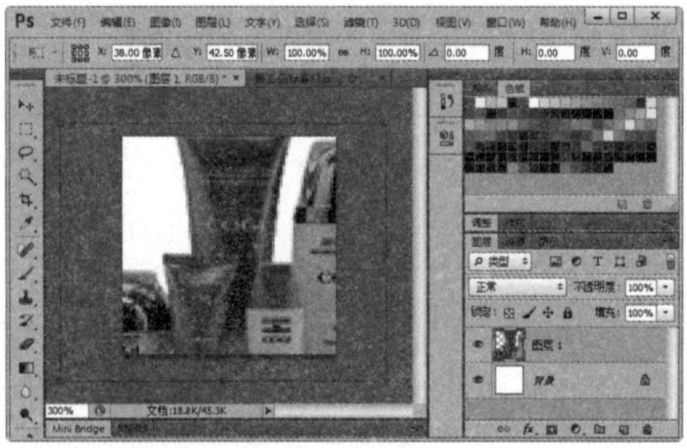

图 5-13　进行“自用变换”操作

⓫ 拖动节点将图片调整至合适大小，并将其拖动至合适的位置，然后按“Enter”键确认，效果如图 5-14 所示。

⓬ 在界面右侧的“图层”面板中单击“背景”图层，切换至背景图层，然后按“T”键启用横排文字工具，此时鼠标变成 形状。将鼠标指针移至化妆品图片下，按住鼠标左键进行拖动，拖动至合适大小后释放鼠标，效果如图 5-15 所示。

图 5-14　调节图片大小和位置

图 5-15　启用横排文字工具

⓭ 然后在拖动出来的文本框中输入店铺名称“珍美化妆品”，如图 5-16 所示。

⓮ 选中输入的店铺名称，在界面上方的“选项”面板中设置字体为“华文彩云”、字号为“14 点”，并在色板中设置颜色为“浅紫洋红”，如图 5-17 所示。

图 5-16　输入店铺名称

图 5-17　设置文字格式

⑮ 在界面上方的“选项”面板中单击 (创建文字变形)按钮，打开“变形文字”对话框，设置“样式”为“扇形”，“弯曲”度为“25%”，如图 5-18 所示。

⑯ 单击“确定”按钮返回主界面，即可看到设置的变形效果，如图 5-19 所示。

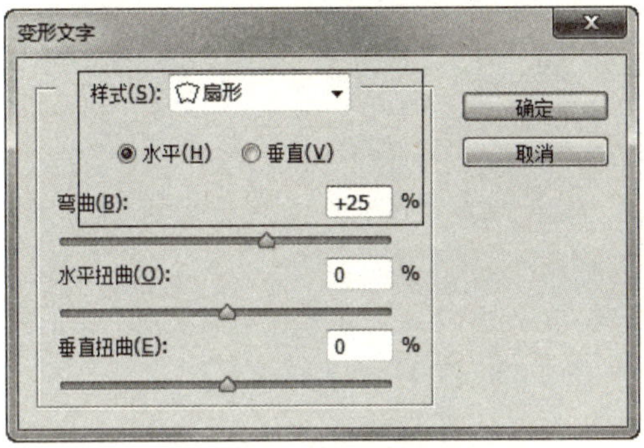

图 5-18　设置变形样式

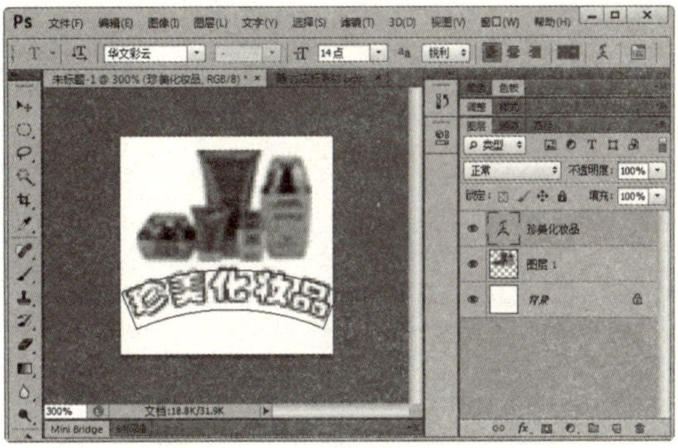

图 5-19　文字变形效果

⑰ 按同样的方法继续在店铺名称下方输入字母“ZHEN MEI”，并设置字体为“幼圆”、字号为“10 点”，效果如图 5-20 所示。

⑱ 最后调整好文字的位置，再同时按下“Ctrl”键和“-”键，将图片缩小至原来的大小即可，最终效果如图 5-21 所示。

图 5-20　输入字母并设置格式

图 5-21　静态店标效果

⑲ 按“Shift+Ctrl+S”组合键，将其存储为 GIF、JPG、JPEG 或 PNG 格式的图片即可。

5.1.2　动态店标设计

店标除了可以制作为静态的之外，还可以制作成动态的。相对于静态店标来说，动态店标则更加生动，表现力更强，更能吸引买家的注意。

❶ 启动 Photoshop CS6 软件，打开主界面。按“Ctrl+O”组合键，弹出“打开”窗口。在指定保存路径下，按“Ctrl”键的同时选中所有动态店标素材图片，如图 5-22 所示。

❷ 单击“打开”按钮，即可打开所有素材图片，如图 5-23 所示。

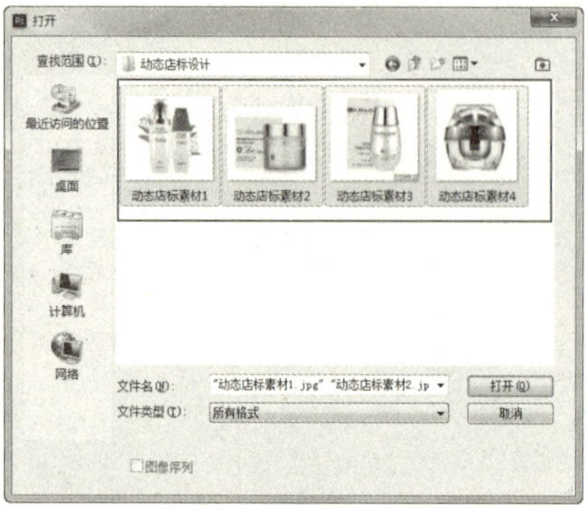

图 5-22　选中动态店标素材

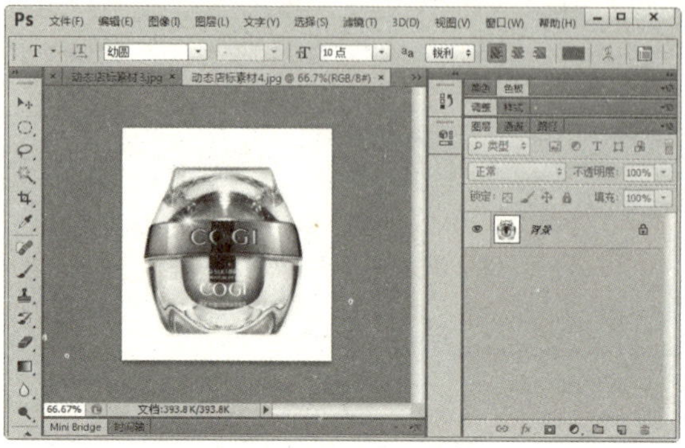

图 5-23　打开所有素材图片

❸ 选择“图像”→“图像大小”菜单命令，打开“图像大小”对话框，如图 5-24、图 5-25 所示。

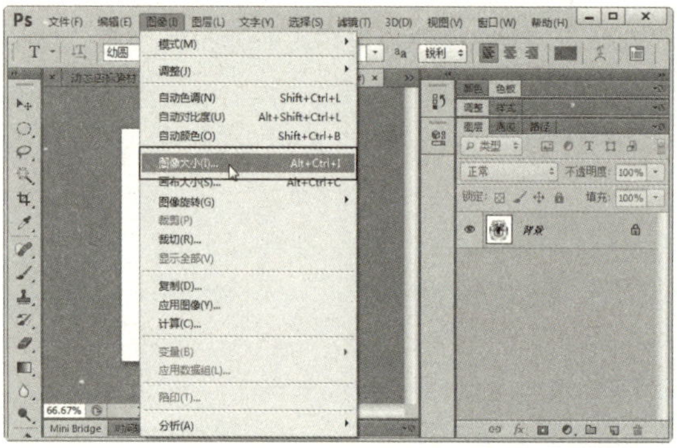

图 5-24　选择菜单命令

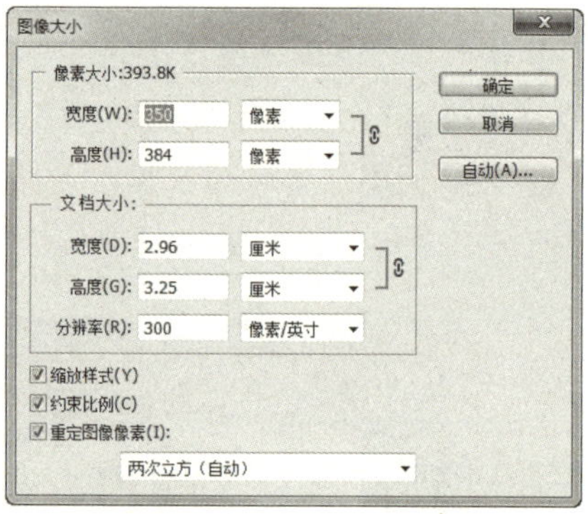

图 5-25　“图像大小”对话框

❹ 在该对话框中将宽度值改为 80(因为选中了“约束比例”复选框，高度值会根据比例自动变更)，如图 5-26 所示。

❺ 单击“确定”按钮，即可将指定的图片调整为 80 × 88 像素，如图 5-27 所示。然后，按照同样的方法将其他素材图片的尺寸均调整为 80 像素左右。

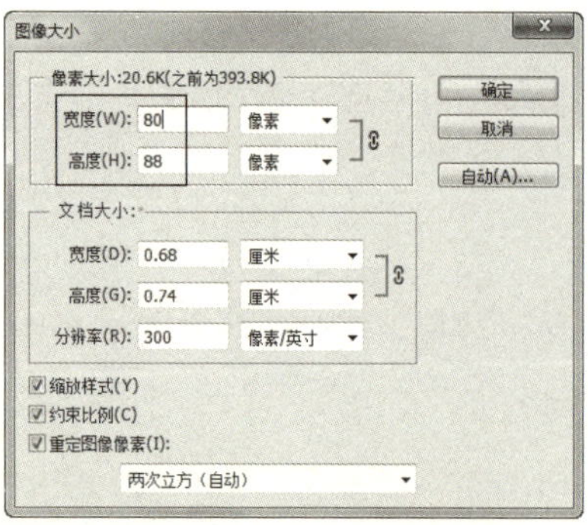

图 5-26　修改像素大小

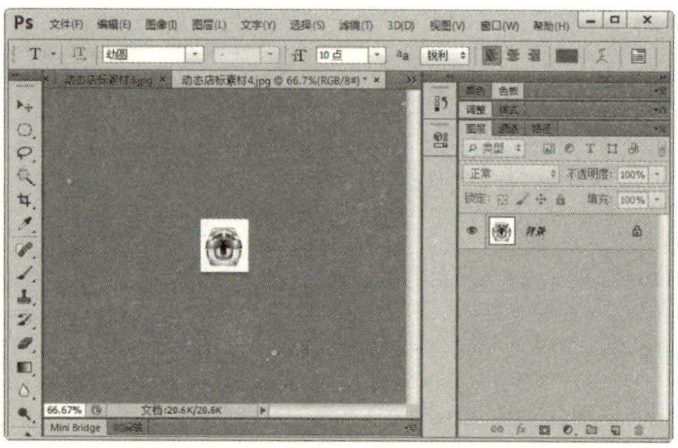

图 5-27　修改后的像素效果

提 示

图 5-27 所示的图片尺寸为 80 × 88 像素，而并非淘宝规定的 80 × 80 像素。这并不影响店标的设计，因为在制作正式店标图片时，系统会自动隐藏图片范围外的多余部分。

❻ 按“Ctrl+N”组合键，打开“新建”窗口。在“宽度”和“高度”文本框中均输入“80”，新建一个名为“未标题 -1”的 80 × 80 文档，如图 5-28 所示。

❼ 按“V”键启用移动工具，将之前调整好像素大小的图片均拖动至“未标题 -1”文档中并调整好位置（最后拖进来的图片将覆盖在其他图片之上）。此时，“图层”面板中会按照拖动的先后顺序由下至上依次显示新的图层，效果如图 5-29 所示。

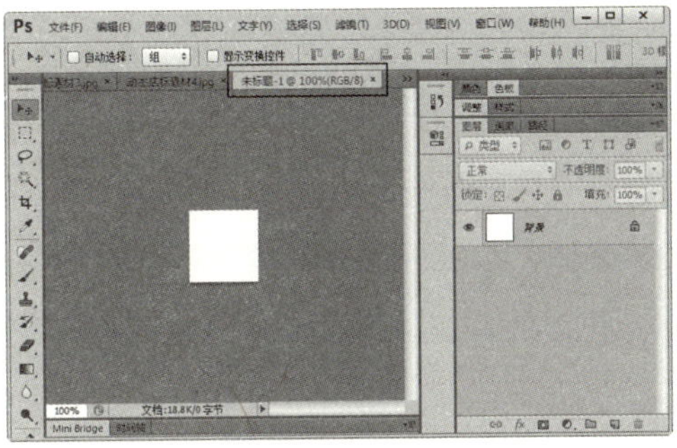

图 5-28 新建的“未标题 -1”文档

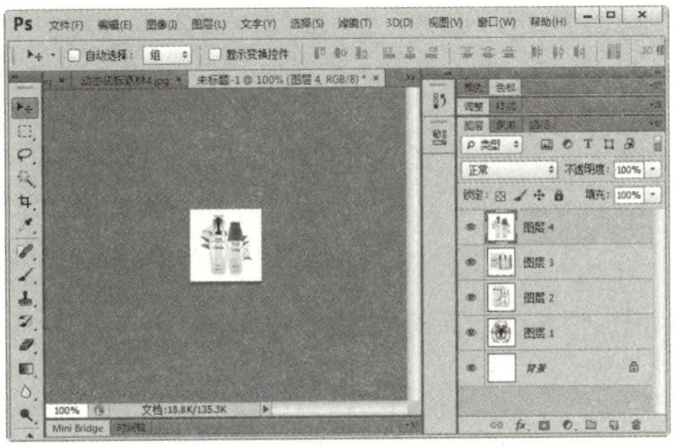

图 5-29 移动素材图片

❽ 为了更好地观察图片的设置效果，需要同时按下“Ctrl”键和“+”键，将图片进行放大，效果如图 5-30 所示。

❾ 按“T”键，启用横排文字工具。将鼠标指针移至“未标题 -1”窗口的图片中，按住鼠标左键进行拖动，拖动至合适大小后释放鼠标。然后在拖动出来的文本框中输入店铺名称“珍美化妆品”，并设置其字体为“华文彩云”、字号为“14 点”、颜色为“浅紫洋红”，效果如图 5-31 所示。

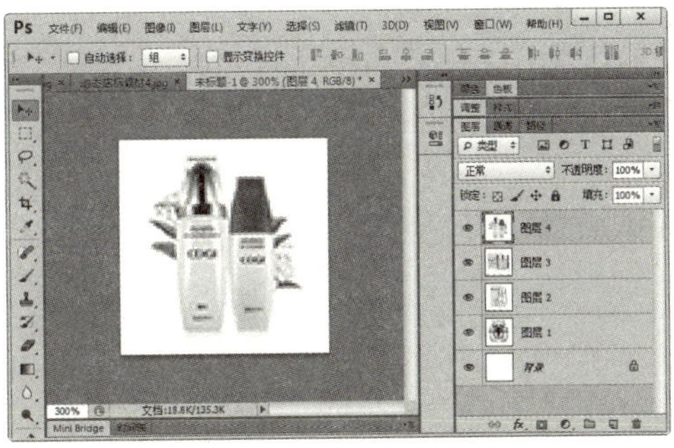

图 5-30 放大图片

图 5-31 添加店铺名称

⑩ 在界面左下角单击“时间轴”选项卡，在打开的“时间轴”面板中单击“创建视频时间轴”下拉按钮，在其下拉列表中选择“创建帧动画”命令，如图 5-32 所示。

⑪ 然后单击“创建帧动画”按钮，创建第 1 帧，如图 5-33 所示。

图 5-32　选择“创建帧动画”命令

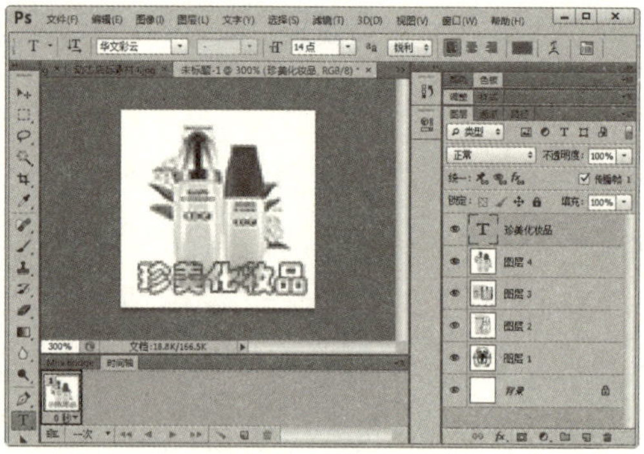

图 5-33　创建第 1 帧

⑫ 在“图层”面板中单击“图层 1”“图层 2”和“图层 3”前的按钮（指示图层可见性），暂时隐藏这些图层（再次单击即可重新显示），如图 5-34 所示。

⑬ 在“时间轴”面板下方的工具栏中单击按钮（复制所选帧），复制一个与第 1 帧相同的画面。在“图层”面板中隐藏“图层 4”，并重新显示“图层 3”，如图 5-35 所示。

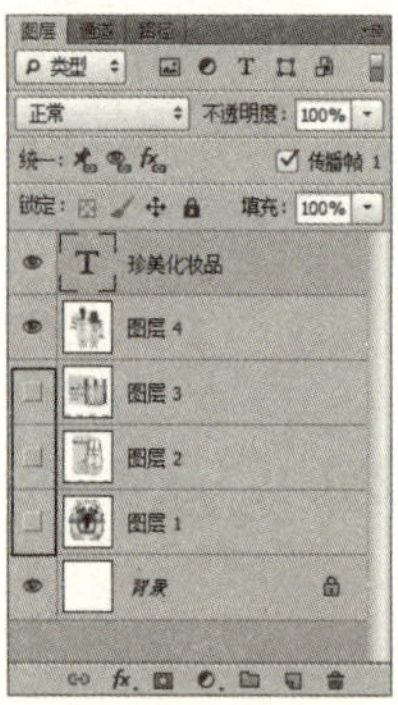

图 5-34　隐藏图层

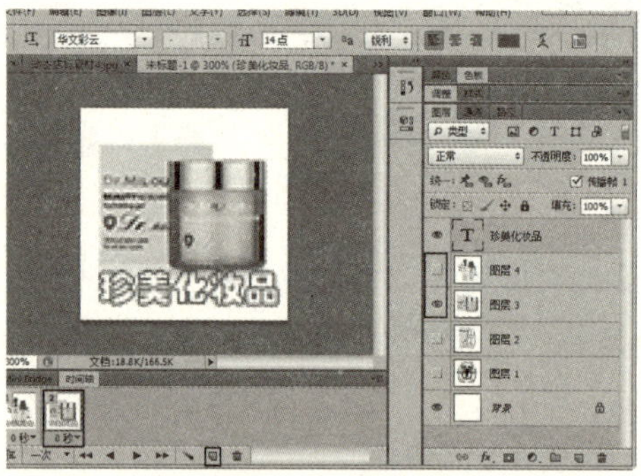

图 5-35　创建第 2 帧

⑭ 再次复制第 2 帧，然后在“图层”面板中隐藏“图层 3”，并重新显示“图层 2”，效果如图 5-36 所示。

⑮ 再次复制第 3 帧，然后在“图层”面板中隐藏“图层 2”，并重新显示“图层 1”，效果如图 5-37 所示。

⑯ 按“Ctrl”键的同时选中所有帧动画，单击“0 秒”下拉按钮，在其下拉菜单中选择“1.0”，如图 5-38 所示。此时，即可将所有动画的延迟时间设置为“1.0”秒，如图 5-39 所示。

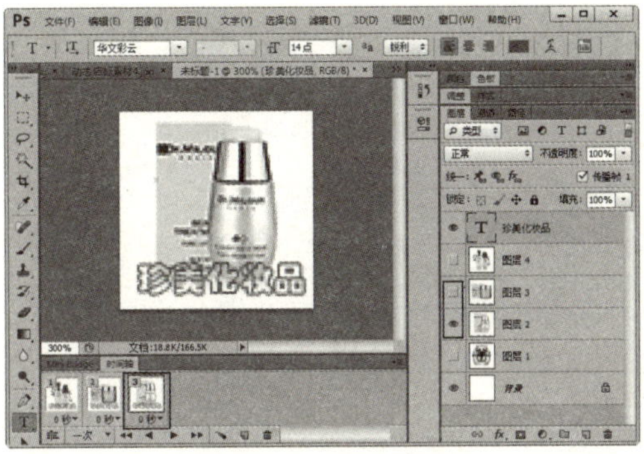

图 5-36 创建第 3 帧

图 5-37 创建第 4 帧

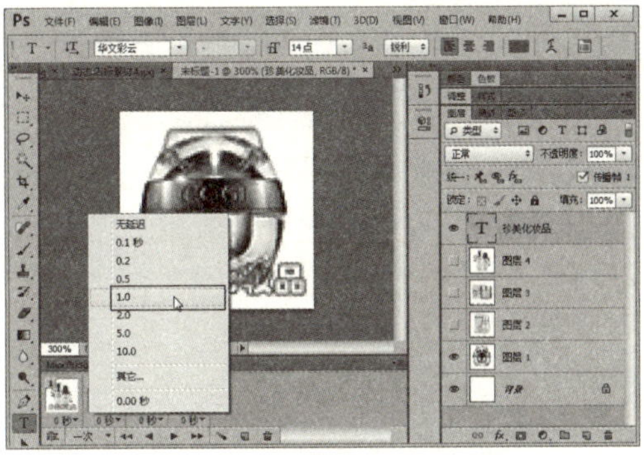

图 5-38 设置动画延迟时间

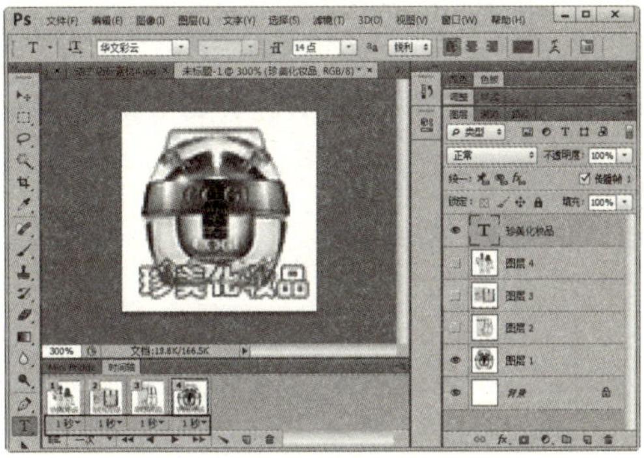

图 5-39 动画延迟时间设置为 1 秒

⑰ 单击“选择循环选项”下拉按钮，在其下拉列表中选择“永远”选项，然后单击“时间轴”面板下方的▶按钮（播放动画），即可进行动画效果的预览，如图 5-40 所示。

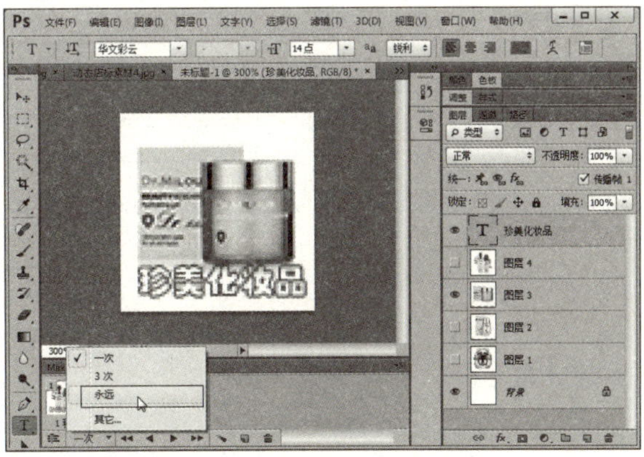

图 5-40 设置循环次数与预览

⑱ 选择“文件”→“存储为 Web 所用格式”菜单命令，打开“存储为 Web 所用格式”对话框，如图 5-41、图 5-42 所示。

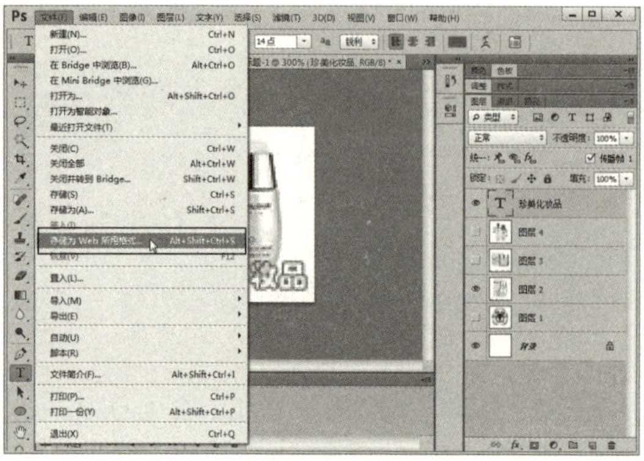

图 5-41　选择菜单命令

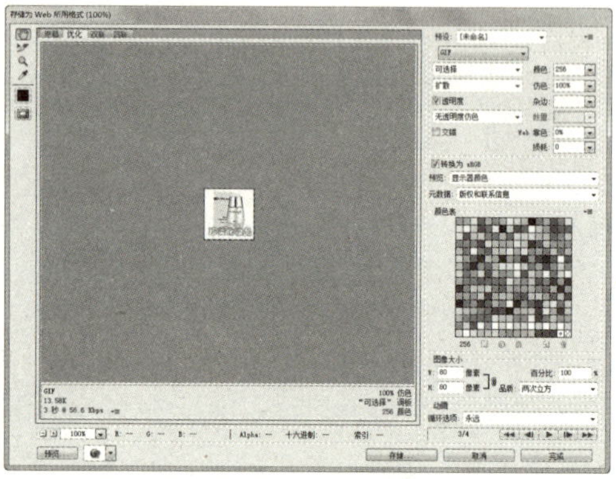

图 5-42　“存储为 Web 所用格式” 对话框

⑲ 单击“存储”按钮，弹出“将优化结果存储为”对话框。选择指定路径，然后在“文件名”文本框中输入名称，如图 5-43 所示。

⑳ 单击“保存”按钮，弹出“‘Adobe 存储为 Web 所用格式’ 警告”窗口，单击“确定”按钮即可完成动态店标的保存，如图 5-44 所示。

图 5-43　设置保存路径和名称

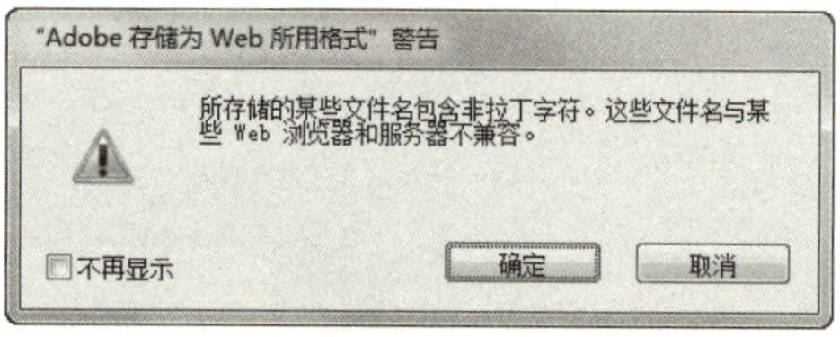

图 5-44　弹出警告窗口

5.2　个性化店招设计

店招即店铺的招牌，不仅可以用于促销宣传，还可以打造店铺品牌，传达商家的经营理念。下面介绍如何使用 Photoshop CS6 制作个性的天猫店铺店招。

5.2.1 设置店招背景

好的店招往往都会有吸引人的背景，或清新，或时尚；或简洁，或优雅。

❶ 启动 Photoshop CS6 软件，打开主界面。按“Ctrl+N”组合键，打开“新建”窗口。在“宽度”和“高度”文本框中分别输入“950”“120”，如图 5-45 所示。

❷ 输入完成后单击“确定”按钮，即可新建一个 950 × 120 的名为“未标题 -1”的文档，如图 5-46 所示。

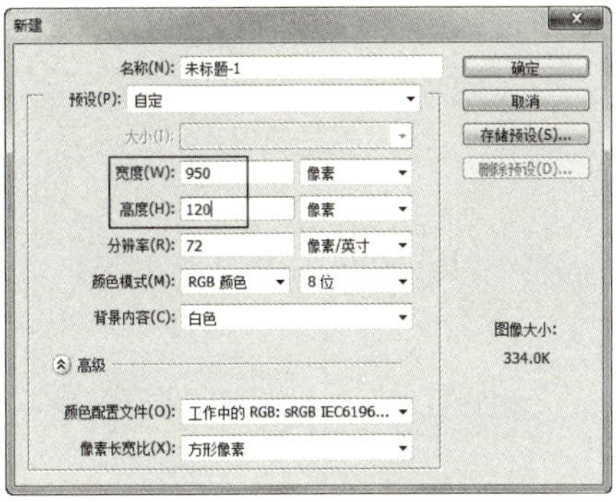

图 5-45 输入宽度和高度

图 5-46 新建的“未标题 -1”文档

❸ 按“Ctrl+O”组合键，弹出“打开”窗口，找到并选中用来设置为店招背景的素材图片，如图 5-47 所示。

❹ 单击“打开”按钮，即可打开背景素材图片，如图 5-48 所示。

图 5-47 选中背景素材

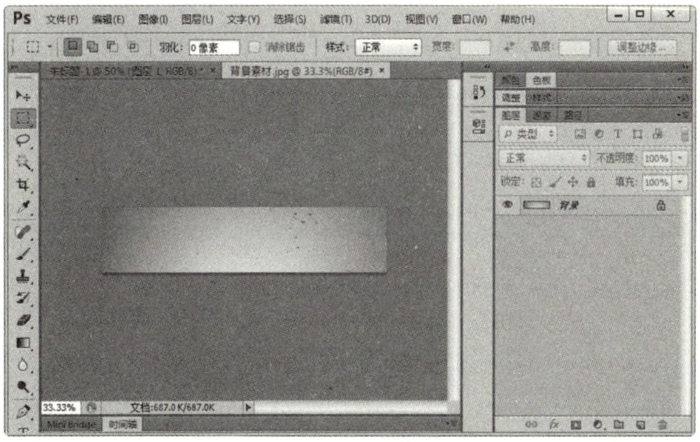

图 5-48 打开背景素材

❺ 按“M”键启用矩形选框工具，拖动鼠标左键选中整个图片，如图 5-49 所示。

❻ 按“V”键启用移动工具，将背景素材图片移至“未标题 -1”文档中，并调整至合适的位置即可，效果如图 5-50 所示。

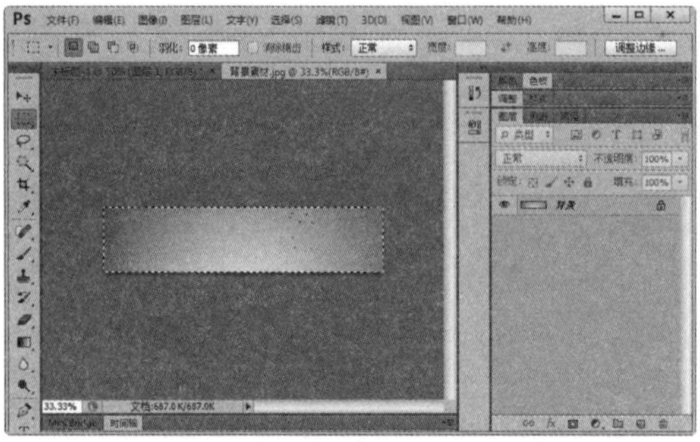

图 5-49　选中背景素材图片

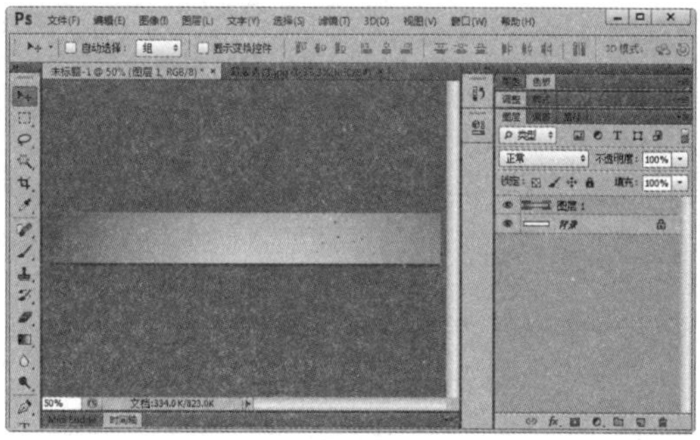

图 5-50　店招背景效果

5.2.2　添加商品图片

设置完店招的背景后，接下来在店招中添加商品图片，这样就可以直观明确地告诉买家店铺是卖什么的，其具体操作步骤如下。

❶ 按“Ctrl+O”组合键，弹出“打开”窗口，找到并选中商品素材图片，如图 5-51 所示。

❷ 单击“打开”按钮，即可打开商品素材图片，如图 5-52 所示。

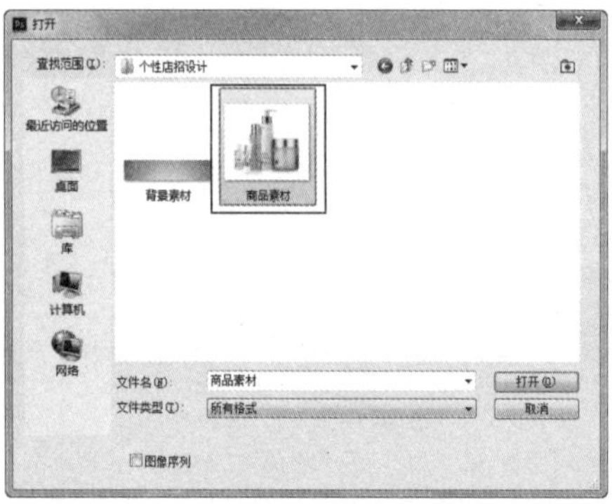

图 5-51　选中商品素材

图 5-52　打开商品素材

❸ 按“M”键启用矩形选框工具，拖动鼠标左键选中整个图片，然后按“V”键启用移动工具，将商品素材图片移至“未标题 -1”文档中，效果如图 5-53 所示。

❹ 按“Ctrl+T”组合键，进行“自用变换”操作，此时图片四周会出现节点，如图 5-54 所示。

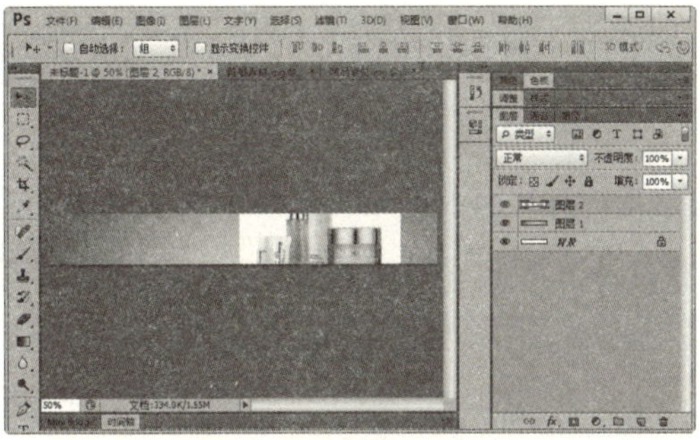

图 5-53 移动商品素材图片

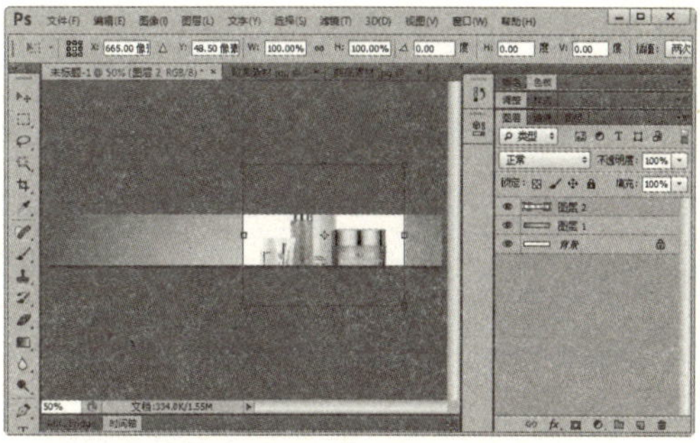

图 5-54 进行 “自用变换” 操作

❺ 拖动节点将图片调整至合适大小，并将其拖动至合适的位置，然后按 “Enter” 键确认，效果如图 5-55 所示。

❻ 在界面右侧的 “图层” 面板中单击 “正常” 按钮，在其下拉列表中选择 “正片叠底” 命令，如图 5-56 所示。

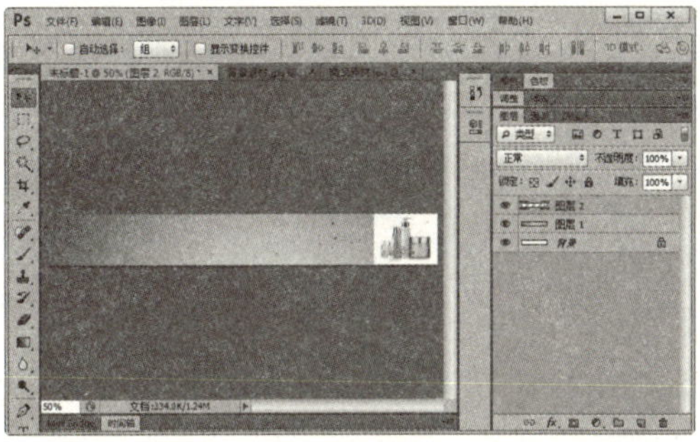

图 5-55 调节图片大小和位置

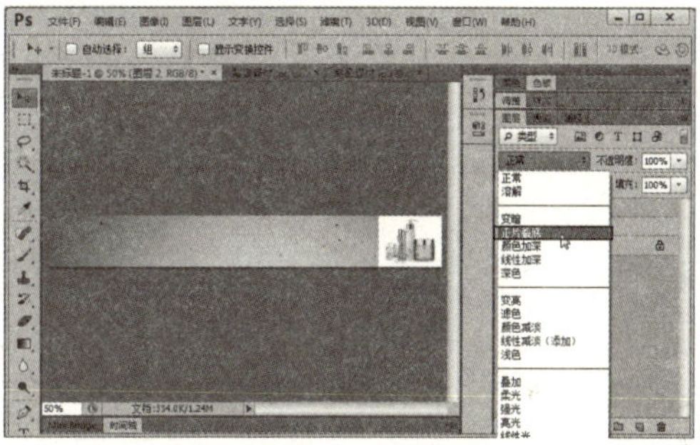

图 5-56 选择 “正片叠底” 命令

❼ 此时即可将商品图片设置为 “正片叠底” 效果（同时按下 “Ctrl” 键和 “+” 键，将图片进行放大进行查看），如图 5-57 所示。

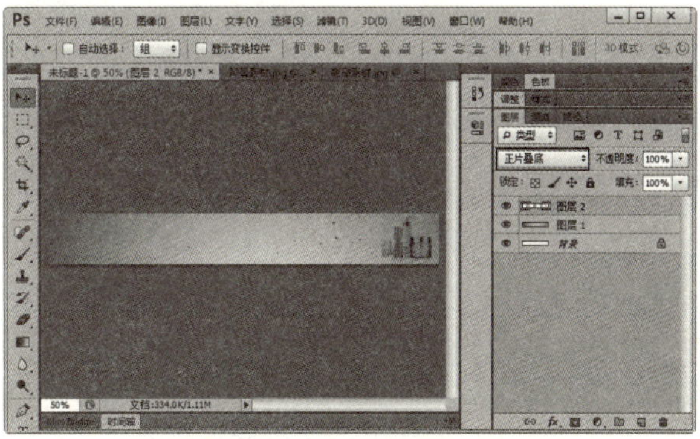

图 5-57 “正片叠底” 效果

5.2.3 添加文字内容

设计店招时，最好在其中添加店铺的名称，以便买家在浏览时记住店铺的名称。还可以添加一些其他文字标识，如店铺的经营理念等。其具体操作步骤如下。

❶ 按“T”键启用横排文字工具，将鼠标指针移至店招的最左侧，按住鼠标左键拖动出一个文本框，如图 5-58 所示。

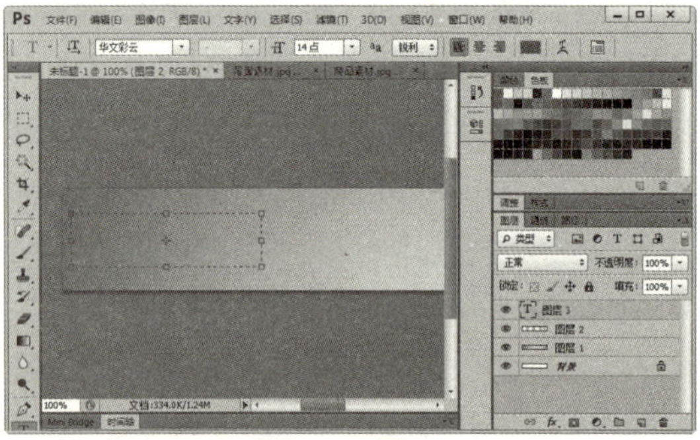

图 5-58　启用横排文字工具

❷ 然后在拖动出来的文本框中输入英文“zhen mei”，在界面上方的“选项”面板中设置字体为“华文行楷”、字号为“60 点”，并在色板中设置颜色为“白色”，如图 5-59 所示。

❸ 先按“U”键，再持续按“Shift+U”组合键多次，直到切换至“直线工具”。在界面上方的“选项”面板中设置“填充颜色”为“白色”、“描边宽度”为“3 点”，然后拖动鼠标左键在英文的右侧绘制一条直线形状，如图 5-60 所示。

图 5-59　输入英文

图 5-60　绘制直线形状

❹ 在直线形状的右侧输入店铺名称“珍美化妆品专营店”，设置字体为“幼圆”、字号为“36 点”，并在色板中设置颜色为“白色”，如图 5-61 所示。

❺ 在店铺名称的下方输入店铺经营理念文字内容，设置字体为“楷体”、字号为“18 点”，并在色板中设置颜色为“白色”，如图 5-62 所示。

图 5-61 输入店铺名称

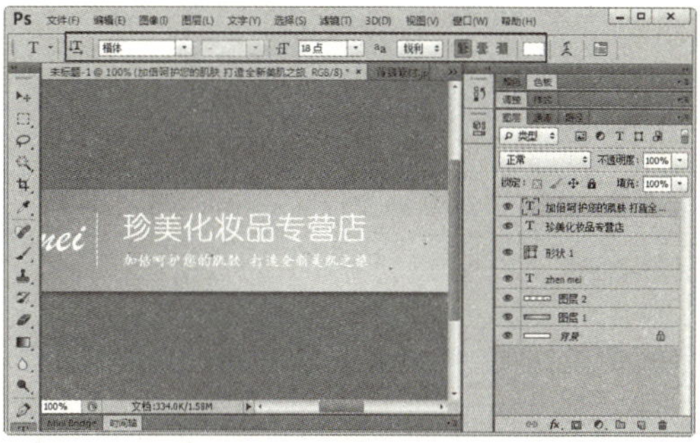

图 5-62 输入店铺经营理念

❻ 最后，调整好文字的位置，再同时按下“Ctrl”键和“-”键，将图片缩小至原来的大小即可，最终效果如图 5-63 所示。

图 5-63 店招最终效果

❼ 按“Shift+Ctrl+S”组合键，将其存储为 GIF、JPG、JPEG 或 PNG 格式的图片即可。

提 示

与淘宝集市店铺相同，设计天猫店铺的店招时，首先也需要要符合以下几点基本要求。

（1）图片格式：目前只支持 GIF、JPG、JPEG、PNG 格式的店招图片。

（2）尺寸大小：建议店标使用尺寸为 950×120 像素，超出部分不显示的。

（3）图片大小：上传的图片大小限制在 100KB 以内。

5.3 宝贝分类区美化设计

宝贝分类是店铺装修的重要环节，不仅可以方便买家根据不同的类别迅速地找到想要购买的商品（尤其商品种类繁多的时候），还有利于店铺掌柜对各类别商品的销售进行统计。

5.3.1 了解宝贝分类区

1. 宝贝分类区的位置

在天猫店铺中，宝贝分类区通常显示于店铺首页的左侧和商品详情页的左侧，分别如图 5-64、图 5-65 所示。

图 5-64 店铺首页的宝贝分类区

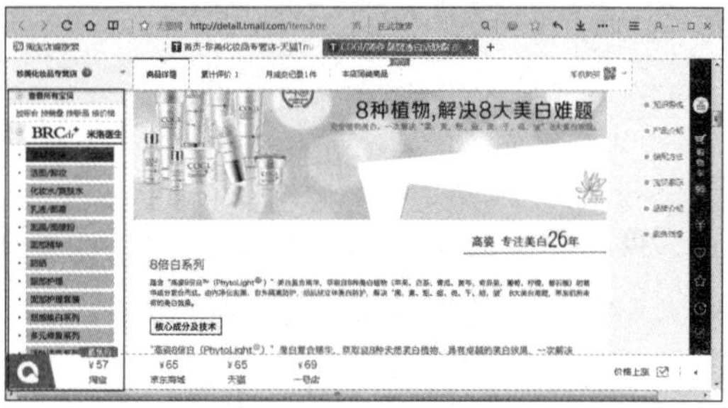

图 5-65 商品详情页的宝贝分类区

2. 宝贝分类区的显示形式

文字形式：以这种形式显示的宝贝分类是最常见的，但往往也会显得有些单调，如图 5-66 所示。

图片形式：除了文字形式之外，宝贝分类区还可以通过添加图片的方式进行美化，如图 5-67 所示。

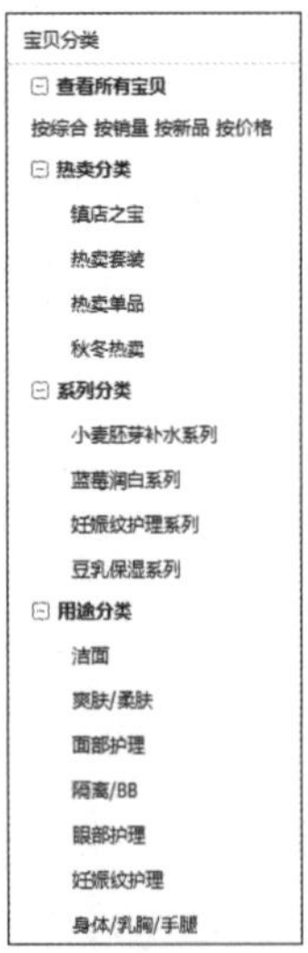

图 5-66 文字形式的宝贝分类区

图 5-67 图片形式的宝贝分类区

3. 宝贝分类区的设计要求

商家在设计宝贝分类区时，应事先了解以下几点基本要求。

（1）设计宝贝分类区的图片时，宽度不能超过 160 像素，高度没有限制。

（2）为宝贝分类区添加图片时，需在分类名称中输入该分类的文字标识，以便后期查看和编辑。

（3）设计宝贝分类区的图片时，需要遵循店铺装修风格，否则不能保持整体店铺的统一效果。

（4）如果店铺中的宝贝数量较多，则可以在分类中添加子分类。子分类区同样可以添加图片，但需要注意的是，这里的图片应与主分类区的图片有所区别，以避免混淆。

5.3.2 设计漂亮的宝贝分类按钮图片

因为文字形式的宝贝分类过于单调，所以为了给店铺增加美观效果，商家可以通过设计按钮图片代替宝贝分类区的文字。下面介绍如何使用 Photoshop CS6 制作精美的宝贝分类区按钮图片，其具体操作步骤如下。

❶ 启动 Photoshop CS6 软件，打开主页面。按"Ctrl+N"组合键，弹出"新建"窗口。在"宽度"和"高度"文本框中分别输入"150"和"30"，如图 5-68 所示。

❷ 输入完成后单击"确定"按钮，即可新建一个 150 × 30 的名为"未标题 -1"的文档，如图 5-69 所示。

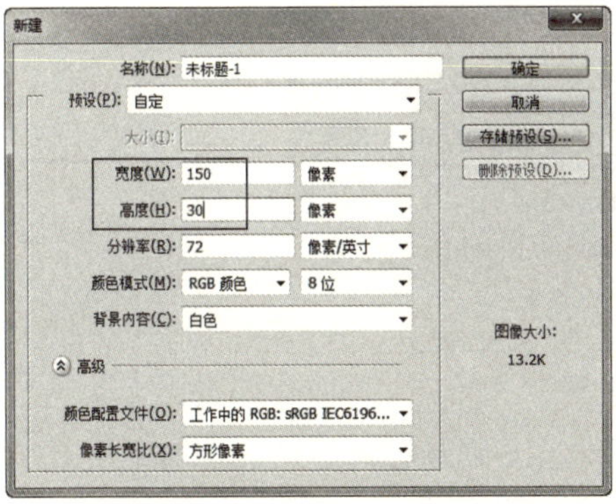

图 5-68 输入宽度和高度

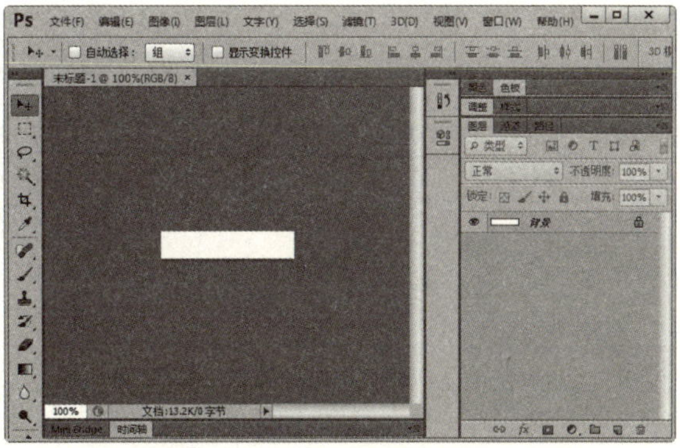

图 5-69 新建的"未标题 -1"文档

❸ 同时按下"Ctrl"键和"+"键放大图片，然后按"U"键启用矩形工具，拖动鼠标左键绘制一个矩形框，在界面上方的"选项"面板中设置为"不填充"、"描边颜色"为"蜡笔紫洋红"、"描边宽度"为"1 点"，效果如图 5-70 所示。

❹ 在界面右侧的"图层"面板中切换至"背景"图层，然后持续按"Shift+U"组合键多次，直到切换至"多边形工具"。在界面上方的"选项"面板中设置"填充颜色"为"蜡笔紫洋红"、"边"为"4"，然后拖动鼠标左键在文档左侧绘制出一个菱形形状，效果

如图 5-71 所示。

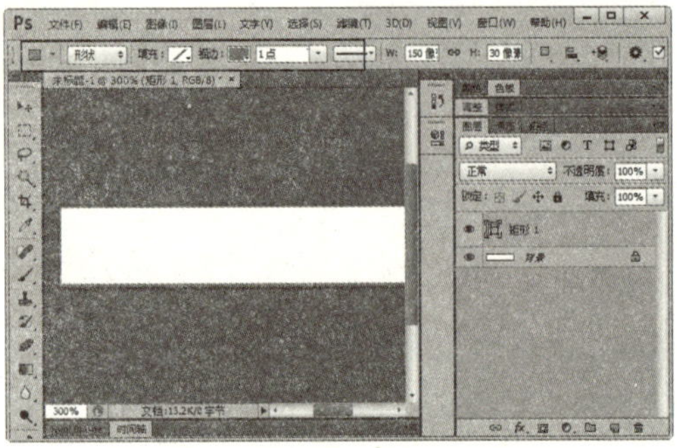

图 5-70　绘制矩形框

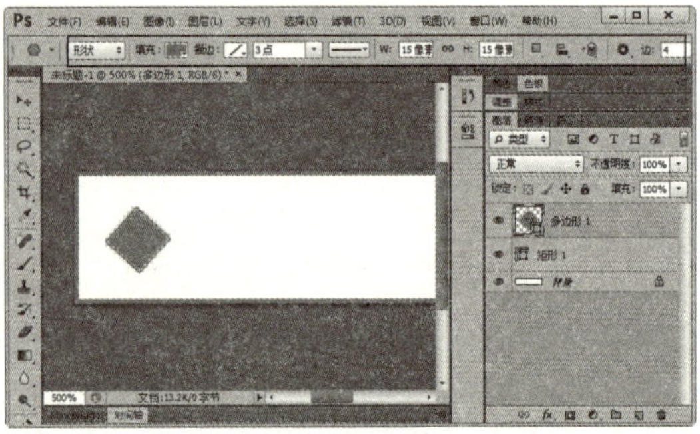

图 5-71　绘制菱形

❺ 按“T”键启用文字工具，然后在菱形的右侧拖动鼠标左键，绘制一个文字矩形框，在其中输入宝贝分类的名称“洁面 / 卸妆”，并在“选项”面板中设置字体为“楷体”、字号为“20 点”、颜色为“蜡笔紫洋红”，如图 5-72 所示。

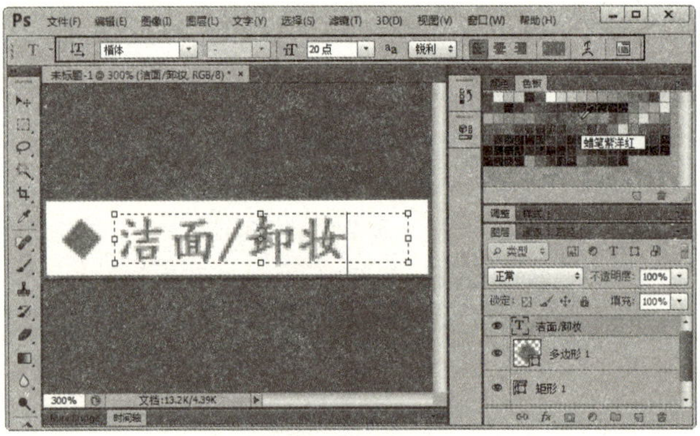

图 5-72　输入宝贝分类名称

❻ 此时即可完成分类区的按钮设计，效果如图 5-73 所示。

图 5-73　宝贝分类区文字效果

❼ 按“Shift+Ctrl+S”组合键，将其存储为 JPG、PNG 或 GIF 格式即可。

❽ 更改宝贝分类的名称，设计出其他宝贝分类的文字效果并进行保存，如图 5-74 所示。

图 5-74　其他分类文字效果

5.3.3 默认宝贝分类页设计

在默认宝贝分类页中，宝贝都是以"图表"的形式显示的。例如，"一行展示 4 个宝贝"的图表显示效果，如图 5-75 所示。

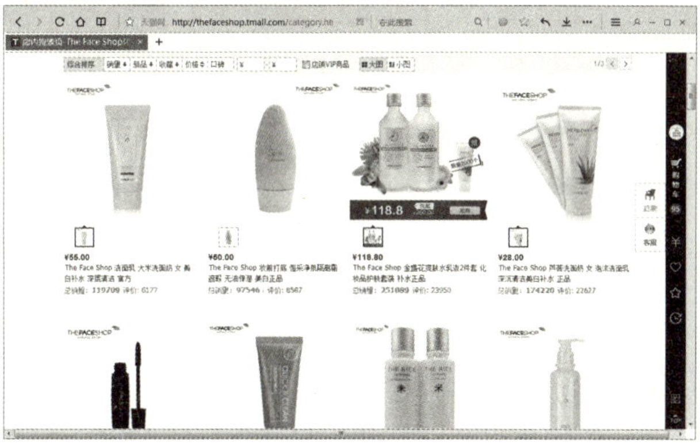

图 5-75 一行展示 4 个宝贝

除了图表形式，默认宝贝分类页还可以"列表"的形式显示，如图 5-76 所示。

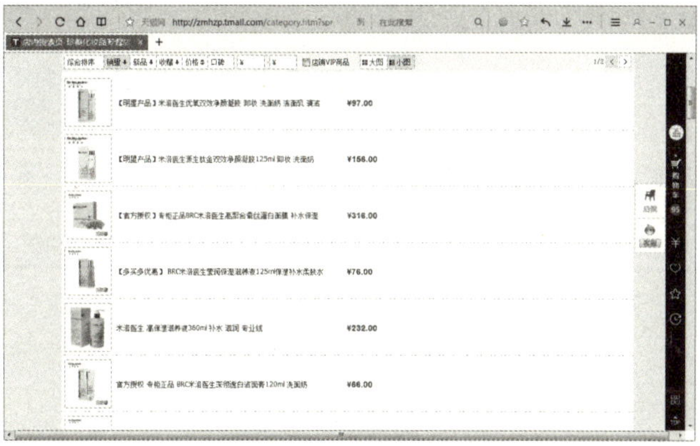

图 5-76 列表形式

5.4 宝贝促销活动区与促销页设计

针对商品或品牌的众多竞争，商家可以通过提供正常销售之外的附加利益来刺激买家的需求，这就是所谓的促销活动。不同的促销活动策划方案，可能会有不同的产品、主题或促销方式。所以，商家必须对每一次促销活动的设计要有明确的目的和清晰的目标，这样才能设计出有效的促销活动。接下来将介绍几种比较常见的促销活动设计方案。

5.4.1 新商品促销活动设计

当店铺上传了新商品之后，商家可以通过设计新品促销活动广告，然后将其放在店铺首页中。这样当买家浏览店铺时，即可快速了解店铺的新品信息。

下面介绍如何使用Photoshop CS6软件设计新商品的促销广告，其具体操作步骤如下。

1. 设计促销页背景

❶ 启动 Photoshop CS6 软件，打开主页面。按“Ctrl+N”组合键，弹出“新建”窗口。在“宽度”和“高度”文本框中分别输入“950”和“500”，如图 5-77 所示。

❷ 输入完成后单击“确定”按钮，即可新建一个 950 × 500 的名为“未标题 -1”的文档，如图 5-78 所示。

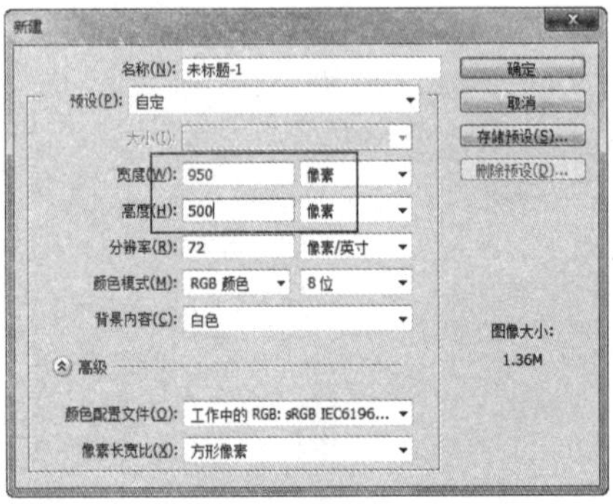

图 5-77 输入宽度和高度

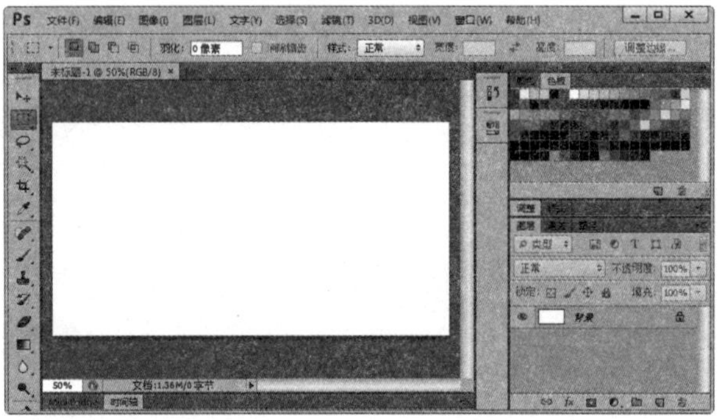

图 5-78 新建的“未标题 -1”文档

❸ 按“G”键启用渐变工具，在界面右侧的“色板”面板中拾取填充颜色为“蜡笔青”对话框，然后在文档中从左上角往右下角拖动鼠标左键至合适位置后释放鼠标，效果如图 5-79 所示。

❹ 按“Ctrl+O”组合键，打开背景素材图片，如图 5-80 所示。

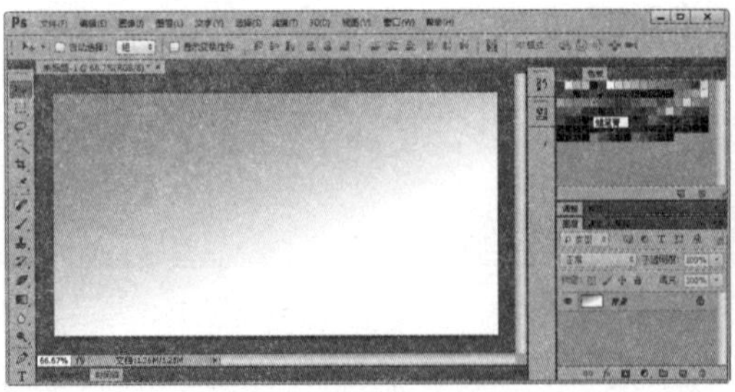

图 5-79 设置背景颜色

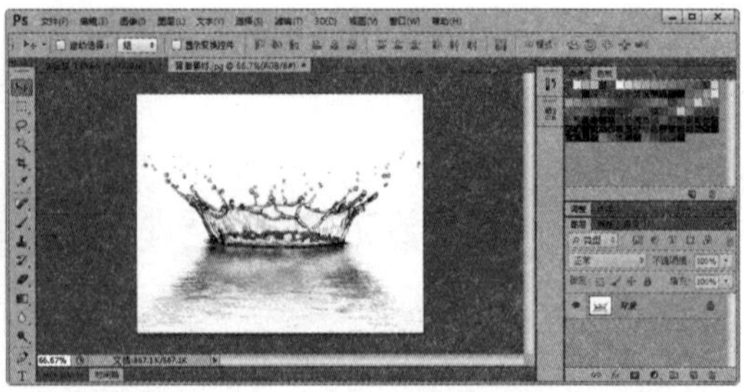

图 5-80 打开背景素材图片

❺ 按“M”键启用矩形选框工具，选中整个图片，然后按“V”键启用移动工具，将其移至“未标题 -1”文档中，如图 5-81 所示。

❻ 按“T”键进行“自由变换”操作，拖动图片四周的节点，将其调整至合适的大小和位置，效果如图 5-82 所示。

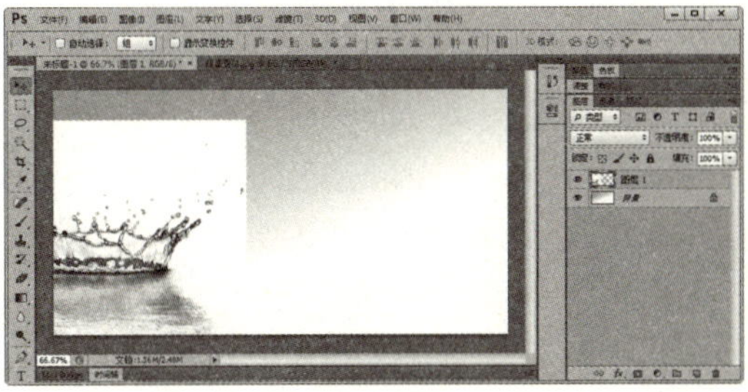

图 5-81 移动背景素材图片

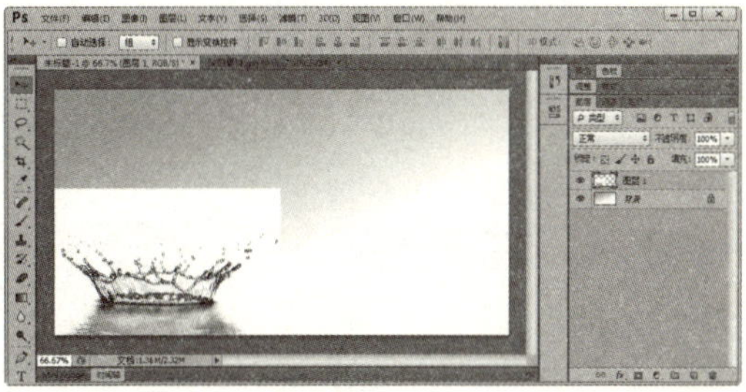

图 5-82 调整背景素材图片的大小和位置

❼ 在界面右侧的“图层”面板中单击“正常”按钮，在其下拉列表中选择“正片叠底”命令，如图 5-83 所示。

❽ 此时即可将商品图片设置为“正片叠底”效果，如图 5-84 所示。

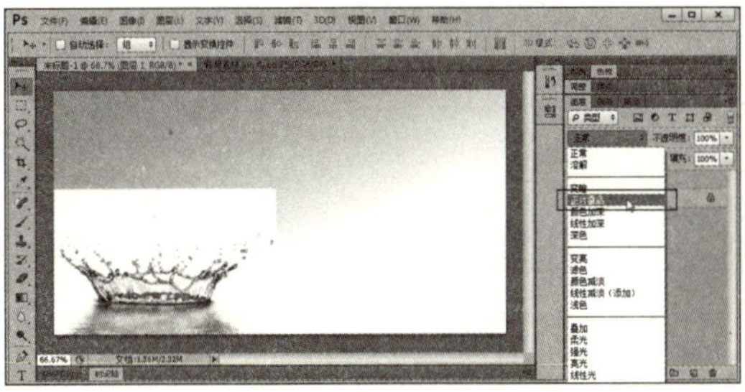

图 5-83 选择“正片叠底”命令

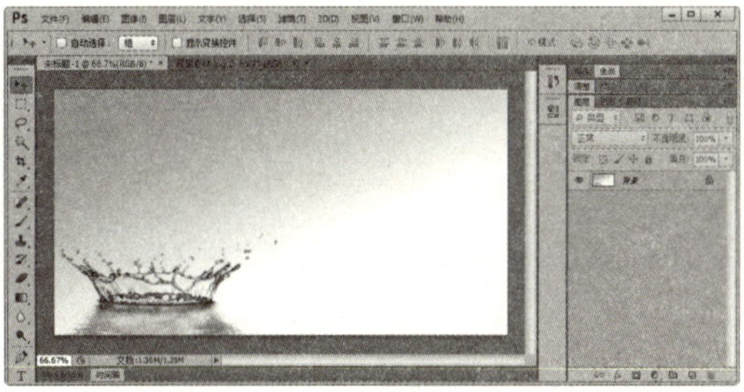

图 5-84 “正片叠底”效果

2. 添加新商品

❶ 按“Ctrl+O”组合键，打开商品素材图片，如图 5-85 所示。

❷ 按“M”键启用矩形选框工具，选中整个图片，然后按“V”键启用移动工具，将其移至“未标题 -1”文档中，如图 5-86 所示。

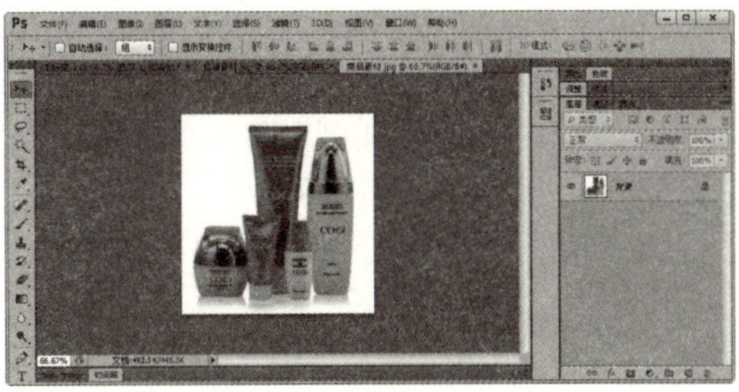

图 5-85 打开商品素材图片

图 5-86 移动商品素材图片

❸ 按“T”键进行“自由变换”操作，拖动图片四周的节点，将其调整至合适的大小和位置，效果如图 5-87 所示。

❹ 在界面右侧的“图层”面板中单击“正常”按钮，在其下拉列表中选择“正片叠底”命令，将其设置为“正片叠底”效果，如图 5-88 所示。

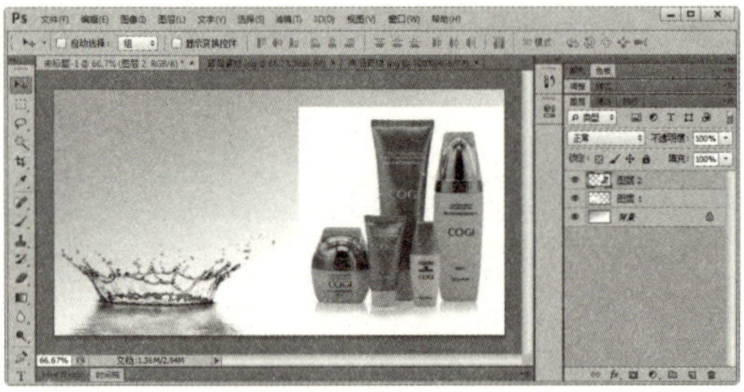

图 5-87　调整商品素材图片的大小和位置

图 5-88　“正片叠底”效果

3. 设计新商品促销文字

❶ 按“T”键启用横排文字工具，在图片的左侧按住鼠标左键拖动出一个文本框，然后在其中输入第 1 段文字，设置字体为“宋体”、字号为“72 点” / “36 点”，并在色板中设置颜色为“白色”，如图 5-89 所示。

❷ 先按“U”键，再持续按“Shift+U”组合键多次，直到切换至“直线工具”，在界面上方的“选项”面板中设置“填充颜色”为“白色”、“粗细”为“3 像素”，然后拖动鼠标左键在文字的下方绘制一条直线形状，效果如图 5-90 所示。

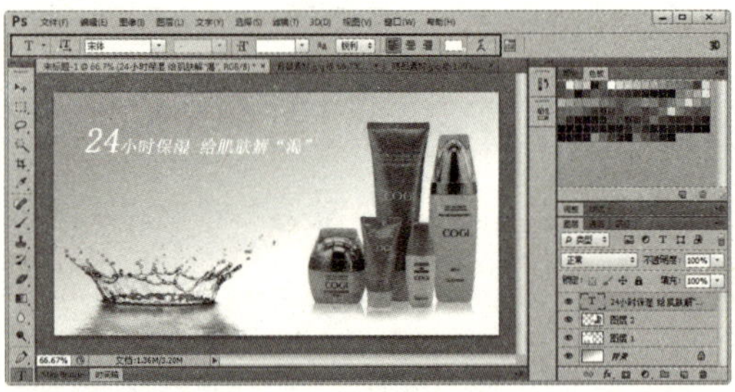

图 5-89　输入第 1 段文字

图 5-90　绘制直线形状

❸ 继续在直线形状的下方输入第 2 段文字，并设置字体为“宋体”、字号为“24 点”、颜色为“白色”，效果如图 5-91 所示。

❹ 继续输入第 3 段文字，并设置字体为“宋体”、字号为“16 点”、颜色为“白色”，效果如图 5-92 所示。

图 5-91 输入第 2 段文字

图 5-92 输入第 3 段文字

❺ 此时，新商品促销活动广告就已全部设计完毕了，最终效果如图 5-93 所示。

图 5-93 新商品促销活动设计效果

❻ 最后，按"Shift+Ctrl+S"组合键，将其存储为 JPG、JPEG 或 PNG 格式的图片即可。

5.4.2 特价促销活动设计

特价促销，就是推出一些价格相对较低的商品来吸引买家的光顾，这对提高商品销量往往能起到积极作用。下面介绍如何使用 Photoshop CS6 软件设计特价商品的促销广告，其具体操作步骤如下。

1. 设计促销页背景

❶ 启动 Photoshop CS6 软件，新建一个 950 × 500 的名为"未标题 -1"的文档，如图 5-94 所示。

❷ 按"Ctrl+O"组合键，打开第 1 张背景素材图片，如图 5-95 所示。

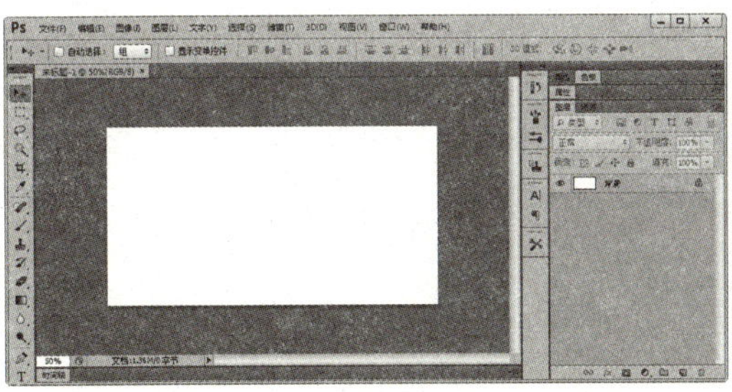

图 5-94 新建的"未标题 -1"文档

图 5-95 打开第 1 张背景素材图片

❸ 按“M”键启用矩形选框工具，选中整个图片，然后按“V”键启用移动工具，将其移至“未标题 -1”文档中，如图 5-96 所示。

❹ 按“T”键进行“自由变换”操作，拖动图片四周的节点，将其调整至合适的大小和位置，效果如图 5-97 所示。

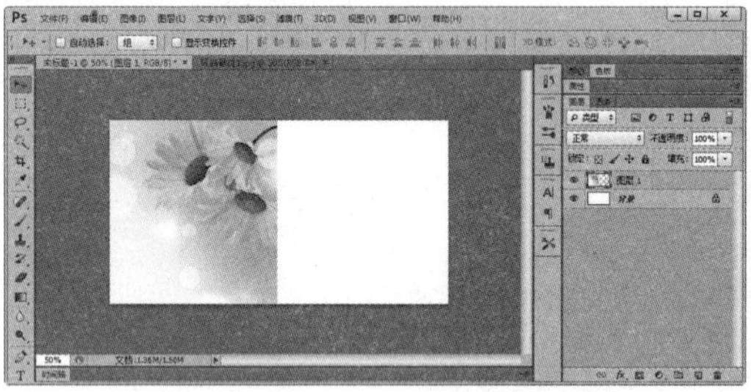

图 5-96　移动背景素材图片

图 5-97　调整第 1 张背景素材图片的大小和位置

❺ 按“Ctrl+O”组合键，打开第 2 张背景素材图片，如图 5-98 所示。

❻ 按照同样的方法将其选中并移至“未标题 -1”文档中，然后调整至合适的大小和位置，效果如图 5-99 所示。

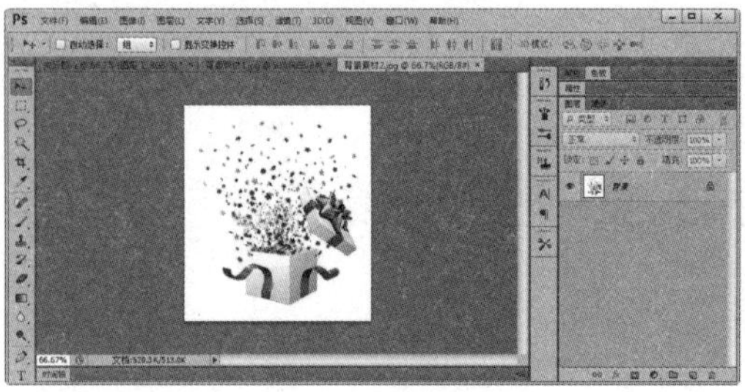

图 5-98　打开第 2 张背景素材图片

图 5-99　调整第 2 张背景素材图片的大小和位置

2. 设计特价促销文字

❶ 按“T”键启用横排文字工具，在文档的左上角按住鼠标左键拖动出一个文本框，然后在其中输入第 1 段文字，设置字体为“华文彩云”、字号为“45 点”，并在色板中设置颜色为“纯青”，如图 5-100 所示。

❷ 在界面上方的“选项”面板中单击按钮（创建文字变形），打开“变形文字”对话框，设置“样式”为“下弧”、“弯曲”度为“50%”，如图 5-101 所示。

图 5-100 输入第 1 段文字

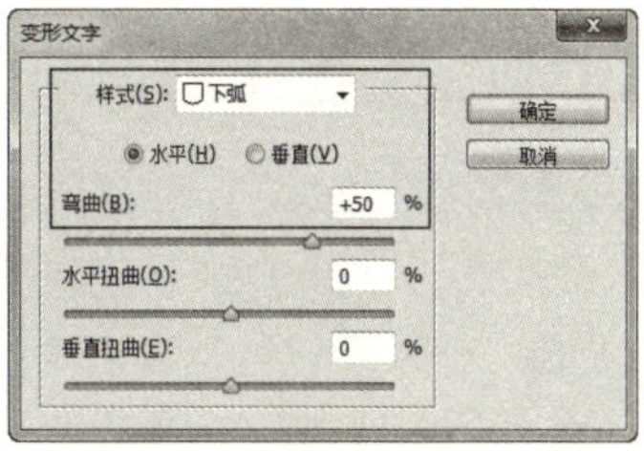

图 5-101 设置文字变形样式

❸ 单击“确定”按钮返回主界面，即可看到设置的变形效果，如图 5-102 所示。

❹ 先按“U”键，再持续按“Shift+U”组合键多次，直到切换至“自定形状工具”，在界面右上角单击“形状”下拉按钮，在其下拉列表中选择“横幅 3”形状，如图 5-103 所示。

图 5-102 文字变形效果

图 5-103 选择 “横幅 3” 形状

❺ 在刚输入的文字下方拖动鼠标左键绘制出一个横幅形状，设置其填充颜色为“蜡笔青”，效果如图 5-104 所示。

❻ 按“T”键启用横排文字工具，单击横幅形状即可在该形状上出现一个文本框，输入第 2 段文字，并设置字体为“微软雅黑”、字号为“36 点” / “18 点”、颜色为“白色”，效果如图 5-105 所示。

图 5-104 选择 “横幅 3” 形状

图 5-105 输入第 2 段文字

❼ 继续在横幅形状的右下角输入第 3 段文字，并设置字体为“宋体”、字号为“18 点”、颜色为“纯青”，效果如图 5-106 所示。

❽ 此时，特价促销活动广告就已全部设计完毕了，最终效果如图 5-107 所示。

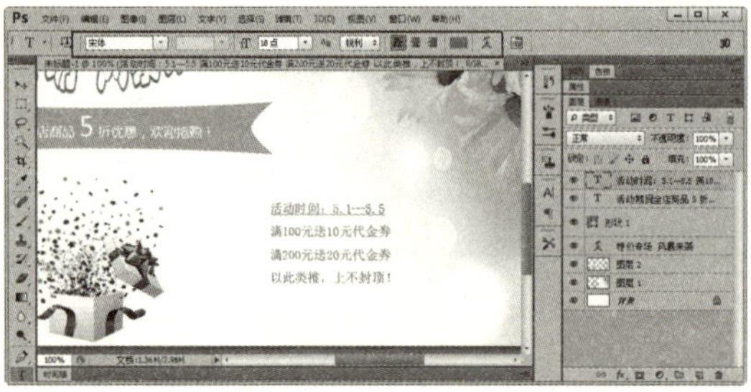

图 5-106　输入第 3 段文字

图 5-107　特价促销活动设计效果

❾ 最后，按“Shift+Ctrl+S”组合键，将其存储为 JPG、JPEG 或 PNG 格式的图片即可。

5.4.3　节日促销活动设计

针对不同节日推出一些促销活动，也是各大店铺常用的促销手段。这种促销具有优惠真实性、时效性，比较容易促使买家消费。下面介绍如何使用 Photoshop 软件设计节日商品的促销广告，其具体操作步骤如下。

1. 设计促销页背景

❶ 新建一个 950 × 500 的名为“未标题 -1”的文档，如图 5-108 所示。

❷ 按“Ctrl+O”组合键，打开第 1 张背景素材图片，如图 5-109 所示。

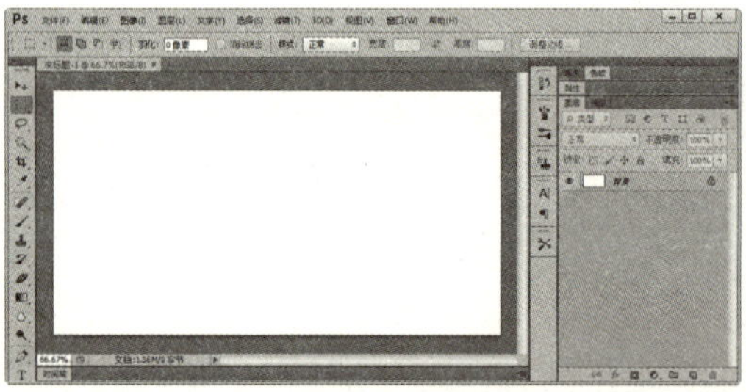

图 5-108　新建的“未标题 -1”文档

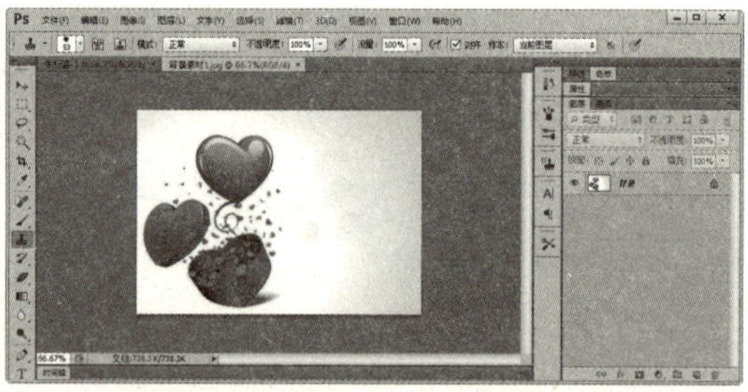

图 5-109　打开第 1 张背景素材图片

❸ 按“W”键启用魔棒工具，在界面上方的“选项”面板中设置容差为“20”，然后在图片中的空白部分单击鼠标左键，即可将该部分选中，如图 5-110 所示。

❹ 然后按“Ctrl+Shift+I”组合键进行“反向”操作，即可将图中的红心部分选中，如图 5-111 所示。

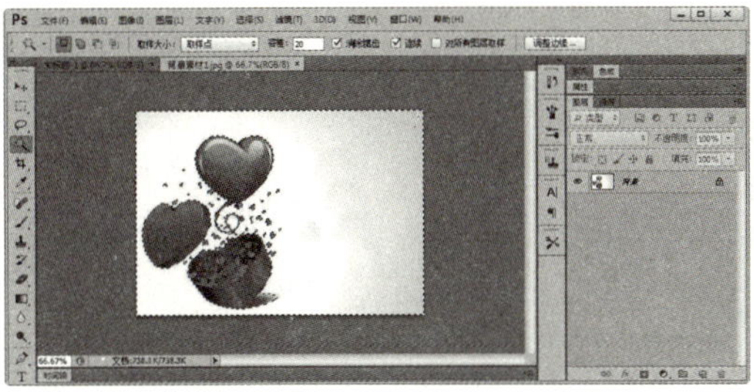

图 5-110 使用魔棒工具进行选择

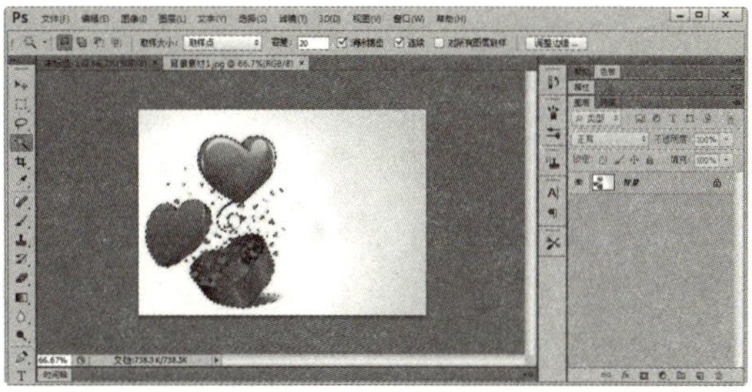

图 5-111 进行 “反向” 选择

❺ 按“Ctrl+C”键进行复制，切换至“反未标题 -1”文档中再按“Ctrl+V”键进行粘贴，即可将红心部分添加至文档中，效果如图 5-112 所示。

❻ 按 “T” 键进行 “自由变换” 操作，拖动图片四周的节点，将其调整至合适的大小和位置，效果如图 5-113 所示。

图 5-112 添加第 1 个背景素材

图 5-113 调整第 1 张背景素材的大小和位置

❼ 按同样的方法添加其他背景素材，效果如图 5-114 所示。

图 5-114 添加其他背景素材

2. 添加新商品

❶ 按 “Ctrl+O” 组合键，打开商品素材图片，如图 5-115 所示。

❷ 按 “M” 键启用矩形选框工具，选中整个图片，然后按 “V” 键启用移动工具，将其移至 “未标题 -1” 文档中，如图 5-116 所示。

图 5-115　打开商品素材图片

图 5-116　移动商品素材图片

❸ 按“T”键进行“自由变换”操作，拖动图片四周的节点，将其调整至合适的大小和位置，并在“图层”面板中将其设置为“正片叠底”效果，如图 5-117 所示。

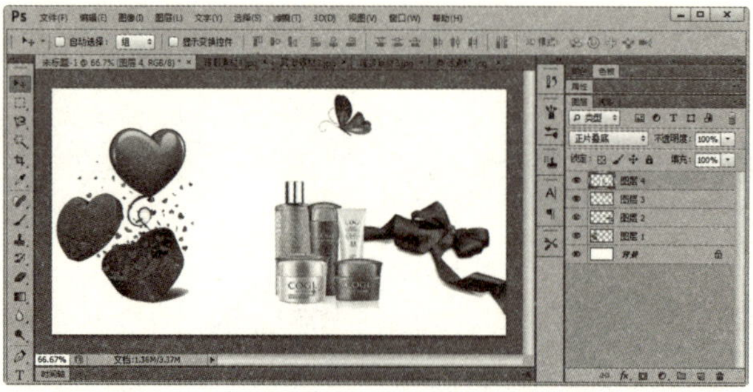

图 5-117　调整商品素材图片的大小和位置

3. 设计节日促销文字

❶ 先按“U”键，再持续按“Shift+U”组合键多次，直到切换至“圆角矩形工具”，在界面上方的“选项”面板中设置“填充颜色”为“浅洋红”、“半径”为“10 像素”，然后拖动鼠标左键在蝴蝶的左侧绘制一个圆角矩形形状，效果如图 5-118 所示。

❷ 按“T”键启用横排文字工具，然后单击圆角矩形，即可在该形状上出现一个文本框；输入第 1 段文字，设置字体为“黑体”、字号为“24 点”、颜色为“白色”，并设置为“仿斜体”（在右键快捷菜单中设置），效果如图 5-119 所示。

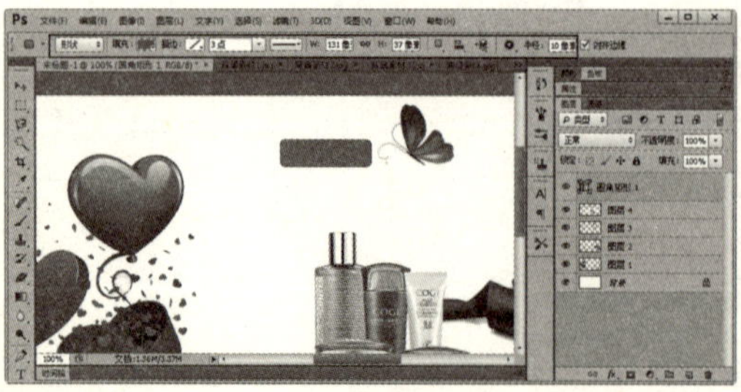

图 5-118　绘制圆角矩形形状

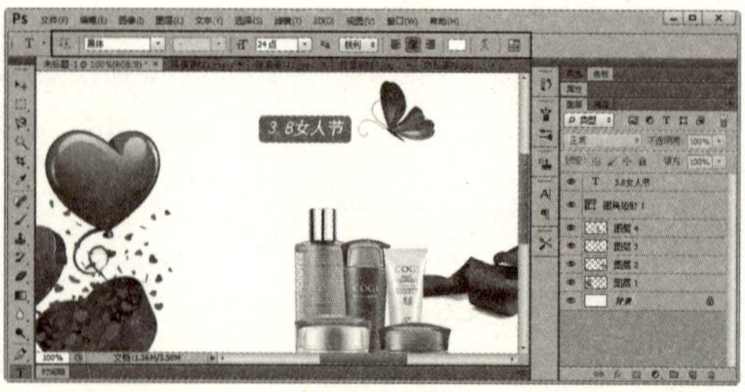

图 5-119　输入第 1 段文字

❸ 然后输入第 2 段文字，设置字体为“黑体”、字号为“48 点”、颜色为“纯红”，并设置为“仿斜体”，效果如图 5-120 所示。

❹ 最后输入一段字母，并设置字体为“Kunstler Script”、字号为“36 点”、颜色为“纯红”，并设置为“仿斜体”，效果如图 5-121 所示。

图 5-120 输入第 2 段文字

图 5-121 输入字母

❺ 此时，节日促销活动广告就已全部设计完毕了，最终效果如图 5-122 所示。

图 5-122 节日促销活动设计效果

❻ 最后，按“Shift+Ctrl+S”组合键，将其存储为 JPG、JPEG 或 PNG 格式的图片即可。

5.5 宝贝美化设计

对于网店来说，最重要的就是商品，它是连接买卖双方的桥梁。好看的图片可以让买家觉得赏心悦目，使其产生了解的兴趣，更能进一步刺激其购买的欲望。

5.5.1 图片尺寸调整

调整图片的尺寸，是美化商品的基础。因为很多时候，当商品图片被应用到宝贝描述中时，其尺寸常常是不符合要求的，不是太大就是太小。所以，对图片的尺寸进行调整，对于网店来说非常重要。下面介绍如何用 Photoshop CS6 软件来调整图片的尺寸，其具体操作步骤如下。

1. 缩放图片

❶ 启动 Photoshop CS6 软件，打开主页面。按“Ctrl+O”组合键，弹出“打开”窗口。在指定路径下选中需要修改尺寸的素材图片并将其打开，如图 5-123 所示。

图 5-123　打开需要缩放的图片

❷ 选择“图像”→“图像大小”菜单命令，打开“图像大小”对话框，分别如图 5-124、图 5-125 所示。

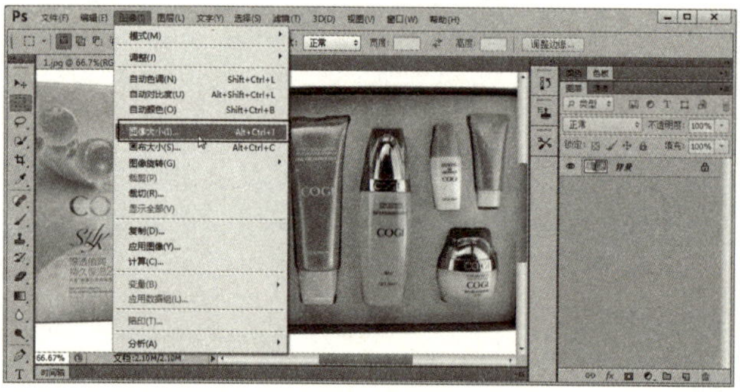

图 5-124　选择“图像大小”命令

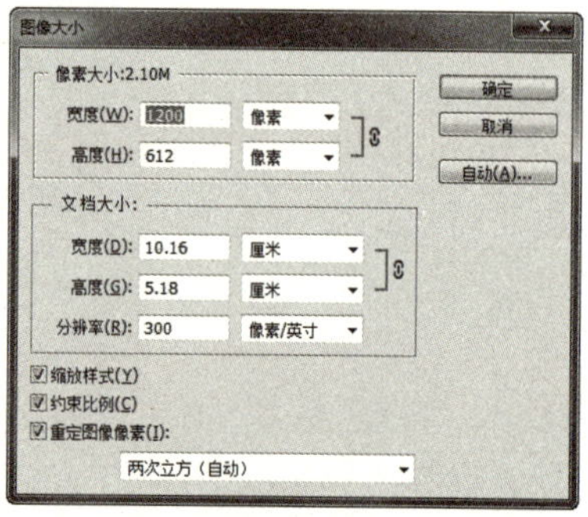

图 5-125　“图像大小”对话框

❸ 在该对话框中可以直接输入图片的宽度和高度。这里将图片的宽度修改为 600（因为选中了“约束比例”复选框，所以其高度自动修改为 306），如图 5-126 所示。

❹ 单击“确定”按钮，即可将图片缩放至指定的大小，效果如图 5-127 所示。

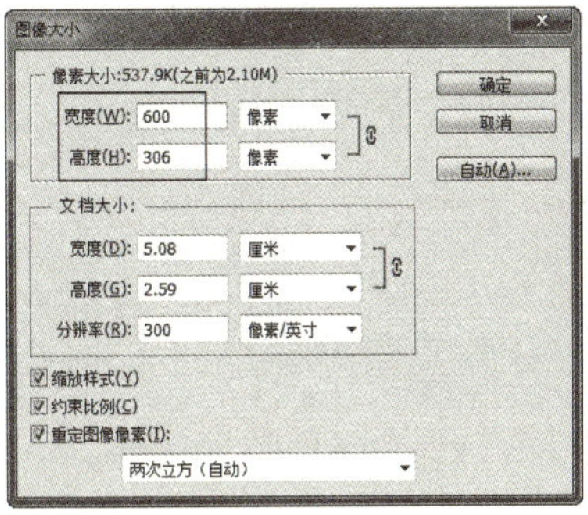

图 5-126　修改图片宽度

图 5-127　图片缩放后的效果

提　示

系统默认是选中“约束比例”复选框的。建议在缩放图片时不要取消选中该复选框，因为这样会改变图片本身的比例，使宝贝看起来变形。

2. 裁剪图片

❶ 按“Ctrl+O”组合键，弹出“打开”窗口，打开需要裁剪的素材图片，如图 5-128 所示。

❷ 在左侧工具栏中单击 按钮（裁剪工具）或者按“C”键启用裁剪工具。此时，图片上出现矩形框，并在其上方显示“选项”选项板，如图 5-129 所示。

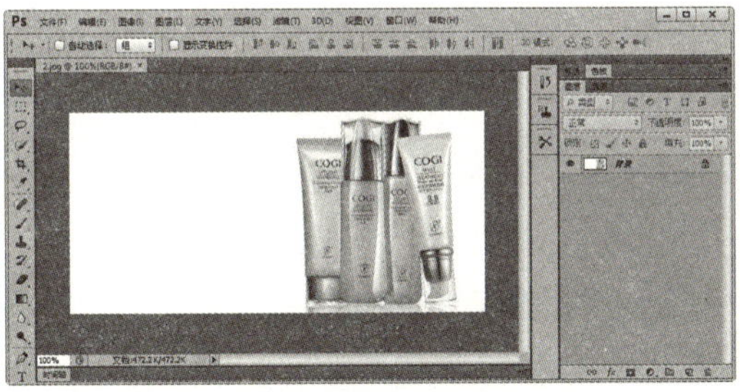

图 5-128　打开需要裁剪的图片

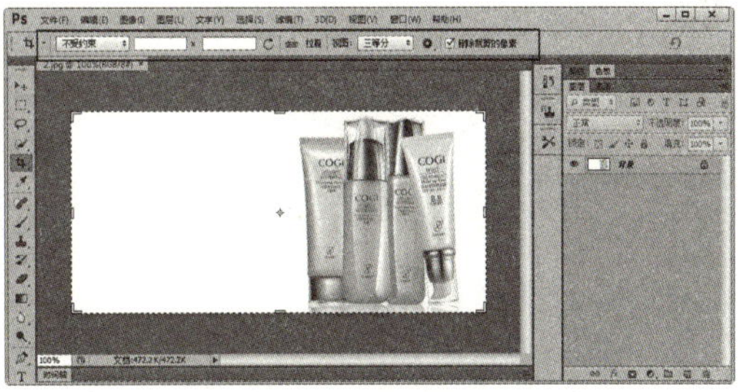

图 5-129　启用裁剪工具

❸ 默认情况下，图片裁剪的比例是“不受约束”的，即表示可以自由裁剪。此时可以拖动矩形框的四角至任意宽度和高度，如图 5-130 所示。

❹ 双击鼠标左键或者按“Enter”键，即可将图片裁剪为矩形框内的大小，效果如图 5-131 所示。

图 5-130　启用裁剪工具

图 5-131　图片裁剪后的效果

提　示

除了默认的“不受约束”比例，还可以设置其他裁剪比例，如图 5-132 所示。

图 5-132　设置其他裁剪比例

另外，可以直接在“选项”选项板中设置自定义长宽比，即拖动的矩形框将按设定的长宽比进行约束框选。

5.5.2　图片背景替换

图片背景替换，也是常见的宝贝美化技巧之一。通过这种技巧，可以去除图片中不好看的背景，为其换上更加漂亮、个性的背景，从而使商品图片更加美观。下面介绍如何使用 Photoshop 软件替换商品图片的背景，其具体操作步骤如下。

❶ 启动 Photoshop CS6 软件，打开主页面，并打开需要替换背景的素材图片，如图 5-133 所示。

❷ 按“W”键，然后按“Shift+W”组合键启用魔棒工具，在界面上方的“选项”面板中设置“容差”为“20”，然后单击图片上的白色部分，即可将该部分全部选中，如图 5-134 所示。

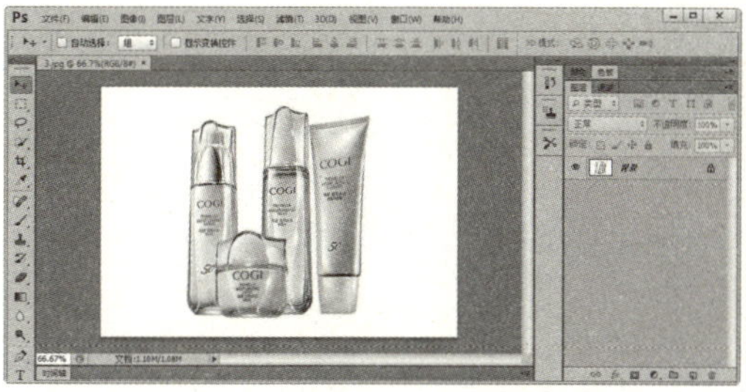

图 5-133 打开需要替换背景的图片

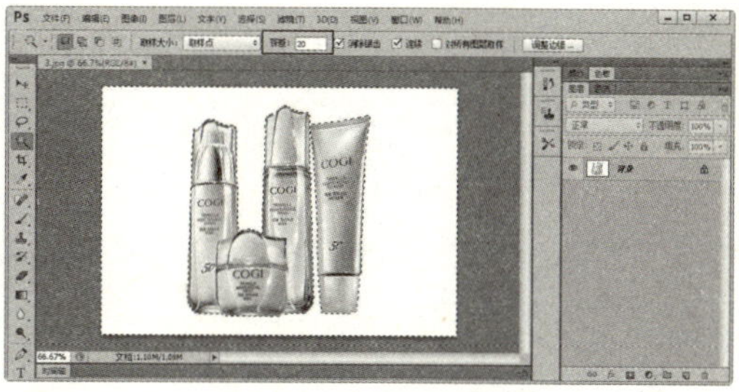

图 5-134 选中空白部分

❸ 然后按下“Shift+Ctrl+ I”组合键进行“反向”选择，即可将图中的护肤品选中，如图 5-135 所示。

❹ 按“Ctrl+C”组合键进行复制，然后打开背景素材图片，按“Ctrl+V”组合键进行粘贴，效果如图 5-136 所示。

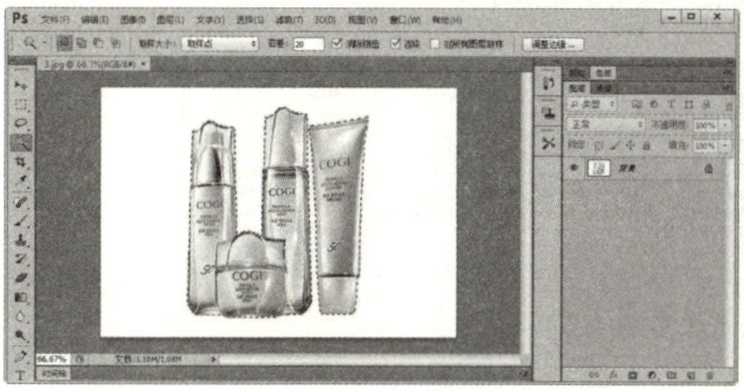

图 5-135 进行“反向”选择

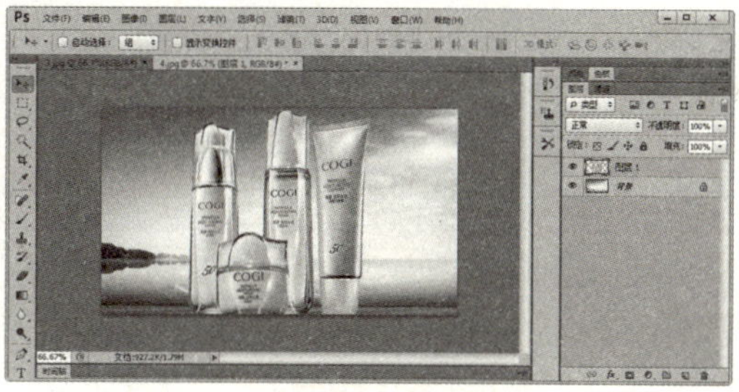

图 5-136 将商品添加至新背景中

❺ 按“Ctrl+T”组合键进行“自由变换”操作，拖动图片四周的节点将其调整至合适大小和位置，然后按“Enter”键确认，即可完成图片的背景的替换，效果如图 5-137 所示。

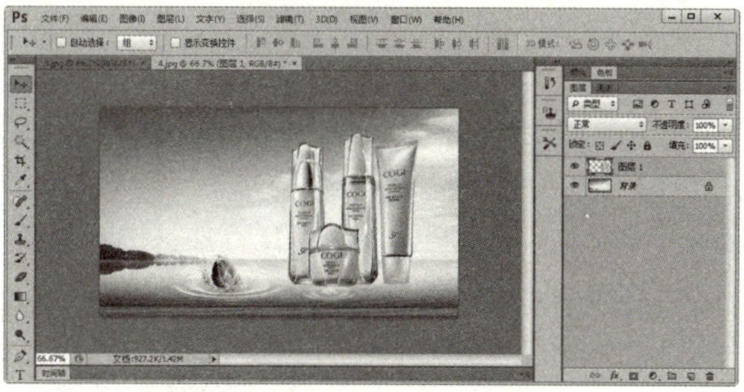

图 5-137 图片背景替换后的效果

5.5.3 图片美化与修饰

除了对图片尺寸进行调整以及替换背景这些基本操作之外，商家还可以对图片进行一些美化与修饰，如调整图片色调、添加边框或水印等，从而让图片更加精美、更有吸引力。

1. 调整图片的色调

调整图片的色调，目的是为了减小图片与实物之间的色差，从而让图片更加真实、更接近实物。

❶ 启动 Photoshop CS6 软件，打开需要调整色调的素材图片，如图 5-138 所示。

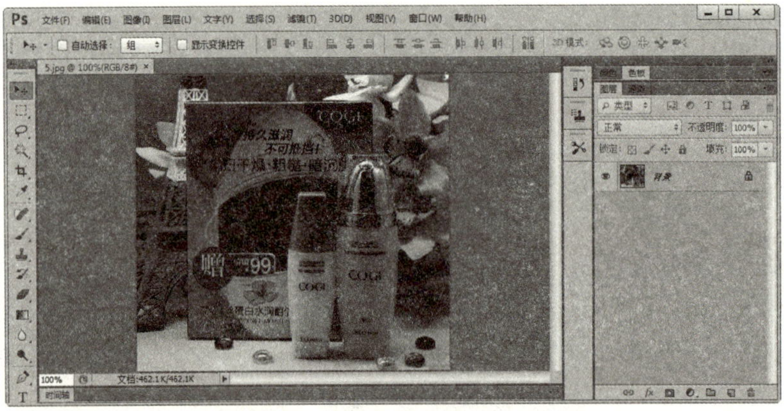

图 5-138　打开需要调整色调的图片

❷ 选择“图像”→“调整”→“曲线”菜单命令，打开“曲线”对话框，分别如图 5-139、图 5-140 所示。

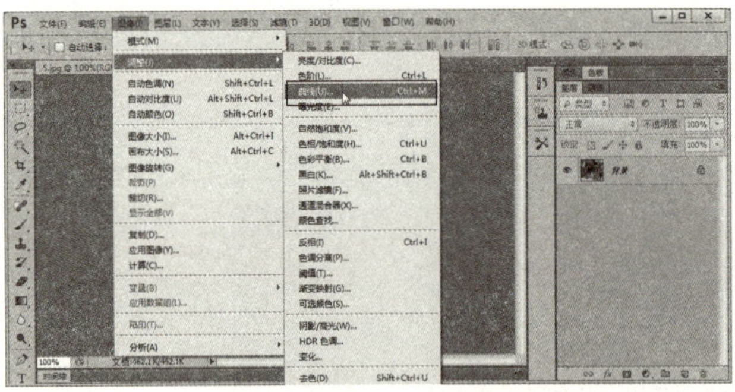

图 5-139　选择“曲线”命令

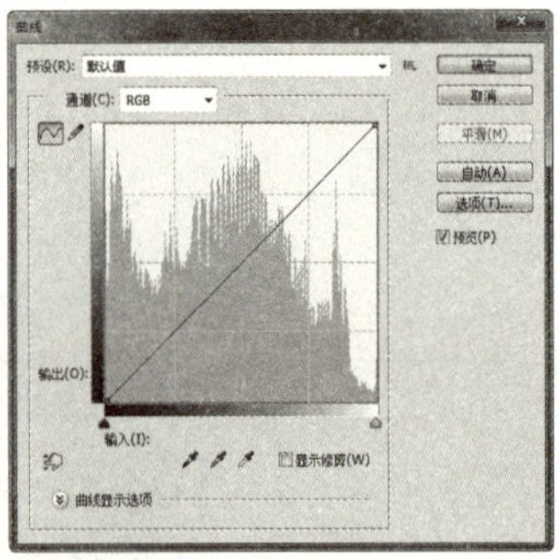

图 5-140　“曲线”对话框

❸ 将鼠标指针移至曲线上，当变成十字形状时按住鼠标左键进行拖动，即可对曲线进行相应的调整，如图 5-141 所示。

❹ 单击“确定”按钮即可完成操作，效果如图 5-142 所示。

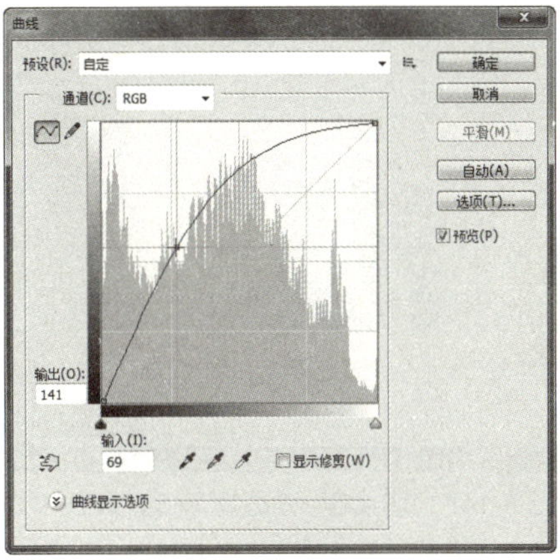

图 5-141　调整曲线

图 5-142　调整图片色调后的效果

2. 为图片添加边框

下面介绍如何利用美图秀秀软件为图片添加精美的边框，其具体操作步骤如下。

❶ 启动美图秀秀软件，进入主页面，如图 5-143 所示。

❷ 单击右上角的“打开”按钮，弹出“打开一张图”对话框，找到并选中要添加边框的图片，如图 5-144 所示。

图 5-143　启动美图秀秀

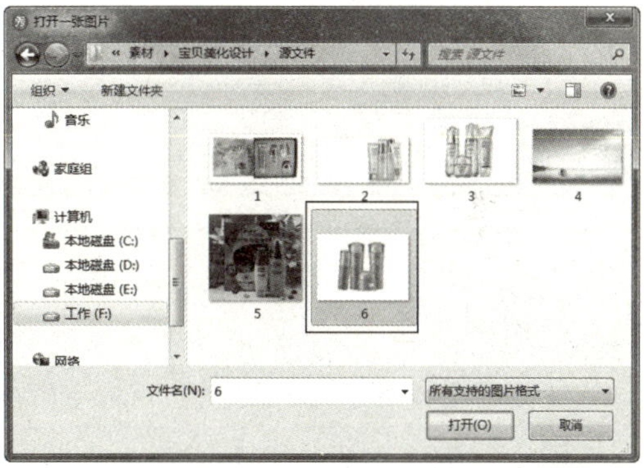

图 5-144　选中需要添加边框的图片

❸ 单击“打开”按钮即可将图片打开，如图 5-145 所示。

❹ 切换至“边框”选项卡，进入边框制作页面，此时在其右侧会出现多页边框可供选择，如图 5-146 所示。

图 5-145　打开图片

图 5-146　切换至 “边框” 选项卡

❺ 找到并选中适合的边框，即可弹出“边框”窗口，如图 5-147 所示。

❻ 单击“确定”按钮，即可完成图片边框的添加，效果如图 5-148 所示。

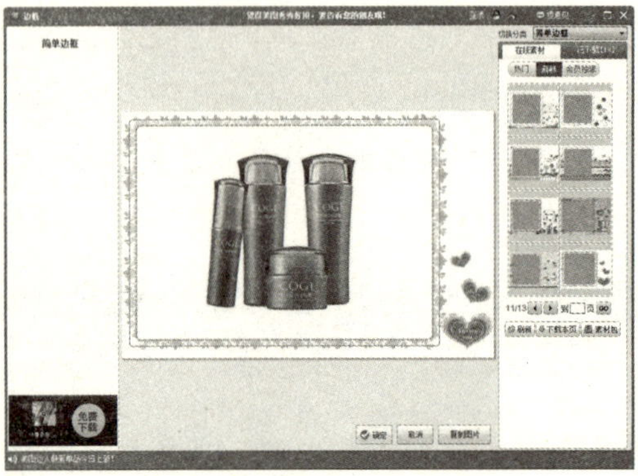

图 5-147　弹出 “边框” 窗口

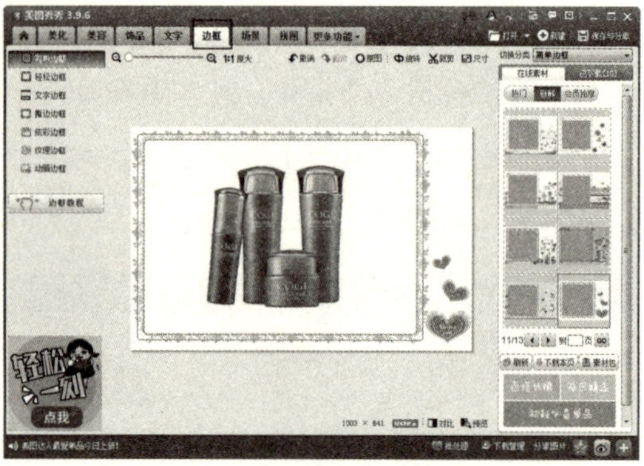

图 5-148　图片添加边框后的效果

3. 为图片添加水印

对于天猫店主来说，为自己店铺的商品图片添加水印是非常重要的。这样不仅可以保护图片的版权，防止他人盗图，更重要的是还可以为自己的店铺和商品进行宣传和推广。下面介绍如何使用美图秀秀软件为商品图片添加水印，其具体操作步骤如下。

❶ 启动美图秀秀软件，进入主页面，打开需要添加水印的素材图片，如图 5-149 所示。

❷ 切换至“文字”选项卡，进入文字设计页面，如图 5-150 所示。

图 5-149　启动美图秀秀

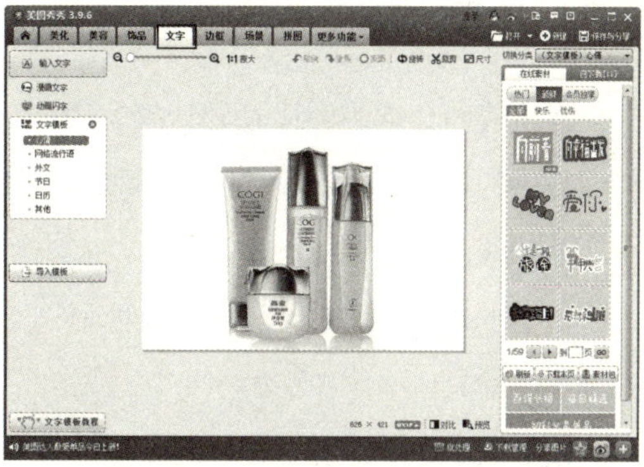

图 5-150　切换至 “文字” 选项卡

❸ 在页面的左侧单击“输入文字”按钮，弹出“文字编辑框”窗口，如图 5-151 所示。

❹ 在“文字编辑框”中输入文字并设置文字属性，如图 5-152 所示。

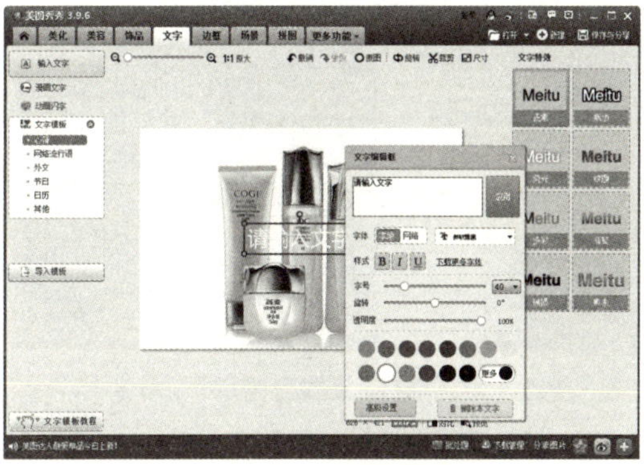

图 5-151　弹出 “文字编辑框” 窗口

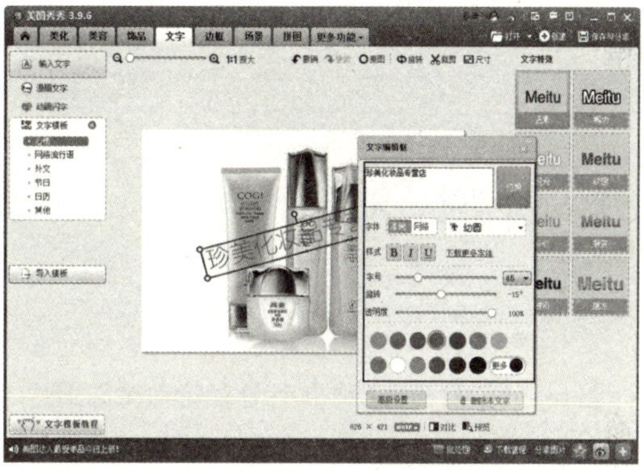

图 5-152　输入文字并设置属性

❺ 设置完成后单击“应用”按钮，关闭“文字编辑框”，即可为图片添加水印，效果如图 5-153 所示。

❻ 在页面右侧还可以为设置文字特效。例如，为文字设置“荧光”特效，效果如图 5-154 所示。

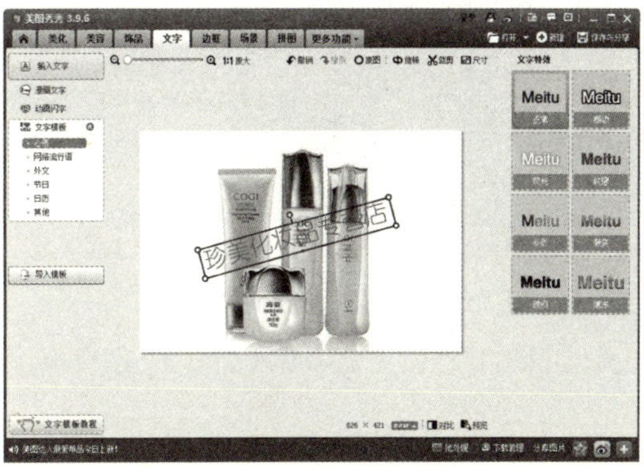

图 5-153　添加水印后的效果

图 5-154　荧光效果

5.5.4 图片特效处理

除了前面介绍的图片基础处理及美化、修饰之外，商家还可以为商品图片进行一些特殊效果的处理。例如，为商品添加闪烁效果、虚化商品背景以及为商品添加倒影效果等。

1. 为商品添加闪烁效果

在 Photoshop CS6 中，利用各种画笔工具，可以为商品添加一些特殊的装饰，如闪烁效果，其具体操作步骤如下。

❶ 启动 Photoshop CS6 软件，打开需要添加特殊装饰效果的图片，如图 5-155 所示。

❷ 按“B”键启用画笔工具，在界面上方的“选项”面板中单击“点按可打开‘画笔预设’选取器”按钮，在其下拉菜单中单击右上角的⚙按钮（设置），然后在打开的菜单中选择“混合画笔”命令，如图 5-156 所示。

图 5-155　打开需要添加特殊装饰效果的图片

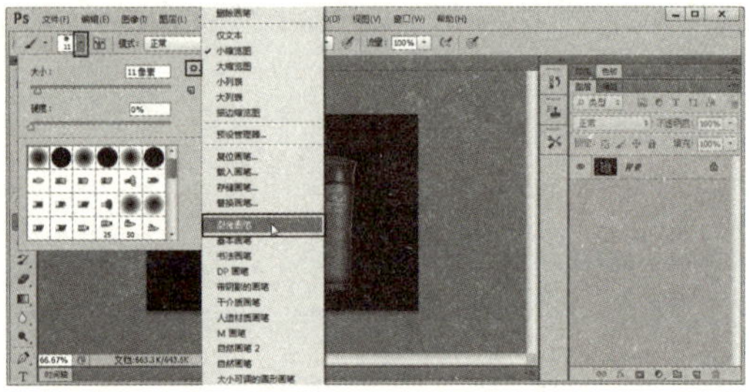

图 5-156　选择“混合画笔”命令

❸ 此时弹出“Adobe Photoshop”提示`窗口，如图 5-157 所示。

❹ 单击“确定”按钮，重新设置画笔样式后，在画笔预设菜单中选择一种画笔，并调整画笔大小，如图 5-158 所示。

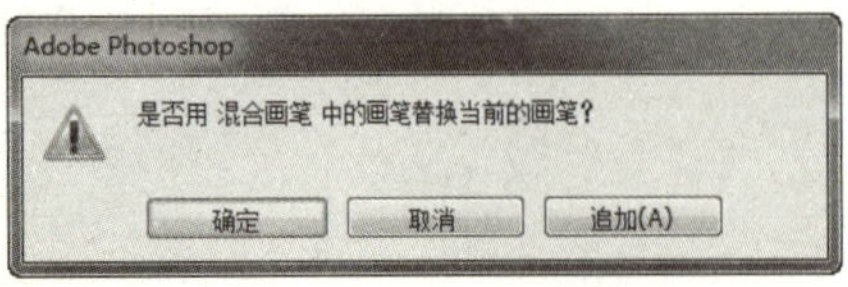

图 5-157　弹出提示窗口

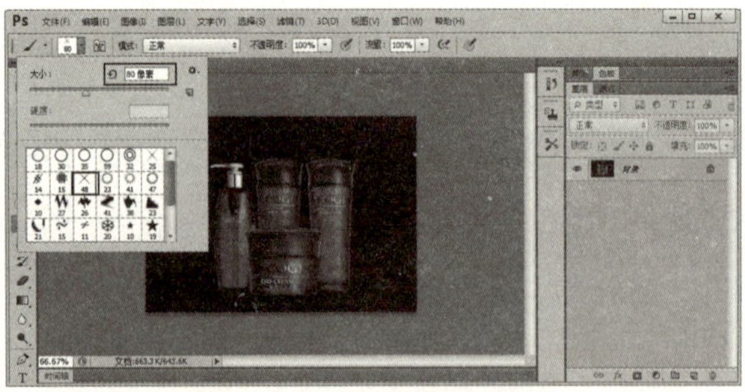

图 5-158　选择画笔并调整其大小

❺ 设置完成后将鼠标指针移至商品上，单击鼠标左键即可绘制星光，效果如图 5-159 所示。

图 5-159 为商品添加的闪烁效果

2. 虚化背景

下面介绍如何利用 Photoshop 对图片的背景进行虚化，其具体操作步骤如下。

❶ 启动 Photoshop CS6 软件，打开需要进行背景虚化的素材图片，如图 5-160 所示。

❷ 先按"L"键，再持续按"Shift+L"组合键多次，直到切换至"多边形套索工具"，此时鼠标指针变成多边形套索形状。在图中的护肤品周围单击鼠标左键，每到一个转角单击一下左键再继续选择，直至选中整个形状，如图 5-161 所示。

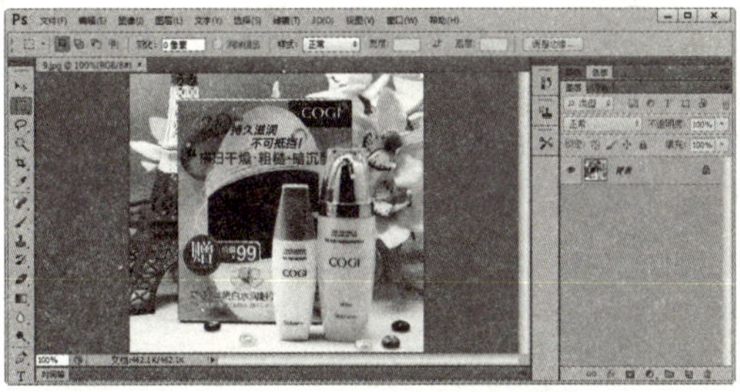

图 5-160 打开需要进行背景虚化的图片

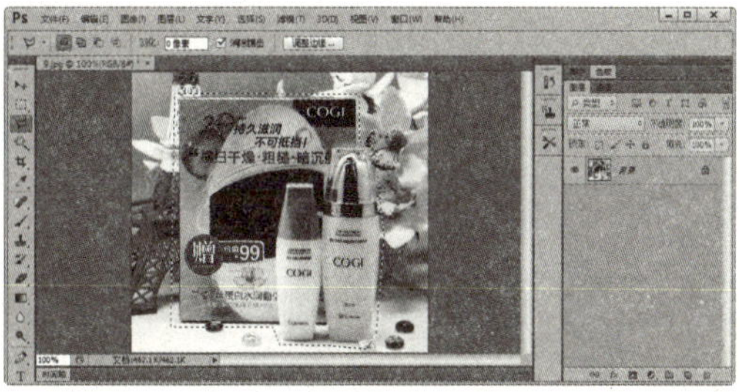

图 5-161 使用"多边形套索工具"选中商品

❸ 按"Shift+Ctrl+I"组合键进行"反向"选择，即可将护肤品以外的部分选中，如图 5-162 所示。

❹ 按"Shift+F6"组合键，打开"羽化选区"窗口，设置羽化半径为"10"像素，如图 5-163 所示。

图 5-162 进行"反向"选择

图 5-163 设置羽化半径

❺ 单击“确定”按钮，完成羽化操作，效果如图 5-164 所示。

❻ 选择“滤镜”→“模糊”→“镜头模糊”菜单命令，打开“镜头模糊 100%”窗口，如图 5-165 所示。

图 5-164 羽化后的效果

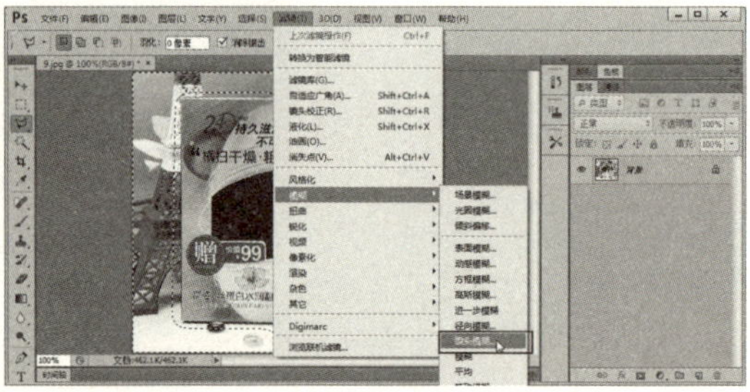

图 5-165 选择“镜头模糊”命令

❼ 在窗口右侧拖动“半径”滑块，拖至半径为“6”，如图 5-166 所示。

❽ 单击右上角的“确定”按钮，PS 主页面，然后按“Ctrl+D”组合键取消选择，得到最终效果，如图 5-167 所示。

图 5-166 设置“镜头模糊”半径

图 5-167 背景虚化效果

3. 商品倒影处理

利用 Photoshop 还可以为商品添加倒影效果，其具体操作步骤如下。

❶ 启动 Photoshop CS6 软件，打开需要添加镜面效果的图片，如图 5-168 所示。

❷ 按“W”键启用魔棒工具，在界面上方的“选项”面板中设置“容差”为“20”，然后按住“Shift”键并连续单击图片上的白色部分，即可将该部分全部选中，如图 5-169 所示。

图 5-168 打开需要添加镜面效果的图片

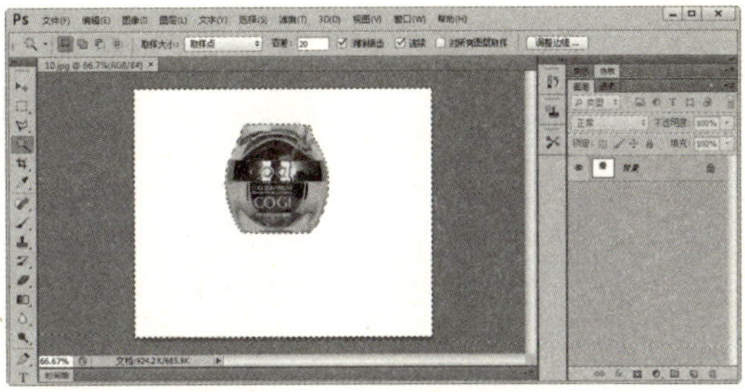

图 5-169 选中空白部分

❸ 然后按下“Shift+Ctrl+I”组合键进行“反向”选择，即可将图中的护肤品选中，如图 5-170 所示。

❹ 按“Ctrl+J”组合键，即可将抠出来的护肤品复制到一个背景为透明的新图层中，如图 5-171 所示。

图 5-170 进行“反向”选择

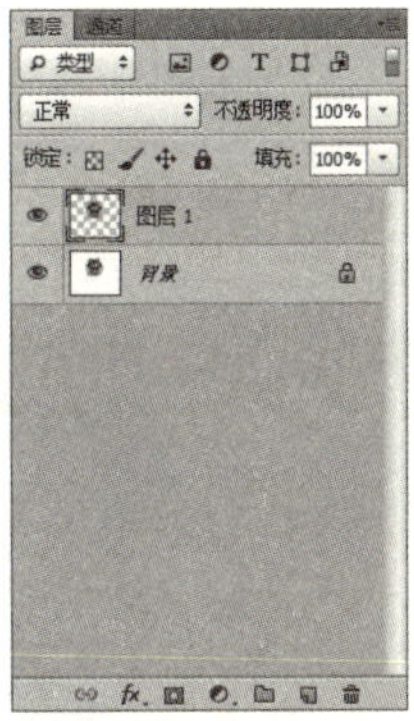

图 5-171 生成“图层 1”

❺ 选择“图层”→“复制图层”菜单命令，打开“复制图层”对话框，分别如图 5-172、图 5-173 所示。

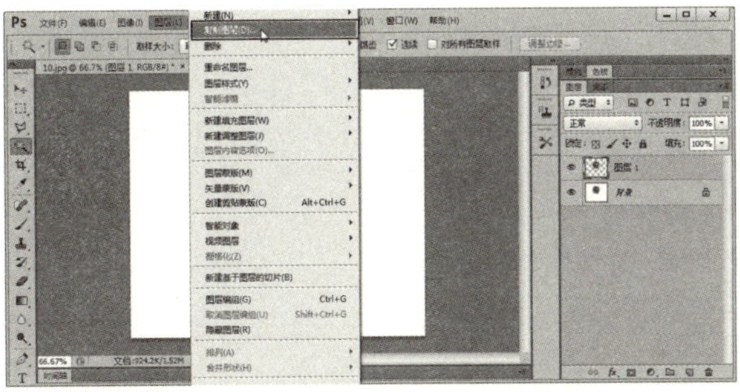

图 5-172 选择“复制图层”命令

图 5-173 “复制图层”对话框

❻ 单击“确定”按钮，即可创建图层 1 的副本，如图 5-174 所示。

❼ 选择“编辑”→“变换”→“垂直翻转”菜单命令，即可将图层 1 副本中的护肤

品进行垂直翻转，如图 5-175 所示。

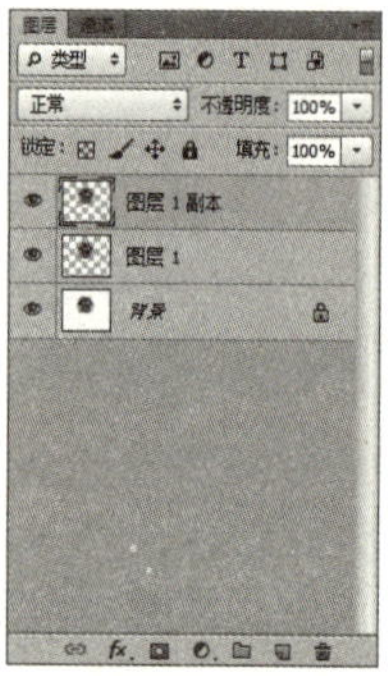

图 5-174　生成“图层 1 副本”

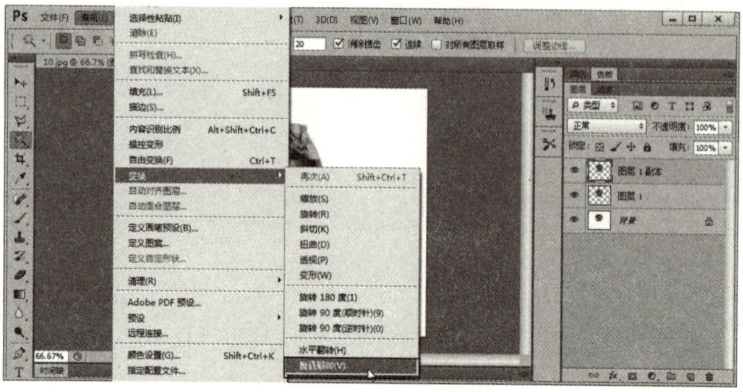

图 5-175　选择“复制图层”命令

❽ 按“V”键将其移至到图层 1 中护肤品的下方，即可看到翻转的效果，如图 5-176 所示。

❾ 在“图层”面板中设置透明度为“50%”，即可得到商品倒影处理的最终效果，分别如图 5-177、图 5-178 所示。

图 5-176　垂直翻转的效果

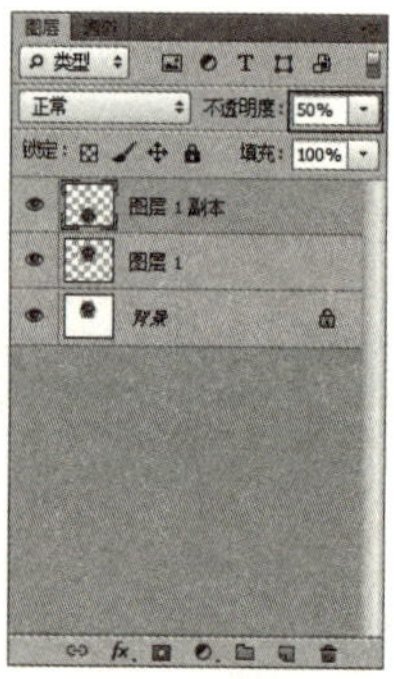

图 5-177　设置透明度

图 5-178　商品倒影处理的效果

第6章 “猫”店交易，玩转千牛工作台

6.1 千牛工作台的基本使用

千牛是阿里巴巴官方出品的一站式卖家工作台，分为电脑版和手机版。其核心整合作用如图 6-1 所示，并借此提升卖家的经营效率，促进彼此间的合作共赢。相对于以前的阿里旺旺老版本，千牛工作台开发了更多功能，其中五项新功能如图 6-2 所示。

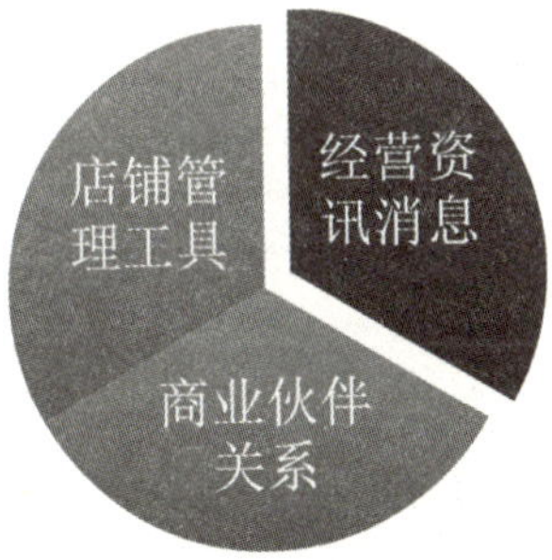

图 6-1 千牛的核心整合作用

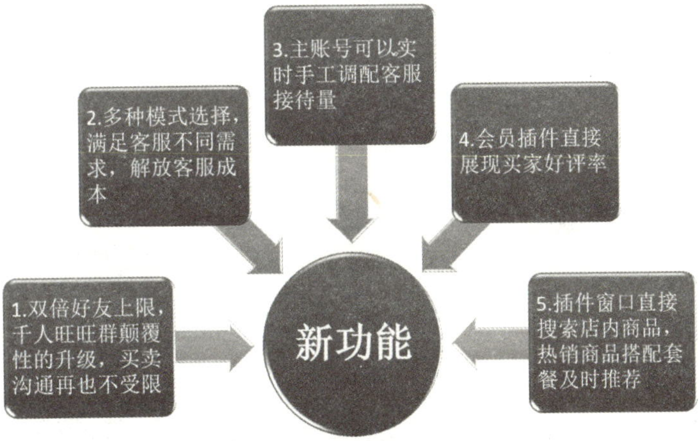

图 6-2 千牛新功能

6.1.1 下载和安装

通过淘宝官网可以下载千牛工作台，下面具体介绍下载和安装的步骤。

❶ 登录千牛下载页面（http://work.taobao.com/?spm=0.0.0.0.pnZBIs），单击“立即下载”按钮，如图 6-3 所示。

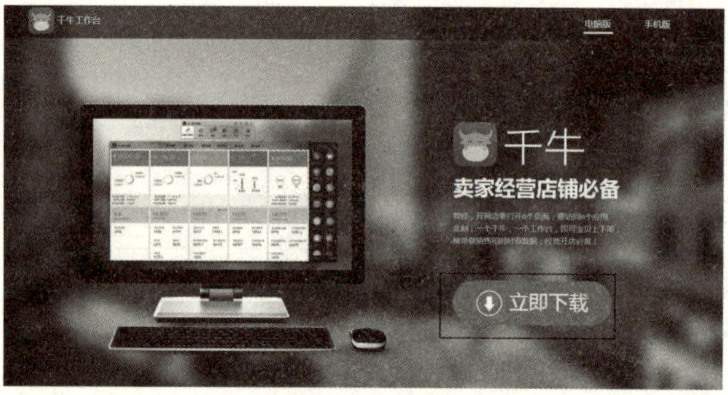

图 6-3　千牛官方下载页面

❷ 打开下载文件夹，双击打开安装页面，单击“快速安装”按钮，直至千牛工作台安装最后一步，如图 6-4、图 6-5 所示。

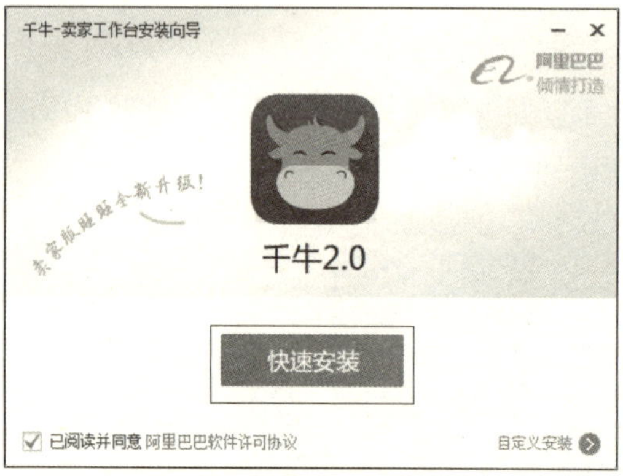

图 6-4　单击“快速安装”按钮

图 6-5　单击“完成”按钮

❸ 单击“完成”按钮即可快速打开千牛工作台界面，按要求输入账户名及密码即可登录，如图 6-6 所示。

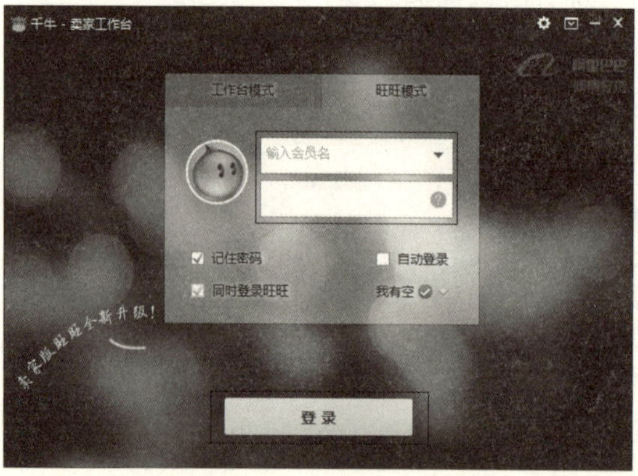

图 6-6　输入千牛账户名和密码

6.1.2　交易模板显示设置

为了能够及时了解店铺访问量以及商品交易动态，商家可以在千牛工作台上通过设置显示的模板掌握最新数据。下面介绍如何设置指定模板中只显示特定的数据。

❶ 登录千牛工作台后，左侧显示的是旺旺联系人，中间显示的即是多个模板，如图 6-7 所示。如将鼠标指针指向“今日总访客”模板右上方，会自动出现 4 个不同的按钮，单击第一个“配置卡片”按钮打开下拉列表，如图 6-8 所示。

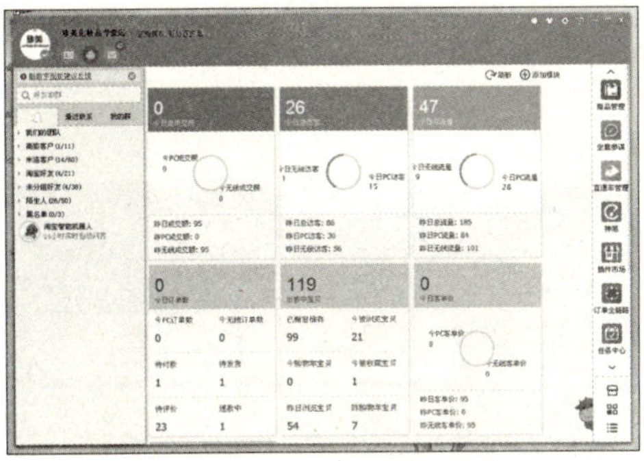

图 6-7　显示模板

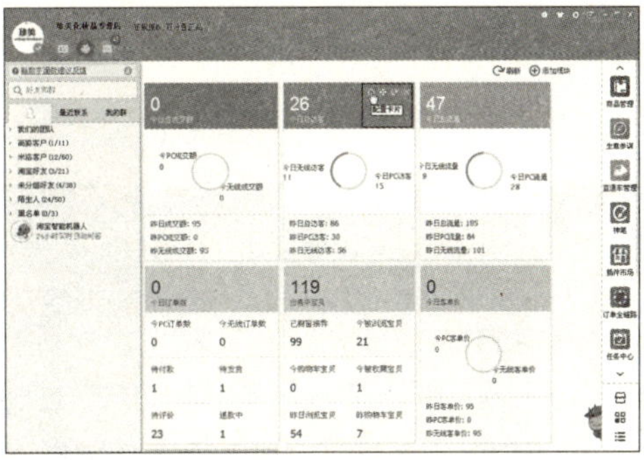

图 6-8　单击“配置卡片”按钮

❷ 在列表中有多个选项可供选择是否显示，如图 6-9 所示。勾选上需要显示的名称前的复选框，如图 6-10 所示。

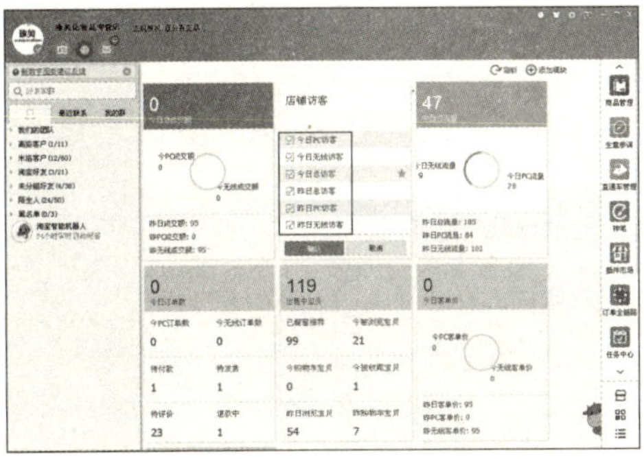

图 6-9　显示的模板

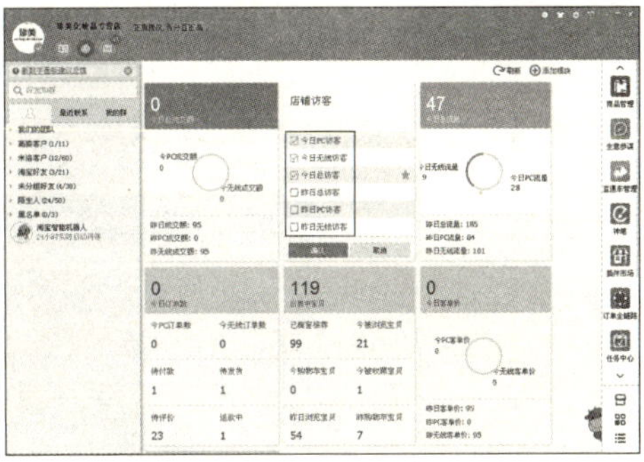

图 6-10　勾选显示模板复选框

❸ 单击“确认”按钮即可单独显示某项数据，效果如图 6-11 所示。

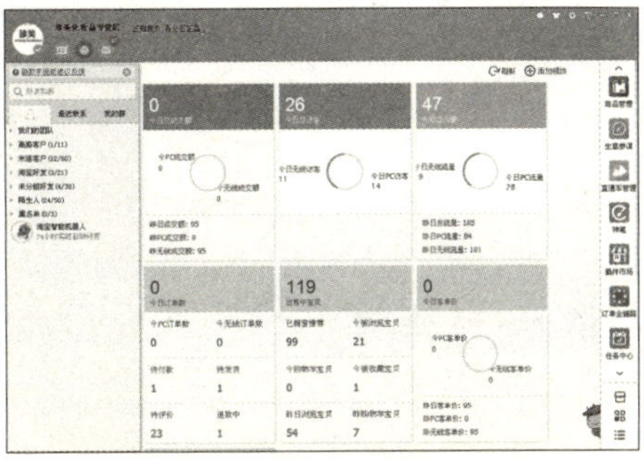

图 6-11　完成模板显示设置

6.1.3 添加模块

打开千牛工作台后会在页面显示多个不同的模板，主要有“今日总成交额”“今日总访客”“今日总流量”以及“今日订单数”等。通过这些模板显示的数据，商家可以直观地查看需要的基础数据，同时也可以设置显示或隐藏特定的模块。

❶ 打开千牛工作台后，单击右上角的“添加模块”按钮，打开模块设置页面，如图 6-12 所示。

❷ 右下角打钩的都是会显示的模板，在不需要显示的模块上单击一次，取消勾选状态，即可隐藏指定模块，如图 6-13 所示。

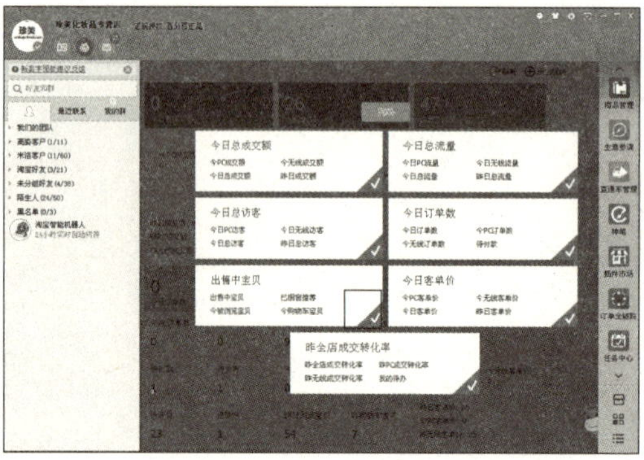

图 6-12　模块设置页面

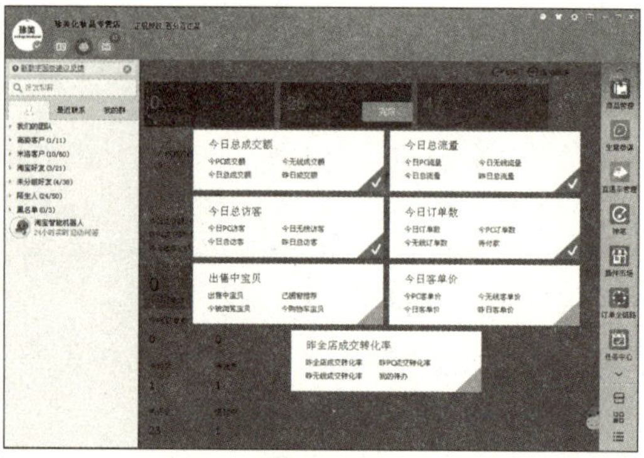

图 6-13　隐藏指定模块

❸ 单击“完成”按钮即可将指定的模块隐藏，只显示打钩的模块，效果如图 6-14 所示。

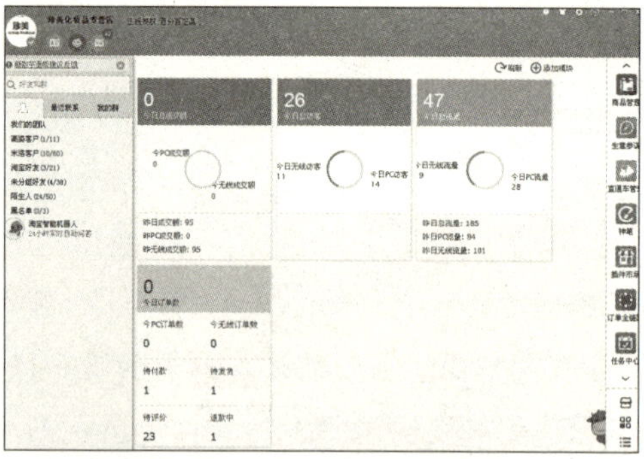

图 6-14　完成模块添加

6.2 火爆插件的使用与管理

为了提升天猫店铺的商品交易量，除了使用阿里巴巴官方提供的免费工具之外，商家还可以选择第三方插件管理交易并提升销量。这些第三方插件基本都是有偿使用，并且有使用时间上的限制。

全民疯抢、限时打折的插件使用页面如图 6-15 所示，冰点营销插件的使用介绍如图 6-16 所示。

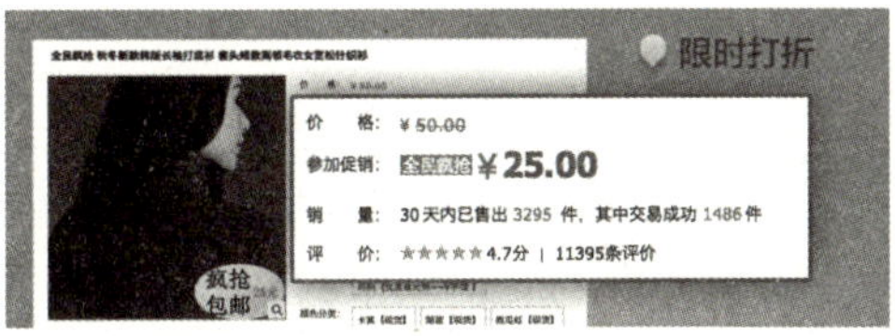

图 6-15　插件使用页面

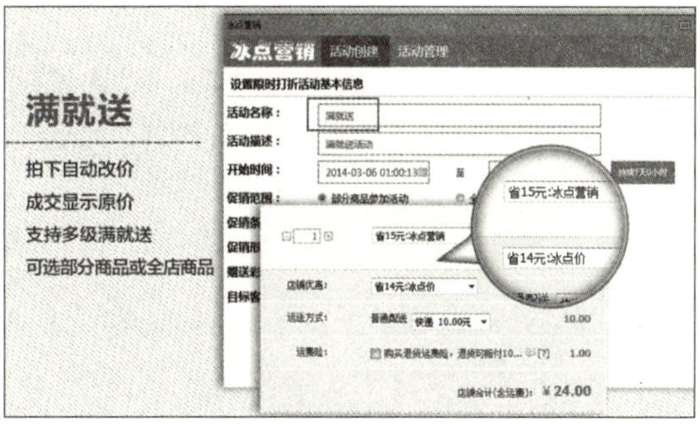

图 6-16　插件使用介绍

6.2.1　搜索可用插件

商家可以通过千牛工作台搜索需要的插件类型，在相关页面还可以查看插件的使用说明以及价格等信息。

❶ 登录千牛工作台后，单击页面右下角的“我的插件” 按钮，打开插件管理页面，商家可以选择需要的插件类型，如图 6-17、图 6-18 所示。

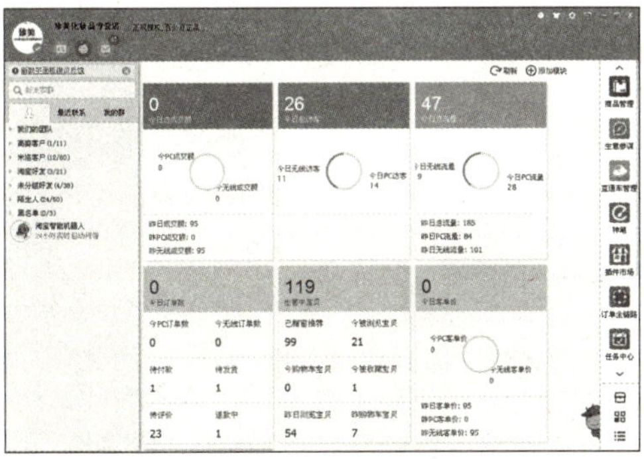

图 6-17　单击　“我的插件”　按钮

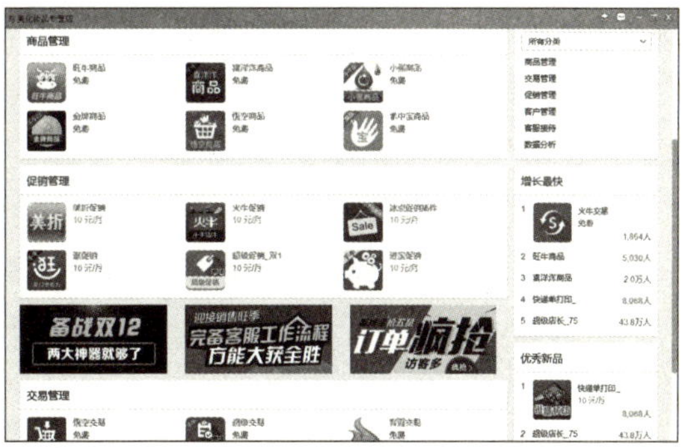

图 6-18　插件管理页面

❷ 单击“商品管理”下的“旺牛商品”，打开“旺牛商品－淘宝卖家服务”页面，如图 6-19 所示。这里详细介绍了该插件的服务周期、详情以及简要说明，该插件是可以免费使用的。

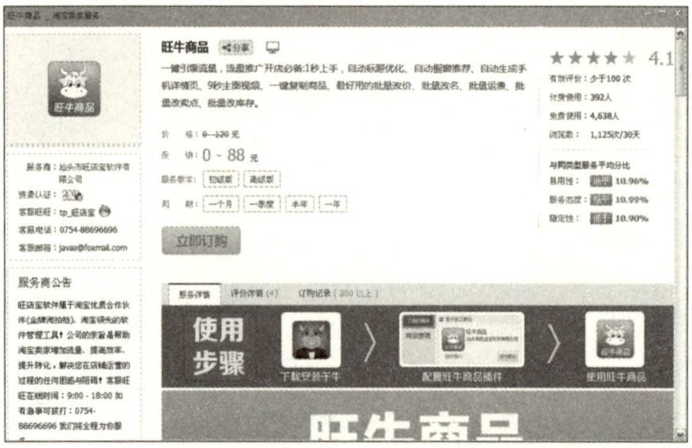

图 6-19 “旺牛商品” 插件介绍

❸ 单击“促销管理”下的“火牛促销”，打开“火牛促销－淘宝卖家服务”页面，如图 6-20 所示。这里详细介绍了该插件的服务周期、详情以及简要说明，该插件需要付费才能使用。

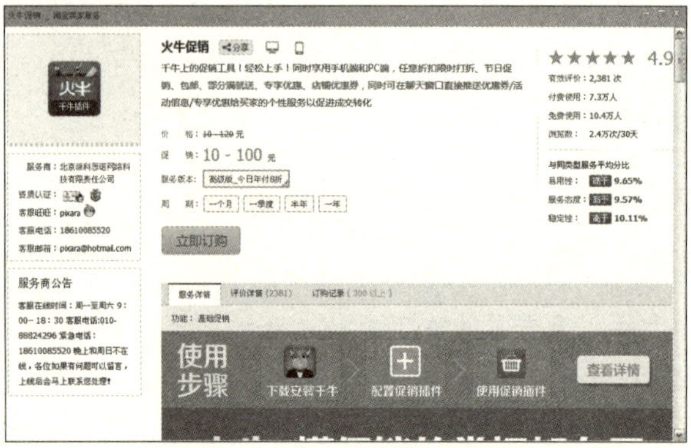

图 6-20 “火牛促销” 插件介绍

❹ 单击 “交易管理” 下的 “悟空交易”，打开 “悟空交易－淘宝卖家服务” 页面，如图 6-21 所示。这里详细介绍了该插件的服务周期、详情，以及简要说明。

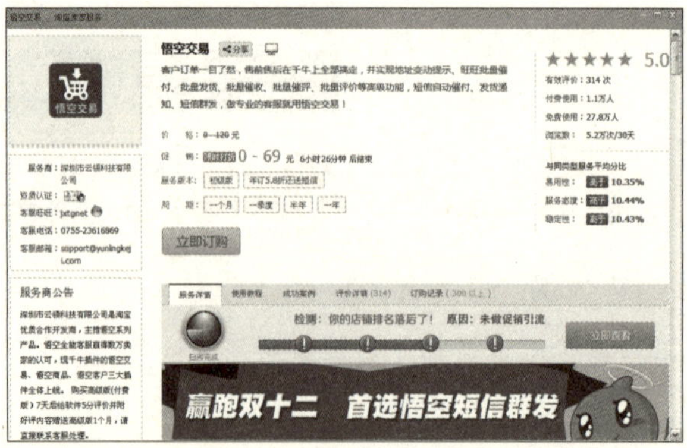

图 6-21 “悟空交易” 插件介绍

6.2.2　插件管理

商家可以在千牛工作台快速进入插件管理后台，执行插件的简单管理。后台中包括当前已经订购的插件，以及可供选择的套餐组合。

❶ 登录千牛工作台后，单击页面右下角的“插件市场”按钮，打开插件管理页面，可以看到“类目”标签下显示了多个可供选择的插件名称，如图 6-22 所示。通过切换左侧的插件类型，可以查看不同的插件，如图 6-23、图 6-24 所示。

❷ 再切换至套餐标签，可以看到捆绑订购的套餐选项，如图 6-25 所示。

图 6-22　插件管理页面

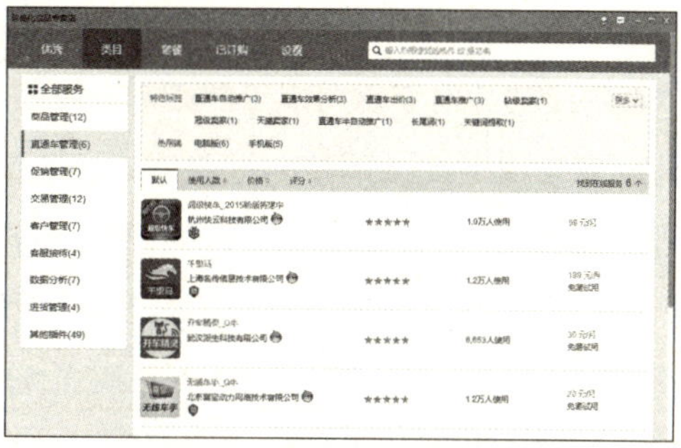

图 6-23　查看不同类目插件 1

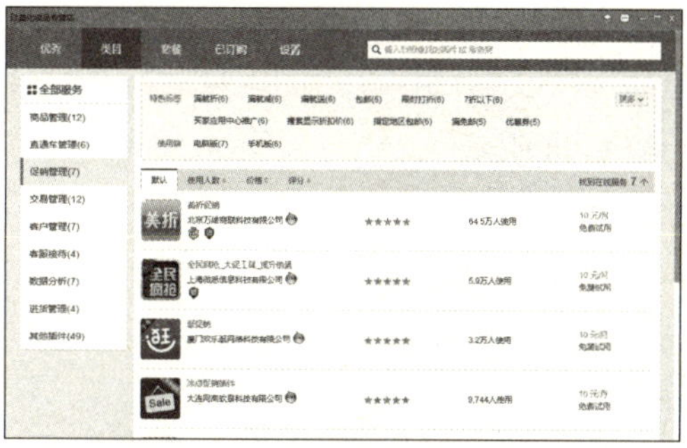

图 6-24　查看不同类目插件 2

图 6-25　插件套餐介绍

❸ 单击插件页面中的设置标签，打开“插件中心”页面，在“工具栏插件”和“旺旺插件”标签下可以选择开启或停用某一项插件，如图 6-26、图 6-27 所示。

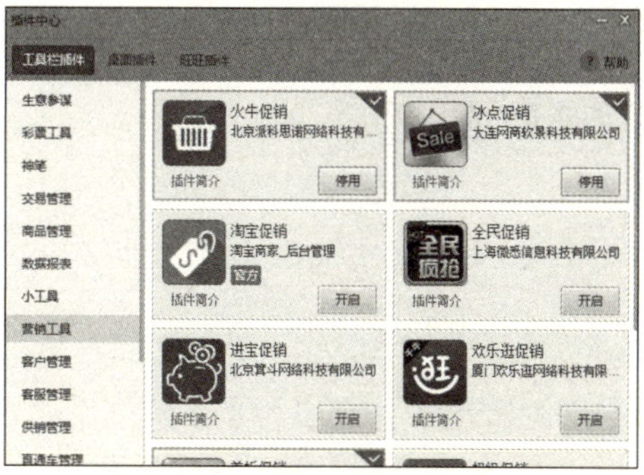

图 6-26　“插件中心”页面

图 6-27　旺旺插件

6.3 生意参谋

生意参谋是一款专业的一站式数据分析产品，它可以帮助商家做到知己知彼，及时掌握买家点击情况并了解市场动态。而且，它按照数据分析、问题诊断、优化提高等环环紧扣的逻辑设计，帮助商家分析曝光、点击、反馈等效果，有针对性地给出诊断结果并提供解决方案，帮助商家提升店铺效果。

商家通过生意参谋可以了解到自身目前的整体情况以及每条信息的排名位置，还可以通过生意参谋对比了解整个行业内的推广情况。根据不同的推广情况，生意参谋会为商家提供具体的优化建议，帮助商家更好地推广自己的商品，为生意决策做好参谋工作。

目前，生意参谋是免费开放给商家使用的，后续标有“限时体验”的部分高级功能将会考虑收费，但基础版会始终免费开放。生意参谋平台以电商经营过程中的流量、商品、交易、营销、服务等经营环节为主线，向商家提供多种时间周期、多种分析维度的数据分析。

生意参谋为商家提供了“首页”“实时直播”“经营分析”“自助取数”“专题工具”以及“帮助中心”六项核心功能，具体说明如图 6-28 所示。

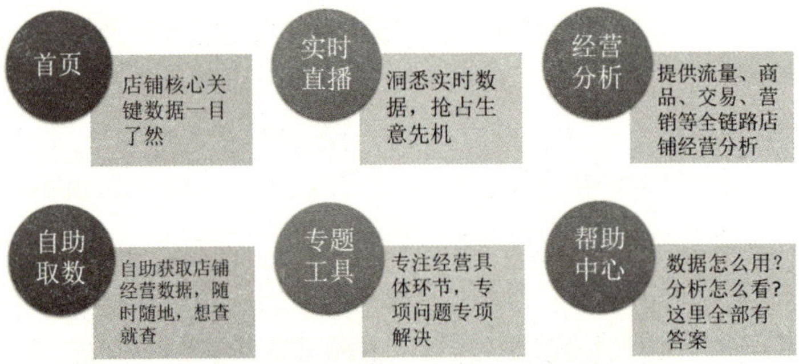

图 6-28　生意参谋的核心功能

6.3.1　了解各项指标

1. 流量类

所谓流量，就是指店铺的浏览量。浏览量的来源有很多，商家为了了解推广是否达到效果，可以查看指定日期的浏览量以及流量来源。店铺浏览量分类如表 6-1 所示。

表 6-1 店铺浏览量分类

浏览量	店铺或商品详情页被访问的次数，一个人在统计时间内访问多次记为多次；所有终端的浏览量等于PC端浏览量与无线端浏览量之和
PC端浏览量	店铺或商品详情页在电脑浏览器上被访问的次数，一个人在统计时间内访问多次记为多次
无线端浏览量	店铺或商品详情页在无线设备（手机或Pad）浏览器上被访问的次数，称为无线WAP的浏览量；在无线设备的APP（目前包括手机淘宝、天猫APP、聚划算APP）上被访问的次数，称为无线APP浏览量；无线端浏览量等于无线WAP和无线APP浏览量之和
访客数	店铺页面或商品详情页被访问的去重人数，一个人在统计时间内访问多次只记为一个；所有终端访客数为PC端访客数和无线端访客数直接相加之和
页面离开浏览量	根据所选的页面，从这个页面离开店铺的次数；同一个人一个会话内通过多个页面离开店铺，仅将离开浏览量计入该会话中最后一次离开的页面，同一个人多个会话通过多个页面离开店铺，浏览量计入各个离开的页面
点击数	店铺页面被用户点击的次数，一个人在统计时间范围内多次点击该页面会被计算为多次
点击转化率	统计时间内，店铺页面点击数/店铺页面浏览量，即所查看的页面平均被点击的比率；该值越高越好

2. 首页

表 6-2 展示了首页各项指标名称，并解释了各项指标的含义。

表 6-2 首页各项指标

<table>
<tr><td rowspan="2">实施直播</td><td>支付金额</td><td>买家拍下后通过支付宝支付给商家的金额，未剔除事后退款金额，预售阶段付款在付清当天才计入内；所有终端的支付金额为PC端支付金额和无线端支付金额之和</td></tr>
<tr><td>访客数</td><td>访问店铺页面或商品详情页的去重人数，一个人在统计时间范围内访问多次只记为一个；所有终端访客数为PC端访客数和无线端访客数直接相加之和；实时计算过程中，店铺流量高峰时，可能会出现交易数据处理快于浏览数据，导致访客数小于支付买家数</td></tr>
<tr><td rowspan="2">店铺排名</td><td>支付金额排名</td><td>商家最近30天的支付金额在对应层级的排名</td></tr>
<tr><td>分层级支付金额</td><td>最近30天商家所在层级的最高支付金额</td></tr>
<tr><td rowspan="2">流量</td><td>访客数</td><td>访问店铺页面或商品详情页的去重人数，一个人在统计时间范围内访问多次只记为一个；所有终端访客数为PC端访客数和无线端访客数直接相加之和；实时计算过程中，店铺流量高峰时，可能会出现交易数据处理快于浏览数据，导致访客数小于支付买家数</td></tr>
<tr><td>浏览量</td><td>店铺所有页面被访问的次数，一个人在统计时间内访问多次记为多次；所有终端的浏览量等于PC端浏览量和无线端浏览量之和</td></tr>
</table>

（续表）

流量	跳失率	一天内，来访问店铺浏览量为1的访客数/店铺总访客数，即访客数中只有一个浏览量的访客数占比；该值越低，表示流量的质量越好；多天的跳失率为各天跳失率的日均值
商品	被访商品数	统计周期内，被访问UV数＞0的店铺在线商品数总和
	被下单商品数	统计周期内，被下单数＞0的店铺在线商品数总和
	被支付商品数	统计周期内，被支付订单数＞0的店铺在线商品数总和
	下单转化率	统计时间内的下单买家数/访客数，即来访客户转化为下单买家的比例
支付	支付金额	买家拍下后通过支付宝支付给商家的金额，未剔除事后退款金额，预售阶段付款在付清当天才计入内；所有终端的支付金额为PC端支付金额与无线端支付金额之和
	客单价	统计时间内的支付金额/支付买家数，即平均每个支付买家的支付金额
	支付转化率	统计时间内支付买家数/访客数，即来访客户转化为支付买家的比例

3. 公用

公用浏览量主要包括淘内免费访客、访客地域以及访客来源关键词等，其具体说明如表 6-3 所示。

表 6-3　公用浏览量分类

名称	说明
淘内免费访客	根据所选终端统计的，淘内免费来源渠道的访客数/(淘内免费渠道来源的访客数+淘内付费渠道来源的访客数），所有终端淘内免费来源访客数等于PC端和无线端淘内免费的访客数直接相加之和；淘内免费和淘内付费来源的定义规则详见流量地图
访客地域	根据访问者访问时的IP地址进行计算，如果一个访问者一天通过多个不同省份的IP地址访问，会同时计入多个省份
访客来源关键词	访客入店前搜索的关键词，如果访客通过多个关键词进入店铺，同时计入多个关键词

4. 实时直播

生意参谋中的实时直播主要包括 PC 端支付金额、无线端支付金额、访客数、PC 端支付买家数以及无线端支付买家数等，其具体说明如表 6-4 所示。

表 6-4 实时直播指标分类

名称	说明
PC端支付金额	买家在电脑上拍下后，在统计时间范围内完成付款的支付宝金额，未剔除事后退款金额，预售分阶段付款在付清当天才计入内；特别说明，支付渠道不论是电脑上还是手机上，拍下为电脑上，就将后续的支付金额计入PC端
无线端支付金额	买家在无线终端上拍下后，在统计时间范围内完成付款的支付宝金额，未剔除事后退款金额，预售分阶段付款在付清当天才计入内；特别说明，支付渠道不论是电脑上还是手机上，拍下为手机或Pad上，就将后续的支付金额计入无线端
访客数	访问店铺页面或商品详情页的去重人数，一个人在统计时间范围内访问多次只记为一个；所有终端访客数为PC端访客数和无线端访客数直接相加之和；实时计算过程中，店铺流量高峰时可能会出现交易数据处理快于浏览数据，导致访客数小于支付买家数
PC端支付买家数	在电脑上拍下后，统计时间内完成付款的去重买家人数；特别说明，不论支付渠道是电脑还是手机，拍下为电脑上，就将该买家数计入PC端支付买家数
无线端支付买家数	在手机或Pad上拍下后，统计时间内完成付款的去重买家人数；特别说明，不论支付渠道是电脑还是手机，拍下为手机或Pad上，就将该买家数计入无线端支付买家数

注 意

按照终端划分，生意参谋平台中的数据指标可分为 PC 端数据、无线端数据和所有终端数据。PC 端数据是指在电脑上产生的交易、流量等相关数据，无线端数据是指在手机或 Pad 等无线设备的浏览器或应用 APP 上产生的交易、流量等相关数据，所有终端则是不论终端渠道的所有交易、流量等相关数据。目前，比较多的工具提供的是 PC 端数据。所以，和其他工具比对数据时，商家应注意选择的终端类型、统计周期。

6.3.2 进入生意参谋

通过千牛工作台可以快速进入店铺的生意参谋工具，商家可以简单了解实时直播和店铺概况数据。

❶ 登录千牛工作台后，单击右侧“生意参谋”按钮（见图 6-29），打开生意参谋页面。

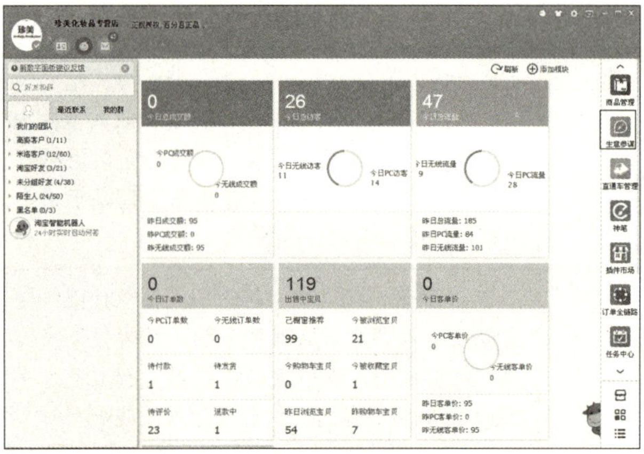

图 6-29　单击“生意参谋”按钮

❷ 在“实时直播”选项下可以查看店铺的浏览量以及访客数，切换至“店铺概况”选项下可以查看店铺的数据概况，分别如图 6-30、图 6-31 所示。

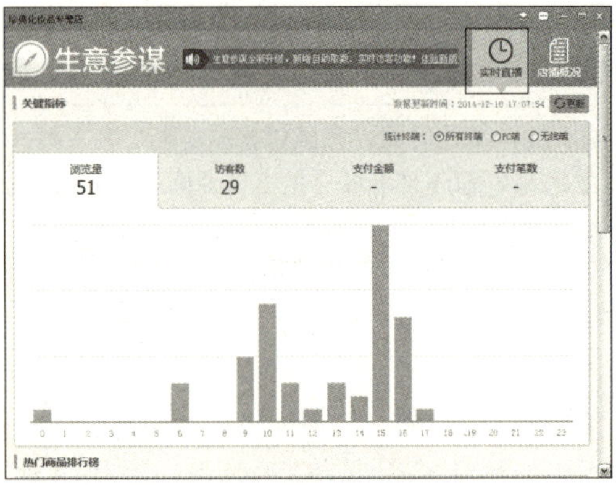

图 6-30　查看店铺的浏览量以及访客数

图 6-31　查看店铺概况数据

注　意

店铺或商品详情页被访问的次数，一个人在统计时间内访问多次记为多次。所有终端的浏览量等于 PC 端浏览量和无线端浏览量之和。

6.3.3　生意参谋平台

淘宝致力于将生意参谋平台打造成为全体商家提供一站式、个性化、可定制的商务决策体验平台，从而能以此为承载，并更好地帮助商家做好数据化运营，真正实现数据化商业。进入天猫工作台，还可以查看具体的生意参谋数据，包括实时概况、实时来源、实时榜单以及实时访客数据。

进入天猫“我的工作台”后，单击左侧的“生意参谋”选项，打开生意参谋界面，即可看到生意参谋提供的各项功能块，如图 6-32、图 6-33 所示。

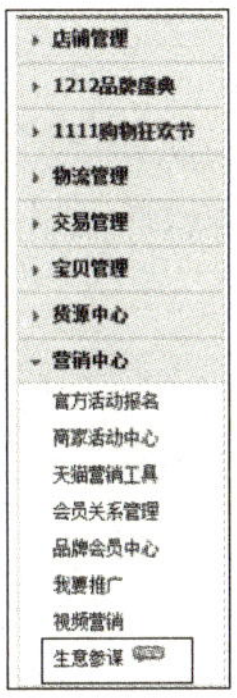

图 6-32　单击“生意参谋”选项

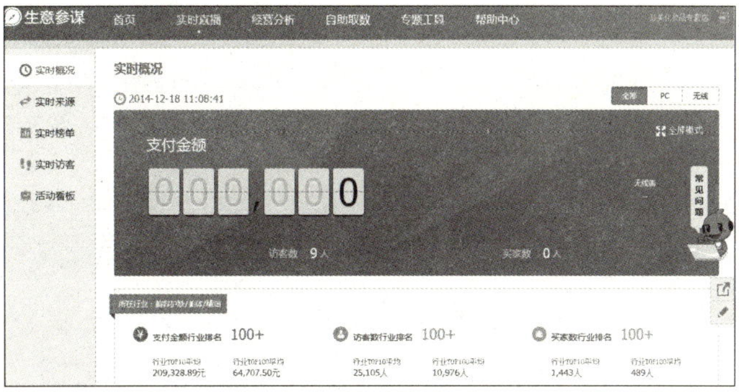

图 6-33　生意参谋界面

注　意

生意参谋平台是生意参谋产品和量子恒道的升级版本，也是阿里官方统一的数据门户，请以生意参谋平台的数据为准。

1. 首页

通过生意参谋首页选项，商家可以快速了解店铺的核心关键数据，如图 6-34 所示。首页功能可以打造专属于商家的数据工作台，并从流量、商品、交易和服务等一系列经营环节分析数据。

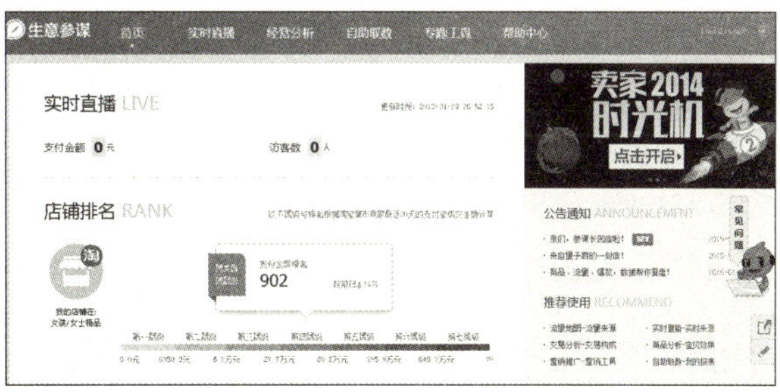

图 6-34　生意参谋首页

2. 实时直播

要想抢占生意先机，商家就需要能够实时洞悉重要数据。而生意参谋则为商家提供了店铺实时地域分布、流量来源分布、实时热门宝贝排行榜、实时客户访问功能等，分别如图 6-35、图 6-36、图 6-37、图 6-38 所示。

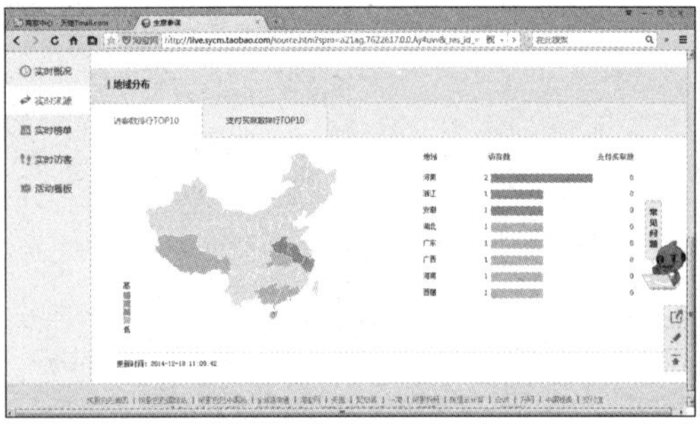

图 6-35　实时地域分布

图 6-36　流量来源分布

图 6-37　实时热门宝贝排行榜

图 6-38　实时客户访问功能

3. 经营分析

（1）**流量分析**：流量分析提供了全店流量的概况（见图 6-39）、流量地图（包括流量的来源和去向，见图 6-40）、来访访客时段地域等特征分析（见图 6-41）。它能帮助商家快速盘清流量的来龙去脉，在识别访客特征的同时了解访客在店铺页面上的点击行为，从而进一步评估店铺的引流、装修等，帮助商家更好地进行流量管理和转化。

图 6-39　全店流量的概况

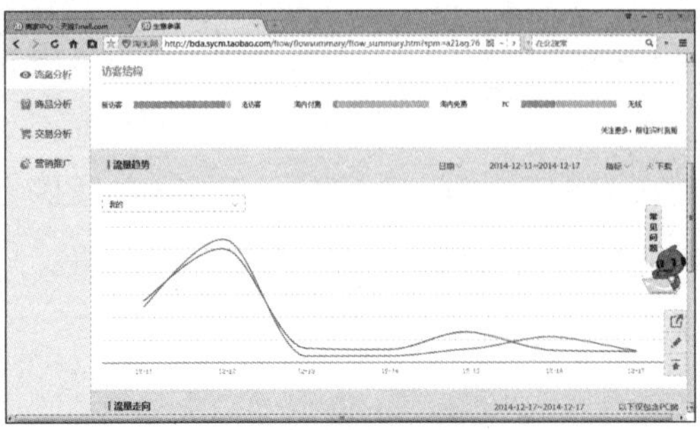

图 6-40　流量的来源和去向

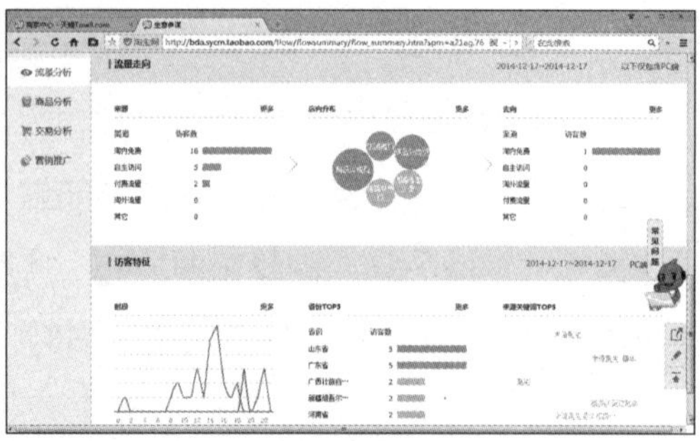

图 6-41　访客时段地域等特征分析

（2）**商品分析**：商品分析可以让商家轻松识别哪种商品有潜力，以及哪种商品有问题。生意参谋提供了店铺所有商品的详细效果数据，它主要包括四大功能模块，分别是宝贝效果、异常宝贝、分类分析和采购进货。

在“生意参谋”页面单击左侧的商品分析，从打开的列表中可以选择查看宝贝效果、异常宝贝、分类分析以及采购进货选项，如图 6-42 所示。

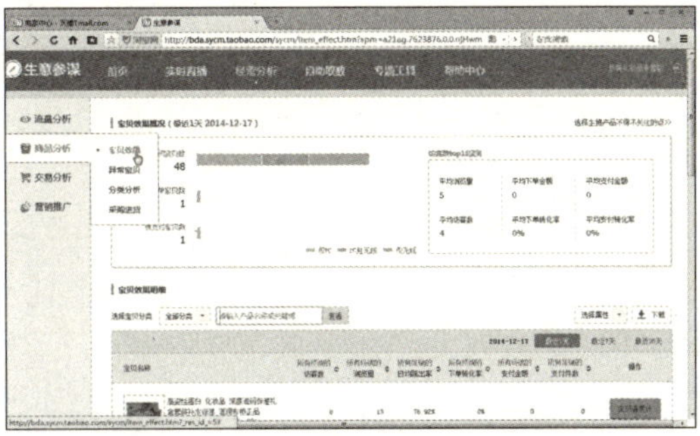

图 6-42 进入商品分析页面查看数据

（3）**交易分析**：通过交易漏斗可以直观地查看交易是赚还是亏，如图 6-43 所示。它从店铺整体到不同力度细分店铺的交易情况，帮助商家及时掌控店铺交易问题，并提供资金回流行动点。某天猫店铺的交易构成如图 6-44 所示，其类目构成如图 6-45 所示，其价格带构成如图 6-46 所示。

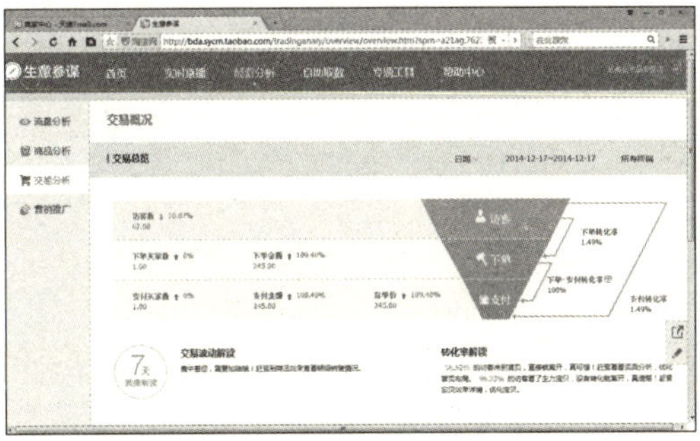

图 6-43 交易漏斗查看亏损

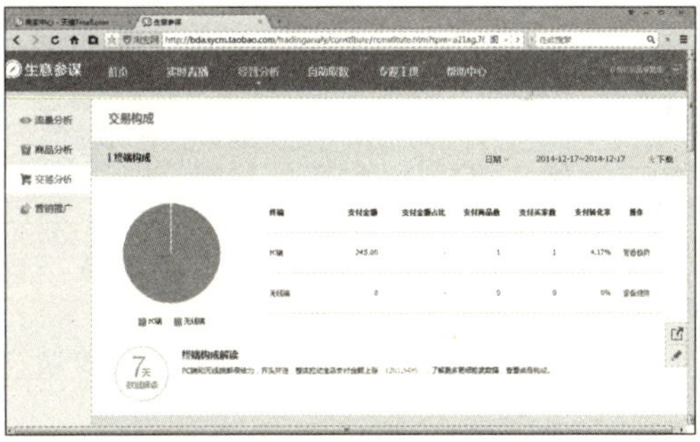

图 6-44 查看店铺的交易构成

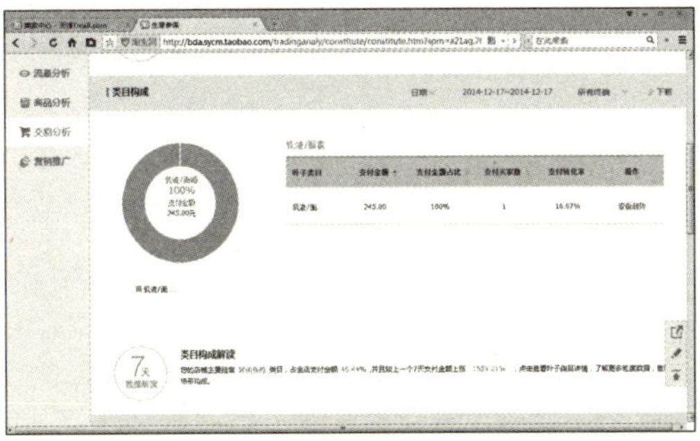

图 6-45 查看店铺类目构成

图 6-46 查看店铺价格带构成

（4）**营销推广**：营销推广包括我要营销、营销效果两大功能，它旨在帮助商家精准营销推广，助力提升销量。

❶ 在“生意参谋”页面单击左侧的营销推广，打开设置页面，如图 6-47 所示。

❷ 在第三步选营销工具下方单击“立即生成营销方案”按钮，打开营销活动设置页面，在该页面可以选择设置店铺优惠券和商品优惠券，如图 6-48、图 6-49 所示。

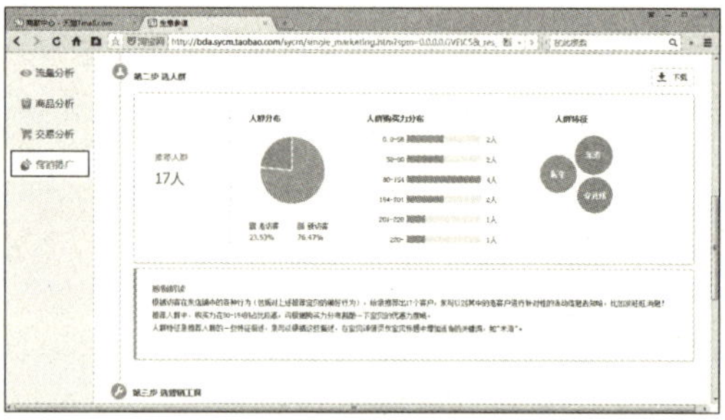

图 6-47　进入营销推广页面

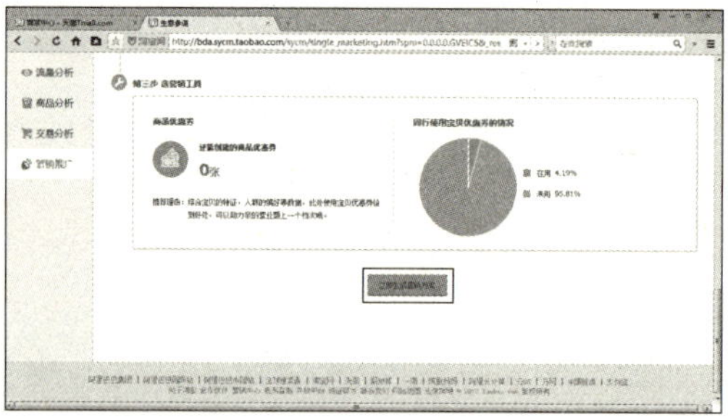

图 6-48　单击“立即生成营销方案”按钮

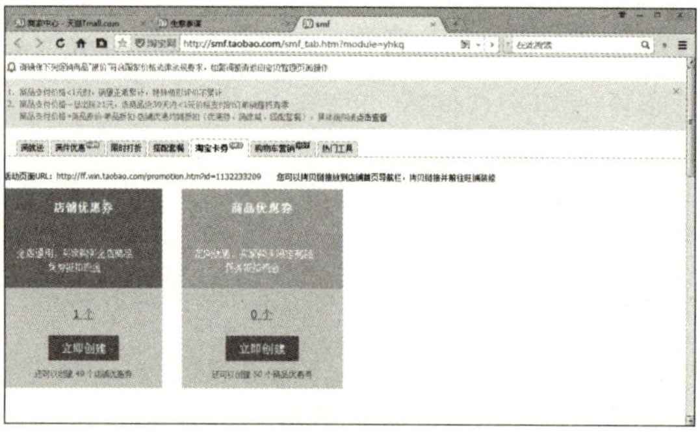

图 6-49　选择设置营销活动

❸ 在“营销推广”下拉列表选择“营销效果”选项，进入营销工具效果页面，如图 6-50、图 6-51 所示。

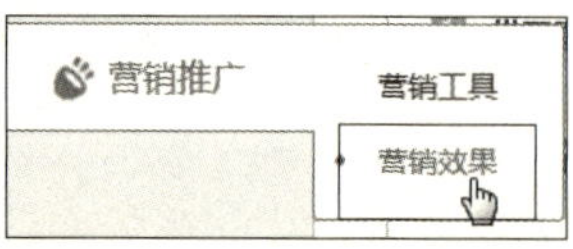

图 6-50　单击“营销效果”选项

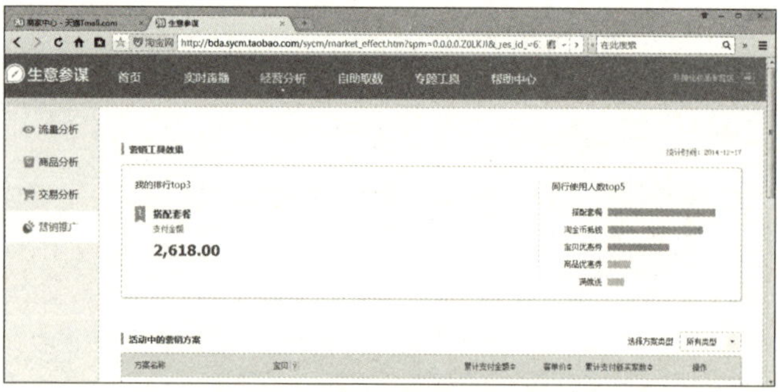

图 6-51　营销工具效果页面

❹ 在“活动中的营销方案”下可以看到各个不同的方案效果，单击方案活动右侧的“方案设置”按钮打开营销设置页面，如图 6-52、图 6-53 所示。

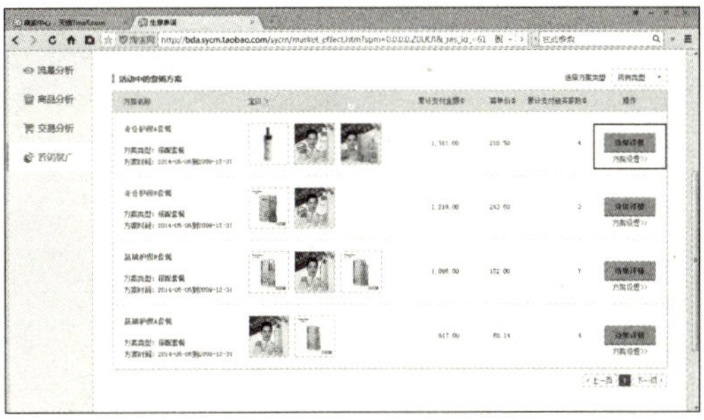

图 6-52 单击 “方案设置” 按钮

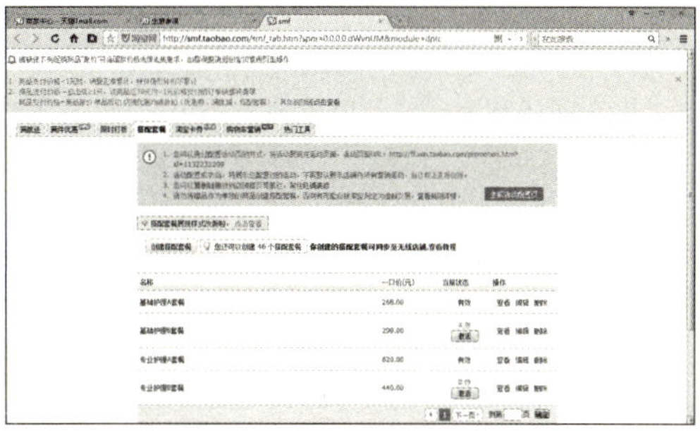

图 6-53 打开营销设置页面

❺ 商家可以在该页面中根据实际需要重新修改之前设置的搭配套餐方案，使方案更加有效。

4. 自助数据

生意参谋为商家提供了自由提取数据工具，它拥有丰富的店铺和商品维度的指标数据，为商家提供不同时间段的数据查询服务。商家可以对自己店铺的数据实现自由选择，进行自然天、自然周、自然月的汇总周期查询。它主要有“我要取数”“我的报表”“推荐报表”三项功能，其具体说明如图 6-54 所示。

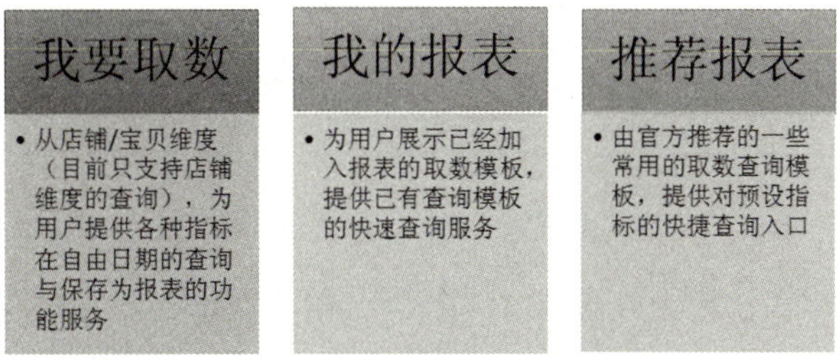

图 6-54 自助数据的功能

❶ 在“生意参谋”页面单击上方的自助数据选项，打开“我要取数”页面，如图 6-55 所示。

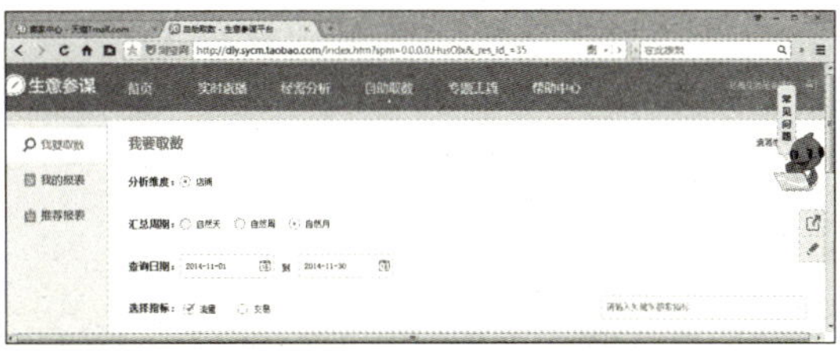

图 6-55 “我要取数” 页面

❷ 分别选择“分析维度”“汇总周期”“查询日期”以及“指标数据”，如图 6-56 所示。

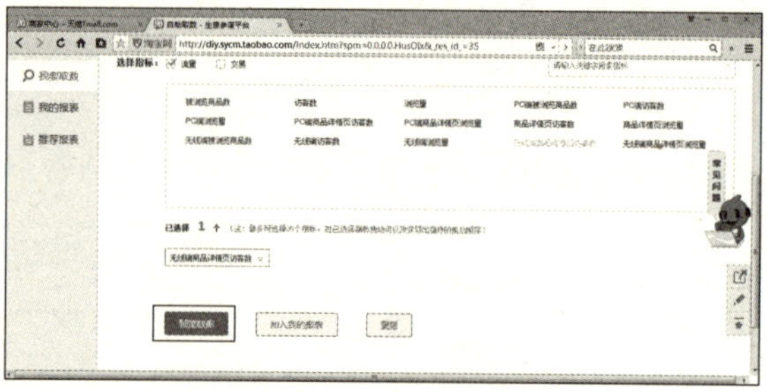

图 6-56　设置各类参数

❸ 单击“预览数据”按钮，打开“报表数据预览”对话框，可以查看指定日期下的访客数，如图 6-57 所示。

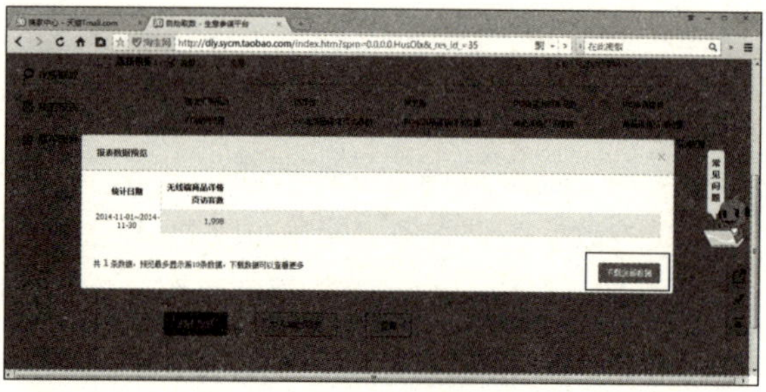

图 6-57　报表数据预览

❹ 单击“下载全部数据”按钮，还可以下载自助取数数据表。

5. 专题工具

专项问题专项解决，生意参谋中的专题工具目前已提供官方工具选词助手和行业排行榜，未来还会引入第三方服务商提供的专项工具和数据实验室提供的创新工具。在专题工具选项下，商家可以查看引流搜索词、行业相关搜索词等数据，如图 6-58 所示。

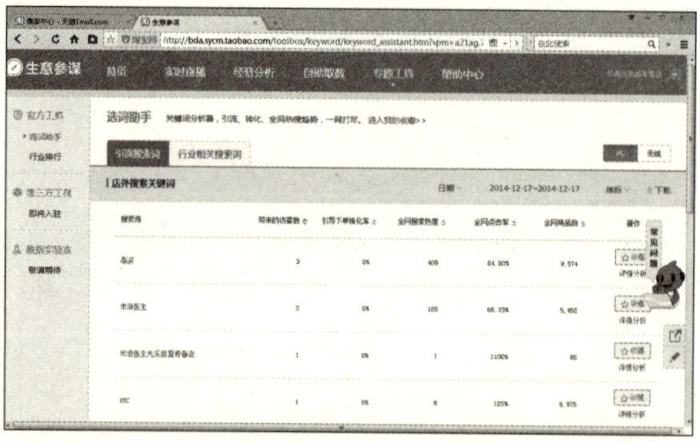

图 6-58　查看引流搜索词

6. 帮助中心

如果想要详细了解如何查看和分析数据，商家可以在帮助中心找到相关答案，具体如图 6-59、图 6-60 所示。

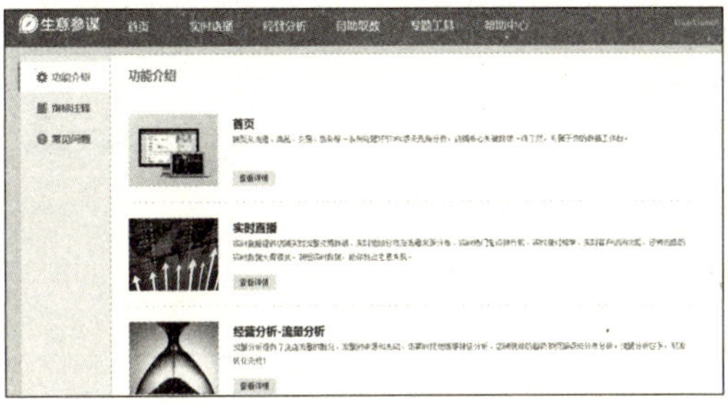

图 6-59　帮助中心 1

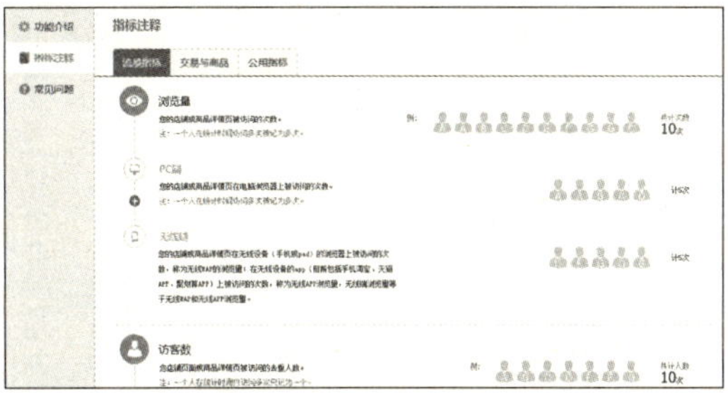

图 6-60　帮助中心 2

6.4　阿里旺旺在线交流

千牛工作台可以方便交易管理，也可以实现商家与买家的随时随地沟通，更好地促成交易。

1. 与客户交流

登录千牛工作台后，页面左侧显示了所有旺旺联系人，如图 6-61 所示。单击其中某一个分类后打开详细列表，可以查找需要交流的旺旺号（见图 6-62），直接点击即可在线交流。

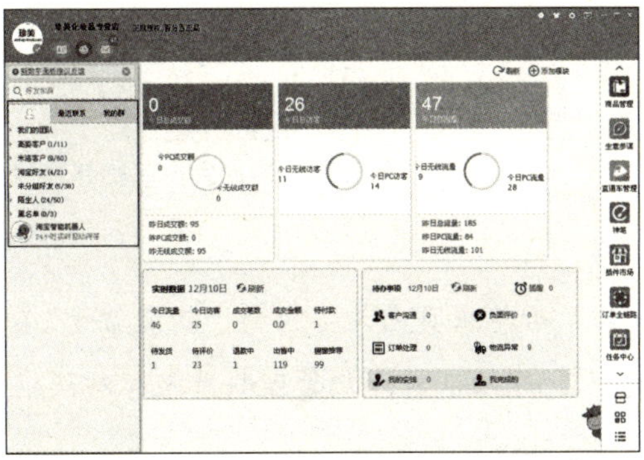

图 6-61　查看旺旺联系人

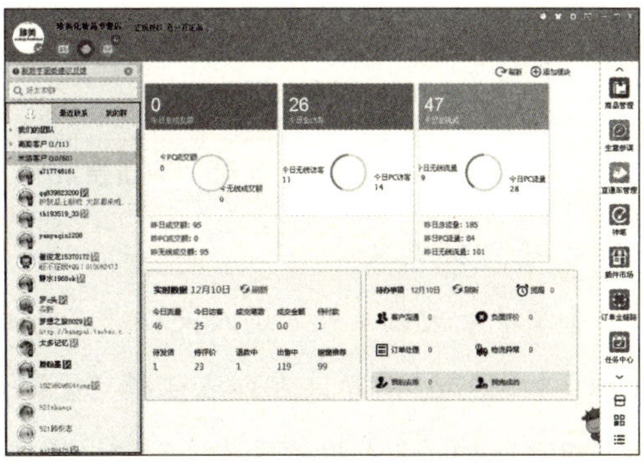

图 6-62　打开某一分类旺旺号

2. 与群交流

切换至“我的群”标签，可以查看当前所有群名称，如图 6-63 所示。单击指定群名称后，即可打开对应的对话框实现在线交流，如图 6-64 所示。

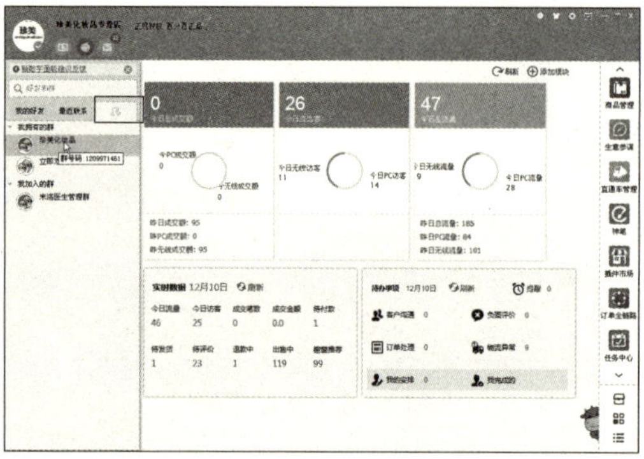

图 6-63　查看“我的群”

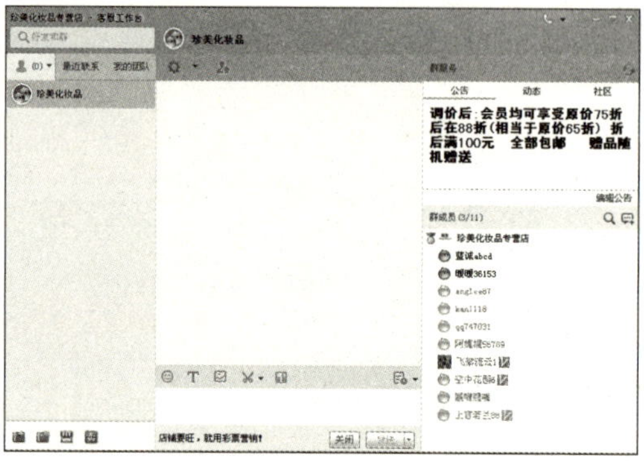

图 6-64　选择指定群

3. 查找群

如果要查找某个群或某个旺旺会员，可以单击千牛左上角的搜索框，直接输入会员名称即可，分别如图 6-65、图 6-66 所示。

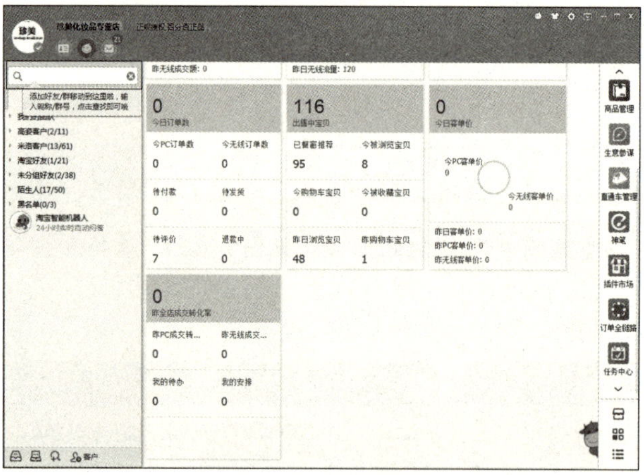

图 6-65　单击搜索框

图 6-66　输入会员名称并查找

4. 管理联系人

如果要管理联系人，进入天猫“我的工作台”后单击页面左下角的“功能盒子”按钮，如图 6-67 所示。在列表选择“管理联系人”选项，打开“管理联系人”对话框，在其中可以对联系人执行修改、删除等操作，如图 6-68 所示。

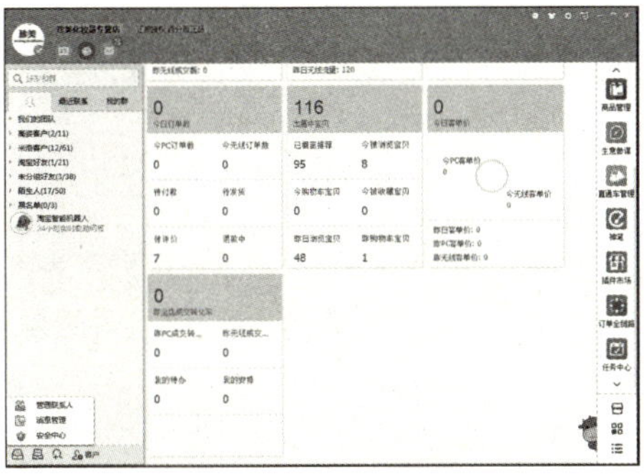

图 6-67 单击“功能盒子”按钮

图 6-68 重新编辑联系人

6.5 当前交易管理

为了便于掌握店铺的交易动态，如已下订单是否付款、退款是否处理以及商品是否发货等，商家可以按照下列步骤进行操作与查看。

❶ 登录千牛工作台后，单击右下角的“常用网址”按钮，在列表中单击“交易管理”，打开“交易管理”对话框，在“交易管理”选项卡下可以查看具体的交易信息及状态，如图 6-69、图 6-70 所示。

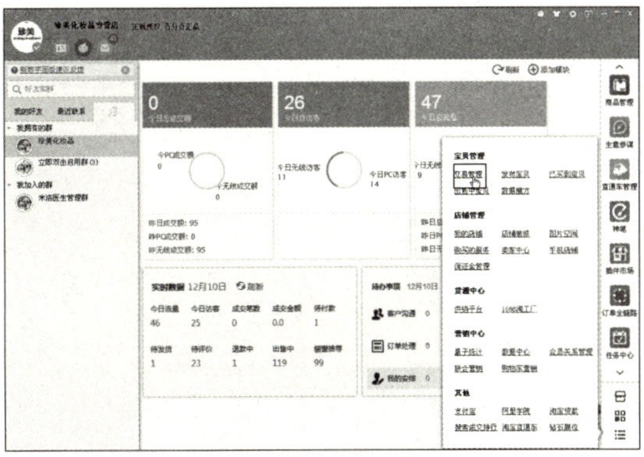

图 6-69 单击“常用网址”按钮

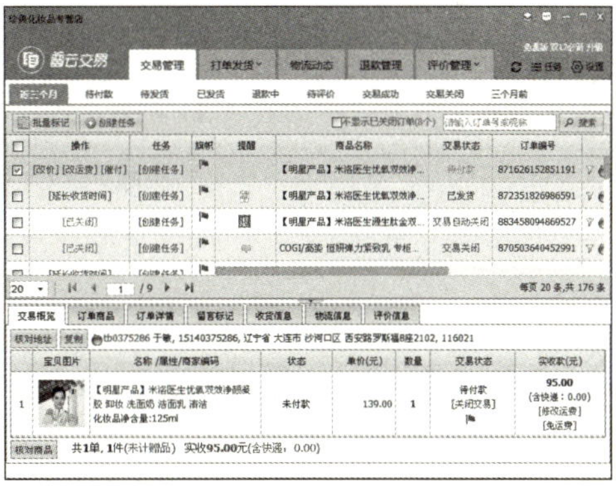

图 6-70 “交易管理”选项卡

❷ 切换至“物流动态”标签下可以查看当前交易是否已发货，切换至“退款管理”标签下可以查看退款状态，如图 6-71、图 6-72 所示。

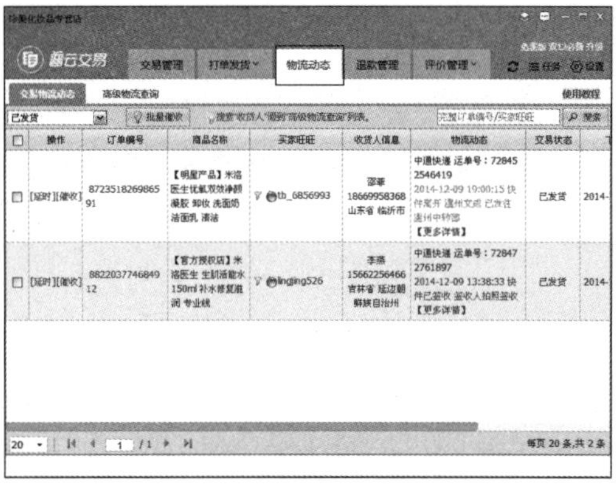

图 6-71　查看物流动态

图 6-72　查看退款状态

❸ 切换至“评价管理”标签下可以查看当前交易的评价情况，如图 6-73 所示。

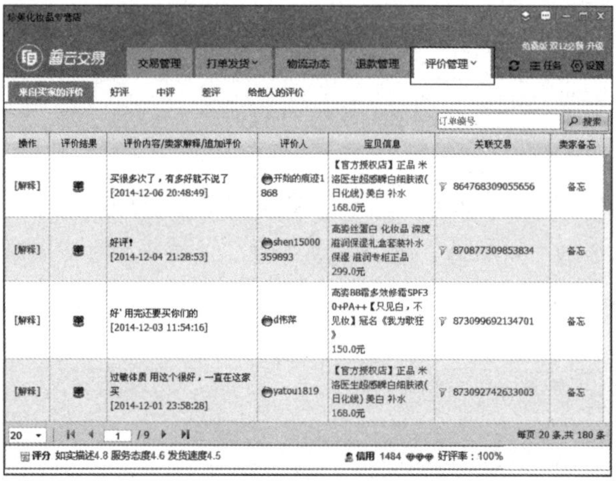

图 6-73　查看交易评价详情

6.6　基础设置

为了保护账号安全，商家需要在使用千牛工作台之前设置安全保护，如设置密码和使用安全产品等。在与买家交流的过程中，商家可以设置客服离开时的自动回复用语，当商家咨询量过大时设置接入人数达到指定数目时自动挂起。而且，商家还可以在千牛工作台中对子账号进行简单管理。

6.6.1　安全中心

安全中心主要包括账号绑定手机、密保问题以及对消息的防骚扰设置，其具体的设置方法如下。

❶ 登录千牛工作台后单击左下角的“功能盒子”按钮，在列表中选择“安全中心”选项，打开“安全中心”对话框，分别如图 6-74、图 6-75 所示。

❷ 在“账号安全设置”标签下可以查看安全级别，并设置开通相关安全保护措施。

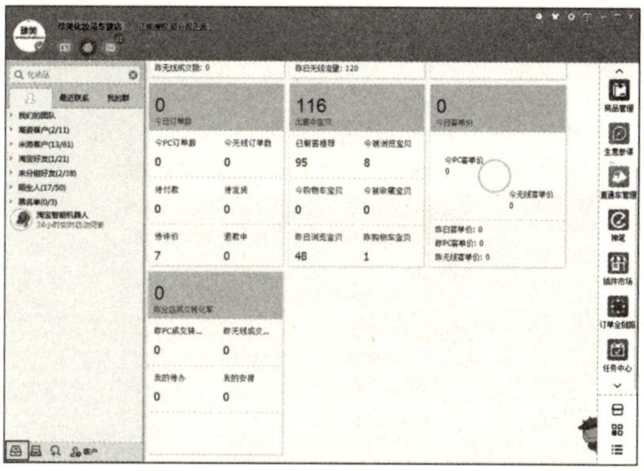

图 6-74　单击“功能盒子”按钮

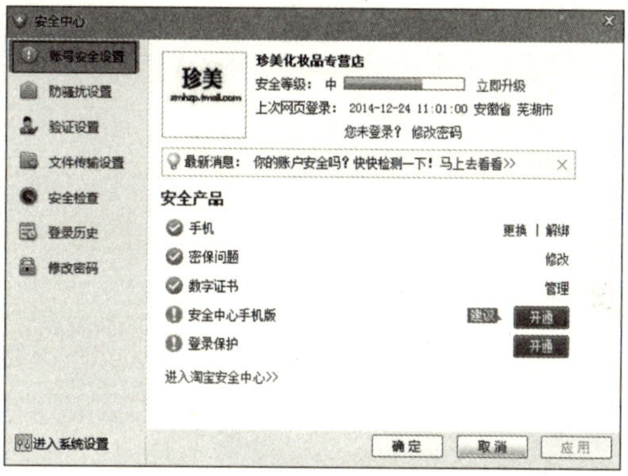

图 6-75　“安全中心”对话框

❸ 切换至“防骚扰设置”标签，可以设置防骚扰消息设置和过滤骚扰信息设置，如图 6-76 所示。

❹ 在“修改密码”标签下可以重新设置登录密码，如图 6-77 所示。

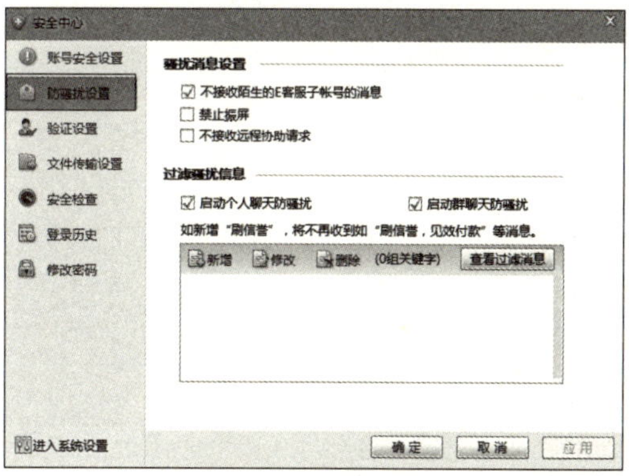

图 6-76　防骚扰设置

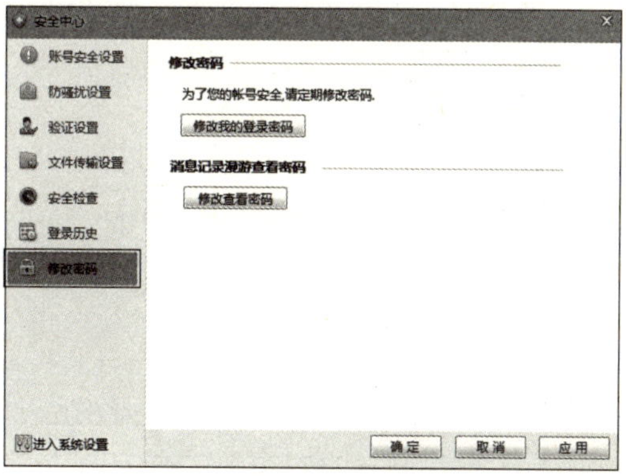

图 6-77　重新设置登录密码

6.6.2 系统设置

系统设置主要包括客服设置、聊天设置及个性设置等，如在和多个客户聊天时设置自动回复功能等，其具体的设置方法如下。

❶ 登录千牛工作台后单击左下角的“功能盒子”按钮，打开“安全中心”对话框，再单击左下角的“进入系统设置”按钮，打开“系统设置”对话框，在“客服工作台”标签下可以设置相关信息，如图 6-78 所示。

❷ 在“聊天设置”标签中可以进行常规消息设置，如图 6-79 所示。

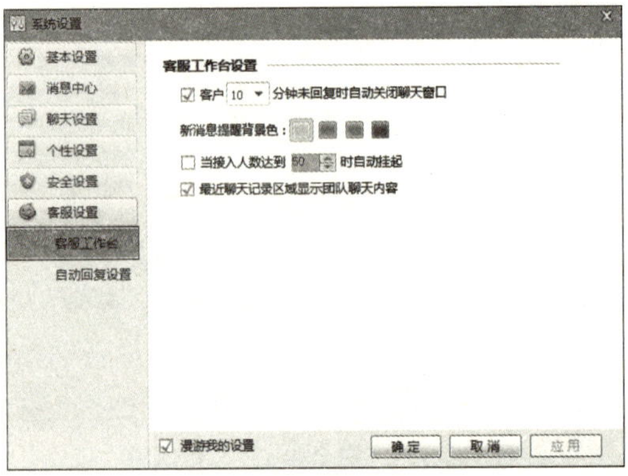

图 6-78 客服工作台设置

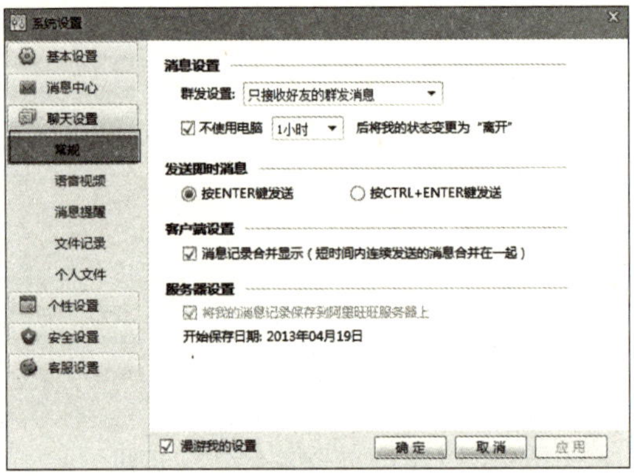

图 6-79 聊天设置

❸ 在“基本设置”标签中可以设置常规项，在“消息中心”可以设置消息提示方式，分别如图 6-80、图 6-81 所示。

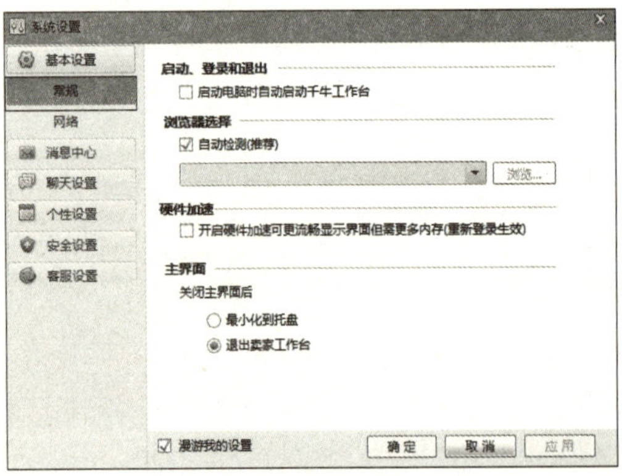

图 6-80 设置常规项

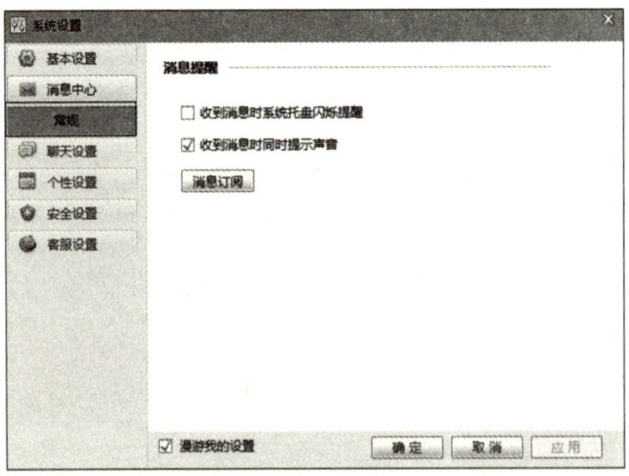

图 6-81 设置消息提示方式

6.6.3 子账号管理

前面章节介绍了子账号管理，事先需要主账号授权才能执行相应操作。商家在千牛工作台也可以简单设置子账号的角色和权限。

❶ 登录千牛工作台后单击右侧的“子账号权限”按钮，打开“子账号设置”对话框，分别如图 6-82、图 6-83 所示。

图 6-82 单击“子账号权限”按钮

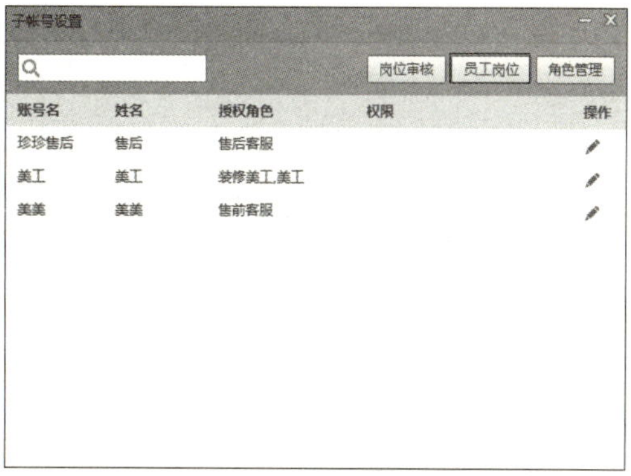

图 6-83 单击“员工岗位”按钮

❷ 单击“员工岗位”按钮打开对话框，可以修改已经设置的员工岗位名称，如图 6-84、图 6-85 所示。

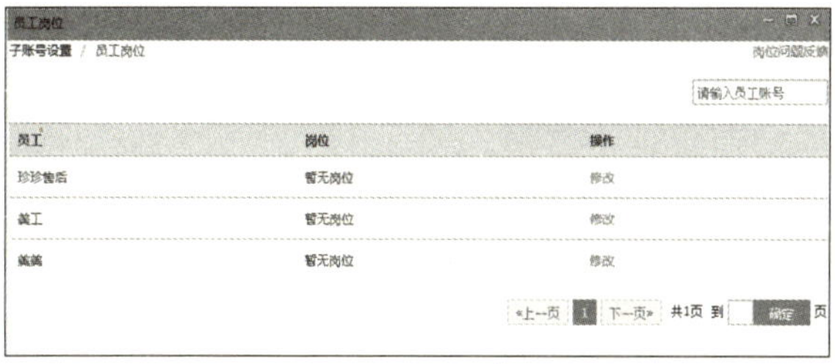

图 6-84 设置员工岗位名称 1

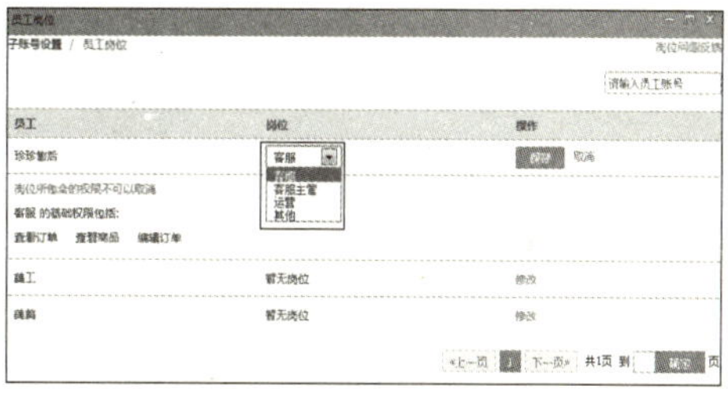

图 6-85 设置员工岗位名称 2

❸ 在“子账号设置”对话框中单击名称右侧的铅笔按钮，打开“修改账号授权角色”对话框，可以设置角色和权限，如图 6-86、图 6-87 所示。

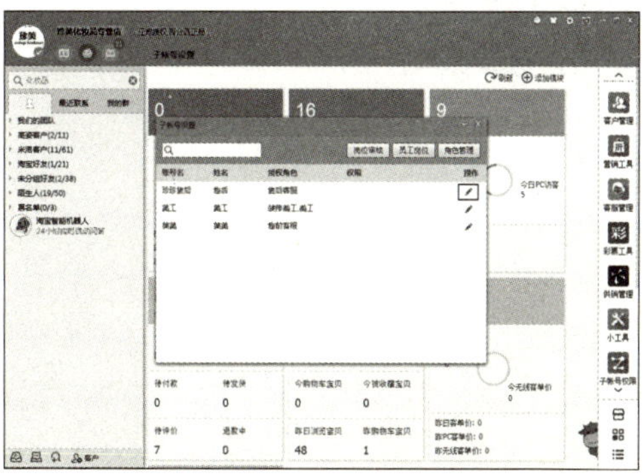

图 6-86 单击铅笔按钮

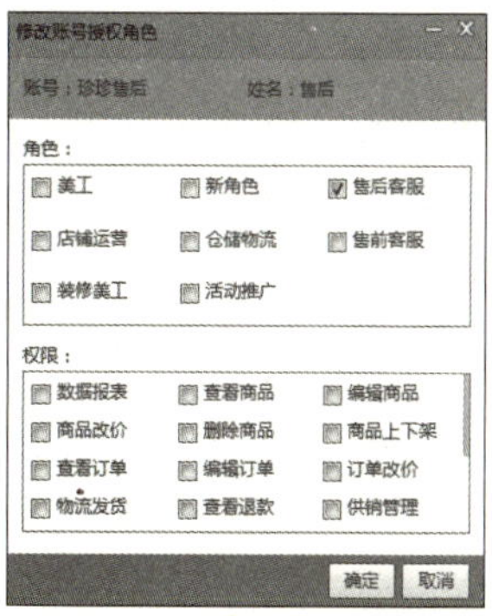

图 6-87 设置角色和权限

❹ 单击右侧的“角色管理”按钮，打开“角色管理”对话框，单击角色名右侧的铅笔按钮即可在“修改角色”对话框更改角色，单击“新增角色”按钮打开对话框即可添加角色名称以及权限，分别如图 6-88、图 6-89、图 6-90 所示。

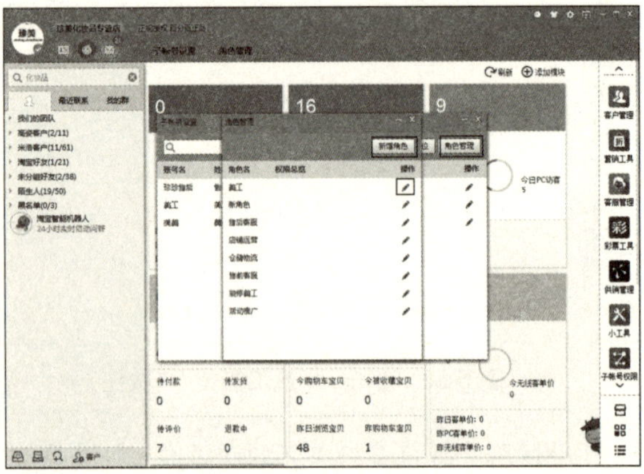

图 6-88 “角色管理”对话框

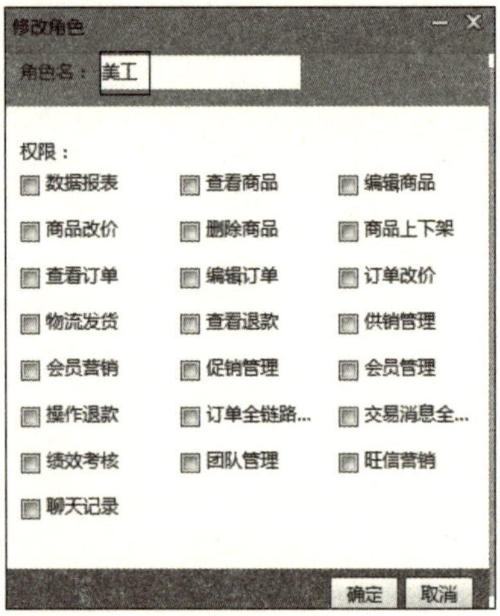

图 6-89 修改角色

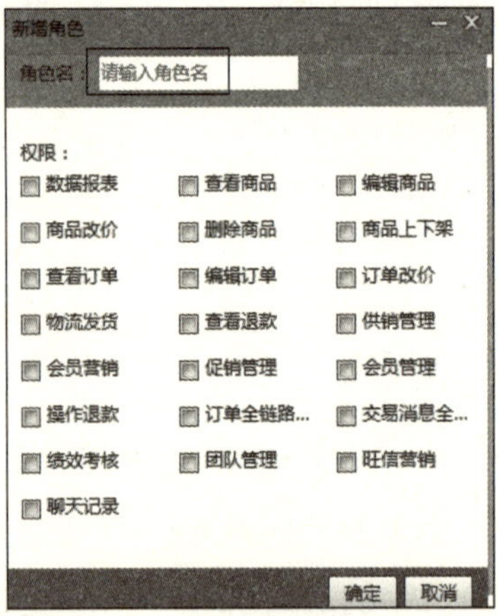

图 6-90 新增角色名称和权限

第7章 “猫”店营销，做最地道的商家

7.1 微营销

现在发展起来的微商，目前从业者已经过千万，无数年轻人通过兼职或全职在朋友圈、微信以及微博推销产品。微营销就是以营销战略转型为基础，通过企业营销策划、品牌策划、运营策划、销售方法与策略，注重每一个细节的实现。

7.1.1 微营销的优势

微营销是一种成本低、性价比高的现代营销手段，它主张通过虚拟与现实的互动，建立一个涉及研发、产品、渠道、市场、品牌传播、促销、客户关系等更“轻”、更高效的全营销链条，其优势如图 7-1 所示。

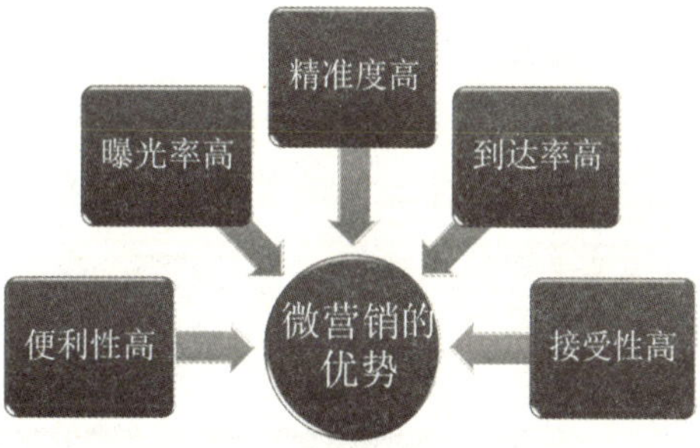

图 7-1 微营销的优势

1. 便利性高

移动终端的便利性增加了微信营销的高效性。相对于 PC 端而言，未来的智能手机不仅能够拥有 PC 端所拥有的任何功能，而且携带方便，用户可以随时随地获取信息。这也会给商家的营销带来极大的方便。

2. 曝光率高

曝光率是衡量推广效果的另一个指标。与微博相比，微信信息拥有更高的曝光率。在微博营销过程中，除了少数一些技巧性非常强的文案和关注度比较高的事件被大量转发后获得较高曝光率之外，直接发布的广告微博很快就会淹没在大量的微博动态中。微信是由移动即时通信工具衍生而来，天生具有很强的提醒力度。如铃声、通知中心消息停驻、角标等，它可以随时提醒用户收到未阅读的信息，曝光率也是非常惊人的。

3. 精准度高

那些拥有庞大粉丝数、用户群体高度集中的垂直行业微信账号，才是真正炙手可热的营销资源和推广渠道。这些精准用户粉丝相当于一个盛大的在酒会，每一个粉丝都是潜在客户，其精准度是非常高的。

4. 到达率高

营销效果在很大程度上取决于信息的到达率，这也是所有营销工具最关键的地方。与手机推广和邮件群发被大量过滤不同，微信公众账号所群发的每一条信息都能完整无误地发送到终端手机，到达率高达 100%。

5. 接受性高

微信公众号数量庞大，它已经成为或者超过类似手机短信和电子邮件的主流信息接收工具，其广泛和普及性成为营销的基础。有些微信大号动辄数万甚至数十万粉丝。除此之外，由于公众账号的粉丝都是主动订阅，信息也是主动获取，完全不存在信息遭致抵触的情况，所以其接受度也是很高的。

7.1.2 微营销的方式

天猫微营销常用的方式为微博营销和微信营销，下面对这两种方法进行具体介绍。

1. 微博营销

快速是天猫微博营销的一大特点。天猫的微博中，每天都会发布购物信息和店内活动信息，并不定时发起各种各样的打折优惠活动。例如，当天气转凉之际，天猫微博马上就会更新服装等保暖相关信息；当电器类店铺开始年终大促时，天猫微博马上应时推出相关销售信息，如图 7-2 所示。没有最快，只有更快，是其制胜的法宝之一。天猫还会在官方微博投放微任务，网友可以参加任务获取相应的奖励，如图 7-3 所示。

图 7-2　微博营销信息页面

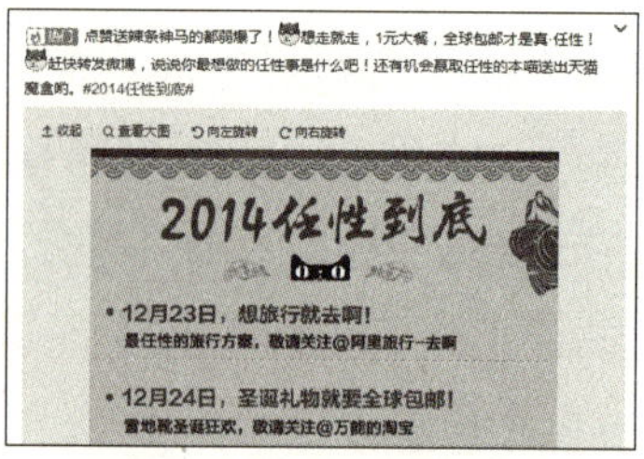

图 7-3　微博投放微任务

图 7-4 所示为天猫在微博推出的“双十一”购物狂欢节小专题，并提前几天就已经开始上线宣传，而且采取倒计时的方式，每天都发送最新的消息。与一般的商场节庆现场派发优惠券不同，为了更早地宣传活动信息并提高消费者的参与热情，天猫将优惠券派发时间提前安排在“双十一”的前几周，网友在这段时间所获得的红包在“双十一”

当天都可使用。这样一来，企业的品牌与产品传播在时间的助力下会不断地放大，从而更好地赢得网友和会员的关注。

图 7-4　天猫微博　“双十一”　专题

除了天猫微营销，新浪微博还推出了微任务应用。它是一款自媒体营销推广平台，为商家或个人广告主提供产品和品牌传播营销推广服务，为自媒体账号和微博主提供接广告获取收益的交易平台。网友可以通过完成任务获得红包等奖励。

在微博平台上，用户是真实存在的。微博可以通过对海量用户信息进行精确分析，洞察消费者最真实的需求；它以方便消费者为出发点，不仅仅是信息交流的平台，更是持续营销的平台；它还通过对消费者进行精准式与方便式的针对性营销，使营销更有广度、深度和效率。

2. 微信营销

微信营销主要体现在以安卓系统、苹果系统、WindowsPhone8.1 系统的手机或平板电脑中的移动客户端进行的区域定位营销。商家通过微信公众平台二次开发系统，展示如图 7-5 所示的各类营销方式，已经形成了一种主流的线上线下微信互动营销方式。

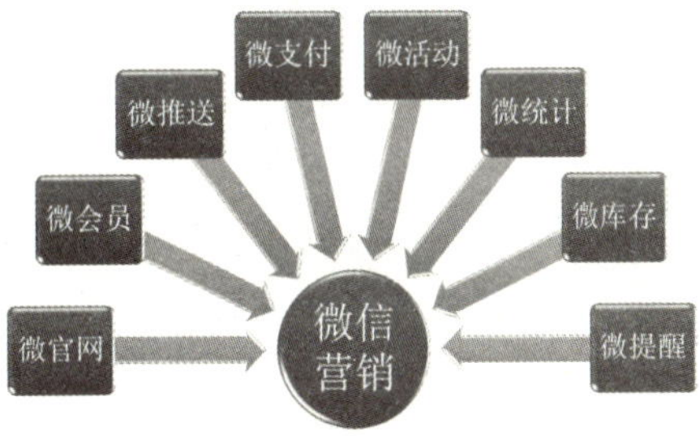

图 7-5　微信营销的方式

微信公众平台上有许多客户资源，它能够带动企业和商家的经营。然而，如何才能玩转微信公众平台，这不是一个简单的问题。不同用户的关注点是不一样的。例如，一部分用户关注优惠折扣，而另一部分用户则关注微信福利，剩下一部分用户关注订阅号的附属价值，而这三点又不是完全独立分隔的。譬如 A 用户今天想看产品折扣，明天想看专业知识，所以这种需求是不断变化的。

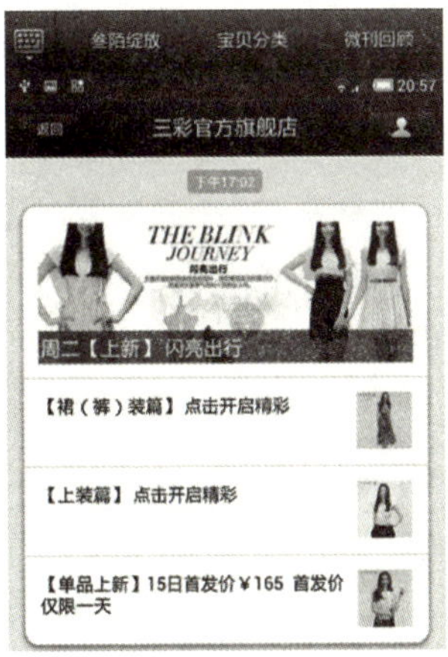

图 7-6　微信营销手机界面

虽然微博在社会热点上的爆发力很大，而微信则具有朋友圈效应优势。微博通过粉丝转发一个商品产生的转化率是非常低的，而且还没有考虑僵尸粉的数量。而微信则是没有僵尸粉的，它是通过真实的朋友圈进行营销。某服饰官方旗舰店利用微信营销的手机界面效果，如图 7-6 所示。

要想实现微信营销，首先要在微信网页版注册微信公众号，其具体步骤如下。

❶ 打开浏览器并输入网址：https://mp.weixin.qq.com，回车后打开微信公众平台，单击右侧的“立即注册”链接（见图 7-7），进入注册页面。

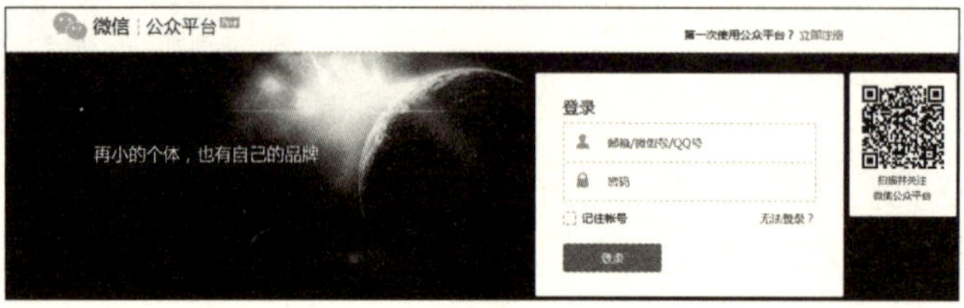

图 7-7　微信注册页面

❷ 首先在第一步骤设置页面输入邮箱、密码、确认密码及验证码，输入结束后单击下方的“注册”按钮，如图 7-8 所示。

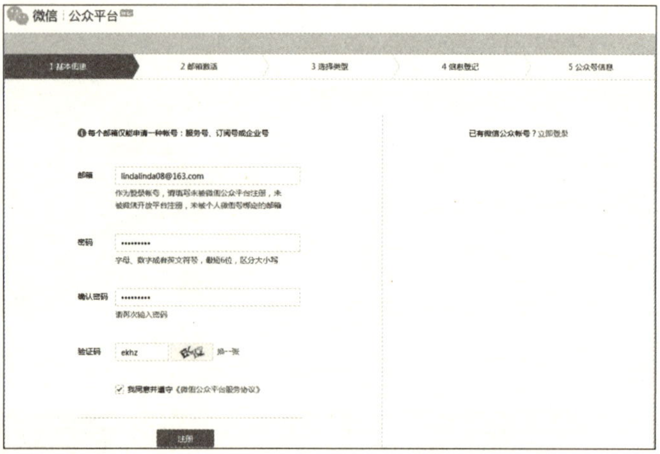

图 7-8　注册微信第一步：输入基本信息

❸ 在“2 邮箱激活”页面单击“登录邮箱”按钮，执行邮箱激活认证，如图 7-9 所示。

❹ 单击“登录邮箱”按钮后，系统会自动跳转至注册的电子邮箱，在邮箱收件箱中找到微信激活信件并打开，根据提示文字单击激活链接，如图 7-10 所示。

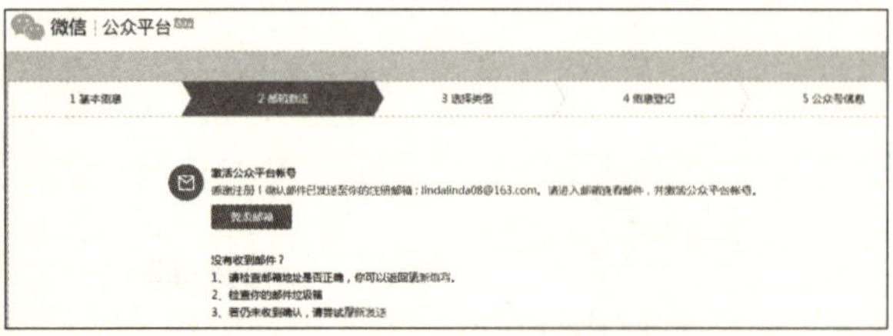

图 7-9　注册微信第二步：邮箱激活

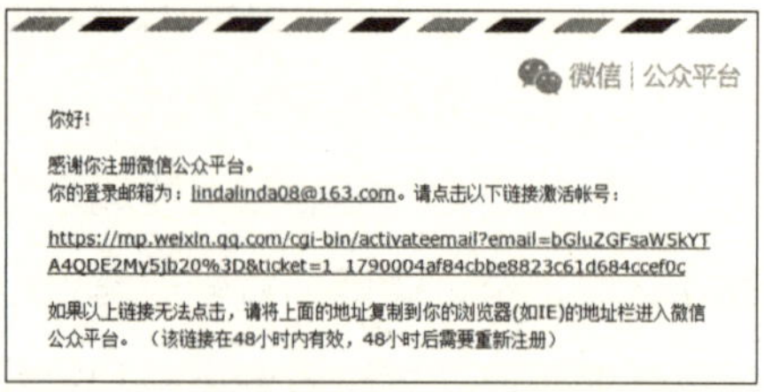

图 7-10　注册微信第三步：登录邮箱并激活

❺ 单击激活链接后，系统会自动跳转至“微信公众平台”界面，在“3 选择类型”

页面选择一种微信注册类型。这里选择订阅号，单击该类型下方的“选择并继续”链接，如图 7-11 所示。

❻ 在“4 信息登记”页面输入身份证号码、手机号码等个人信息，如图 7-12 所示。

图 7-11 注册微信第四步：选择类型

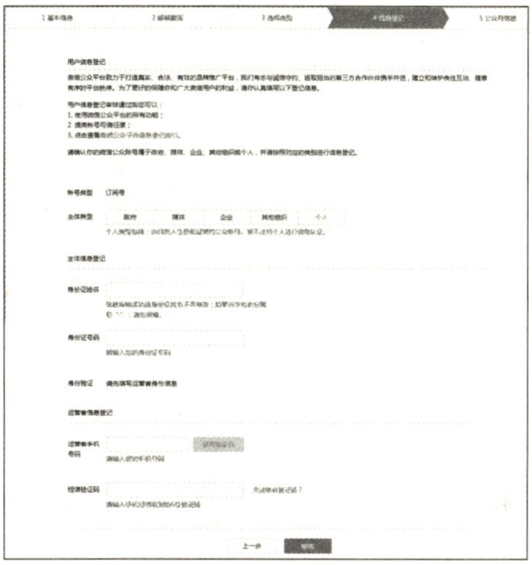

图 7-12 注册微信第五步：信息登记

❼ 设置完成后单击下方的“继续”按钮，即可完成订阅号的设置，再按照提示完成“公众号”信息设置，即可完成微信公众号注册。

7.2 参加“双十一”营销

“双十一”是针对天猫商城的一年一度的大型购物节。参加“双十一”的天猫品牌旗舰店，其商品价格都会降至平时的五折。由于折扣力度很大，当天的天猫商城销量往往也是很惊人的。2013 年“双十一”天猫的销售额超过了 350 亿，而 2014 年“双十一”的销售额超过了 570 亿，更是在开场 1 分钟后就突破了一个亿。

7.2.1 做好准备工作

参加“双十一”活动之前，商家需要做好大量的准备工作，才能有备无患，打一场漂亮的“双十一”大战。

1. 充足的库存

“双十一”的交易量是非常惊人的，商家需要提前准备充足的库存，以备不时之需。商家可以根据最近一个月的销售情况和预售情况来备货。例如，有些天猫商家会提前预售，买家需要缴纳一定的定金确定购买的宝贝，等“双十一”来临就可以全款下单。对于平时的热卖款商品，商家也可以多备货。总之，商家需要及时清点库存，避免出现库存不足或超卖现象。

2. 人员培训及硬件要求

“双十一”期间，大量的客流必然会增加工作量。无论是客服，还是硬件要求，对于商家都是一个极大的考验。因此，商家很有必要提前对人员进行培训，避免期间出现不必要的工作失误。

3. 引导买家

在活动开始之前，商家可以提前做一些营销推广活动，增加买家对商品的了解。例如，参加免费试用活动，与买家及时有效地沟通，这样可以让平时处于观望状态的买家在“双十一”期间增加购买欲。了解买家的需求后，商家可以发放一些优惠券、折扣券等来吸引买家购买。而且，抓住老客户进行预热也是不错的推广选择。

4. 品牌传播

前面已经讲述，商家可以参加试用活动，与买家互动以了解需求，这也在无形之中有利于品牌的宣传。除此之外，商家还可以在微博、帮派、社区等平台加强品牌宣传。

5. 物流

“双十一”大促的最后一个环节就是物流，这个环节至关重要。商家需要对快递需求进行估计，准备好充足的快递单，以及及时向客户发送发货提醒和配送延迟等短信通知。

7.2.2 报名要求及招商规则

天猫对于参加“双十一”的商家有一套既定的规则和条件，并不是所有入驻天猫的商家都有资格参加，其招商流程如图 7-13 所示。

图 7-13 “双十一” 招商流程图

注 意

入围商家在此期间内根据活动报名页提供的地址签订线上运费险协议，即成为“11.11 购物狂欢节”商家；逾期未签订退货运费险，视为自动放弃参与活动资格。

1. 如何报名

进入天猫“我的工作台”后，在页面左侧的“1111 购物狂欢节”下单击“商品报名及规则”，即可进入“双十一”报名页面，在该页面可以查看详细的招商规则，如图 7-14、图 7-15 所示。

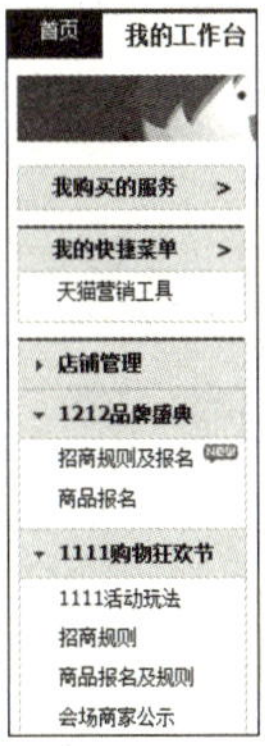

图 7-14　单击“商品报名及规则”链接

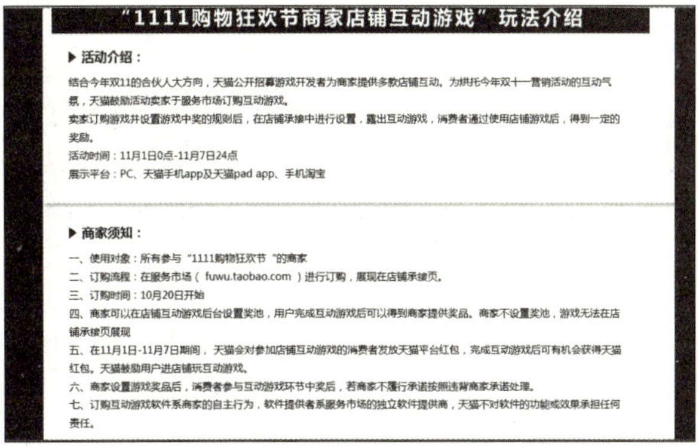

图 7-15　招商规则

2. 招商规则

报名页面显示了详细的招商要求，对商品类目和价格作了相关规定，如图 7-16 所示。会场示意图展示了会场商家和商品专区商家的当天显示位置，如图 7-17 所示。

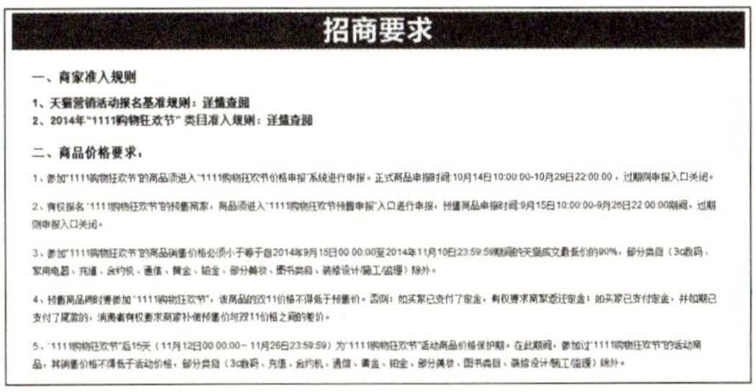

图 7-16　招商要求

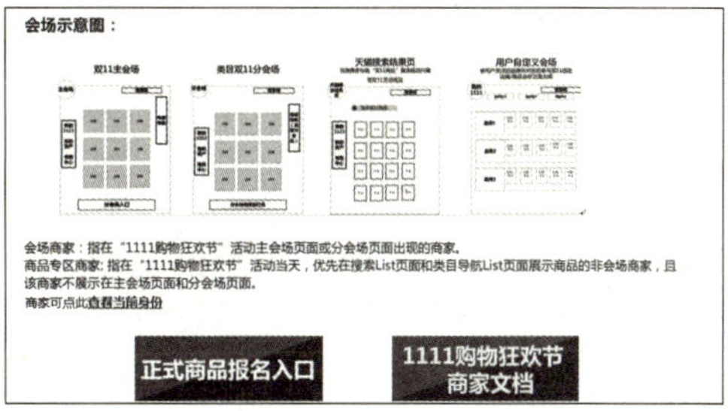

图 7-17　会场示意图

报名页面显示了如图 7-18 所示的招商要求，该要求规定了商品的发布时间和发布要求，并对商品价格和成交最低价进行了规定，主会场必须是全场五折的商家，如图 7-19 所示。

“双十一”全店 5 折，是指“双十一”当天店铺内所有商品价格均为专柜价 5 折及以下；如果出现大于 5 折以上的商品，活动当天 11 月 11 日 0 点系统自动作下架处理，活动期间无法上架，活动结束后需商家操作上架；一旦选择全店 5 折后无法修改，请慎重选择。非全店 5 折，是指“双十一”当天店铺里的商品不需要全店 5 折（指价格均为专柜价 5 折及以下）；如出现 5 折商品，活动当天不会作下架处理；一旦选择无法修改，请慎重选择。

天猫1111购物狂欢节招商规则补充规定

凡是入选天猫1111购物狂欢节的商家应遵守以下规定:

会场商品发布规定：

1、 全店50%OFF商家*须保证其店铺中所有商品是有" 1111购物狂欢节" 标识的商品（以下简称 "狂欢节商品" ），若发现有非狂欢节商品的,将被做下架处理。
2、 非全店50%OFF商家*须保证其活动承接页面中商品是狂欢节商品，若发现有非狂欢节商品的，将被做下架处理。

商家商品报名时间规定：

1、 参加" 1111购物狂欢节" 的活动商品须进入 "活动报名商品优惠设定系统" 进行申报。申报时间为10月14日10:00至10月29日22：00，过期则申报入口关闭。
2、 有权报名 "1111购物狂欢节" 的预售商家，商品在商家中心进入 "1111购物狂欢节-预售报名入口" 申报，预售商品申报时间:9月15日10:00:00-9月26日22:00:00期间，过期则申报入口关闭。
没有预售权限的活动商家及非活动商家不会展示预售报名入口，更多详情点此查看。
3、 其中会场商家*正式商品报名后必须在10月25日22:00前完成素材提交（天猫国际10月29日完成素材提交）。

图 7-18 招商要求

商品价格管理规定：

1、 主会场商家必须是全店50%OFF商家。
2、 参加 "1111购物狂欢节" 全店50%OFF的商家，全店所有商品的销售价格均为专柜价的50%及以下，且必须在 "1111购物狂欢节商品申报" 系统中申报成功。部分类目（3c数码、家用电器、充值、合约机、通信、黄金、铂金、部分美妆、装修设计/施工/监理、母婴类标品、服饰部分国际商家）除外。
3、 参加 "1111购物狂欢节" 的商品销售价格必须小于等于自2014年9月15日00:00:00至2014年11月10日23:59:59期间的天猫成交最低价的90%，部分类目（3c数码、家用电器、充值、合约机、通信、黄金、铂金、部分美妆、图书类目、装修设计/施工/监理）除外。
4、 预售商品同时要参加 "1111购物狂欢节" ，该商品的双11价格不得低于预售价。否则：如买家已支付了定金，有权要求商家返还定金；如买家已支付定金，并如期已支付了尾款的，消费者有权要求商家补偿预售价与双11价格之间的差价。

商品成交最低价规定：

成交最低价：指活动商品自2014年9月15日至2014年11月10日期间有成交记录的商品拍下价格的最低价（淘金币价、店铺优惠券*、全积分兑换、积分加钱购、秒杀、试用、万人团、预售价格、会员专享价除外）。

图 7-19 价格规定

提 示

天猫会根据一定的会场规则，如知名品牌、客单价、成交额、店铺类型、主营类目等，圈定一定数量的会场商家，不是仅根据全店 5 折或非 5 折进行安排，所以不保证选择全店 5 折就一定能上会场。

如果商家虚抬价格再 5 折参加活动，天猫将会按照如图 7-20 所示的规定进行管理，并对举报成功的虚抬价格商家进行相应处理。

虚抬商品价格的管理规定：

1. 虚抬专柜价*：指商家有抬高 "1111购物狂欢节" 活动商品专柜价行为，即2014年11月1日00：00：00至2014年11月11日23：59：59期间，商品详情页面展示的 "专柜价" ，高于该商品在2014年9月1日至2014年11月10日期间的实际专柜价。商家虚抬专柜价的，买家可进行举报，买家举报时商家需提供在2014年9月1日至2014年11月10日期间的以下任一凭证：
① 商品的厂家吊牌价或建议零售价；
② 物价局等国家法定机构核定的价格；
③ 上述价格需经本商家以线上或线下的方式产生真实销售，如无真实销售产生，不得以上述价格作为专柜价展示。请商家保留2014年9月1日至10月13日期间相关销售凭证。

2. 如买家举报成立，将进行如下处理。
① 举报成立之时买家已付款的商品，天猫将依据违背承诺第一项，对该商品的商家进行扣6分/次（同一商品ID处罚一次）的处罚，同时天猫有权取消该商品参加 "1111购物狂欢节" 活动的资格；11月1日-11月11日期间，商家因一般违规累计扣分达到48分的，天猫有权取消商家参加 "1111购物狂欢节" 的活动资格，并有权限制商家参加天猫及聚划算2014年的所有营销活动。其中（3c数码、家用电器、充值、合约机、通信、黄金、铂金、部分美妆、图书类目、装修设计/施工/监理）除外。
② 举报成立之时买家未拍下或拍下未付款的商品，天猫有权取消该商品参加 "1111购物狂欢节" 活动的资格。其中（3c数码、家用电器、充值、合约机、通信、黄金、铂金、部分美妆、图书类目、装修设计/施工/监理）除外。

图 7-20 虚抬商品价格的管理规定

在招商规定页面下方，还对官方活动商品优惠设定了系统分时段操作，以方便商家参考时间，如图 7-21、图 7-22 所示。

图 7-21 系统分时段操作表格 1

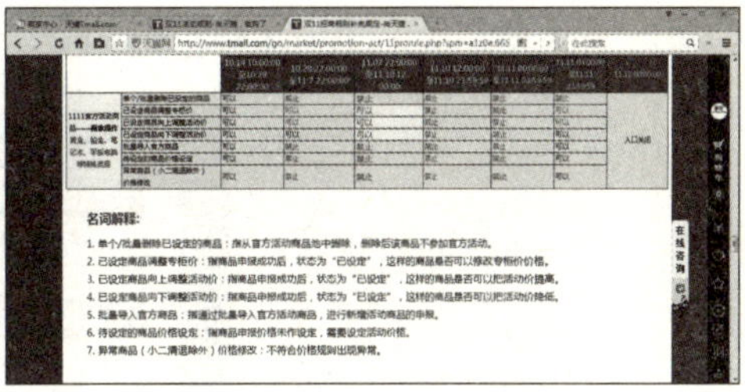

图 7-22 系统分时段操作表格 2

注 意

活动商家使用营销工具与日常使用和设置方式一样。但是，“双十一”当天所有天猫商家只能使用五个天猫官方营销工具（包括大促商品和非大促商品）：搭配宝、特价宝、店铺优惠、用户限购、淘宝卡券（店铺优惠券和商品优惠券）。除此之外，使用非天猫官方营销工具（包括淘宝促销管理营销工具、第三方营销工具）设置的优惠在“双十一”当天都会失效。

7.3 参加“1212品牌盛典”营销

“1212 品牌盛典”是天猫在年终举办的营销活动之一。天猫在当天会邀请众多品牌和实力商家共同参与，在 PC 端及移动端多个平台为买家打造一场年终品牌盛宴。买家在购物的过程中，不再是分门别类地按照类目标签进行枯燥的搜索和挑选，而是能够进入一个个具体的场景。它打破了以往促销模式，让商家能了解买家的需求并建立自身影响力。商家参加“1212 品牌盛典”的报名流程，如图 7-23 所示。

图 7-23 “1212 品牌盛典” 报名流程

7.3.1 如何报名

进入天猫“我的工作台”后，在页面左侧的“1212 品牌盛典”下单击“商品报名”，即可进入“双十二”报名页面，在该页面可以查看活动介绍，如图 7-24、图 7-25 所示。

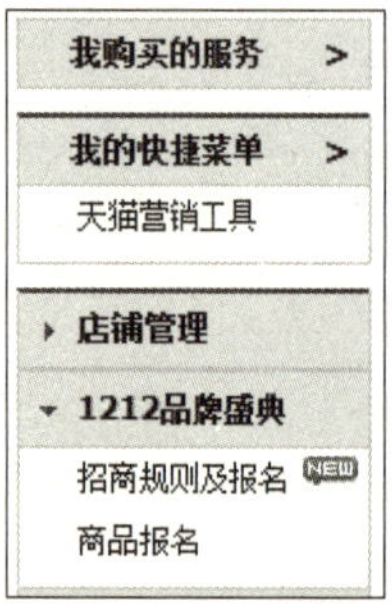

图 7-24　单击“商品报名”链接

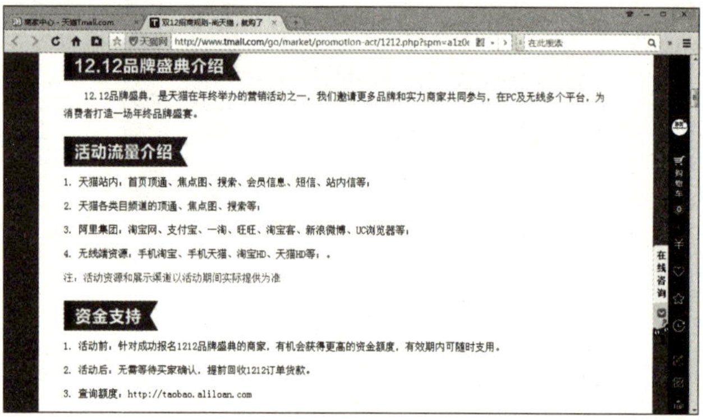

图 7-25　活动介绍页面

其中参加活动的招商要求如图 7-26 所示，单击上方的“商品报名链接”按钮即可报名。

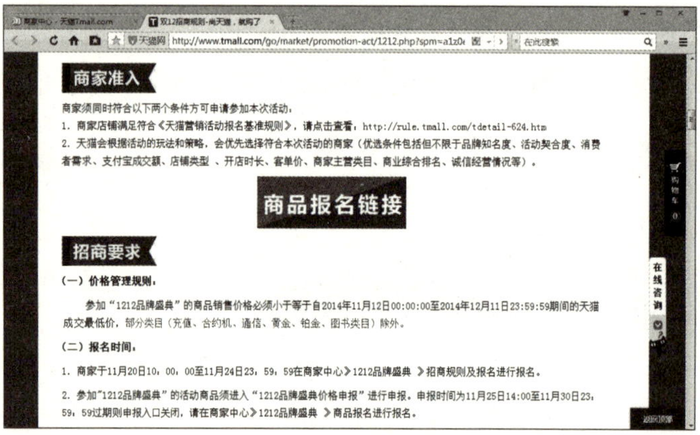

图 7-26　招商要求

> **提　示**
>
> “双十二”当天，天猫官方 5 大营销工具，包括搭配宝、店铺优惠、特价宝、用户限购、淘宝卡券，和淘宝官方工具（排除搭配套餐）及第三方营销工具都可以使用并生效。

7.3.2　了解规则

商家在报名参加“双十二”品牌盛典之前，需要花时间了解报名和招商规则。商家的操作权限，如具体时段中哪些操作可以执行，而哪些操作应禁止，如图 7-27 所示。

图 7-27 商家操作权限规则

在指定优惠设定分时段内各项禁止和允许的操作，如图 7-28 所示。在活动的前中后期，对于商品的价格修改、上下架设置以及商品 SKU 也明确给出了禁止和允许的操作，如图 7-29 所示。

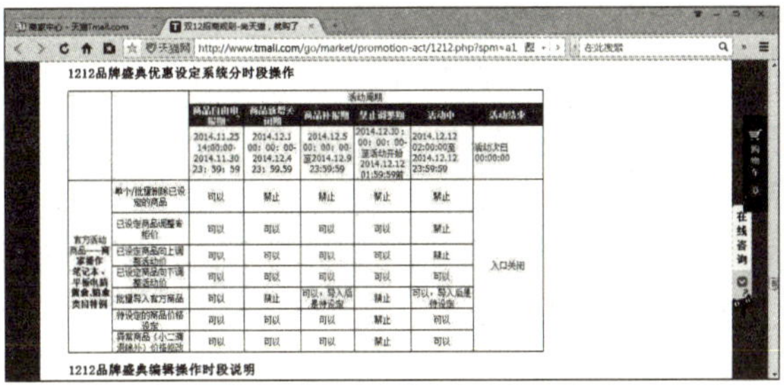

图 7-28 指定优惠分时段规则

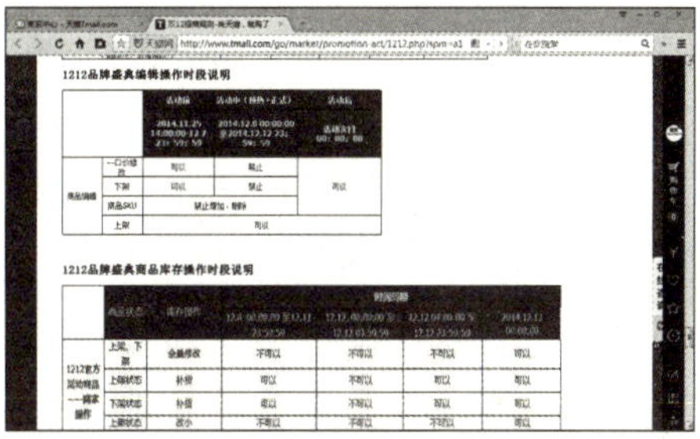

图 7-29 操作时段说明

其他招商要求如下。

（1）活动当天，商家销售的“1212 品牌盛典”活动商品均不支持“货到付款”服务。

（2）活动期间成功付款的所有活动商品，支持 7 天无理由退换货，其中部分类目不支持。

（3）参加天猫预售的商品不能参加“1212 品牌盛典”。

（4）设置为天猫互动游戏商品的，无法报名参加“1212 品牌盛典”；已报名“1212 品牌盛典”的活动商品设置为天猫互动游戏商品，也将会被系统从天猫招商报名中清退出天猫“1212 品牌盛典”活动。

（5）参加淘宝官方秒杀活动的商品，无法报名参加“1212 品牌盛典”。

（6）参加“1212 品牌盛典”的商品可同时参加聚划算，但活动价和聚划算价必须保持一致。如在天猫招商系统提报的活动价与已报名的聚划算活动价不一致，该商品在天猫招商系统将无法成功报名。如在聚划算招商系统提报的活动价与已报名的天猫活动价不一致，聚划算和天猫招商报名系统将会取两边最低的活动价，进行强制价格同步。

（7）参加聚划算秒杀活动的商品（如整点聚 12 元以下秒杀，主题团 / 品牌团 1 元特价等），无法同时报名参加天猫“1212 品牌盛典”活动。即使同时报名天猫“1212 品牌盛典”，也将会被系统从天猫招商报名中清退出天猫“1212 品牌盛典”活动。

7.4 参加天猫年货节

每到年底，天猫会推出年货节，这已经是众多电商营销大战的不二选择。天猫搜索参加年货节的商品页面，如图 7-30 所示。天猫首页的年货节滚动页面，如图 7-31 所示。

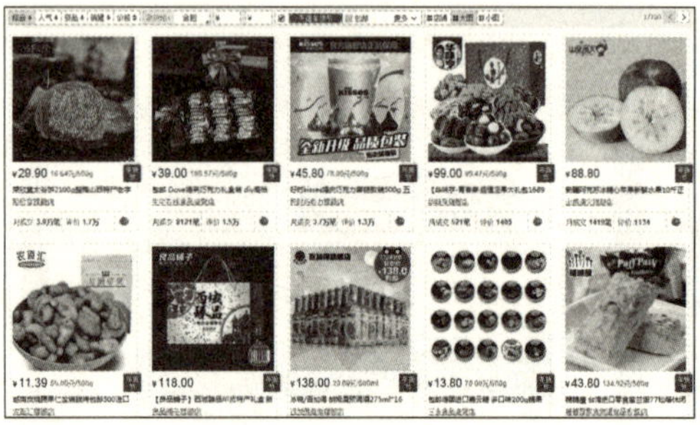

图 7-30　天猫年货节页面 1

图 7-31　天猫年货节页面 2

1. 招商要求

天猫年货节是天猫举办的年终活动之一，会邀请更多品牌和实力商家共同参与，在 PC 端和移动端多个平台共同为买家打造一场年货盛宴。天猫年货节的简要介绍和招商要求如图 7-32、图 7-33 所示，商家的招募节奏表以及操作时间表如表 7-1、表 7-2 所示。

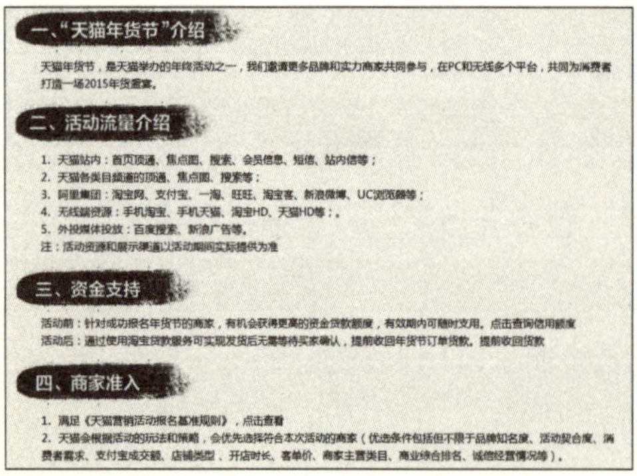

一、“天猫年货节”介绍

天猫年货节，是天猫举办的年终活动之一，我们邀请更多品牌和实力商家共同参与，在PC和无线多个平台，共同为消费者打造一场2015年货盛宴。

二、活动流量介绍

1. 天猫站内：首页顶通、焦点图、搜索、会员信息、短信、站内信等；
2. 天猫各类目频道的顶通、焦点图、搜索等；
3. 阿里集团：淘宝网、支付宝、一淘、旺旺、淘宝客、新浪微博、UC浏览器等；
4. 无线端资源：手机淘宝、手机天猫、淘宝HD、天猫HD等；。
5. 外投媒体投放：百度搜索、新浪广告等。

注：活动资源和展示渠道以活动期间实际提供为准

三、资金支持

活动前：针对成功报名年货节的商家，有机会获得更高的资金贷款额度，有效期内可随时支用。点击查询信用额度

活动后：通过使用淘宝贷款服务可实现发货后无需等待买家确认，提前收回年货节订单货款。提前收回贷款

四、商家准入

1. 满足《天猫营销活动报名基准规则》，点击查看
2. 天猫会根据活动的玩法和策略，会优先选择符合本次活动的商家（优选条件包括但不限于品牌知名度、活动契合度、消费者需求、支付宝成交额、店铺类型、开店时长、客单价、商家主营类目、商业综合排名、诚信经营情况等）。

图 7-32　年货节介绍

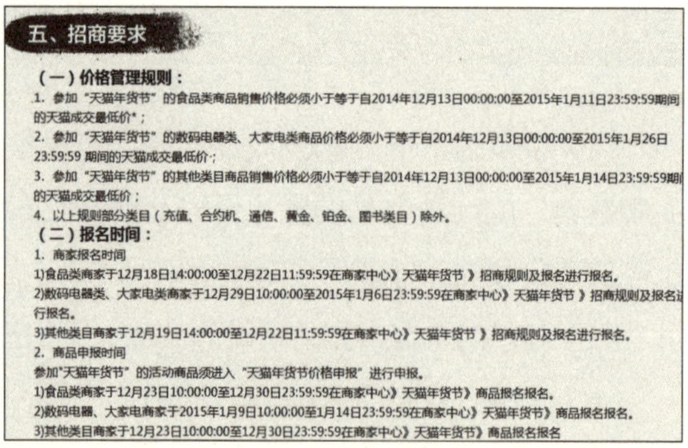

五、招商要求

（一）价格管理规则：

1. 参加“天猫年货节”的食品类商品销售价格必须小于等于自2014年12月13日00:00:00至2015年1月11日23:59:59期间的天猫成交最低价*；
2. 参加“天猫年货节”的数码电器类、大家电类商品价格必须小于等于自2014年12月13日00:00:00至2015年1月26日23:59:59 期间的天猫成交最低价；
3. 参加“天猫年货节”的其他类目商品销售价格必须小于等于自2014年12月13日00:00:00至2015年1月14日23:59:59期间的天猫成交最低价；
4. 以上规则部分类目（充值、合约机、通信、黄金、铂金、图书类目）除外。

（二）报名时间：

1. 商家报名时间

1)食品类商家于12月18日14:00:00至12月22日11:59:59在商家中心》天猫年货节》招商规则及报名进行报名。

2)数码电器类、大家电类商家于12月29日10:00:00至2015年1月6日23:59:59在商家中心》天猫年货节》招商规则及报名进行报名。

3)其他类目商家于12月19日14:00:00至12月22日11:59:59在商家中心》天猫年货节》招商规则及报名进行报名。

2. 商品申报时间

参加"天猫年货节”的活动商品须进入“天猫年货节价格申报”进行申报。

1)食品类商家于12月23日10:00:00至12月30日23:59:59在商家中心》天猫年货节》商品报名报名。

2)数码电器、大家电商家于2015年1月9日10:00:00至1月14日23:59:59在商家中心》天猫年货节》商品报名报名。

3)其他类目商家于12月23日10:00:00至12月30日23:59:59在商家中心》天猫年货节》商品报名报名

图 7-33　招商要求

表 7-1 招募节奏表

商家招商节奏表：

食品类	商家招商	12月18日14:00:00-12月22日11:59:59
	商品报名	12月23日10:00:00-12月30日23:59:59
	正式活动	1月12日00:00:00-2月8日23:59:59
数码电器类、大家电类	商家招商	12月29日10:00:00-1月6日23:59:59
	商品报名	1月9日10:00:00-1月14日23:59:59
	活动预热	1月22日00:00:00-1月26日23:59:59
	正式活动	1月27日00:00:00-1月28日23:59:59
服饰类	商家报名	12月25日10:00:00-12月29日23:59:59
	商品报名	12月31日10:00:00-1月6日23:59:59
	正式活动	1月15日00:00:00-1月21日23:59:59
其他类目*	商家报名	12月19日14:00:00-12月22日11:59:59
	商品报名	12月23日10:00:00-12月30日23:59:59
	正式活动	1月15日00:00:00-1月21日23:59:59

表 7-2 操作时间表

操作		天猫年货节优惠设定系统分时段操作									
		食品类				数码电器、大家电类		服饰类		其他类目	
		商品自由申报期	活动中 活动时间 1.12~1.21	活动中 活动时间 1.22~2.8	活动结束	商品自由申报期	活动结束	商品自由申报期	活动结束	商品自由申报期	活动结束
		2014.12.23 10:00:00 - 活动结束	2015.1.12 00:00:00 - 2015.1.21 23:59:59	2015.1.22 00:00:00 - 2015.2.8 23:59:59	活动次日 00:00:00	2015.1.9 10:00:00 - 活动结束 (2015.1.28 23:59:59)	活动次日 00:00:00	2014.12.31 10:00:00 - 活动结束 (2015.1.21 23:59:59)	活动次日 00:00:00	2014.12.23 10:00:00 - 活动结束 (2015.1.21 23:59:59)	活动次日 00:00:00
官方活动商品|商家操作	单个/批量删除已设定的商品	可以	可以	可以		可以		可以		可以	
	已设定商品调整专柜价	可以	可以	可以		可以		可以		可以	
	已设定商品向上调整活动价	可以	可以	可以		可以		可以		可以	
	已设定商品向下调整活动价	可以	可以	可以	入口关闭	可以	入口关闭	可以	入口关闭	可以	入口关闭
	批量导入官方商品	可以	可以	可以		可以		可以		可以	
	待设定的商品价格设定	可以	可以	可以		可以		可以		可以	
	异常商品（小二清退除外）价格修改	可以	可以	可以		可以		可以		可以	

2. 如何报名

进入天猫“我的工作台”后，单击页面左侧“天猫年货节”下的“招商规则及报名”链接，打开天猫年货节页面，在该页面下可以查看招商细则以及报名参加活动，如图 7-34、图 7-35 所示。

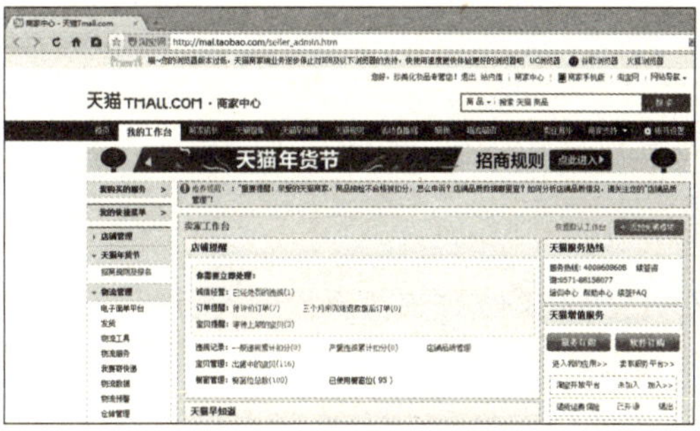

图 7-34 单击 “招商规则及报名” 链接

图 7-35 天猫年货节页面

7.5 免费与付费流量的运用策略

每天浏览淘宝网页的网友和会员成千上万，淘宝上不仅存在交易，还有巨大的流量。对于网站来说，有流量即是有价值的。这些价值看似无形，而商家要做的就是将这些流量转换为交易量。对于淘宝来说，其主要盈利方式就是卖广告。淘宝网站中有论坛、帮派等站内流量，这些流量中也包含免费流量、付费流量以及其他未知流量。商家也可以花钱买流量，这里的流量即付费流

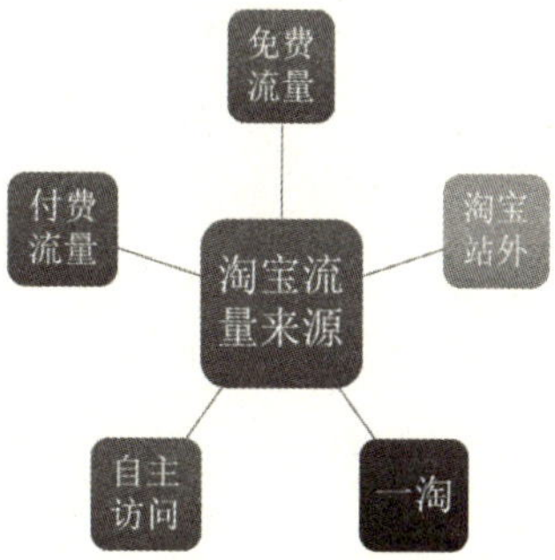

图 7-36 淘宝流量来源

量。第 8 章将会详细介绍几种付费流量的使用，主要有淘宝直通车、钻石展位以及硬广告等。淘宝流量来源如图 7-36 所示。

7.5.1 流量来源的具体划分

天猫免费和收费流量的来源多种多样，免费流量大致包括搜索、类目、专题和促销活动。对于免费流量中的搜索流量和类目流量，商家可以通过发布产品获取。由于买家会通过搜索功能查找产品，表示正是有需求的时候，所以从此渠道获得的流量，其转化率会比较高。但商家能获得的搜索流量高低，主要取决于店铺的经营数据和淘宝排序规则之间的匹配程度。而对于活动平台的流量，商家只有通过在日常经营中打好基础，当有活动机会时才能及时报名。下面介绍 PC 端和移动端两大流量来源的划分。

1. PC 端自主访问

（1）**店铺收藏**：访客通过收藏夹的店铺收藏进入店铺。

（2）**宝贝收藏**：访客通过收藏夹的宝贝收藏进入店铺。

（3）**“我的淘宝”首页**：访客从“我的淘宝”首页点击进入店铺。

（4）**已买到商品**：访客从已买到的宝贝页面点击后进入店铺。

（5）**直接访问**：访客通过输入店铺地址或通过浏览器收藏夹等直接进入店铺。

（6）**购物车**：访客通过购物车进入店铺。

2. PC 端付费访问

（1）**淘宝客**：访客通过淘宝客推广链接进入店铺。

（2）**直通车**：访客通过淘宝直通车推广链接进入店铺。

（3）**钻石展位**：访客通过商家在钻石展位投放的广告进入店铺。

（4）**聚划算**：访客通过聚划算平台链接进入店铺。

3. PC 端淘内免费

（1）**淘宝搜索**：访客在淘宝搜索宝贝进入店铺。例如，在淘宝首页搜索框里面搜索鞋子，然后从搜索出来的宝贝进入店铺。

（2）**淘宝首页**：访客通过淘宝首页进入店铺。例如，从首页轮播广告及推荐等位置引入的流量。

（3）**淘宝频道**：访客通过市场频道专题页面进入店铺。例如，男人、女人、男装、男鞋、女装、美妆、3C、百货、家电、游戏、家居、家装、箱包、运动、情侣、搭配、发现、淘宝品牌会员站等。

（4）**淘宝类目**：访客通过淘宝类目进入店铺，而女装等类目频道的流量归入为淘宝频道。

（5）**淘宝其他店铺**：访客通过其他店铺进入店铺。例如，通过友情链接进入店铺。

（6）**淘宝信用评价**：访客通过淘宝的信用评价页进入店铺。

（7）**阿里旺旺**：访客通过点击旺旺聊天窗口，进入店铺访问相应宝贝所带来的流量。

（8）**爱淘宝**：访客通过爱淘宝（ai.taobao.com）进入店铺的，如果商品处于淘客、直通车等付费推广中，则归入淘内付费流量。

（9）**天猫首页**：访客通过天猫首页进入店铺。

4. PC 端淘外流量

（1）**百度**：访客通过百度（baidu.com）搜索引擎搜索进入店铺。

（2）**搜狗**：访客通过搜狗（sogou.com）搜索引擎搜索进入店铺。

（3）**谷歌**：访客通过谷歌搜索引擎搜索进入店铺。

（4）**必应**：访客通过必应（bing.com）搜索引擎搜索进入店铺。

（5）**有道**：访客通过有道（youdao.com）搜索引擎搜索进入店铺。

（6）**搜搜**：访客通过搜搜（soso.com 或 soso.cn）进入店铺。

5. 无线端自主访问

（1）**我的淘宝**：包括淘宝 APP 中“我的淘宝”内的查看订单、宝贝收藏、查看物流、评价等进入店铺或查看宝贝详情页；天猫 APP 中点击“我的淘宝”，通过待付款、待发货、待收货、待评价、全部订单、收藏商品和店铺优惠券等进入店铺或宝贝详情页；通过手机浏览器点击“我的淘宝”，通过全部订单、宝贝收藏、店铺收藏、查物流、浏览历史进入店铺或宝贝详情页。

（2）**直接访问**：通过手机浏览器直接访问店铺或宝贝详情页。

（3）**购物车**：包括淘宝 APP 中点击购物车内的宝贝或店铺，进入店铺或宝贝详情页；天猫 APP 中点击购物车内的宝贝或店铺，进入店铺或宝贝详情页；通过手机浏览器点击购物车内的宝贝或店铺，进入店铺或宝贝详情页。

6. 无线端淘内收费

（1）**淘宝客**：如果一个商品设置了淘宝客佣金，通过淘宝客的站外联盟、站内的专场活动等获得的流量，记为淘宝客来源的流量。

（2）**直通车**：包括淘宝 APP 中的直通车广告投放访问，既包括搜索，也包括直通车商品搭建的各类活动；天猫 APP 中的直通车广告投放访问，既包括搜索，也包括直通车商品搭建的各类活动；通过手机浏览器的直通车广告投放访问。

（3）**钻石展位**：包括淘宝 APP 中的钻石展位广告投放访问；天猫 APP 中的钻石展位广告投放访问；通过手机浏览器的钻石展位广告投放访问。

（4）**聚划算**：包括通过聚划算 APP 访问店铺和宝贝的所有流量，均记为聚划算来源；通过淘宝 APP 中点击首页的聚划算，访问店铺和宝贝；通过手机浏览器访问淘宝网，从聚划算的相关页面点击后访问店铺和宝贝。

7. 无线端淘外网站

网友会在手机上安装多个移动 APP 端，并通过这些网站进入淘宝，如图 7-37 所示。

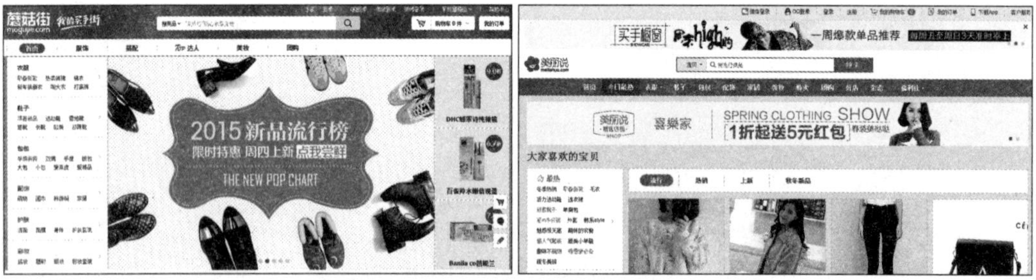

图 7-37　淘外网站

（1）**新浪微博**：在手机浏览器上，通过新浪微博推广链接进入店铺。

（2）**美丽说**：在手机浏览器上，通过美丽说进入店铺。

（3）**蘑菇街**：在手机浏览器上，通过蘑菇街进入店铺。

（4）**腾讯微博**：手机浏览器上，通过腾讯微博推广链接进入店铺。

（5）**QQ 空间**：在手机浏览器上，通过 QQ 空间分享推广链接进入店铺。

（6）**爱奇艺**：在手机浏览器上，通过爱奇艺链接进入店铺。

7.5.2　免费流量渠道

免费流量获取渠道主要包括以下几项途径，如图 7-38 所示。

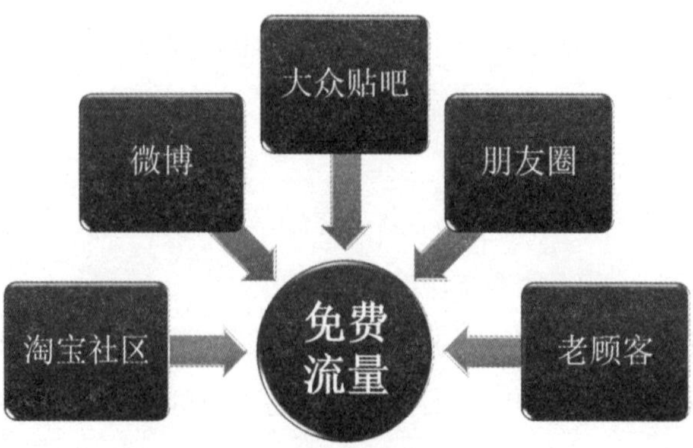

图 7-38　获取免费流量的途径

（1）淘宝社区（包括论坛、帮派）

很多人都喜欢逛论坛，在论坛中可以通过发帖博关注，还可以通过回帖与楼主互动。发帖后要懂得看回帖与回帖者互动，这样就会比较容易带来流量。当在淘宝论坛中发布的帖子被加为精华帖（见图 7-39），自然就会有成千上万的坛友点击看帖并回帖，从而无形中给店铺带来大量的流量。

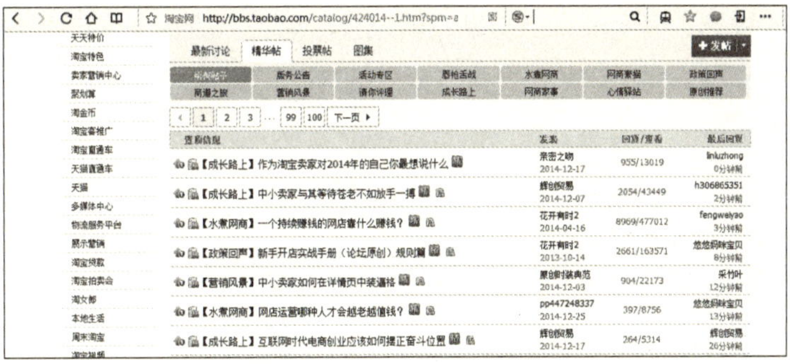

图 7-39　淘宝论坛精华帖页面

在淘帮派中还可以通过加入帮派来发帖，网页中会显示每周热帖和每月热帖（见图 7-40）。如果自己的帖子被版主加精（见图 7-41），自然会带来更多的免费流量。

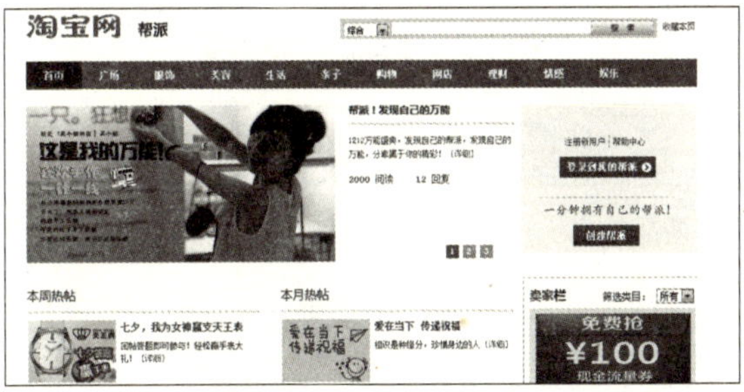

图 7-40　论坛热帖

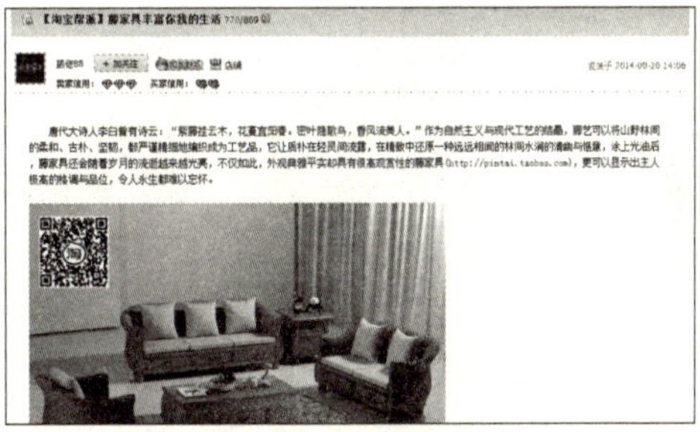

图 7-41　论坛加精帖

（2）微博（包括新浪微博、腾讯微博）

这是淘宝以外的社区，如今利用微博营销数不胜数。它通过粉丝转发获得流量。

（3）大众贴吧（包括百度以及可以发帖的社区）

在一些专题贴吧发表帖子宣传。

（4）朋友圈（包括 QQ 群，微信、微淘等）

在朋友圈发布商品信息，还可以设置一些互动小活动，得到更有效果的流量。

（5）老顾客（老顾客以老带新口碑转化率最高）

给老顾客一定的优惠，以好的产品留住老顾客，自然会介绍新顾客光顾。

7.5.3　搜索和类目导航

买家在寻找商品时，首要方式就是通过搜索和类目导航，通过在搜索框内输入关键词，实现在数以万计的商品库中找到需要的商品。所以，搜索和类目导航是给商品带来流量的一个主要工具。

搜索出来的商品都是按一定规则排名的，如图 7-42 所示。如果商品排名靠后，自然就缺少被浏览的机会，因而没有点击率也就没有流量。一般在人气排序下搜索的话，商品都是按照人气高低排序的。所以，商家可以利用这一点来打造店铺的人气商品，让搜索显示结果尽量靠前，点击率上升自然也会带动店铺内其他商品的点击量。通过生意参谋工具可以查看进店浏览商品的来源，如图 7-43 所示。

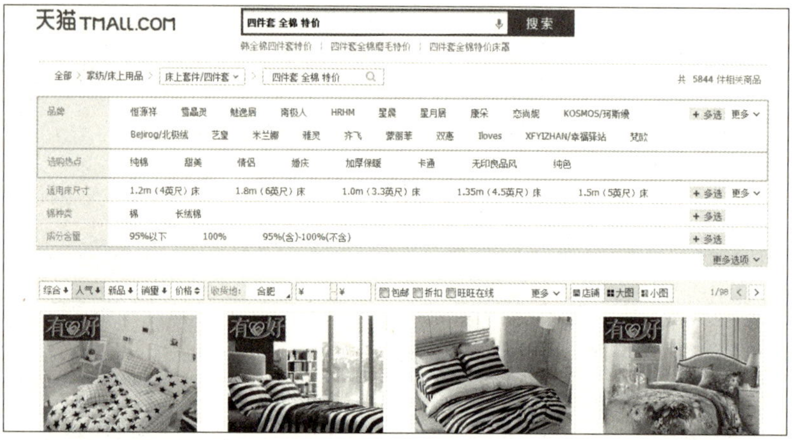

图 7-42　商品排名

图 7-43　从生意参谋查看浏览商品的来源

7.5.4 如何引入免费流量

对于中小商家来说，很有必要掌握引入免费流量的方法。虽然相对于付费流量，免费流量可能微不足道，但是有总比没有好。为天猫店铺引入免费流量的方法主要有以下几种，如图 7-44 所示。

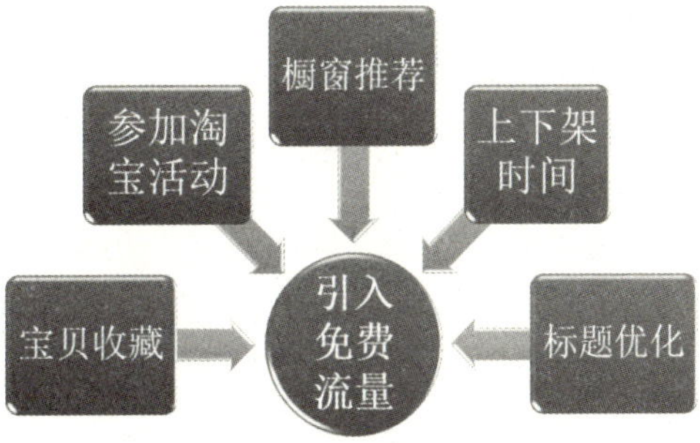

图 7-44 引入免费流量的方法

1. 宝贝收藏

淘宝的商品排名是一项综合指数，商品的收藏量和浏览量越高，该商品在店铺内拥有的人气也就越高。而人气是商品排名的一项重要指标，如果商家拥有真实的收藏量和成交量，自然会打造出一款人气宝贝。

2. 参加淘宝活动

淘宝为商家提供了大量推广和营销活动，商家如能参加则应尽量参加。不要担心浪费时间或花了精力却没有效果，增加成交量才是硬道理。在报名参加活动以后，流量会很大，所以对应的客服应答时间、发货速度等都要考虑进去，以免活动结束后由于前期准备不足造成动态评分下降，那样就得不偿失了。通过打造低利润爆款商品，也可以增加店铺浏览量。

3. 利用好橱窗推荐

首先，商家可以选出店铺里的重点优质商品作为长期橱窗推荐，有销量的商品一定要长期加入橱窗推广，作为重点引流的商品。其次，剩下的商品再减去必不推荐的，按照优先推荐快下架商品的原则去推荐。最后，商品在一周时间里的分布要均匀，各个类别的商品都要推荐。

4. 合理安排上下架时间

为了更好地增加商品曝光率，需要合理地安排商品的下架和上架时间。商家可以利用软件来上下架。上下架的黄金时段分别是：上午 9:00-12:00；下午 13:30-17:30；晚上 19:00-23:00。

5. 做好标题优化

标题优化一直是淘宝店铺的第一重点，设置一个好的标题能够加大被搜索到的机会。

每一款商品都有其对应的热词，例如“大衣连衣裙”这种大流量又很抽象的词。做优化之前，一定要明确自己的定位和现状。标题优化一周左右做一次，及时分析更新，丢弃没有带来流量的关键词。标题优化不是一劳永逸的，淘宝的关键词总是在变化。另外，假如是没有知名度的品牌，标题关键词可以省掉。至于标题空格，在不影响阅读和理解的前提下可以减少。通过生意参谋工具也可以查看进店浏览的关键词排名，商家也可以利用工具思考哪些是提升流量的重点关键词，如图 7-45 所示。

图 7-45　查看店铺浏览关键词排名

7.5.5　付费流量运用策略

所谓付费流量就是花钱从淘宝站内外购买的流量，目前主要的业务形式有直通车、钻石展位、旺旺广告以及硬广告等，这些内容在后面第 8 章将会具体介绍如何使用。本小节简单介绍淘宝付费流量的策略。

付费流量做不好的话很容易赔本，因此如果自家产品特别有优势的，转化率不是很高的，建议不要随意去做付费引流。付费引流不能只考虑投入多少，要想赚回利润，还需要考虑由此带来的销售量、人气指数、收藏量等综合排名因素。商家可以按照如图 7-46 所示的几种方式利用付费提高浏览量。

1. 直通车

商家可以通过竞价付费得到在淘宝搜索页上获得推荐位展示的机会。而用户每点击一次推荐位，商家都需要付出资金，即对应点击次数乘以设置的竞价金额的总花费。它的流量相对是比较精准的，转化率一般略低于淘宝自然排名，但是相对其他的付费广告模式来说是最高的。

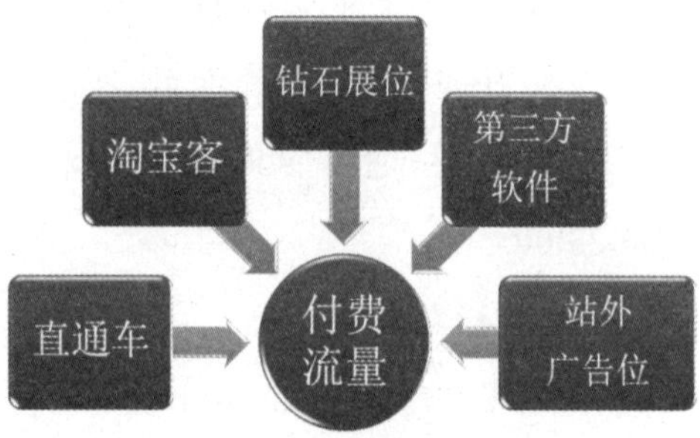

图 7-46　付费流量策略

参加直通车的门槛很低，所以大部分商

家都会运用直通车进行推广，来获得或多或少的点击量。它使用最广的付费推广方式，帮助商家推广自己的商品。但是，使用不当也会造成金钱浪费，建议新手朋友先多学习再使用直通车，开始使用时出价不要太高，慢慢调节。这里要说明的是推广要和好产品结合，合理控制成本，才是最优化的推广方式。

2. 淘宝客

淘宝客就是通过商家给的佣金为其引入流量并达成交易，如图 7-47 所示。淘宝客帮助商家把产品卖出去，并最终按比例提成来获得佣金。虽然淘宝客也是需要付费的，但其相对于直通车、钻展等付费工具来说是比较便宜的。所以，商家不要因为淘宝客是按销售额提成的就抵制淘宝客。

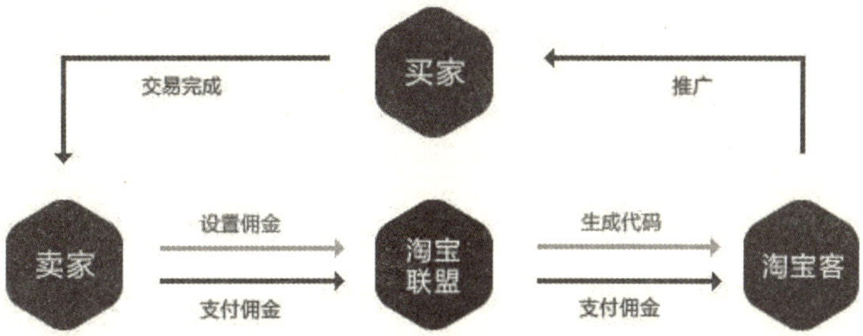

图 7-47 淘宝客关系图

使用淘宝客能起到免费宣传的作用，也许你寻找的淘宝客是位拥有万千粉丝（非僵尸粉）的博主，这样自然会带来巨大的流量。淘宝客中顾客必须要下单以后才支付淘宝客费用，建议佣金可以设置在 5%~10% 之间，有条件的话还可以设置得更高些。这样才能招揽更多的淘宝客，间接带来更多的流量。淘宝客的计划设置和佣金设置将在第 8 章中详细介绍，淘宝客的简要说明如图 7-48 所示。

图 7-48 淘宝客简要说明

3. 钻石展位

钻石展位是按展现量来付费的，如果在淘宝首页相应位置投放了钻展，那么每展现一次都是需要收费的。第 8 章将会详细讲解钻石展位的基本知识和用法。

钻展的投放主要有五个要点，如图 7-49 所示。

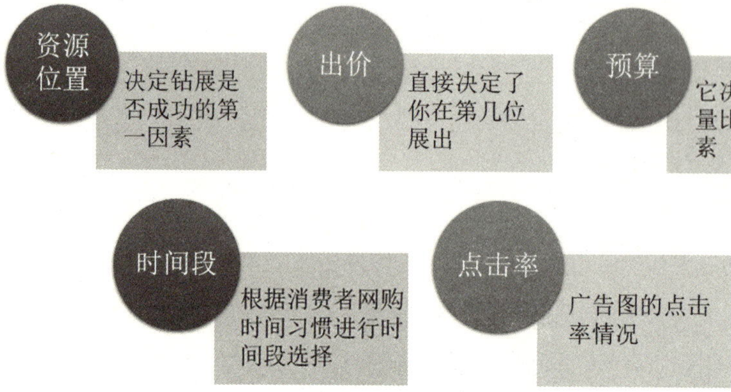

图 7-49　钻石展位投放要点

4. 第三方软件

商家可以根据自身情况选择购买第三方插件来提高流量，但不能盲目使用其他店铺效果好的插件，而是需要充分结合自身店铺情况选择合适的插件使用。插件的类别主要有商品管理方面、促销管理方面、交易、客户，以及客服接待和数据管理分类。商家可以在千牛工作台直接进入插件管理界面，寻找需要的插件。

❶ 登录千牛工作台，单击右下角的“插件市场”按钮，在打开的插件市场界面中可以看到不同类型的第三方收费插件，如图 7-50、图 7-51 所示。

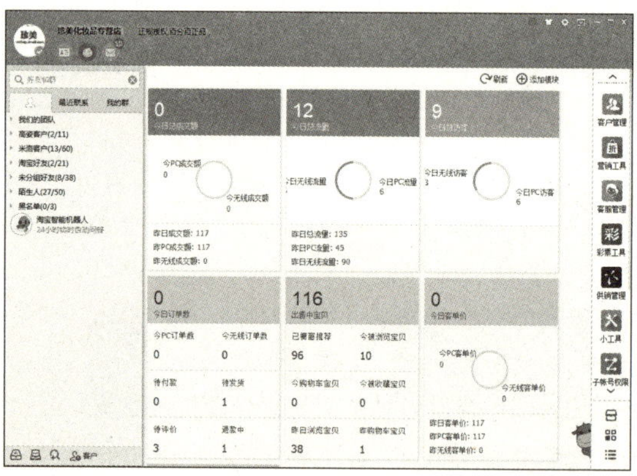

图 7-50　单击“插件市场”按钮

图 7-51　第三方收费插件

❷ 在插件市场页面单击“促销管理”类型下的“全民疯抢”图标，打开“全民疯抢”插件页面，页面中介绍了该插件的收费情况、产品介绍等内容，如图 7-52、图 7-53 所示。

图 7-52　单击“全民疯抢”图标

图 7-53　“全民疯抢”插件页面

提　示

如果需要查看当前店铺订阅的所有插件并进行管理，商家在千牛工作台单击右下角“我的插件”按钮即可。

5. 站外广告位

通过在站内和站外购买广告位和推广服务，可以为店铺带来庞大、精准的流量。但是，这些流量的停留时间都比较短暂，容易造成大部分流量都白白浪费，因而对于中小商家来说并不值得投入。大量流量带来的并不一定是高成交量，关键在于店铺内是否有优质商品，也就是转换率高的商品。新浪网页面中的广告位如图 7-54 所示，腾讯 QQ 对话框中的广告位推荐如图 7-55 所示。

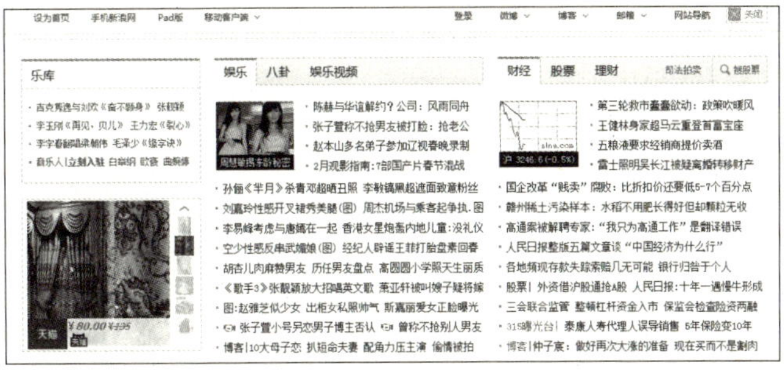

图 7-54　站外广告位 1

图 7-55　站外广告位 2

7.6 搭配宝的运用策略

天猫店铺完成商品的发布之后和实体店一样，需要通过一些促销手段来提升销售业绩、提高购买转化率、提升销售笔数、增加商品曝光率以及节约人力成本等。在天猫店铺促销手段中，商家可以将几种商品组合在一起设置成套餐进行销售，通过促销套餐可以让买家一次性购买更多的商品。搭配宝的形式主要有自由搭配和固定搭配，而后面小节介绍的搭配套餐是一种固定的搭配。

运用天猫搭配宝，买家打开一个商品页面后，其下方呈现的店铺推荐商品购买搭配优惠，如图 7-56 所示。搭配宝是天猫为商家研发的全新的商品搭配工具，其具有的特点如图 7-57 所示。

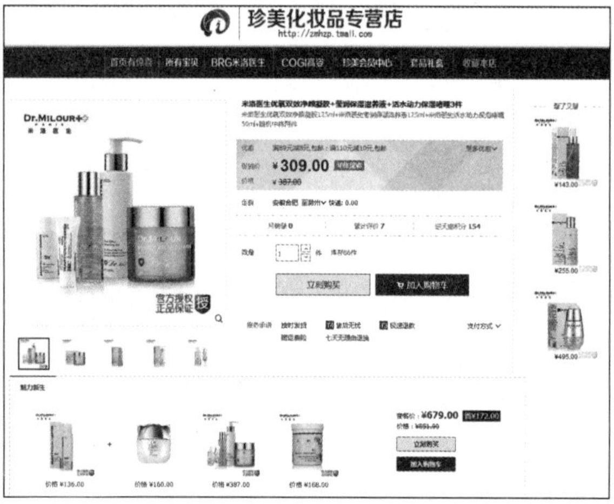

图 7-56　搭配宝使用效果

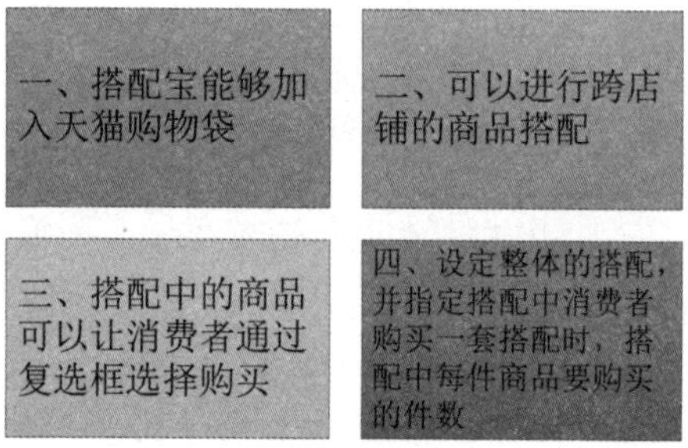

图 7-57　搭配宝的特点

下面介绍如何使用搭配宝设置商品搭配组合。

❶ 进入天猫“我的工作台”后，单击页面左侧“营销中心”下的“天猫营销中心”链接，如图 7-58 所示。

❷ 在“天猫官方营销工具”选项下单击“搭配宝”图标下的“立即使用”按钮，如图 7-59 所示。

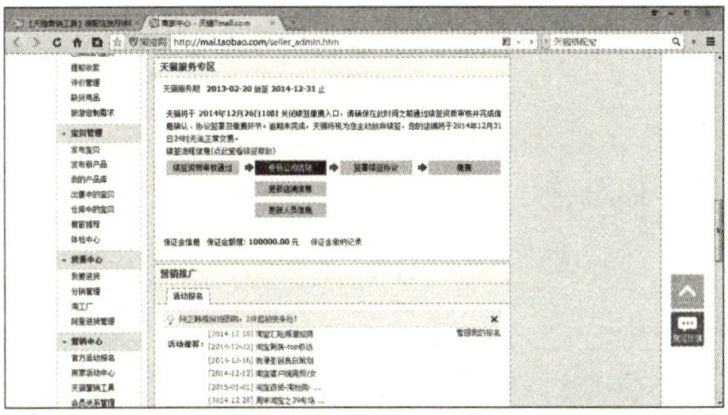

图 7-58 单击“天猫营销中心”链接

图 7-59 单击“立即使用”按钮

注　意

当前不能在搭配宝中同时使用的优惠方式有：聚划算、秒杀、拍卖、跨店铺满减 / 满折。目前搭配套餐最多可以同时搭配 5 个商品，而附属商品最多只可以添加 8 个。

❸ 打开“搭配宝”页面后，在“普通搭配”选项下找到需要创建搭配套餐的商品后，单击右侧的“创建套餐”按钮，打开新的搭配宝设置页面，如图 7-60、图 7-61 所示。

❹ 首先选择“套餐类型”为“固定组合套餐”，再输入套餐名称和套餐简介文字。

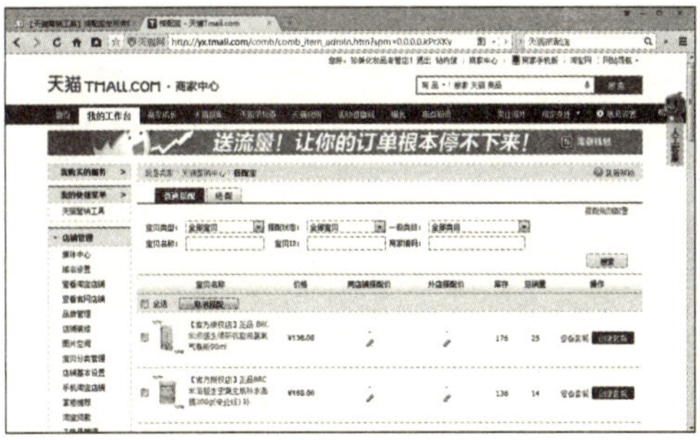

图 7-60 单击“创建套餐”按钮

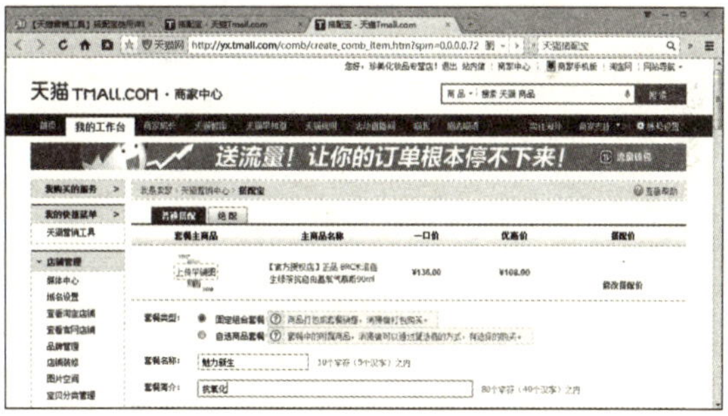

图 7-61 搭配宝设置页面

注　意

固定组合套餐是指商品打包成套餐销售，消费者再打包购买。而自选商品套餐是指套餐中的附属品，消费者可以通过复选框的方式有选择性地购买。

提　示

如果需要修改搭配价格，可以单击搭配价下方的修改搭配价链接，打开设置搭配价格对话框，重新设置价格即可，如图 7-62 所示。

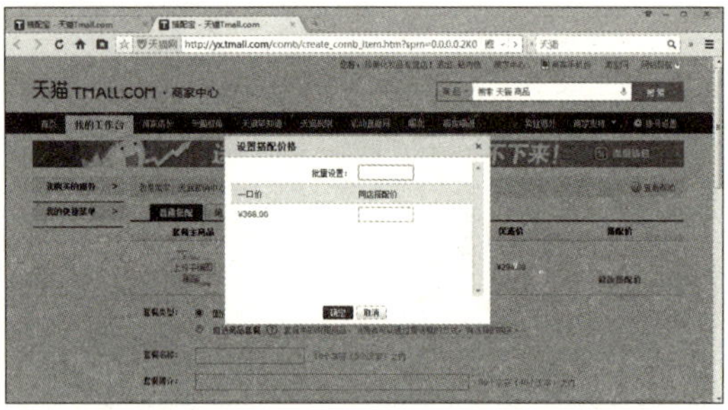

图 7-62　设置搭配价格

❺ 继续下拉滚动条并单击下方的“添加商品”按钮，打开新的设置对话框，在宝贝下拉列表勾选上需要设置套餐的宝贝复选框，再单击“完成添加”按钮，如图 7-63、图 7-64 所示。

图 7-63　单击　“添加商品”　按钮

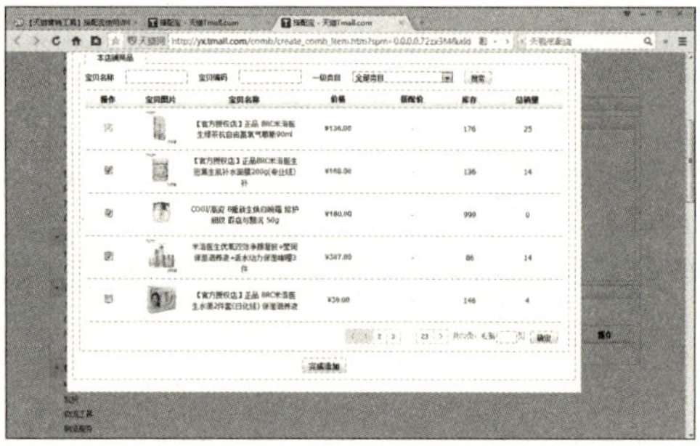

图 7-64　设置参加套餐的宝贝

❻ 返回“搭配宝”页面，即可看到计算出的搭配价格以及搭配商品，如图 7-65 所示。

❼ 单击“创建套餐”按钮，完成套餐的搭配设置。此时页面会显示“新建搭配套餐成功”，如图 7-66 所示。

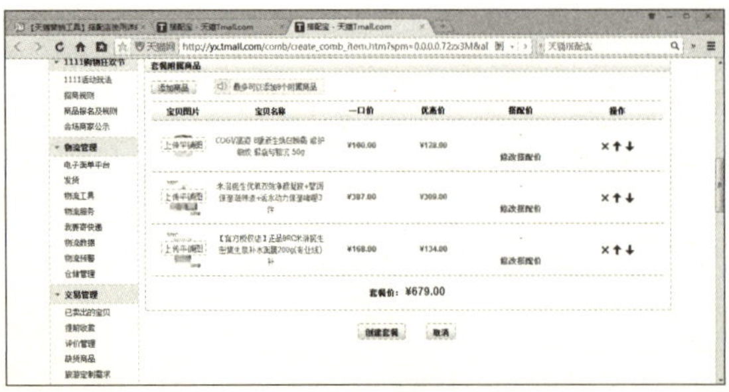

图 7-65　添加的搭配商品及价格

图 7-66　完成搭配套餐设置

提 示

搭配创建好之后，商家可以对搭配进行管理，可以查看搭配，删除主商品的某个搭配，以及勾选单个或多个搭配套餐前的复选框并一次性批量取消多个搭配套餐，如图 7-67 所示。

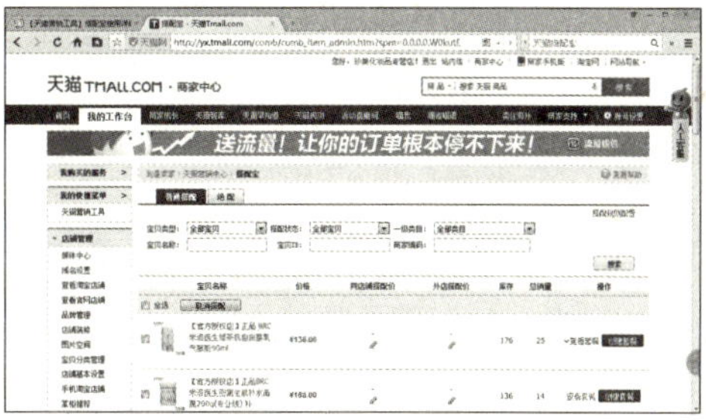

图 7-67 批量取消搭配套餐

7.7 店铺优惠、特价、限购的运用策略

天猫为商家提供了多个官方营销工具，除了前面介绍的搭配宝，还有店铺优惠、特价管理以及限购管理工具。下面就来具体介绍这几个常用营销工具的使用方法。

7.7.1 店铺优惠

“店铺优惠”是一款发起店铺内营销活动、设置店铺优惠的营销工具，由天猫商家独享，仅服务于天猫商家。商家可以使用该工具设置满减 / 满送 / 满折，并限定活动范围，例如是全店商品还是商家精挑细选的部分商品。通过使用免费的店铺优惠工具，可以设置全场商品优惠活动，也可以指定某些商品设置优惠活动，如满就送优惠券、满几件商品就享受几折优惠等。

设置了店铺优惠的满就减多少活动，如图 7-68 所示。该活动中，消费数额越大，则减少的金额越多，也就更能吸引买家增加消费额。

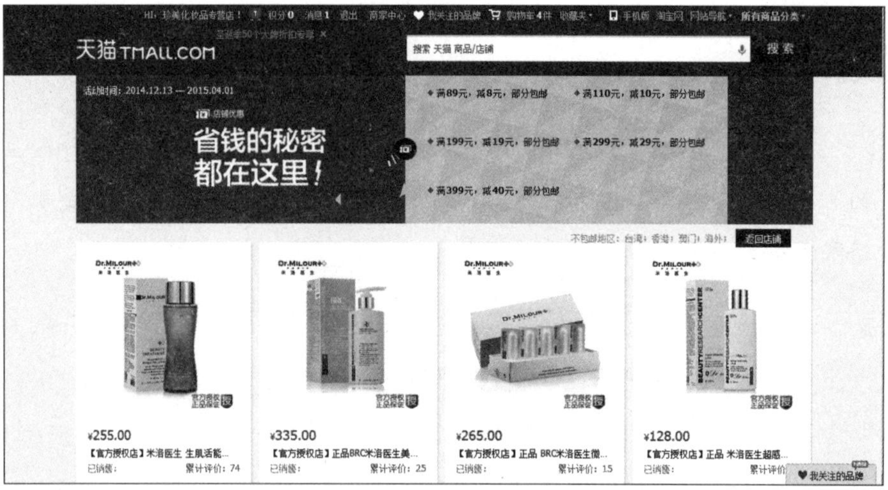

图 7-68 店铺满就减活动

店铺优惠设置包括店铺活动和商品活动，下面介绍具体的设置过程。

1. 新建店铺活动

❶ 进入天猫“我的工作台”后，在页面左侧的“营销中心”下单击“天猫营销中心”，在“天猫官方营销工具”选项下单击“店铺优惠”图标下的“立即使用”按钮，打开天猫优惠设置页面，如图 7-69 所示。

❷ 单击该页面中的“新建店铺活动”按钮，打开设置页面，如图 7-70 所示。

图 7-69 单击“立即使用”按钮

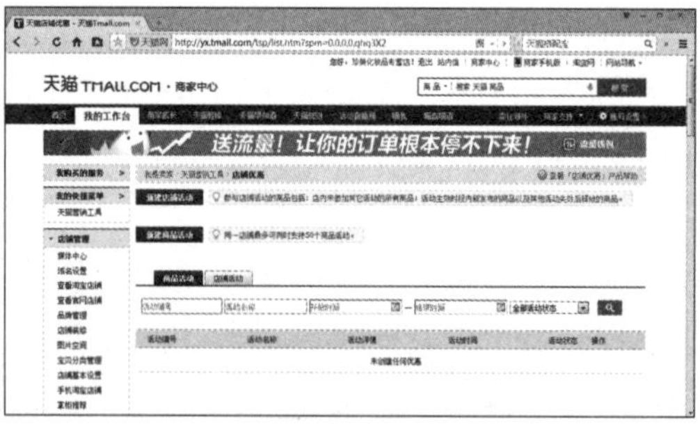

图 7-70 新建店铺活动页面

❸ 设置店铺活动基本信息，包括活动名称、活动时间以及活动页面版头，如图 7-71 所示。

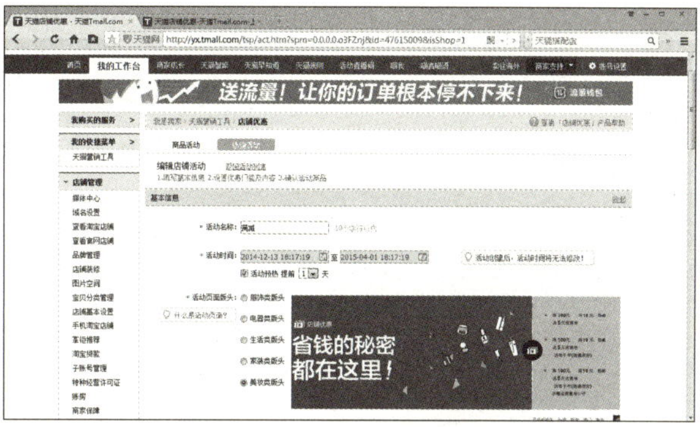

图 7-71 设置店铺基本信息

❹ 继续下拉右侧的滚动条，手动设置不同层级的优惠门槛以及优惠方式，设置完成后单击“完成”按钮即可，如图 7-72、图 7-73 所示。

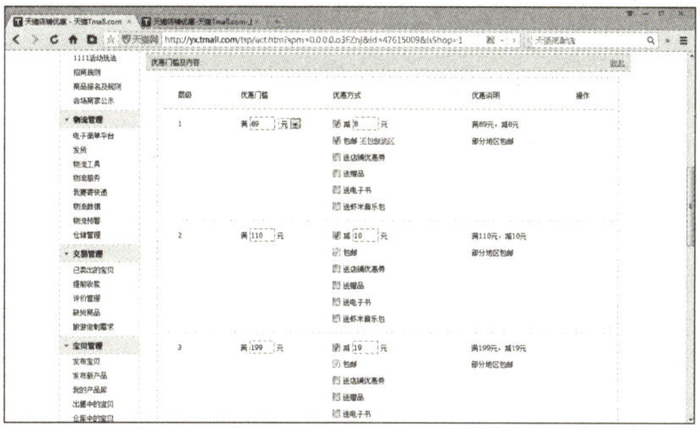

图 7-72 设置优惠门槛及方式

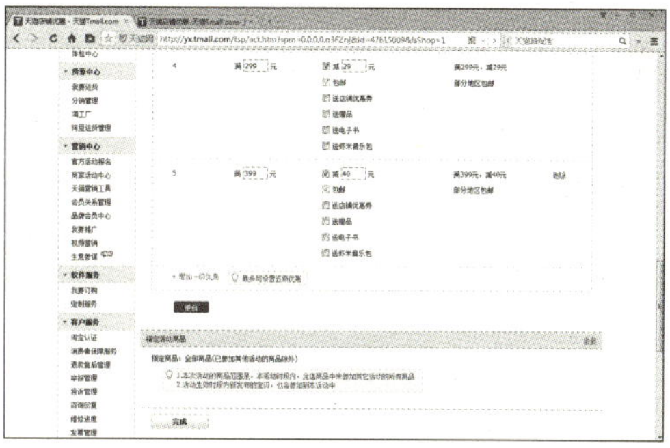

图 7-73 单击“完成”按钮

注 意

勾选包邮复选框后，可以单击右侧的“不包邮地区”链接，在打开的“不包邮地区”对话框中设置不参加包邮的地区，如图 7-74 所示。

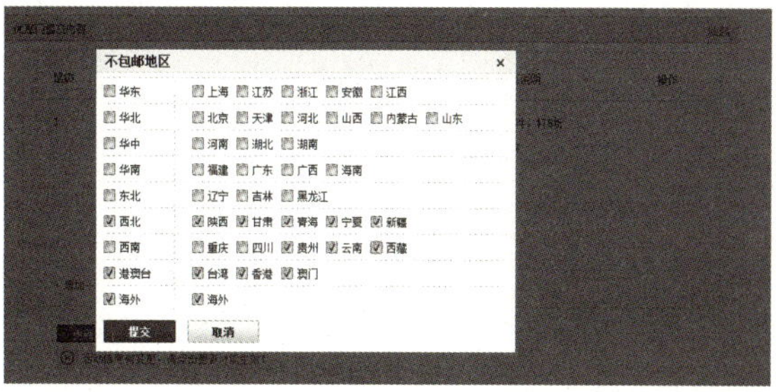

图 7-74 设置不参加包邮的地区

❺ 打开天猫店铺进入任意商品页面后，价格右侧会显示更多优惠，单击右侧按钮即可打开刚才所设置的优惠内容，即满多少元减多少元以及部分地区实行包邮的优惠活动具体说明，如图 7-75、图 7-76 所示。

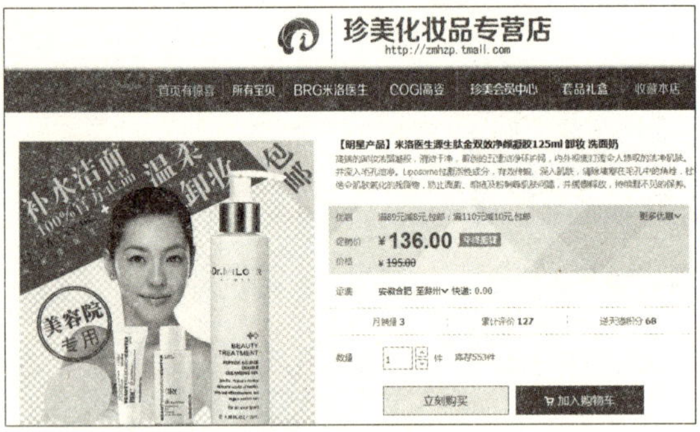

图 7-75　店铺优惠页面

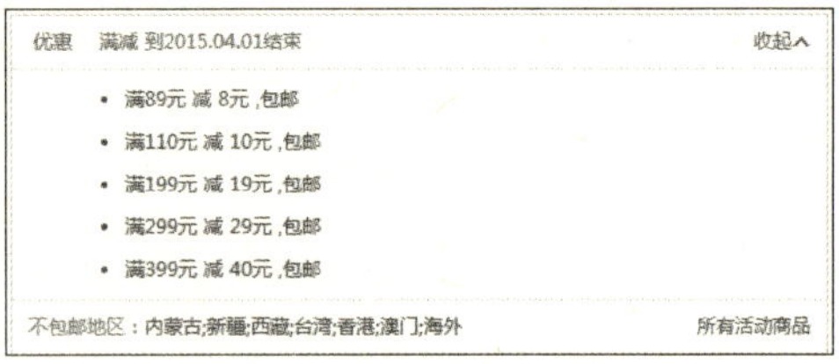

图 7-76　设置优惠效果

注　意

“店铺优惠”与“聚划算”是可以叠加使用的，而且店铺优惠活动最长可以持续 90 天。活动创建后，活动起止时间无法修改。

2. 新建商品活动

店铺活动是针对所有商品建立的优惠活动，而如果商家想只对店铺内的若干商品设置优惠活动，就可以建立商品活动。下面介绍新建商品活动的操作步骤。

❶ 进入天猫“我的工作台”后，在页面左侧的“营销中心”下单击“天猫营销中心”，在“天猫官方营销工具”选项下单击“店铺优惠”图标下的“立即使用”按钮，打开天猫优惠设置页面。

❷ 单击“新建商品活动”按钮，打开设置页面，如图 7-77 所示。

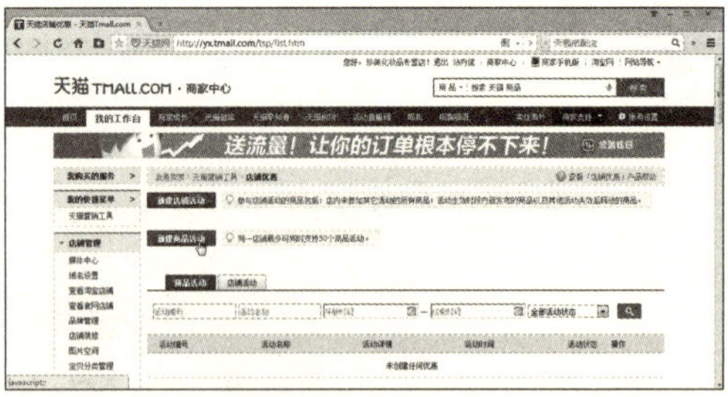

图 7-77　单击“新建商品活动”按钮

❸ 在基本信息栏下分别手工输入活动名称、活动时间以及活动页面版头，单击“下一步”按钮，打开新的设置页面，如图 7-78、图 7-79 所示。

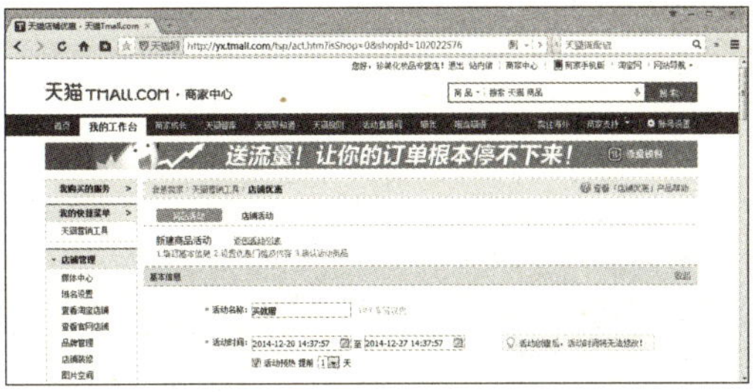

图 7-78　设置优惠信息 1

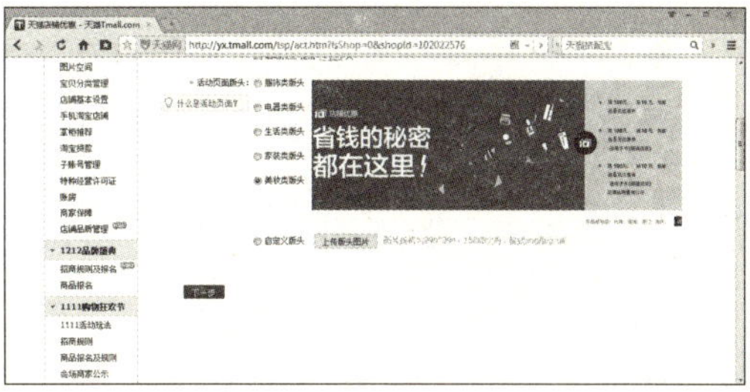

图 7-79　设置优惠信息 2

❹ 设置优惠门槛以及内容，本例中需要设置“满 1 件送 3 元”优惠券。勾选“送店铺优惠券”复选框并单击右侧的“设置店铺优惠券”链接，弹出“送店铺优惠券”对话框，分别设置优惠券面额以及生效和失效时间，可以设置使用条件，再单击“提交”按钮完成设置，如图 7-80、图 7-81 所示。

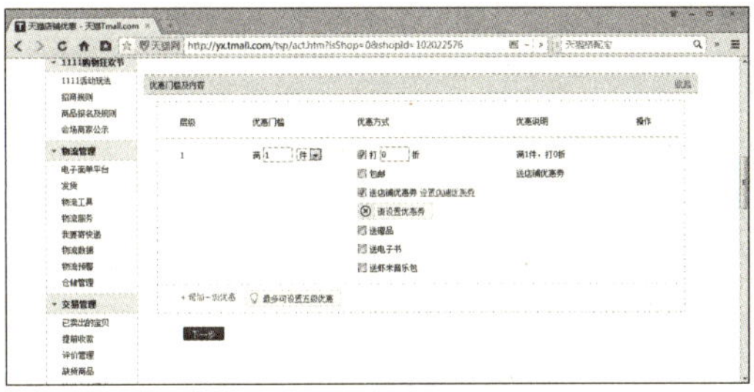

图 7-80　单击“设置店铺优惠券”链接

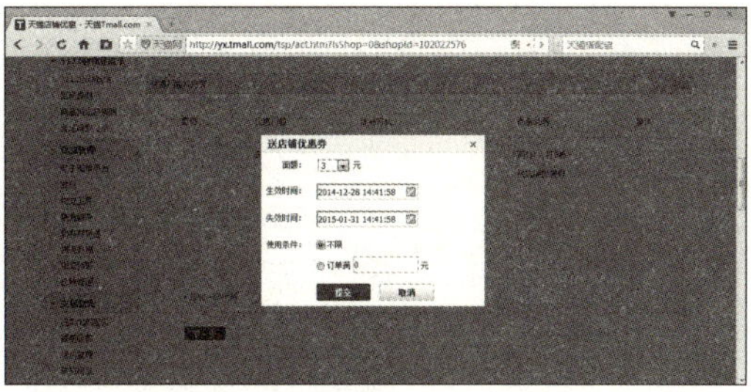

图 7-81　详细设置优惠券信息

❺ 返回上一级页面后，可以看到设置的结果，如图 7-82 所示。

❻ 单击“下一步”按钮打开商品活动选择页面，在需要添加的商品后单击“参加活动”按钮即可，如图 7-83 所示。

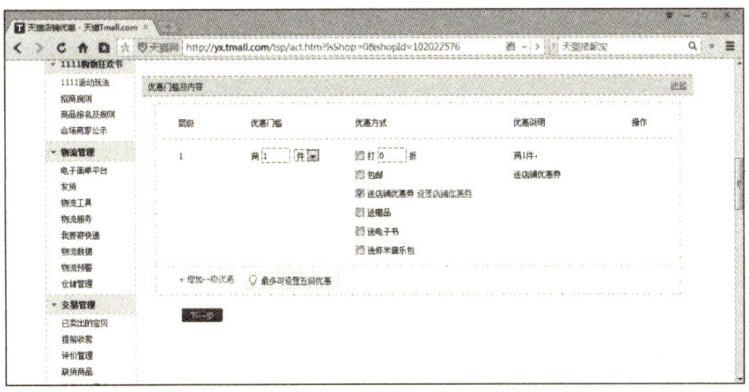

图 7-82　查看设置结果

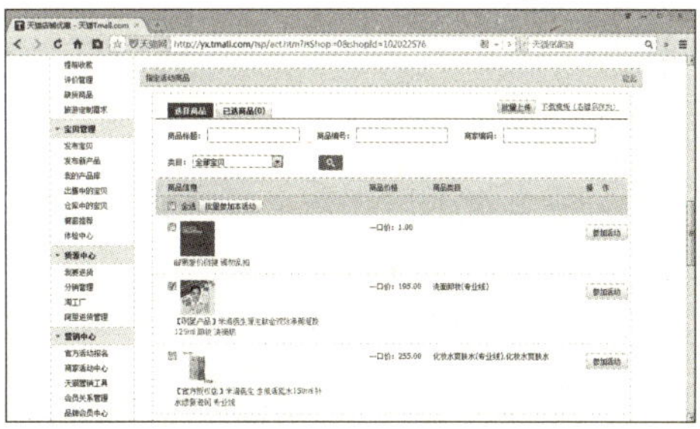

图 7-83　选择参加优惠活动的商品

提　示

如果想要添加新的层级，可以单击下方的“增加一级优惠”并再次按照相同的操作方法设置（最多只能设置五级）。

❼ 选择完毕后单击“完成”按钮，弹出提示框提示已经完成商品活动的创建，如图 7-84、图 7-85 所示。

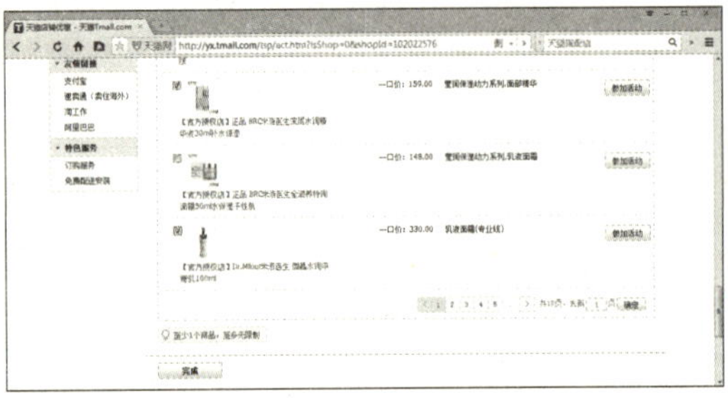

图 7-84　单击“完成”按钮

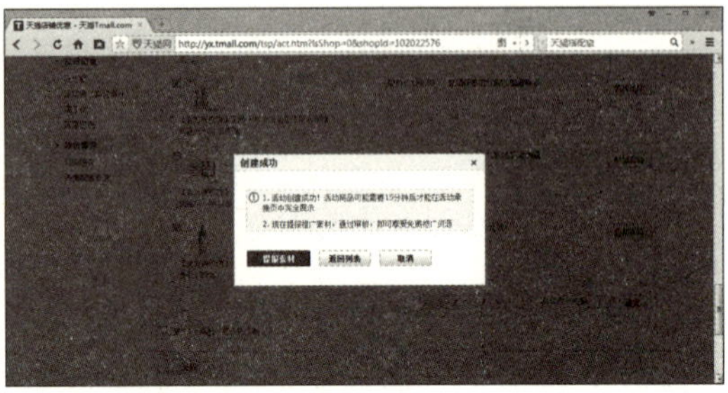

图 7-85　提示完成商品活动的创建

❽ 进入店铺活动页后，可以看到设置的店铺优惠券赠送活动内容，包括活动时间、活动名称以及具体内容，效果如图 7-86 所示。

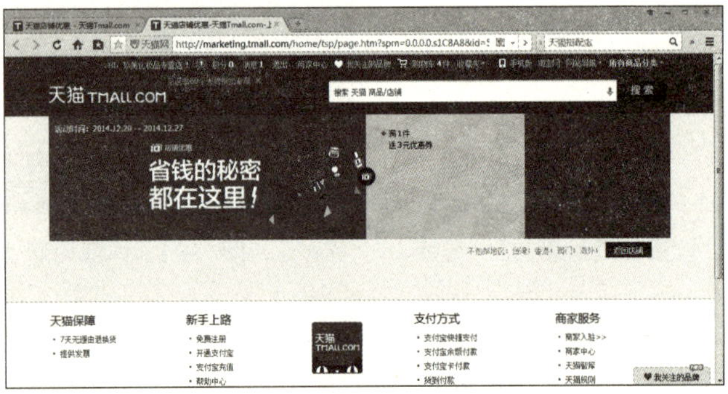

图 7-86　查看店铺优惠活动页

注　意

设置好商品活动后，可以在该页面查看具体内容，在操作栏下可以选择编辑或者删除该优惠活动，如图 7-87 所示。

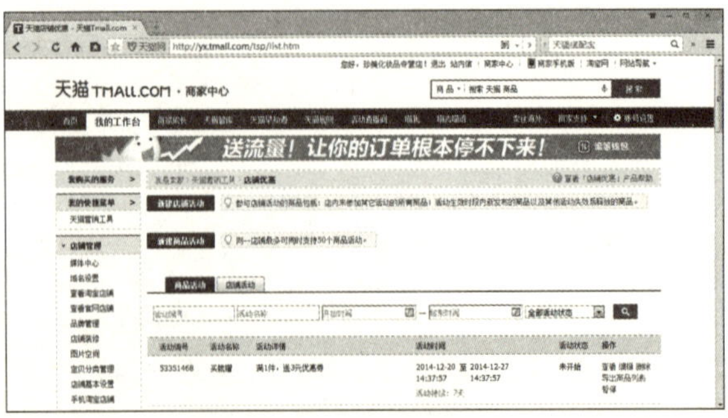

图 7-87　删除优惠活动

7.7.2 特价优惠

在“双十一”大促或年终大促活动中，天猫商家可以通过特价宝促销工具设置特价优惠活动。特价宝是天猫官方为天猫商家开发的单品优惠工具，支持对商品进行打折、减价、促销价、包邮等优惠方式，仅供天猫商家免费使用。

打开商品页面后，利用特价宝设置年终盛典促销打折活动，如图 7-88 所示。

图 7-88 特价打折活动页面

特价宝主要有以下几项功能，如图 7-89 所示。

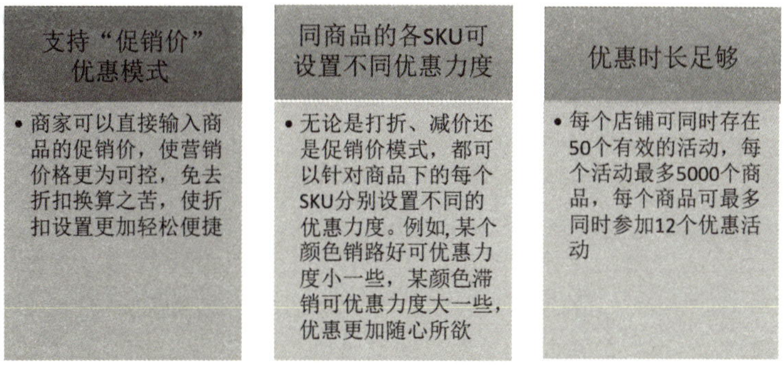

图 7-89 特价宝的功能

❶ 进入天猫“我的工作台”后，在页面左侧的“营销中心”下单击“天猫营销中心”，在“天猫官方营销工具”选项下单击“特价宝”图标下的“立即使用”按钮，打开天猫活动管理页面，如图 7-90、图 7-91 所示。

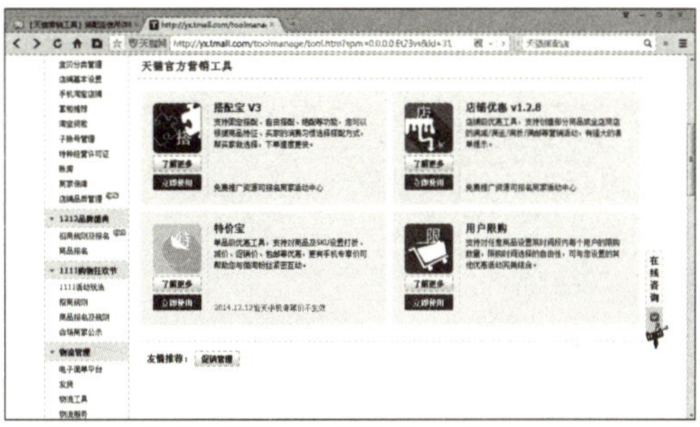

图 7-90 单击“立即使用”按钮

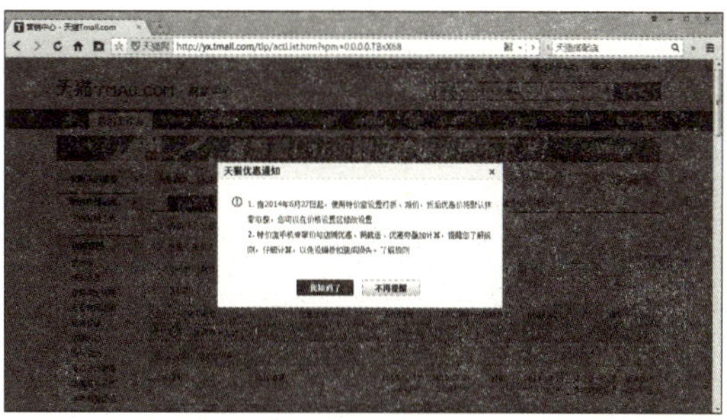

图 7-91 天猫活动管理页面

注 意

自 2014 年 6 月 27 日起，使用特价宝设置打折、减价，折后优惠价将自动默认为抹零取整。

❷ 在“活动管理”选项下单击“新建活动”按钮，打开设置新建优惠活动页面第一步，设置活动名称、优惠标题、活动时段、优惠方式等，勾选上“包邮”复选框，如图 7-92、图 7-93 所示。

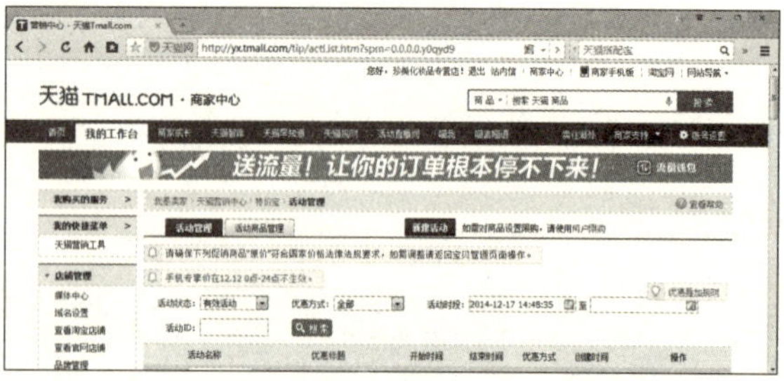

图 7-92 单击“新建活动”按钮

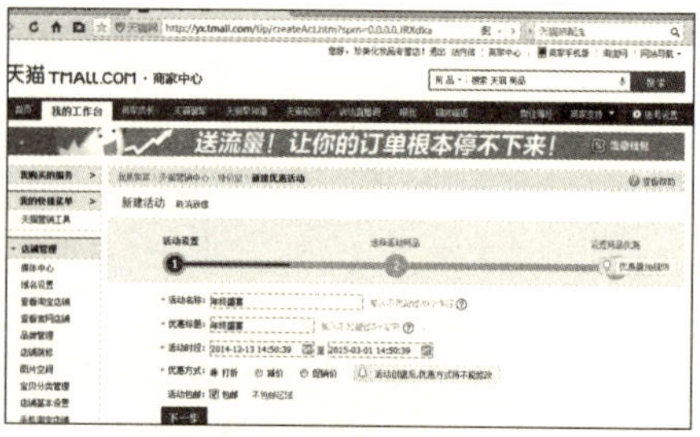

图 7-93 设置优惠活动信息

提 示

如果是商家在“双十一”参加优惠活动，可以将活动名称设置为诸如：“双 11 惊爆价”“1111 最低价”等类似活动标题。

❸ 单击“下一步”按钮进入商品选择页面，如图 7-94 所示。

❹ 本例中勾选上“全选”复选框，选中所有商品，如图 7-95 所示。

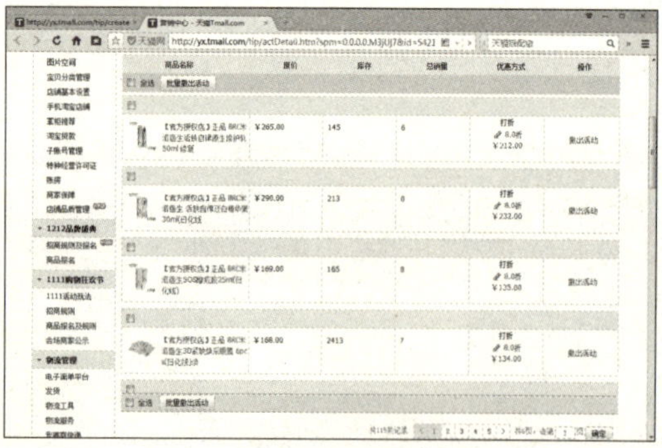

图 7-94 选择参加打折的商品

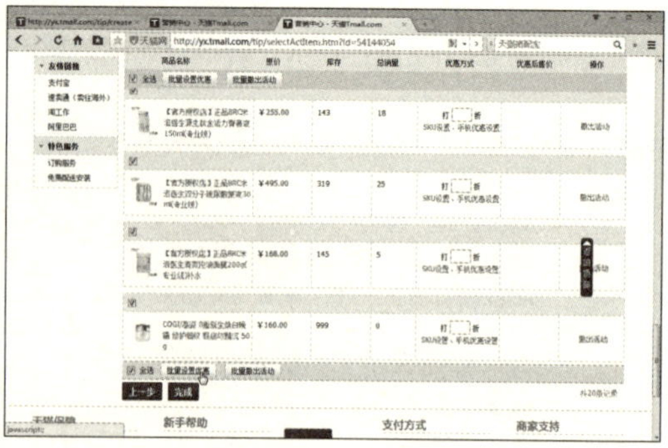

图 7-95 选择所有商品

❺ 单击“批量设置优惠”按钮，弹出“编辑优惠力度”设置框，在文本框内输入打折额度“8.0 折”，如图 7-96 所示。

❻ 单击“确定”按钮即可返回商品选择页面，看到所有商品统一为 8.0 折，如图 7-97 所示。

图 7-96　设置优惠力度

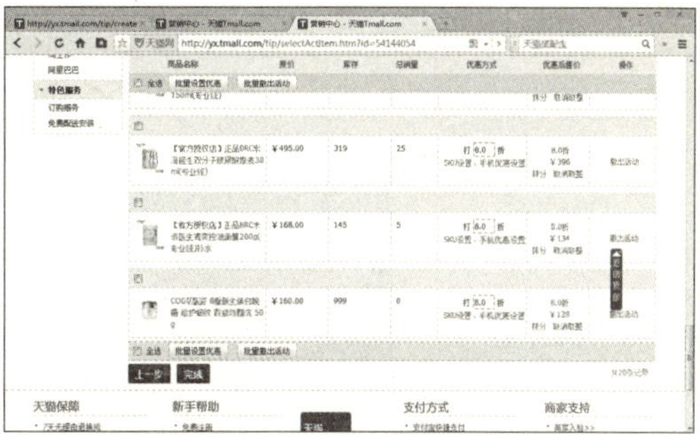

图 7-97　完成商品统一优惠折扣设置

❼ 返回活动管理页面，即可查看与编辑刚才设置的打折促销活动，如图 7-98 所示。

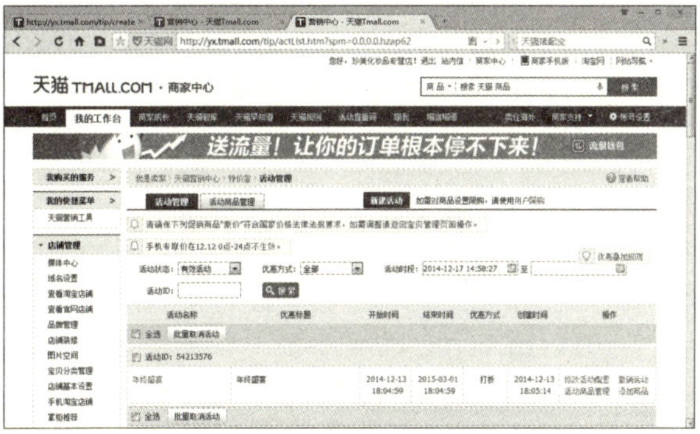

图 7-98　查看和编辑促销活动

注　意

如果需要重新修改活动配置，可以单击“修改活动配置”按钮，弹出“优惠活动设置”对话框，如图 7-99 所示。而且，活动一经设置好，是不能够修改起始时间和优惠方式的。

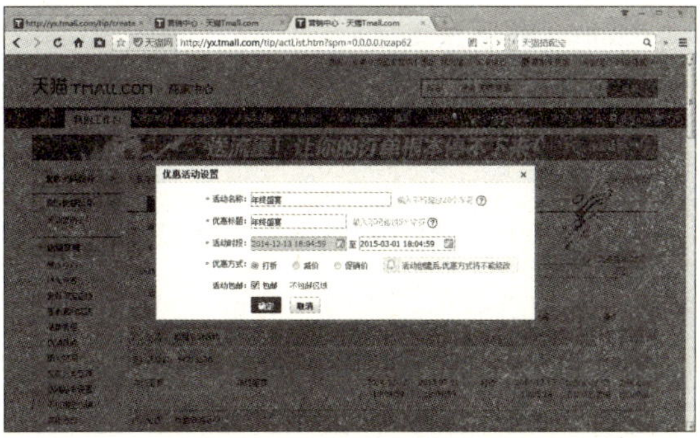

图 7-99　设置优惠活动

7.7.3 限购管理

用户限购是天猫官方为天猫商家开发的，对买家限制特定商品购买数量的工具，其功能主要包括以下几项，如图 7-100 所示。

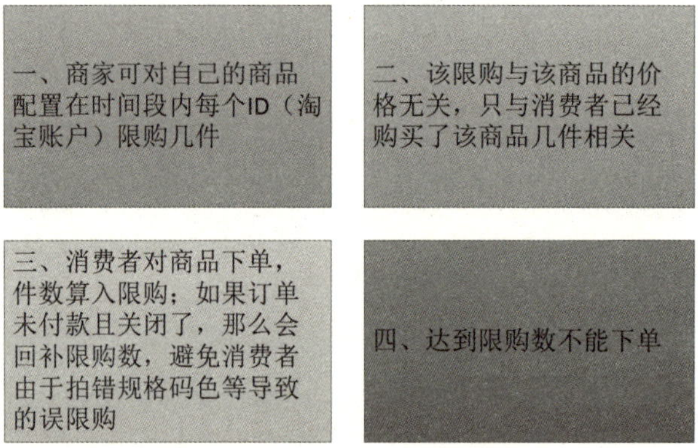

图 7-100　用户限购功能介绍

下面介绍如何设置用户限购。

❶ 进入天猫“我的工作台”后，在页面左侧的“营销中心”下单击“天猫营销中心”，在“天猫官方营销工具”选项下单击“用户限购”图标下的“立即使用”按钮，打开天猫活动管理页面，如图 7-101、图 7-102 所示。

图 7-101　单击“立即使用”按钮

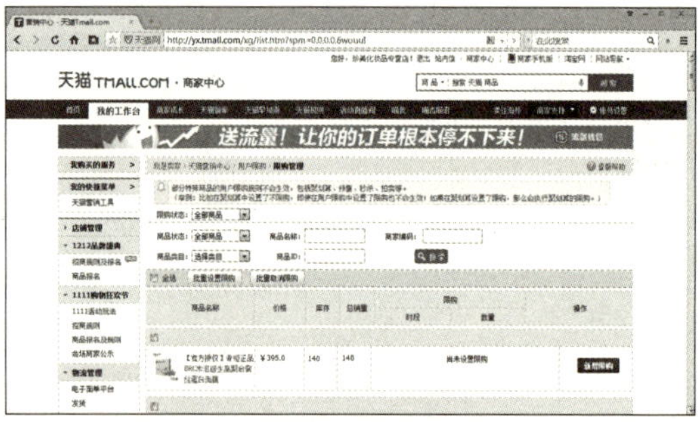

图 7-102　天猫活动管理页面

❷ 在限购管理页面的商品列表中找到需要限购的商品，并单击右侧的“新增限购”按钮，弹出“限购设置”对话框，如图 7-103 所示。

❸ 设置每个账户限购的件数以及限购时段，勾选“限购立即生效”复选框，单击“确定”按钮即弹出提示框，提示新增限购成功，如图 7-104 所示。

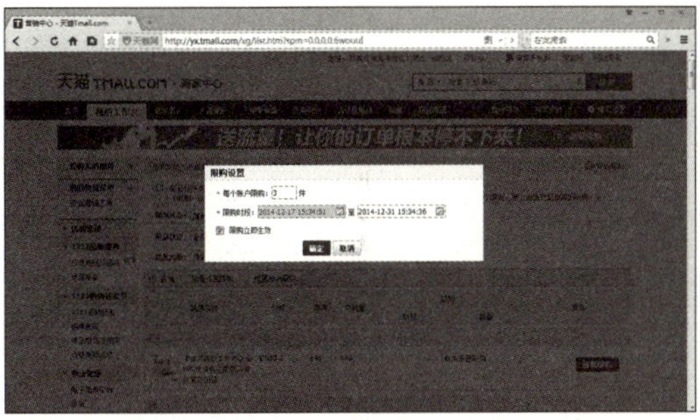

图 7-103 设置限购条件

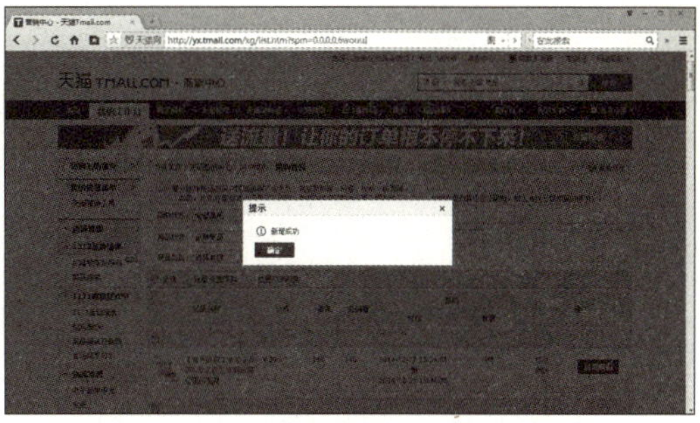

图 7-104 设置限购成功提示页面

❹ 返回限购管理页面，可以看到设置的限购活动，如图 7-105 所示。

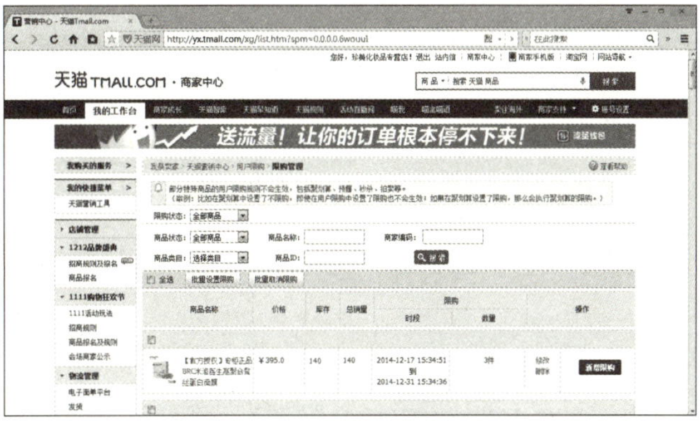

图 7-105 查看设置的限购活动

提 示

如果要取消添加的限购，可以在限购管理页面单击活动右侧的“删除”按钮，在弹出的确认对话框中单击“确认”按钮即可，如图 7-106 所示。

图 7-106 删除限购活动

7.8 其他店铺营销策略

除了使用官方营销工具进行推广，商家也可以利用促销管理手段设置限时打折、搭配套餐以及店铺优惠券等。

7.8.1 限时打折

限时打折是淘宝提供给商家的一种店铺促销工具，订购此工具的商家可以在自己店铺中选择一定数量的商品，然后在一定时间内低于市场价进行促销活动。活动期间，买家可以在商品搜索页面根据“限时打折”这个筛选条件找到所有正在打折中的商品。

❶ 进入天猫“我的工作台”后，打开“促销管理”页面并切换至“限时打折”选项，打开促销管理页面，如图 7-107 所示。

❷ 第一步设置促销活动名称以及促销开始和结束时间，如图 7-108 所示。

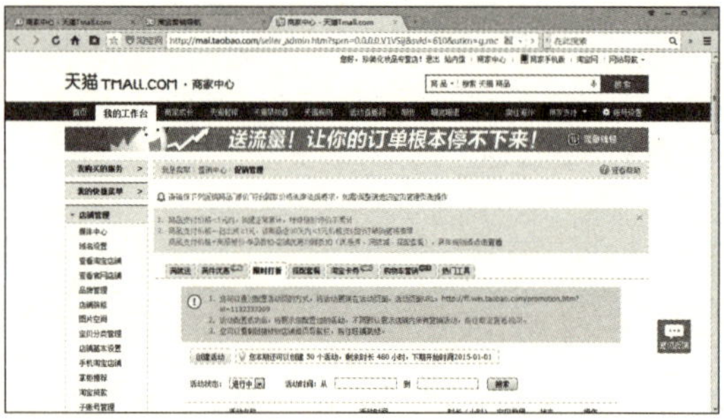

图 7-107 进入“限时打折”设置页面

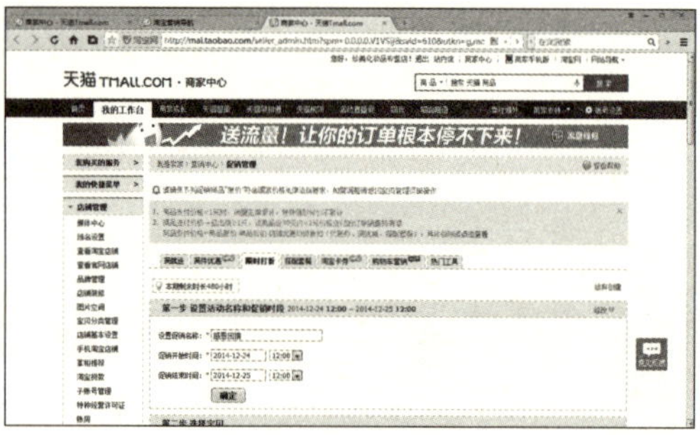

图 7-108 设置活动名称和时间

注 意

由于活动结束时间应晚于开始时间，所以要先设置好结束时间，才能设置开始时间。

❸ 第二步选择需要参加促销活动的商品，单击商品后面的“参加打折”按钮即可，如图 7-109 所示。

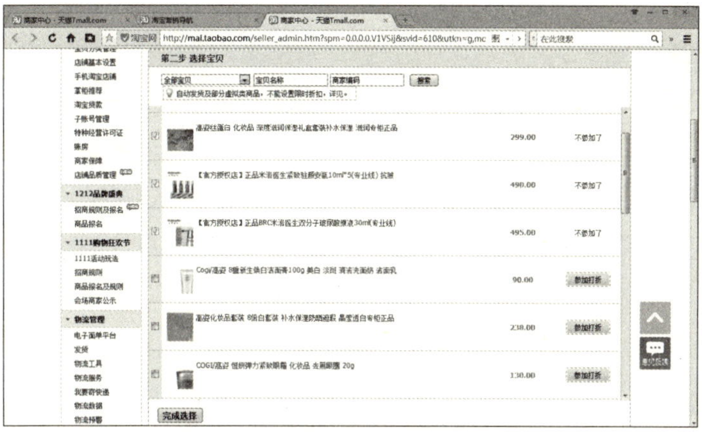

图 7-109　选择参加促销的商品

注　意

单击“不参加了”即可取消商品参加折扣促销活动。如要设置多个限时打折活动，活动与活动之间不能有时间重叠。也就是商家可以设置多个限时打折活动，但同时只能有 1 个活动正在进行当中。

❹ 第三步分别设置被选中商品的折扣，单击“完成创建”按钮即可，如图 7-110 所示。进入商家营销中心页面，可以看到刚才设置的促销限时折扣活动，效果如图 7-111 所示。

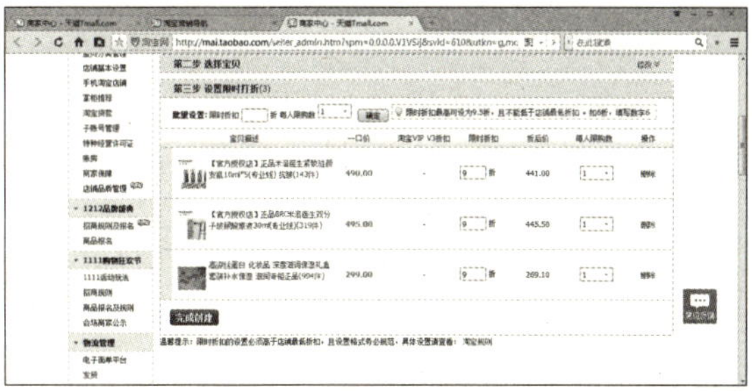

图 7-110　设置商品折扣

图 7-111　限时打折活动页面

注　意

限时打折目前折扣的设置范围为：0.1~9.5 折，即最低打 0.1 折，最高 9.5 折。

提　示

在“限时打折”页面中可以重新配置活动页，或者单击“删除”与“修改”按钮，删除或修改设置好的限时打折活动，如图 7-112 所示。

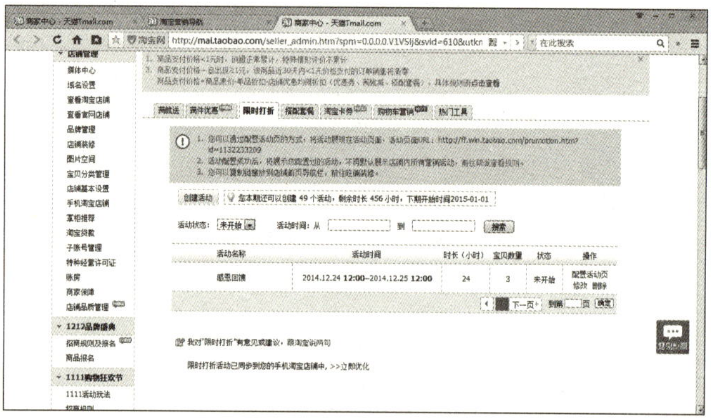

图 7-112　删除或修改打折活动

7.8.2　搭配套餐

搭配套餐是将几种商品组合在一起，设置成套餐来销售。通过促销套餐，可以让买家一次性购买更多的商品，从而帮助提升店铺销售业绩、提高店铺购买转化率、提升销售笔数、增加商品曝光率以及节约人力成本。但需要注意的是，该工具目前不支持虚拟类商品。

使用搭配套餐，可以实现以下几项功能，具体如图 7-113 所示。

利用搭配套餐让店铺的订单量和人气双重增加，事半功倍

用搭配套餐组合商品的价格优势，让更多进店的人购买店铺商品

将搭配套餐用于店铺推广，进而提高整体交易额

图 7-113　搭配套餐的功能

❶ 进入天猫“我的工作台”后，打开“促销管理”页面并切换至“搭配套餐”选项，单击“创建搭配套餐”按钮进入套餐创建页面，分别如图 7-114、图 7-115 所示。

图 7-114 切换至“搭配套餐”选项

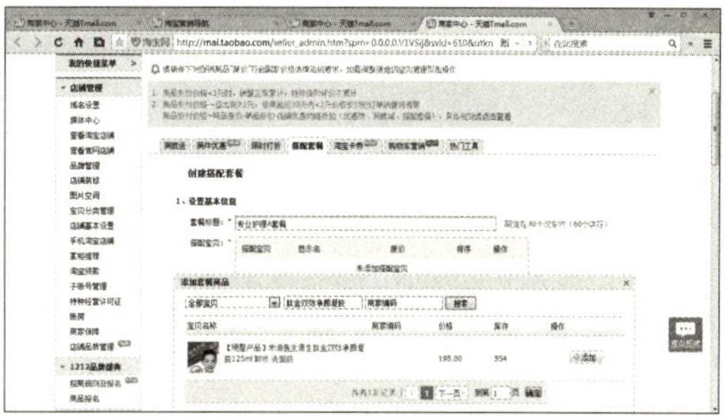

图 7-115 创建搭配套餐

❷ 第一步设置好套餐标题，并选择搭配套餐的多个商品，再设置套餐一口价，如图 7-116 所示。

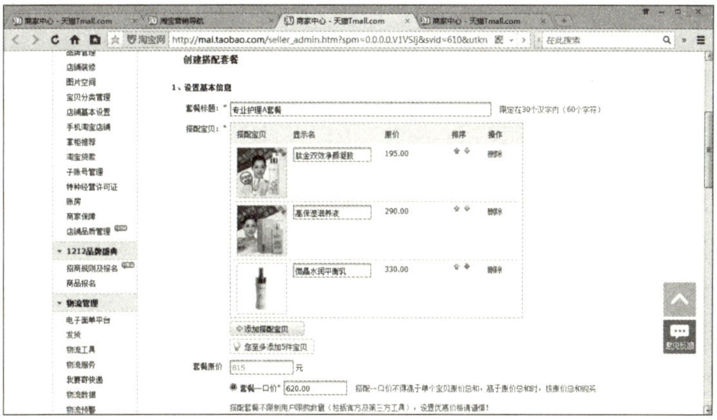

图 7-116 选择参加活动的商品

❸ 在“套餐概述”文本框中输入简要描述套餐的信息，并设置物流信息，如图 7-117 所示。注意，这里大部分图片美化工具都是需要收费的。

❹ 预览设置的搭配套餐，即可看到具体的活动内容，效果如图 7-118 所示。

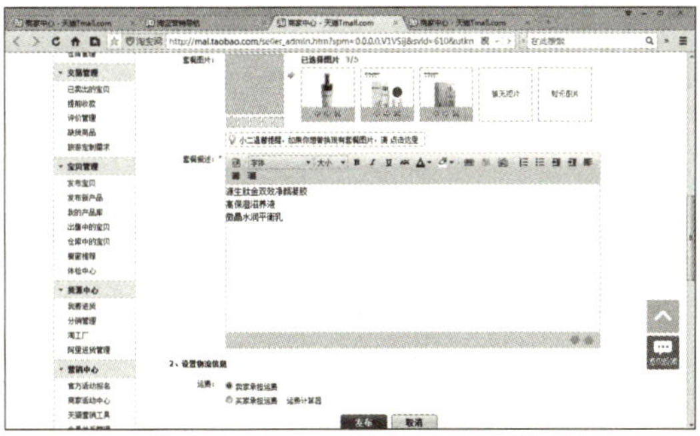

图 7-117 设置套餐信息

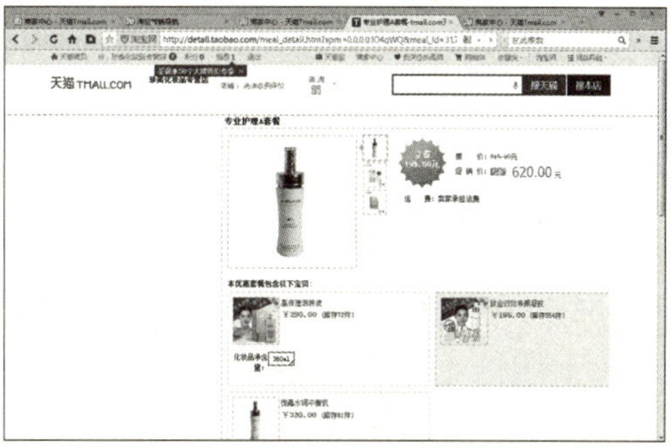

图 7-118 活动设置效果页面

注 意

商家在设置搭配套餐时，应注意以下几点要求：

（1）最多可以设置 50 个搭配促销套餐；

（2）搭配套餐的总价要低于单个商品原价的总和，如果搭配总价高于单个商品原价总和，系统将自动按原价总和购买；

（3）一个套餐最多可以同时搭配 5 个商品，新搭配套餐里的商品都可以减库存，每个套餐商品都可以由买家评价。

7.8.3 店铺优惠券

店铺优惠券是一种虚拟的电子现金券，它是天猫在商家开通营销套餐后额外向商家开通的一种促销工具。买家在购买商品时，可以使用获得的店铺优惠券抵扣现金。下面介绍店铺优惠券的使用要求。

（1）以店铺为单位发放并无需商家预先存钱到支付宝账号，而是在买家购买商品时直接抵用。

（2）店铺优惠券仅限于会员第二次购买本店铺商品时抵用，商家要根据实际情况谨慎选择发放的面额、数量以及有效时间，优惠券过期后则无法使用。

（3）一张店铺优惠券仅限于一个会员单笔订单消费抵用，不可拆分。同理，一笔订单仅限使用一张店铺优惠券。

（4）买家最多只能拥有同一个店铺尚未消费抵用的 5 张店铺优惠券；如超过 5 张，买家将无法接收新的店铺优惠券。

1. 设置优惠券

❶ 进入天猫“我的工作台”后，打开“促销管理”页面并切换至“淘宝卡券”选项，如图 7-119 所示。

❷ 单击“店铺优惠券”下方的“立即创建”按钮，打开“新建店铺优惠券”页面，首先设置优惠券名称、使用位置、面额以及使用条件，如图 7-120 所示。

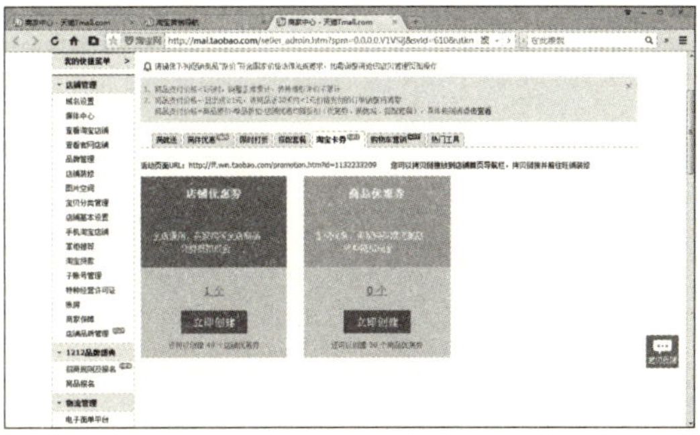

图 7-119 进入“淘宝卡券”页面

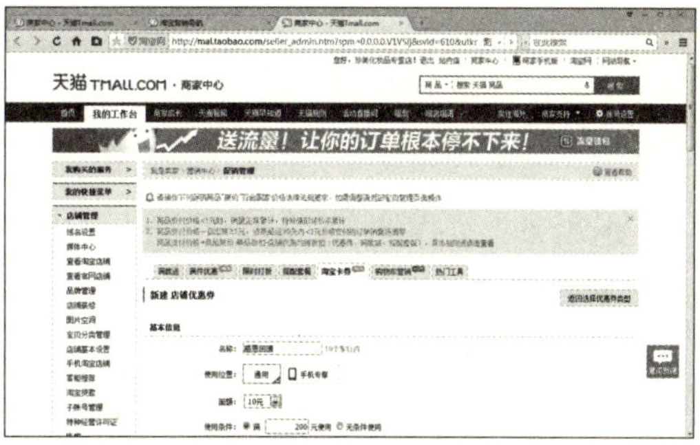

图 7-120 设置店铺优惠券 1

❸ 再分别设置优惠券的有效时间、发行量以及限领张数，设置推广方式以及推广范围，最后单击“保存”按钮即可完成优惠券设置，如图 7-121 所示。

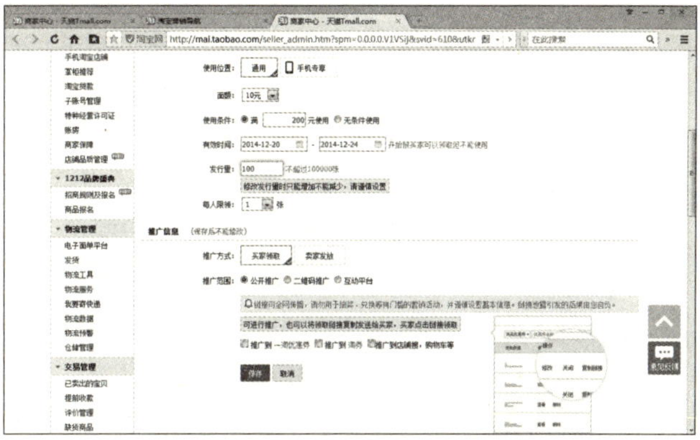

图 7-121 设置店铺优惠券 2

提 示

商家可以在“卡券管理”页面查看和删除已经结束或正在进行的优惠券活动，如图 7-122 所示。

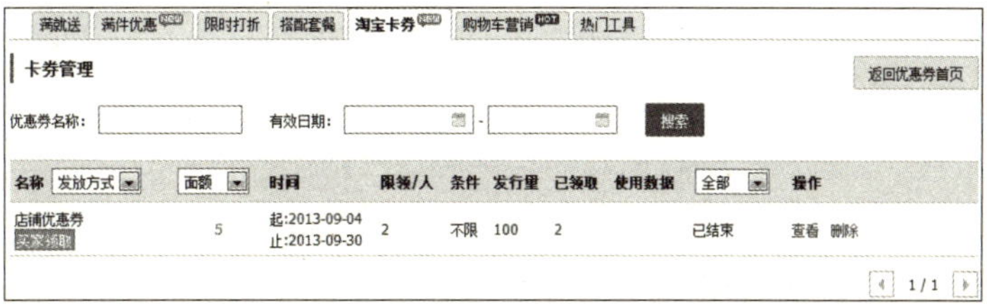

图 7-122 查看与删除优惠券活动

2. 发放优惠券

设置好优惠券后，商家可以将优惠券活动页面发放给买家或在相关论坛发帖宣传，只需要将优惠券领取入口链接复制到论坛或旺旺窗口中即可。

❶ 单击“卡券管理”页面中活动右侧的“复制链接”链接，打开链接地址对话框并单击“复制”按钮即可，如图 7-123、图 7-124 所示。

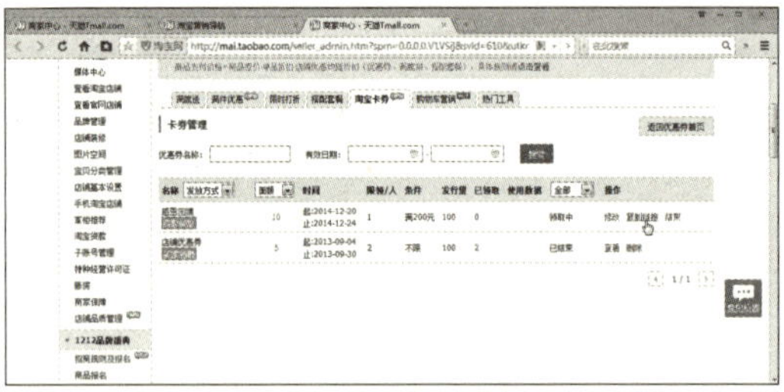

图 7-123 单击“复制链接”链接

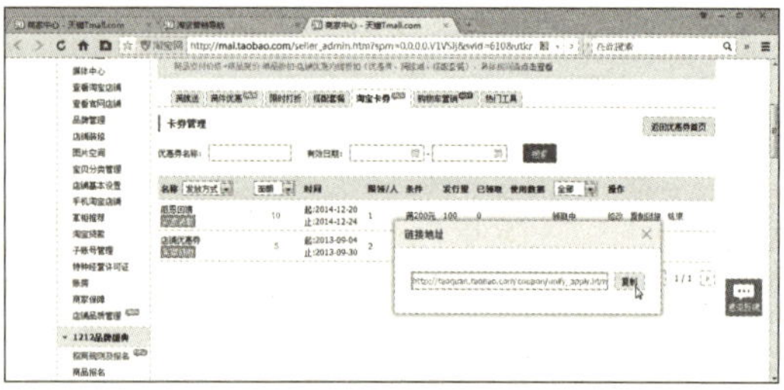

图 7-124 单击“复制”按钮

❷ 打开复制的优惠券链接后，直接单击“确认领取”按钮即可，如图 7-125 所示。

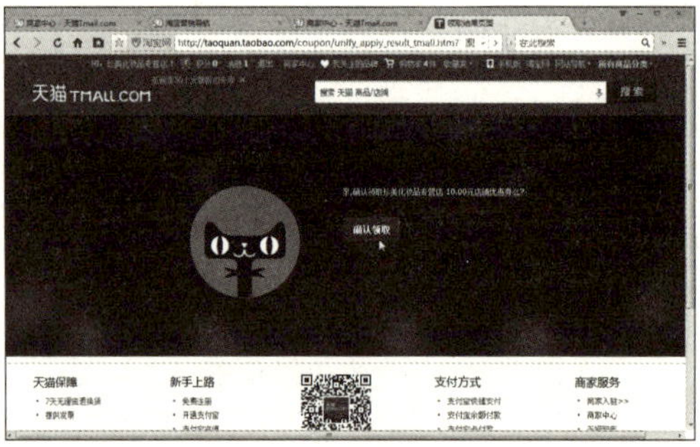

图 7-125 单击“确认领取”按钮

7.9 会员关系管理

会员关系管理工具是帮助商家管理自己会员的工具。通过会员关系管理工具，商家可以充分了解自己会员的信息，针对不同的会员采取更合适的营销方式。同时，商家还可以通过该工具加强自己店铺和会员之间的联系，提高会员忠诚度。

7.9.1 合理设置会员体系

商家都想以最少的成本得到最大的收益，这就需要商家善于把握每一点流量和每一位客户，特别是老客户。开发一位新客户的成本要比维护一位老客户的成本高得多，商家在营销时需要注意维护与老客户的关系，争取实现二次营销。其中，会员体系在整个客户管理体系中尤为重要，是整个体系的基础。所以，商家更应合理设置会员体系。

一个好的会员体系能够让商家和买家产生良好的互动，其核心应该是凸显会员在店铺的特权，让买家感觉到被重视和被特殊对待。目前，天猫店铺的会员制度主要包括会员折扣、包邮、价格保护、生日特权、积分及专属 VIP 客服等。例如，某服饰天猫旗舰店的会员专项服务内容如图 7-126 所示。除此之外，天猫还为会员专门推出会员独享日，鼓励会员在这一天的消费活动，如图 7-127 所示。

图 7-126 会员专享服务页面

图 7-127 会员独享日页面

如想将会员体系做到恰到好处，商家就需要结合自己店铺的定位、产品特点及顾客群体进行设计。例如售卖家电用品，最吸引会员的制度一般是产品的更新优惠和售后保障服务，而折扣和积分可能并不是最有效的方式。因此，商家需要充分结合店铺内的商品特点，找出最适合自己客户群体的会员制度。

另外，折扣和积分都是最直接、最吸引人的会员制度。积分制度可以培养买家的忠诚度，而且玩法也比较多，如抽奖、换购、抵现金等，能够充分调动买家的新鲜感和互动热情。会员专享折扣规则和会员生日特权，如图 7-128、图 7-129 所示。这里的会员划分是按照消费额度设置的，不同等级会员之间的消费额度需要合理设置，不能够间隔过大。

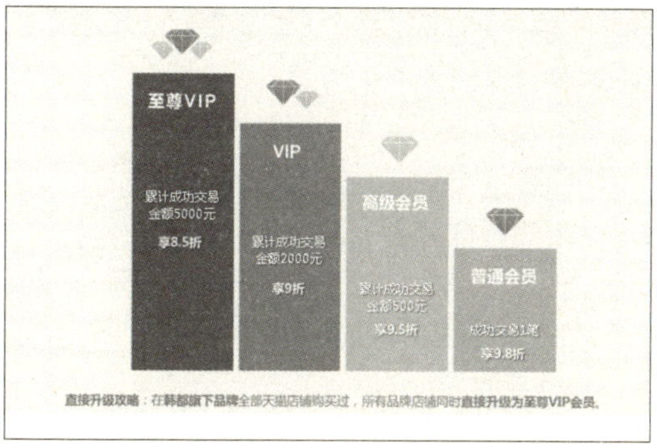

图 7-128 会员专享折扣规则

图 7-129 会员生日特权

买家只要在天猫购物都会有积分，商家可以设置多倍积分吸引买家，扩大销量。会员积分使用率高，也会促使该批会员是否决定留下。而且，商家也可以根据买家的积分来划定会员等级。某店铺推出的积分兑换礼品活动说明页面，如图 7-130 所示。

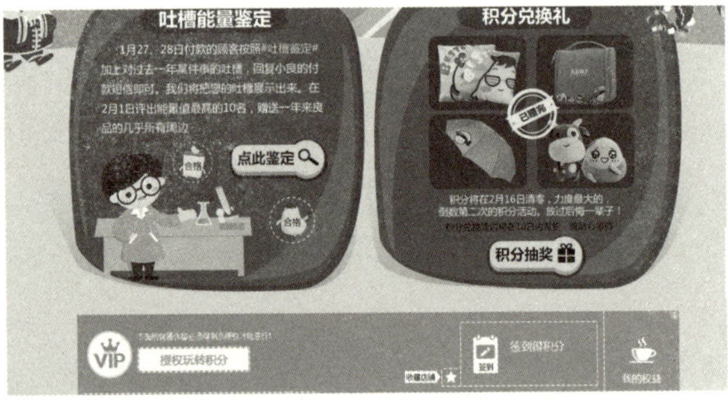

图 7-130　积分兑换礼品活动页面

有效的会员规则一般可以包括以下几点。

（1）规则清晰明确，买家能够清楚了解。买家一看就明白，要想成为高级会员需要做些什么，以及成为高级会员会有什么样的好处。

（2）会员梯度合理，能够激发会员升级欲望。买家一般可以负担超出其期望消费值的 20%，升级要求太高会丧失升级欲望。

（3）一定要有退出制度，达不到要求会降权，从而刺激购买。

7.9.2　设置包邮活动

❶ 登录天猫卖家工作台，单击左侧“营销中心”下的“会员关系管理”链接，打开客户关系管理页面，在该页面可以看到会员数、新增会员以及客户转换率数据，如图 7-131、图 7-132 所示。

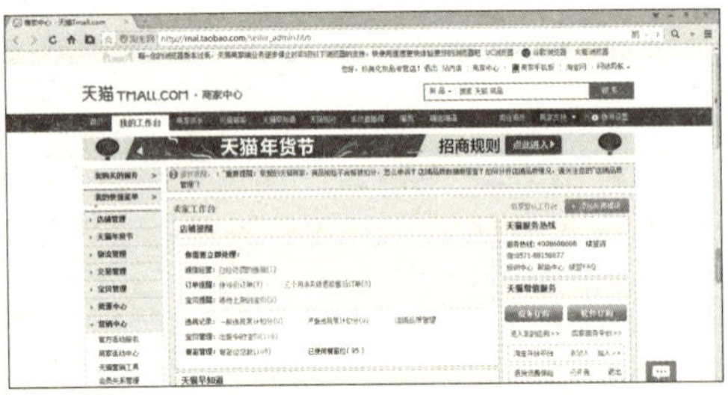

图 7-131　单击“会员关系管理”链接

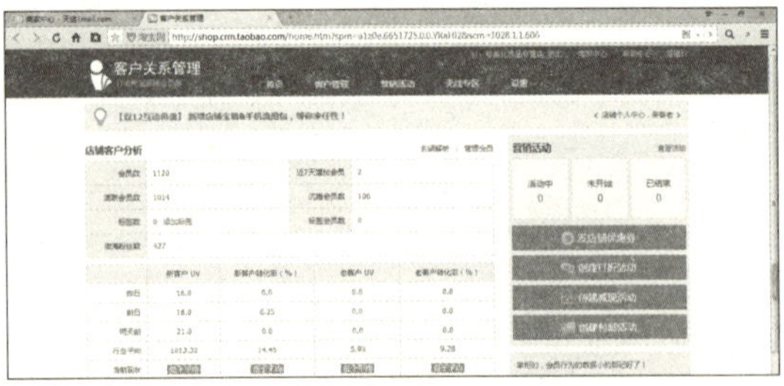

图 7-132　查看会员情况

❷ 滚动至页面下方，可以查看客户等级分析图表和店铺交易分析图表，如图 7-133 所示。

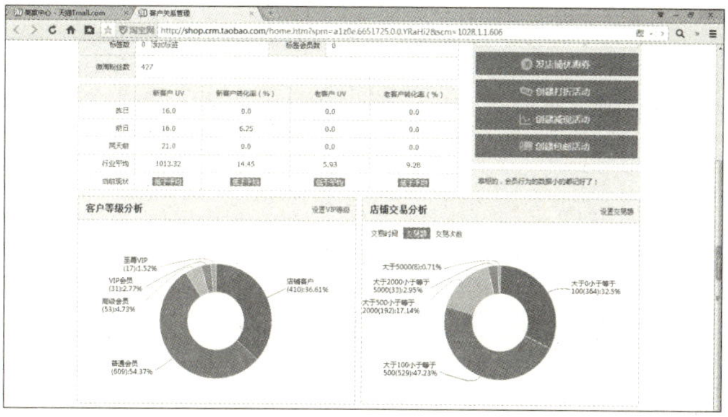

图 7-133 查看分析图表

❸ 单击右侧"创建包邮活动"按钮，打开客户关系管理的营销活动页面，首先选择活动对象以及对应等级，如图 7-134 所示。

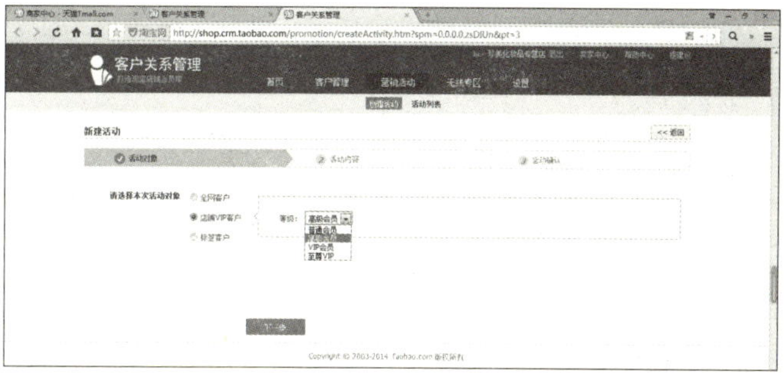

图 7-134 设置包邮活动对象和等级

❹ 单击"下一步"按钮，打开活动内容创建页面，分别设置活动名称、活动时间、促销标签等，如图 7-135 所示。

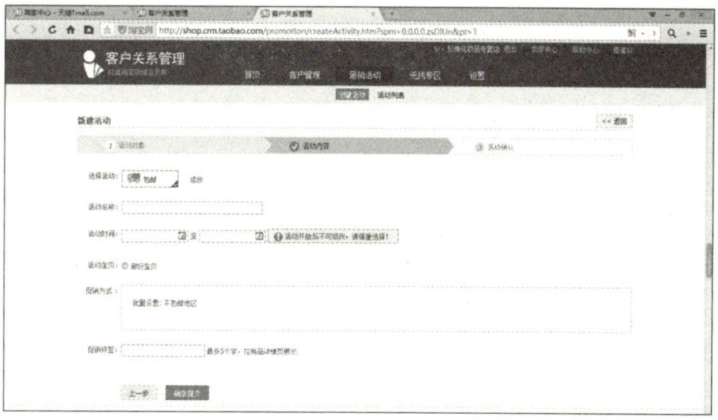

图 7-135 设置活动内容

❺ 单击"部分宝贝"单选框，在激活的列表框中勾选参加包邮宝贝前面的复选框，即可完成包邮活动的创建，如图 7-136 所示。

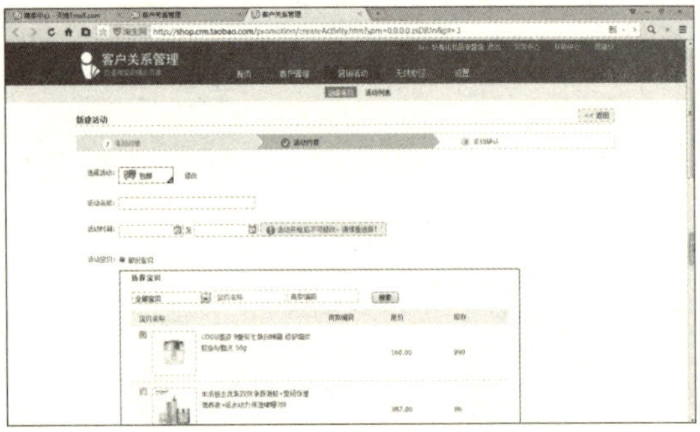

图 7-136　设置参加包邮的宝贝

7.9.3　设置优惠券

为了回报老客户，吸引老客户二次交易或更多次交易，商家可以专门为指定的客户发放店铺优惠券。下面介绍如何通过会员关系管理设置店铺优惠券。

❶ 在客户关系管理页面的客户管理选项下单击“成交客户”，即可显示所有有过交易的客户列表，如图 7-137 所示。

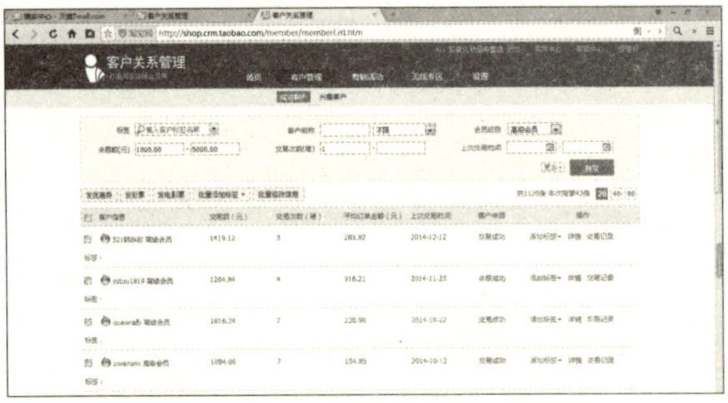

图 7-137　查看成交客户列表

❷ 勾选列表中需要发放优惠券客户前面的复选框，并单击左上角的“发优惠券”按钮，打开“选择优惠券”对话框，单击“创建店铺优惠券”链接，进入新建优惠券页面，设置活动名称、面额、使用条件、有效时间和发行量等，如图 7-138、图 7-139 所示。

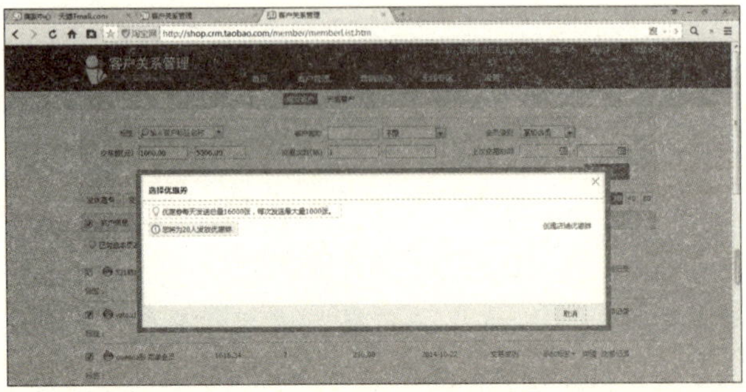

图 7-138　单击“创建店铺优惠券”链接

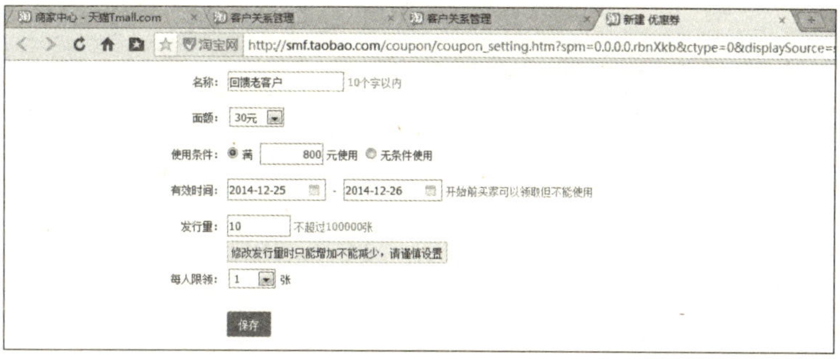

图 7-139　设置活动内容

❸ 单击“保存”按钮即可给指定客户发放优惠券。

注　意

会员关系管理中的优惠券需要单独设置，和营销工具中的店铺优惠券是不一样的，而且也毫无关联。

7.9.4　创建新人礼包

❶ 在客户关系管理页面的营销活动选项下，单击“创建活动”按钮即可显示所有可创建的活动，如图 7-140 所示。

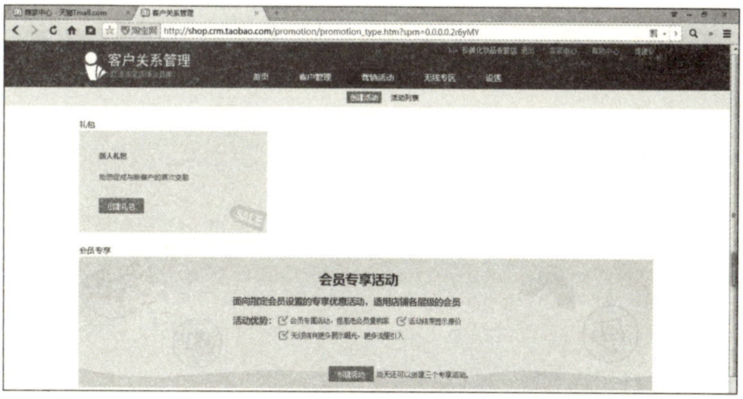

图 7-140　单击“创建活动”按钮

❷ 单击“创建礼包”按钮，进入创建新人礼包页面，单击“优惠券”按钮即可激活礼券一设置框，可以设置礼券名称、面额、发行量以及有效时间等，如图 7-141、图 7-142 所示。

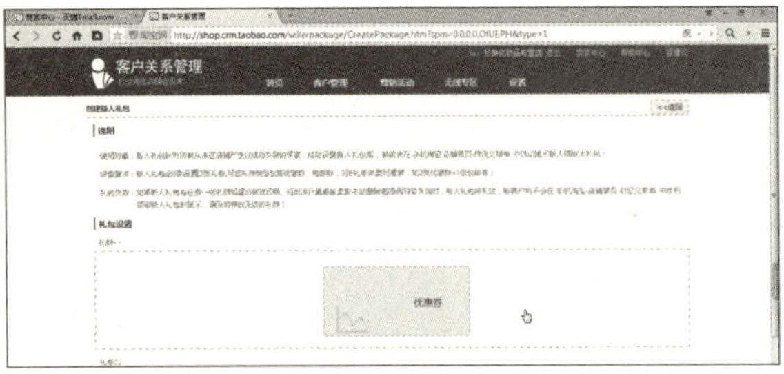

图 7-141 单击 “优惠券” 按钮

图 7-142 设置礼券名称、 面额等内容

7.9.5 管理会员关系等级

商家通过为进店交易过的买家设置等级，可以为不同消费等级的买家设置特定的优惠力度，方便更好地留住老客户。会员关系可以划分为四个等级，其具体说明如图 7-143 所示。

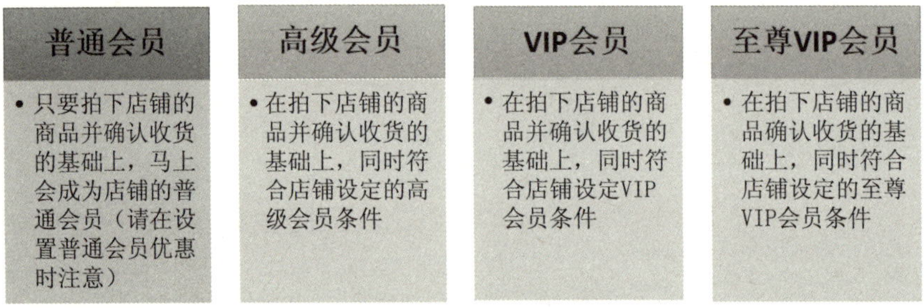

图 7-143 会员关系四个等级

第8章
“猫”店宣传与推广，花最少的钱做最多的事

8.1 加入相应的买家旺旺群进行免费宣传

商家可以在天猫客服群里添加买家，进行商品宣传活动，也可以加入相关的买家旺旺群实现免费宣传。例如，化妆品行业的商家可以加入一些护肤交流群或化妆品代购群，有针对性地宣传店铺商品。旺旺客户交流对象包括老客户和新客户，商家在宣传时应着重留住老客户、吸引新客户，才能达到免费宣传的目的。

1. 组建老客户旺旺群

旺旺群比较适合与老客户进行情感交流，这个方法的投入成本低，耗时较长，效果也需要时间来证明。但是，商家和客户培养出来的关系是非常牢固的。商家也可以将在店铺购买过两次或以上的老客户邀请进群，随时随地向他们提供最新、最快、最有用的店铺资讯，出现售前售后问题时也给予优先解决，从而更好地提升其购物体验。

通过有针对性地对老客户设置店铺优惠活动，商家自然能更好地留住老客户。这批客户不仅可以成为店铺的忠诚购买者，还可以产生口碑效应。他们会自发地把店铺的好东西介绍到朋友圈，以他们的信誉为店铺的商品质量作保证，无形中也是在一定程度上对店铺进行了宣传。

2. 加入新客户旺旺群

除了利用老客户旺旺群，商家也可以搜寻一些有消费潜力的旺旺群，主动加入并宣传店铺，其具体操作如下。

登录千牛工作台，单击左上角的搜索框并输入合适的买家群名称，加入该买家群后即可打开消息框发布店铺的优惠宣传网址链接，具体如图 8-1、图 8-2、图 8-3 所示。

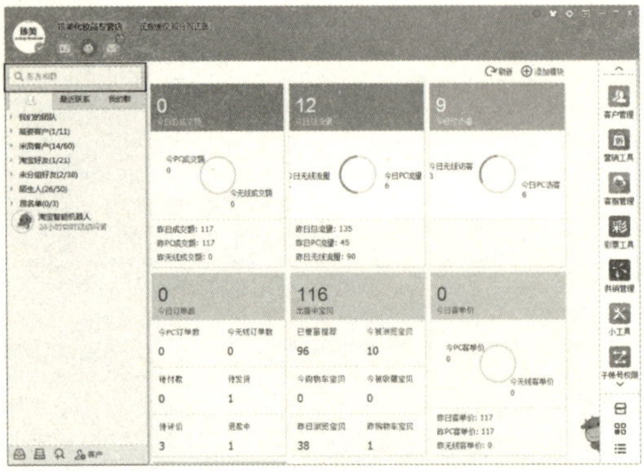

图 8-1 单击“搜索框”按钮

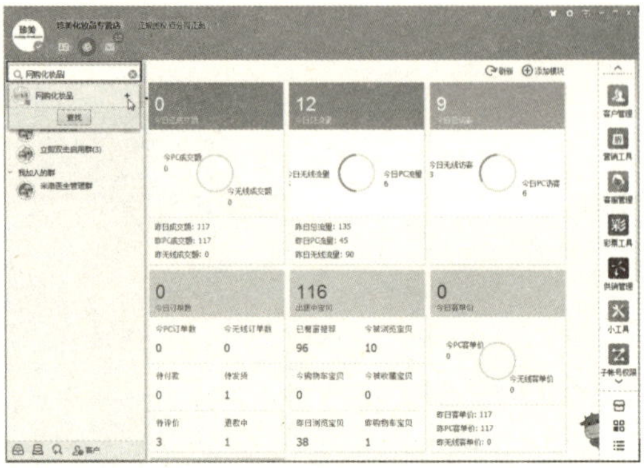

图 8-2 输入买家群名称

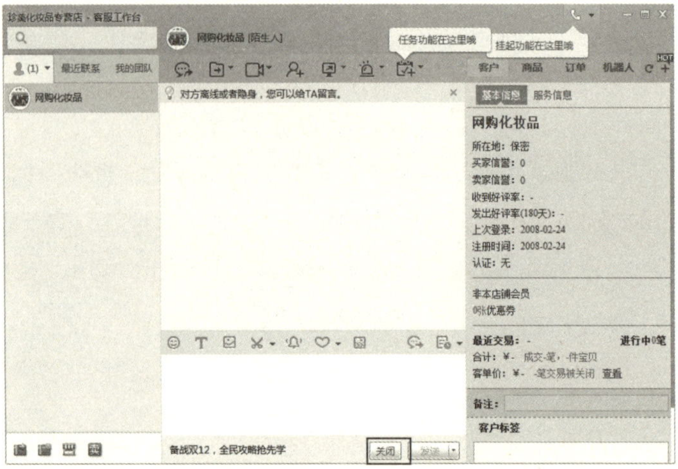

图 8-3 发送宣传信息

8.2 利用社交工具发送促销商品进行免费宣传

日常工作与生活离不开社交工具，社交工具除了方便日常交流，还可以为商家宣传网店提供便利。下面介绍两种可以用于免费宣传的社交工具。

1. QQ 漂流瓶

漂流瓶是腾讯 QQ 推出的一项邮箱交友功能。打开并登录 QQ 邮箱后，单击下方的“漂流瓶”选项（见图 8-4），打开漂流瓶设置页面。商家可以在该页面中为天猫店铺的活动作宣传。设置完毕后单击“扔出去”按钮（见图 8-5），陌生人就会收到网店宣传内容的漂流瓶。

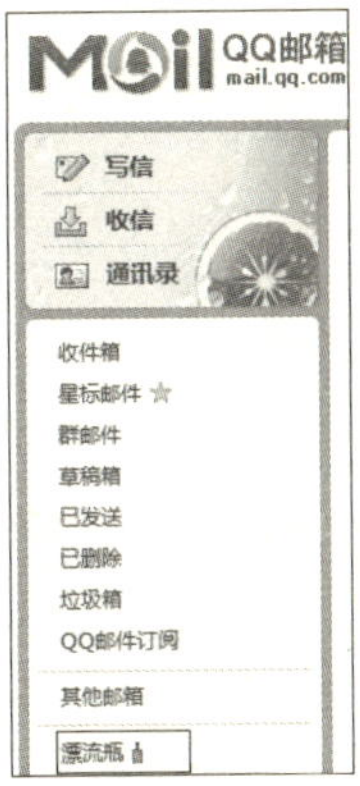

图 8-4 单击“漂流瓶”选项

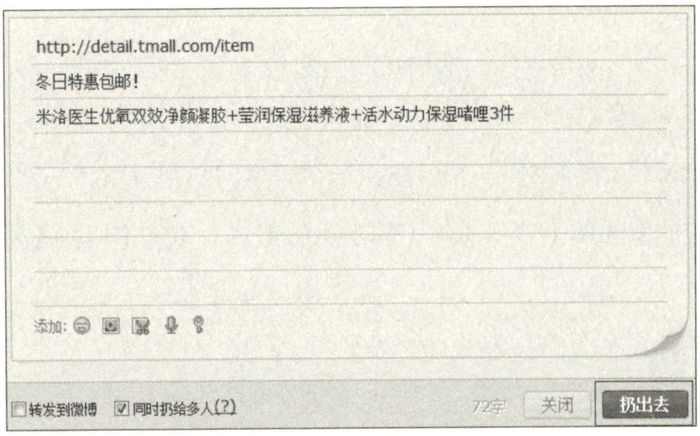

图 8-5 发送店铺宣传内容

2. 电子邮件

电子邮件是最常用的与客户进行交流的工具。利用邮箱向指定客户发送宣传内容，如图 8-6 所示。

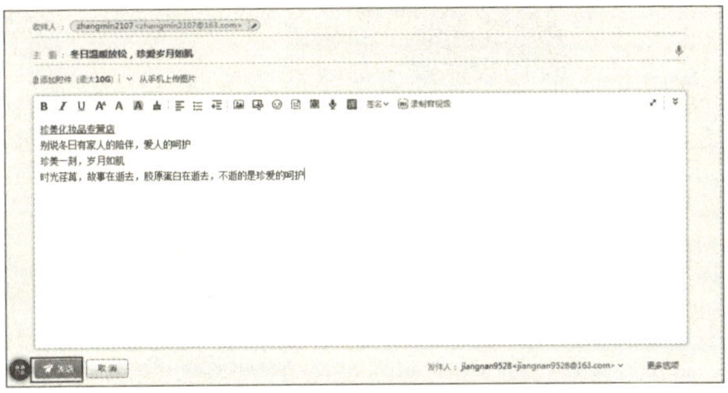

图 8-6 利用邮箱发送宣传内容

怎样的电子邮件才能更好地体现交流能力，并被客户接受呢？人们喜欢个性化的邮件，喜欢认真有责任心的邮件，喜欢充满人性和亲切感的邮件。但是，商家更关心邮件（或更多的是回复邮件）是否及时。下面是商家在发送宣传邮件时需要注意的要点，并且应尽量避免群发一些没有营养的广告邮件。

（1）目标对象要准确。

（2）增强联系次数。

（3）以创意和诚意打动新老客户。

（4）不要以自我为中心编辑邮件。

（5）通俗易懂地描述商品，使客户达到共鸣。

（6）想客户之所想，急客户之所急。

8.3 通过相应社区发帖回帖进行免费宣传

天猫店铺和淘宝店铺一样，商家除了利用一些官方营销工具和收费工具增加店铺流量和交易量之外，还可以通过一些免费社区及论坛发帖回帖宣传自己的网店。

1. 淘宝论坛

淘宝论坛（http://bbs.taobao.com）是一个完全开放且自由自主的平台，淘宝网的用户可以在这里的任何一个板块发表评论，可以和上亿用户在这里一起分享淘生活、淘故事以及购物中的经验等。下面介绍如何在淘宝论坛中的天猫论坛发帖宣传。

❶ 打开淘宝网首页，单击页面右上角的“论坛”链接（见图 8-7），打开淘宝论坛页面（见图 8-8），单击“全部论坛”右侧的下拉按钮，并在下拉列表中单击“天猫论坛”链接，即可打开天猫论坛，如图 8-9 所示。

图 8-7 单击页面右上角的“论坛”链接

图 8-8 淘宝论坛页面

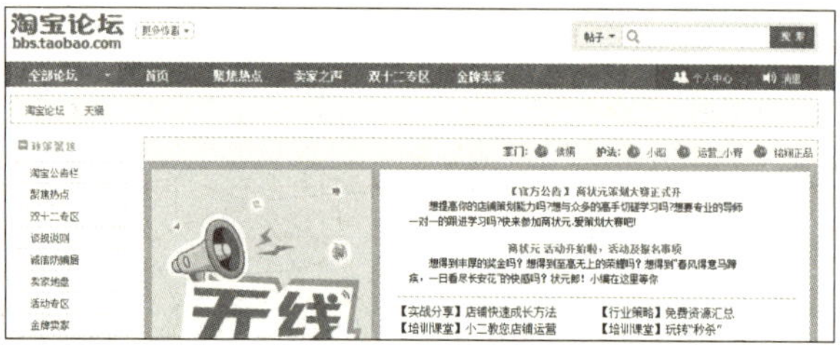

图 8-9 天猫论坛

❷ 切换至“卖家之声”选项下，再单击右下角的“发帖”并在下拉列表单击帖子选项，如图 8-10 所示。打开发表帖子页面，输入帖子标题和正文内容后，单击下方的“发表”按钮即可完成相关帖子的发表，如图 8-11、图 8-12 所示。

图 8-10 单击帖子选项

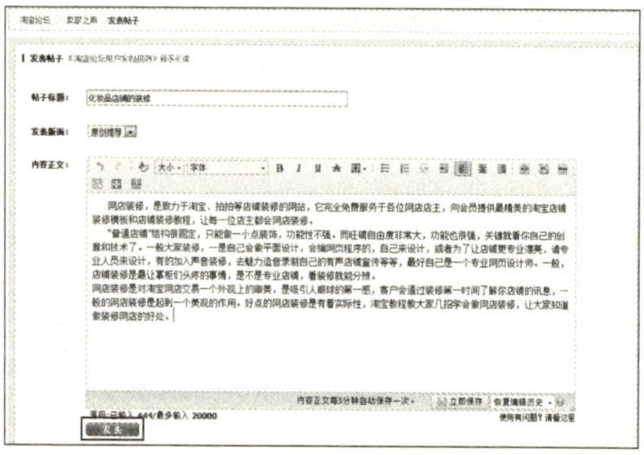

图 8-11 输入标题和内容并单击“发表”按钮

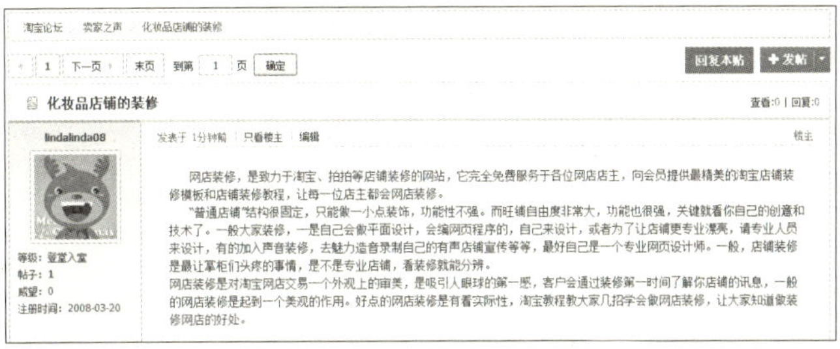

图 8-12　完成帖子的发布

提　示

一般不建议商家在论坛宣传自己的店铺。论坛发帖规则有说明，禁止商家发布产品信息。商家一旦在论坛宣传自己的店铺，就会被视为广告贴予以删除并扣分。如果帖子内容过多，商家可以事先在 Word 或记事本中编辑好，再复制到帖子正文文本框内，防止断网或论坛维护导致输入的文本丢失。

2. 支付宝论坛

通过支付宝论坛（http://club.alipay.com），商家也可以发帖、跟帖来提高店铺流量，其操作方法和在淘宝论坛发帖的方法基本一致。通过支付宝论坛，商家还可以在“精彩活动”下选择参加一些活动以赢得奖励，如广告推荐位等，如图 8-13 所示。

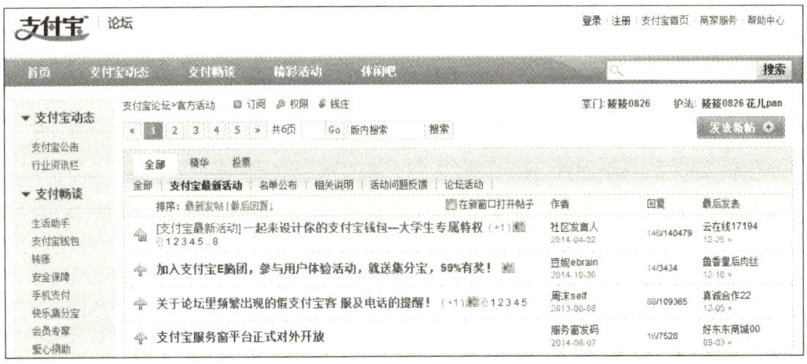

图 8-13　“精彩活动”下选择参加一些活动赢得奖励

提　示

如果帖子被加精，那么精华帖子被浏览的几率会更高。当帖子被坛主置顶时，其人流量和人气就会暴涨，带来的利益也会更多。

商家在回复帖子时，要避免使用简单、没有特色的语言，要尽可能地中肯，并表明自己的一些看法和建议，达到和买家沟通的目的。

3. 天涯论坛

除了淘宝自有论坛，商家也可以注册一些在网友之间比较受欢迎的论坛账号，如知名度较高的天涯论坛（http://www.tianya.cn），通过发帖、跟帖达到免费宣传目的。但是，商家要避免发布一些广告性强的帖子，因为这样容易被删除。商家可以在天涯论坛“我爱网购”板块发布促销活动的帖子，如图 8-14 所示。

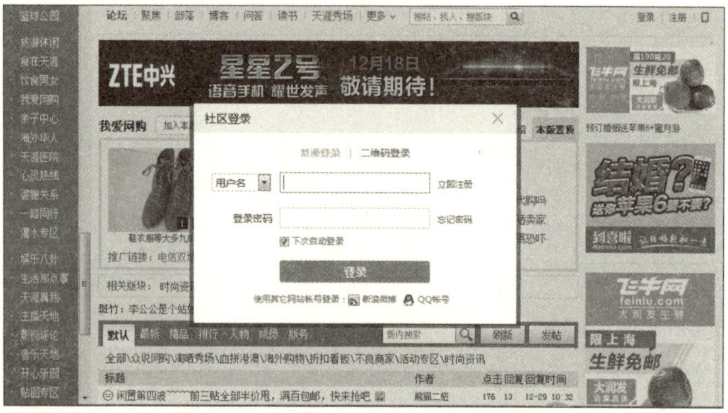

图 8-14　第三方论坛发表宣传帖子

提　示

商家在第三方论坛发帖宣传店铺时，如果不是在特定的板块，容易被当作广告帖。当然，商家也可以在其他板块发挥创意，从侧面达到宣传自己网店的目的。这就需要多思考，如何从千篇一律的广告帖中脱颖而出。例如，介绍自己用过的好用的护肤品，网友在了解产品并心动之后自然会主动要求短地址。

8.4　通过搜索引擎及百度推广进行免费宣传

百度及各大搜索引擎在网友之间的应用很广泛，商家可以通过这些工具达到免费宣传网店的目的。下面介绍几种常用的推广方式。

1. 百度贴吧

百度贴吧有很多分类，如剧迷、追星、游戏、旅游等。商家可以在对应的贴吧发帖、回帖，进行免费宣传与产品推广，其具体步骤如下。

首先在地址栏输入网址“http://tieba.baidu.com”，注册账号并登录后在搜索框输入相应的分类名称，再单击“进入贴吧”按钮即可实现发帖和跟帖，如图 8-15、图 8-16 所示。

图 8-15 在搜索框输入名称

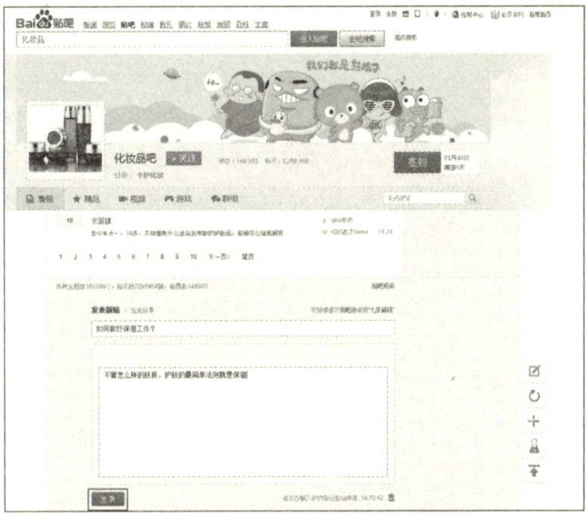

图 8-16 在贴吧中发帖和跟帖

2. 百度文库

拥有百度账号之后，商家还可以登录百度文库（http://wenku.baidu.com），上传软文宣传店铺。这里的软文应避免直接的广告宣传，商家可以编写一些关于开店推广宣传经验的软文上传至百度文库，如 ×× 店铺成功案例、相关行业的专业知识介绍等，如图 8-17 所示。

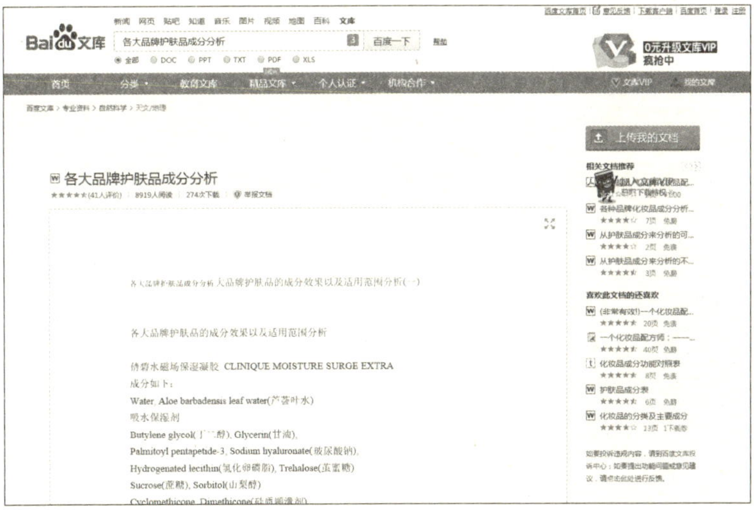

图 8-17 百度文库发表内容

3. 问答推广

商家可以在百度知道、SOSO 问问、雅虎知识堂、新浪爱问、淘宝打听等平台注册多个账号自问自答，也可以搜索相关问题主动回答，如图 8-18 所示。

图 8-18　百度知道提问和回答

4. 搜索引擎

百度搜索引擎登录入口（http://zhanzhang.baidu.com/sitesubmit/index），在 URL 提交选项下填写 URL 地址，如图 8-19 所示。登录谷歌、雅虎、搜狗等搜索引擎网站，提交自己的网店地址。

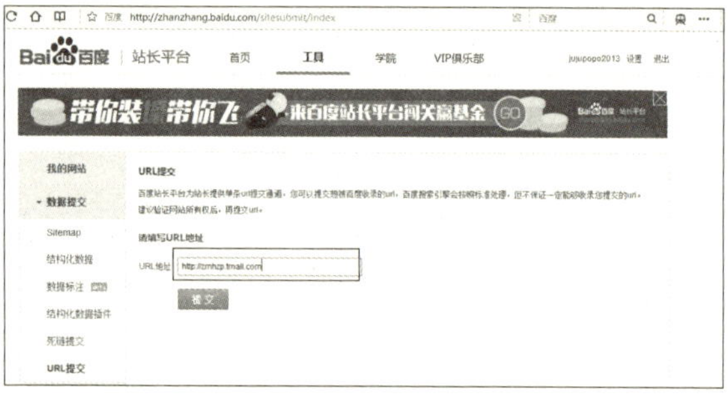

图 8-19　在 URL 提交选项下填写 URL 地址

提　示

搜狗搜索引擎登录入口 http://www.sogou.com/feedback/urlfeedback.php。

8.5　通过“淘宝直通车”进行推广

淘宝（天猫）直通车是一款帮助商家进行推广的营销工具。它通过买家搜索关键词展现匹配商品的方式，将商品展现在高流量的直通车展位上，精准地展现到潜在买家眼前，从而使商品在众多同类商品中脱颖而出。直通车推广展位可以得到大量买家的关注，选择直通车推广能为商品带来高曝光率。

买家通过搜索关键词，在直通车展位上能看到对应的推广信息，如图片、标题、商品售价与成交笔数等。看到感兴趣的推广信息后，买家可以进入商品详情页面。在搜索框输入商品分类名称后，页面右侧会显示商品推广页面，如图 8-20 所示。这里的商品都是参加直通车向买家推广的同类商品。

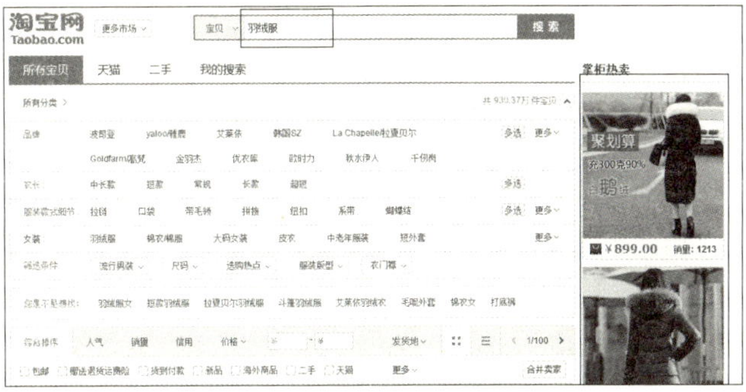

图 8-20　页面右侧显示商品推广页面

8.5.1　直通车的优势

直通车工具的优势，如图 8-21 所示。

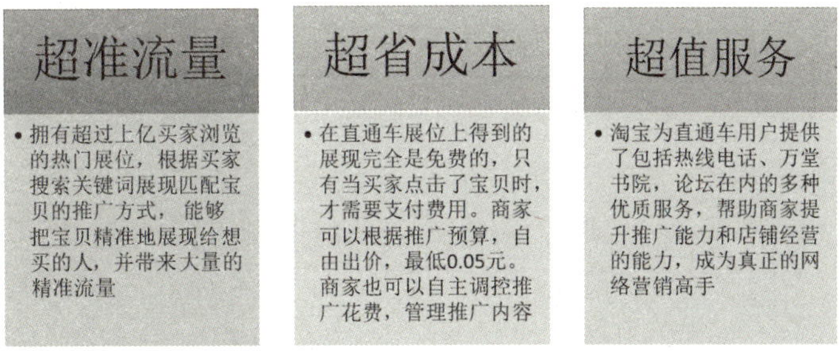

图 8-21　使用直通车的优势

8.5.2　直通车的功能

为了能更好地满足买家的购物需求，并将商品推广覆盖到更多的潜在买家，直通车除了宝贝推广，还推出了店铺推广、明星店铺、活动专区和定向推广等营销产品来辅助商家执行推广。它们具备各自特有的优势，商家可以根据自己的需求灵活选择组合这些营销产品。下面详细介绍几种主打产品。

1. 宝贝推广

宝贝是直通车最基础的营销产品，商家为推广宝贝设置相关的关键词，并设定一个合理的出价。当买家搜索该关键词时，推广中的宝贝就会得到展现。这种推广方式能够明确买家的搜索意图，帮助商家精准锁定潜在目标客户群。

2. 店铺推广

店铺推广是基于宝贝推广的一种新的通用推广方式。商家可以对店铺页面（首页或分类集合页）进行精准推广，并设置与推广页面相关的关键词和出价。当买家搜索关键词时，商家会获得展现与流量，并满足同时推广多个同类型宝贝、传递店铺独特品牌形象的需求。例如，右侧为关键词搜索得到的推广店铺，如图 8-22 所示。

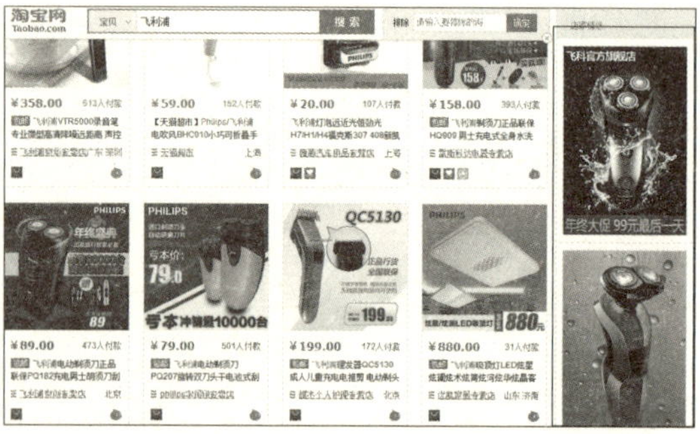

图 8-22　右侧为关键词搜索得到的推广店铺

3. 明星店铺

明星店铺推广是基于搜索营销的一种新的推广方式。开通了明星店铺的商家，通过设置关键词和出价，当买家在淘宝网搜索框中搜索相应关键词时，其对应的推广信息将在搜索结果页首页最上方的黄金位置获得展现（见图 8-23），具有塑造店铺品牌形象的特点。

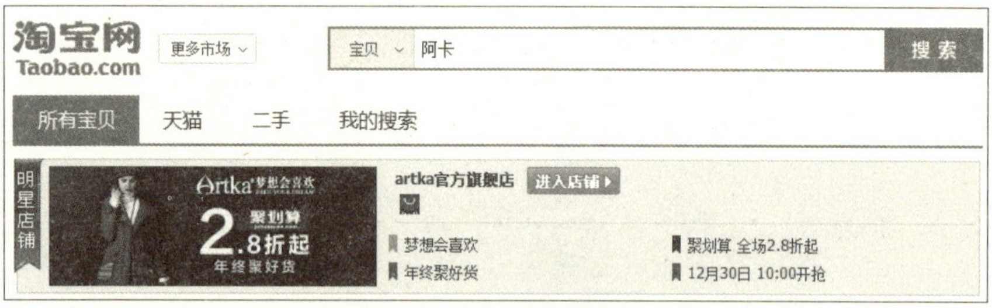

图 8-23　明星店铺展现

4. 活动推广

活动推广采取直通车商家自主报名的方式，将一部分符合淘宝特别运营要求的商品，在某一段时间的特定位置上集中展现。其形式目前主要分为长期活动和主题活动两种。

（1）长期活动：即淘宝热卖单品活动，在淘宝网的首页直接展示（见图 8-24），通过该区域可以吸引买家直接点击查看热卖商品。

图 8-24 淘宝热卖单品活动页面

（2）主题活动：活动会不定期举行，并在最合适的时间、最火爆的推广位为商品带来目标客户。

5. 定向推广

定向推广依靠淘宝网庞大的数据库构建出买家的兴趣模型，它能从细分类目中抓取特征与买家兴趣点匹配的商品，并将其展现到旺旺焦点图、我的淘宝—已买到宝贝、收藏列表页、物流详情页等买家浏览的热门展位上。而且，定向推广更有利于锁定潜在买家，实现精准营销。例如，根据买家已买到的商品自动推荐的热卖单品轮播页面，如图 8-25 所示。

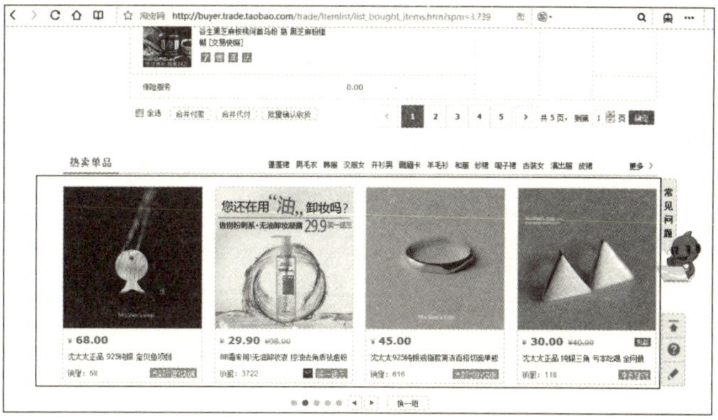

图 8-25 已买到商品页面自动推荐的轮播页面

淘宝会根据买家收藏夹中的商品定向推荐与其同类型的热卖商品单品轮播页面，如图 8-26 所示。

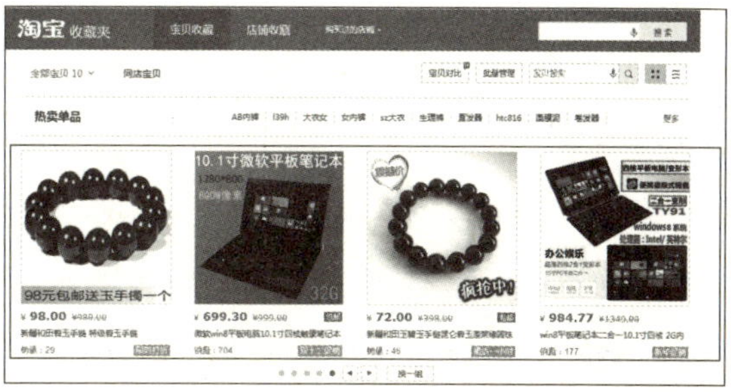

图 8-26 收藏夹页面热卖商品单品轮播

买家登录旺旺之后，系统都会弹出“每日焦点”窗口，向买家定向推荐热卖商品，如图 8-27 所示。

图 8-27 “每日焦点” 窗口推荐的热卖商品

8.5.3 直通车推广商品

了解了直通车的优势和各项功能之后，下面以天猫店铺为例介绍如何运用直通车进行推广。

❶ 登录天猫卖家工作台，单击左侧“营销中心”下的“我要推广”，打开淘宝直通车页面，如图 8-28、图 8-29 所示。

图 8-28 单击 “我要推广” 链接

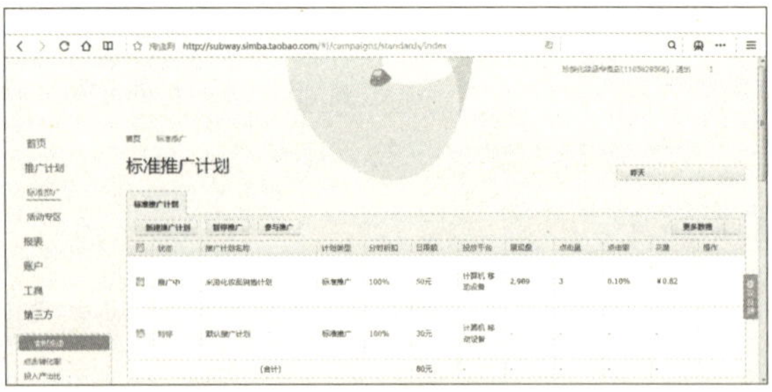

图 8-29 淘宝直通车页面

❷ 单击“推广计划”下的“标准推广”，在标准推广计划下可以看到店铺当前已经设置的推广活动。单击“新建推广计划”按钮，打开“新建标准推广计划”页面。输入推广计划名称并单击“提交”按钮，提示已经成功创建推广计划，如图 8-30、图 8-31 所示。

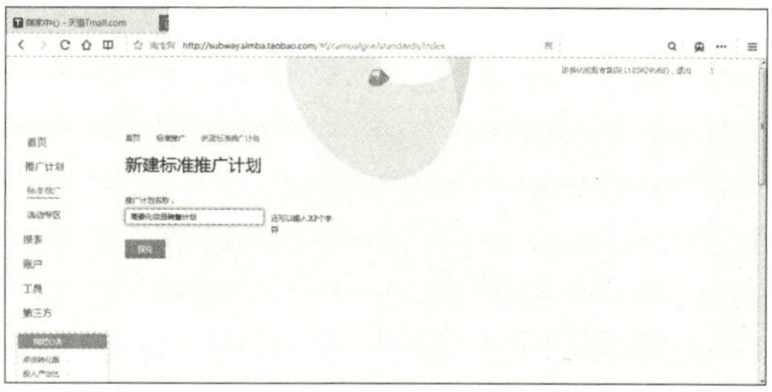

图 8-30 设置推广计划名称

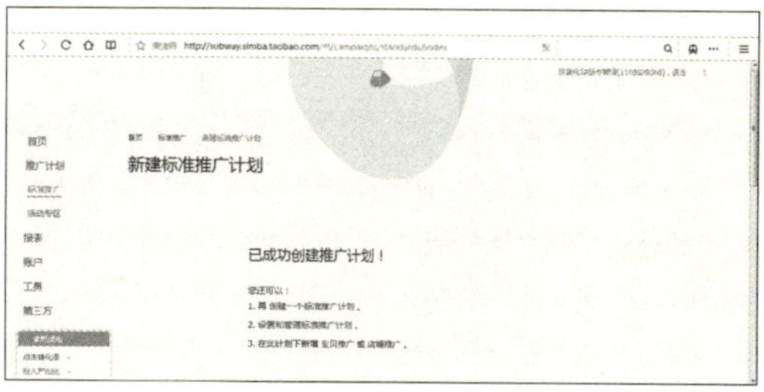

图 8-31 成功创建推广计划

❸ 继续单击下方第三点的“宝贝推广”链接，打开新建宝贝推广页面，将鼠标指针指向宝贝，会在右侧显示“推广”链接，直接单击即可推广该宝贝，如图 8-32、图 8-33 所示。

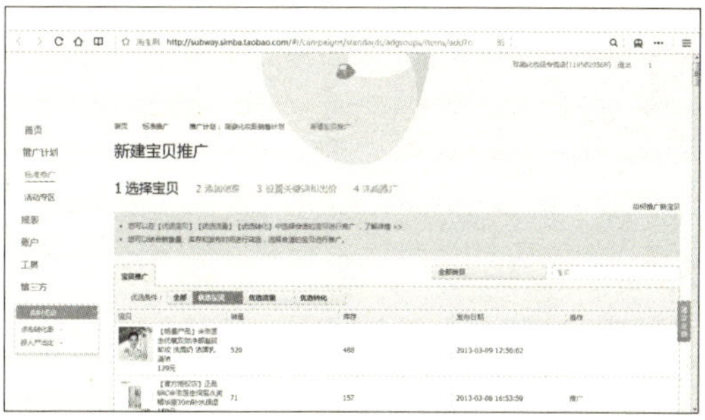

图 8-32 新建宝贝推广页面

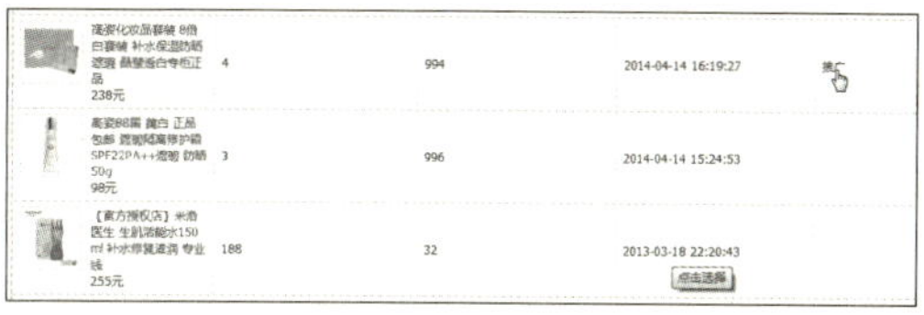

图 8-33 选择推广宝贝页面

❹ 完成推广宝贝设置后进入“添加创意”步骤，选择创意图片并输入标题，单击“下一步”按钮即可，如图 8-34、图 8-35 所示。

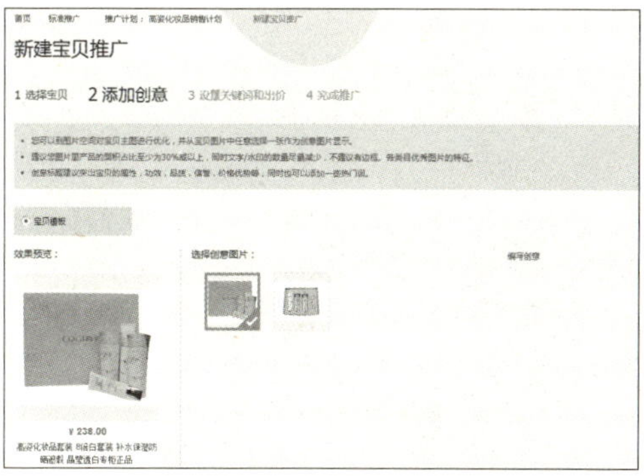

图 8-34 进入“添加创意”步骤

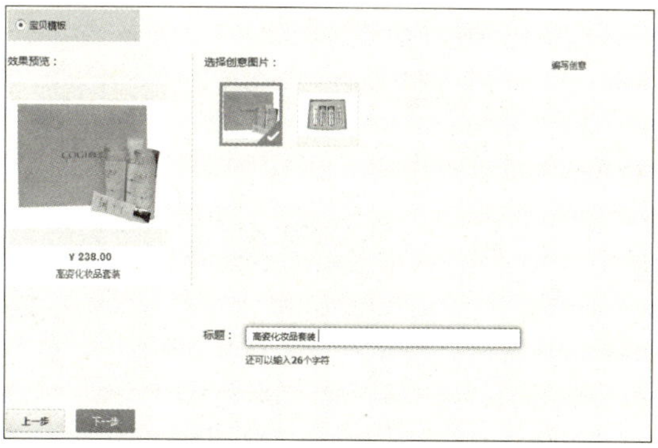

图 8-35 选择创意图片并输入标题

❺ 进入“设置关键词和出价”步骤，在“宝贝匹配关键词”选项卡下显示众多关键词，再单击下方的“添加当前页”链接即可添加至左侧的关键词列表，如图 8-36 所示。

❻ 滚动至页面下方可以设置默认出价，单击“完成”按钮即可添加推广，如图 8-37、图 8-38 所示。

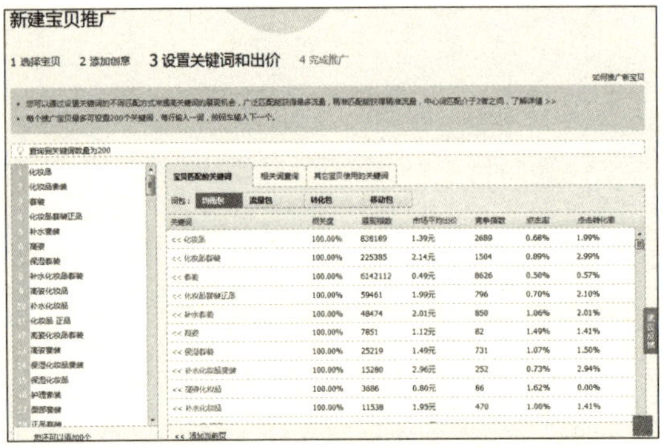

图 8-36　添加关键词列表页面

图 8-37　设置默认出价

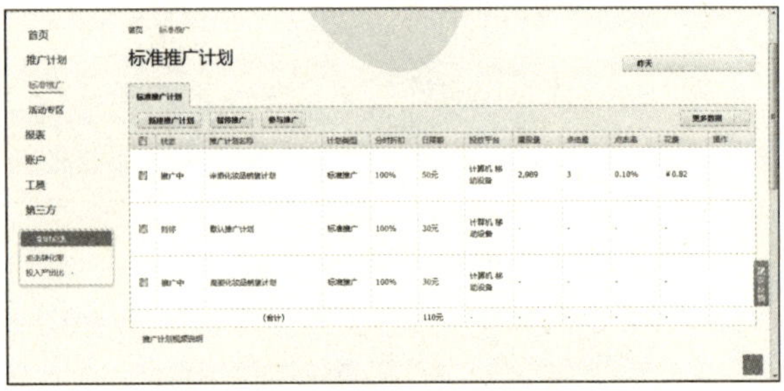

图 8-38　完成推广计划的添加

8.5.4　查看直通车数据

商家利用淘宝直通车作推广计划之后，可以在直通车页面查看各项指数，并进一步分析推广结果数据，以便进行下一步的营销计划。

（1）在标准推广计划下可以看到当前店铺设置的推广计划，显示了昨日点击量、展现量以及花费，如图 8-39 所示。

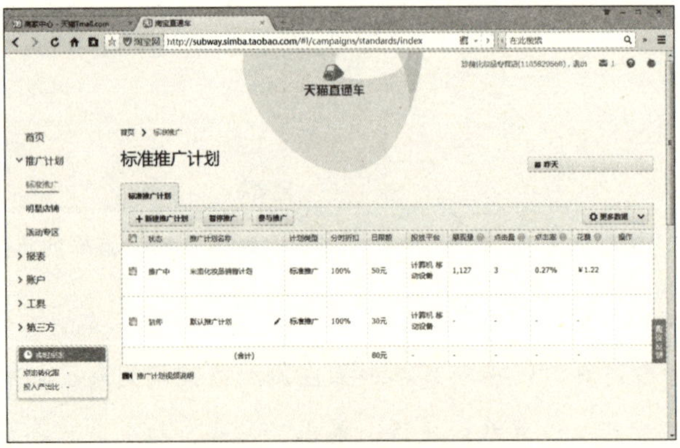

图 8-39　标准推广计划页面

（2）单击“昨天”按钮，可以在下拉列表选择其他日期查看推广效果。设置完成后单击“确定”按钮，即可刷新指定日期下的点击量、展现量以及花费，如图 8-40、图 8-41 所示。

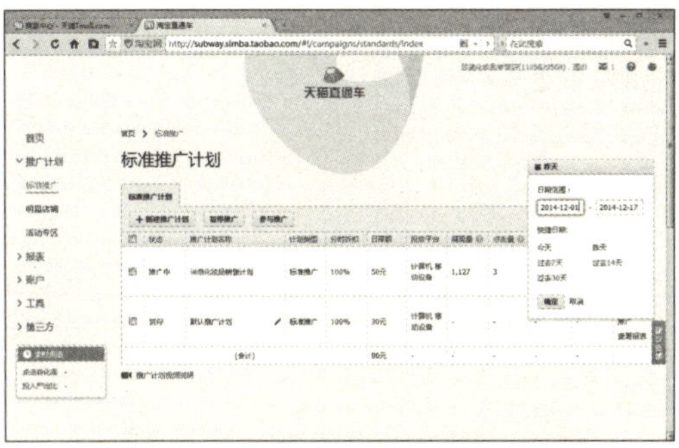

图 8-40 选择查看推广效果的日期

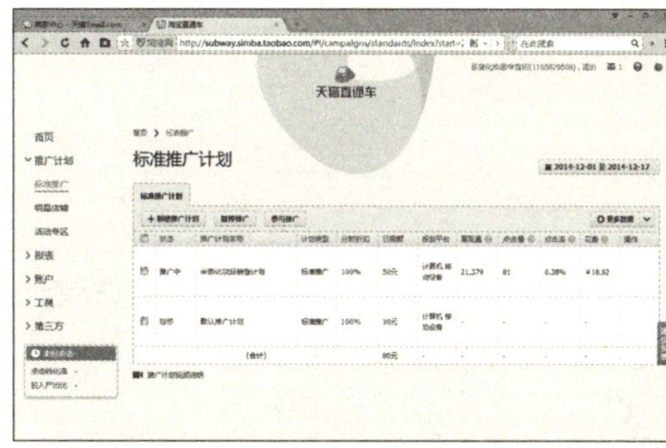

图 8-41 查看点击量、展现量以及花费

（3）切换至左侧“报表”下的“直通车报表”，可以看到过去 7 天各项数据形成的折线图，从图中可以直观地看到这一周的展现量走向趋势，如图 8-42 所示。

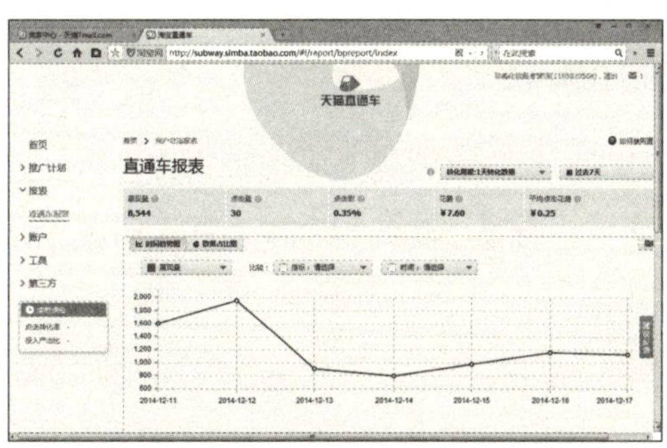

图 8-42 一周的展现量走向趋势

（4）继续往下可以看到推广单元列表中参加推广的每个宝贝的点击数据，如图 8-43 所示；在关键词列表选项下可以看到根据搜索关键词所产生的点击量和花费，如图 8-44 所示。

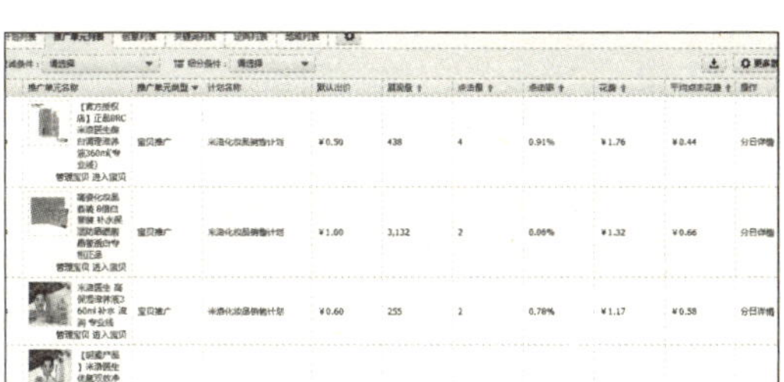

图 8-43 参加推广的每个宝贝的点击数据

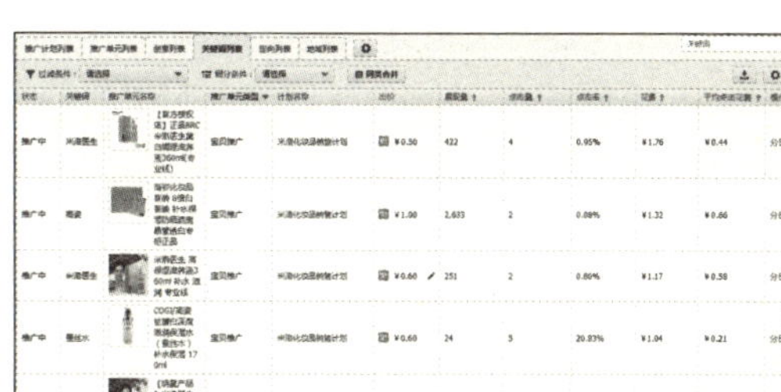

图 8-44 搜索关键词产生的点击量和花费

（5）切换至地域列表选项下，可以查看推广计划中不同地区买家的点击量数据，如图 8-45 所示。

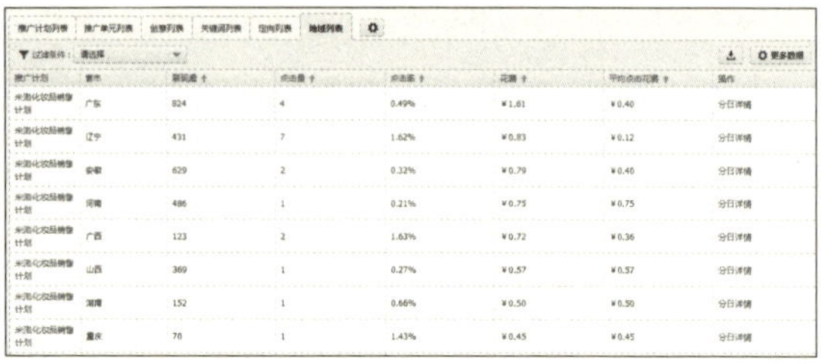

图 8-45　不同地区买家的点击量数据

注　意

直通车基础数据提供截止到前一天的数据，所以当天开通直通车是无法立刻看到基础数据的。

8.5.5　关键词决定推广成败

淘宝买家在购买商品时，首先需要输入关键词查找合适的商品。直通车作为淘宝开发的精准营销工具，它的核心就是围绕关键词来展开。所以，设置关键词对于淘宝直通车而言具有至关重要的作用。

添加关键词是开好直通车的第一步。想要直通车有流量、有转化，选词的多少就决定了目标买家的覆盖度，选词的精准程度决定了潜在客户的转化率。打开天猫商城首页，搜索关键词后，就可以看到热卖商品推荐页面，如图 8-46 所示。

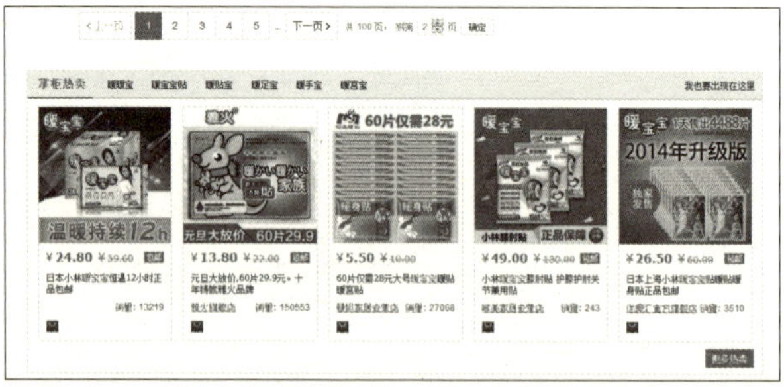

图 8-46　搜索关键词得到的热卖商品推荐

目前的关键词匹配方式有精确匹配、中心词匹配及广泛匹配三种。选择一种合适的匹配方式，可以帮助商家获取优质的流量，扩展潜在的买家。三者覆盖的范围和相互之间的关系如图 8-47 所示，即广泛匹配的展现流量范围包含中心词匹配和精确匹配，中心词匹配的展现流量范围包含精确匹配。

为了更好地运用直通车，下面具体介绍几种关键词的匹配方式。

1. 精确匹配

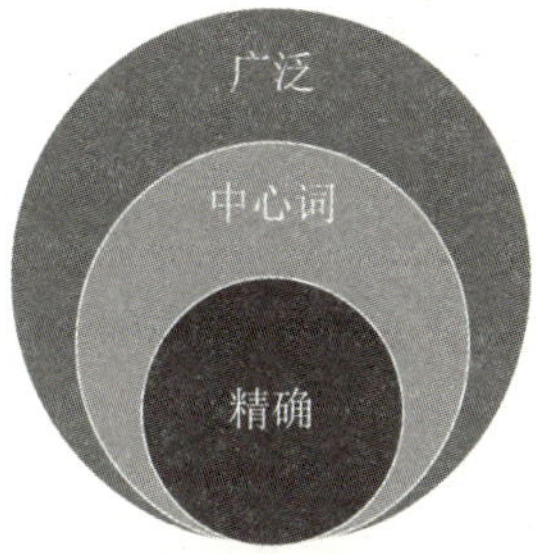

图 8-47 三种关键词覆盖关系图示

买家搜索词与所设关键词完全相同（或是同义词）时，推广商品才有机会展现。这类词通常会非常精确地体现买家的购买意图，但是搜索量非常少。例如，英伦格子衬衫、韩版仿制雪地靴，这样的词转化率一般都比较高，需要重点维护。

2. 中心词匹配

买家搜索词包含了所设关键词时，推广商品就有机会展现。假如商家设置的关键词为保温水杯，那么买家需要搜索诸如“星巴克 保温水杯”“手绘 保温水杯”“情侣 手绘 保温水杯”，才能有机会搜索到商家推广的商品。

3. 广泛匹配

当买家搜索词包含了所设关键词或与其相关时，推广商品就有机会展现。那么，买家搜索诸如“星巴克 保温水杯”“手绘 保温水杯”“情侣 手绘 保温水杯”“手绘水杯”“可爱水杯”“卡通水杯”等关键词，就都有机会搜索到商家推广的的商品。广泛词的应用范围非常广，可以用于各个类目。例如，化妆品类目下系统自动推荐的上百条关键词如图 8-48 所示。

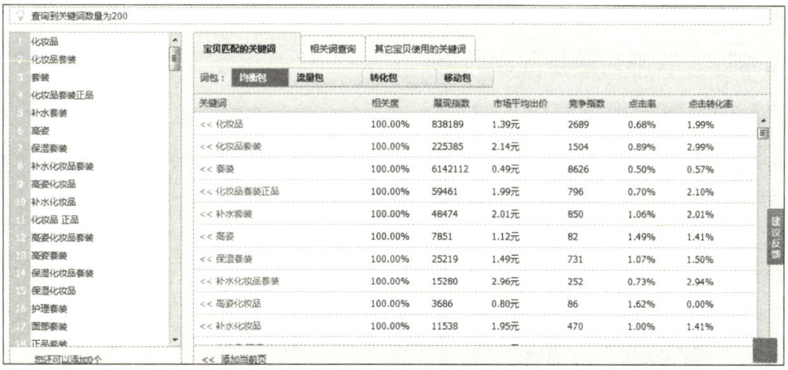

图 8-48 系统自动推荐的关键词

一般情况下，商家可以找到 80% ~ 90% 需要的关键词。在添加推广内容时，第一个标题内容最好以中心词、属性词为主。

8.5.6 哪些商家适合直通车

直通车是一项应用非常广泛的淘宝店铺推广手段，但是并非所有商家都适合开通。下面介绍开通直通车需要的几个条件。

（1）推广的商品在同类商品中具有一定竞争力，才会更有优势。

（2）商品性价比高，商品描述与实物相符，有很好的口碑。

（3）店铺应有良好的信用评价和信誉，才能吸引买家。

（4）商品的库存量充足，有稳定的货源，确保及时快速地供货。

（5）通过直通车推广，有的店铺达不到推广效果，而有的店铺能收到立竿见影的效果。因此，所有商家需要确保有一定的信心和经济实力，完成这项长期投资推广活动。

8.6　通过“淘宝客”进行推广

商家除了自己劳心费力作推广之外，也可以花钱请别人给自己的店铺作推广。阿里妈妈为淘宝用户提供了淘宝客计划，下面具体介绍什么是淘宝客、如何设置淘宝客推广计划以及了解淘宝客佣金的设置规则。

8.6.1　了解淘宝客

淘宝客是指帮助淘宝商家推广商品而赚取佣金的人。商家只要获取淘宝商品的推广链接，让买家通过推广链接进入淘宝店铺购买商品并确认付款，就能赚取由买家支付的佣金，而无需投入成本与承担风险，并且最高佣金可以达到商品成交额的 50%。淘宝客能够通过各种渠道进行推广，如论坛、个人网站、个人博客、微博、导航网站等。只有当买家点击淘宝客链接购买后才会产生佣金，如交易产生退款情况，那么佣金会自动取消。

目前，淘宝客主要有以下几种推广方式，如图 8-49 所示。

图 8-49　淘宝客推广方式

商家可以挑选目前佣金较高的商品来推广。推广的形式比较多，例如可以在和网友聊天时介绍要推广的商品优势，也可以通过大范围的群发邮件方式，或者去聊天室和论坛推广都是不错的选择。注册淘宝客是免费的，佣金由商家自己定。例如，标价 1000 元的东西定 10%，那么淘宝客就拿这 10%，也就是 100 元。他拿的这钱当中，有 10% 就是阿里妈妈的提成。

天猫商家可以通过以下四种计划，设置淘宝客推广计划。

1. 通用计划

通用计划就是默认计划，也是所有淘宝客都能参加并推广的计划。这个计划没有太多门槛，建议新店设置类目的基础佣金，佣金一般是1%~5%；主推商品30款，佣金比例最高可设置成50%。

通用计划的具体展示位置是由淘宝客选择的，可以是淘宝客的网站、社区、论坛等其他任何位置，主要是针对站外引流的方式。

注　意

加入淘宝客推广默认执行的就是通用计划，所以通用计划是无法删除的。如不想使用通用计划而只执行其他计划，是不可以的。如果不想使用通用计划，要删除，商家就需要退出淘宝客推广。

2. 如意投计划

如意投是为淘宝商家量身定制，帮助商家快速提升流量，按成交付费的精准推广营销服务。如意投的展示位置分为PC和无线两大块，具体如图8-50所示。

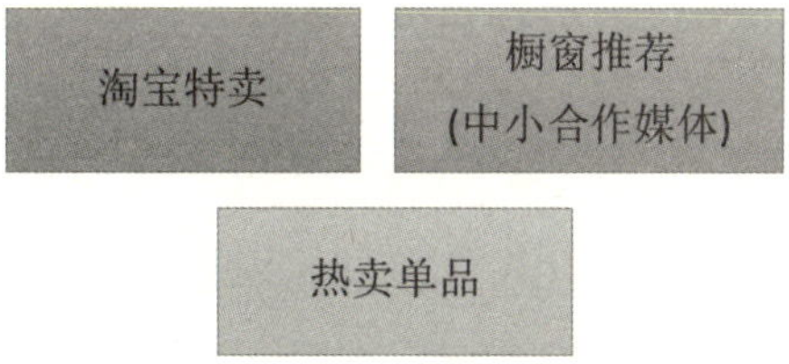

图8-50　如意投展示位置

如意投只需要按照以下流程加入即可，如图8-51所示。

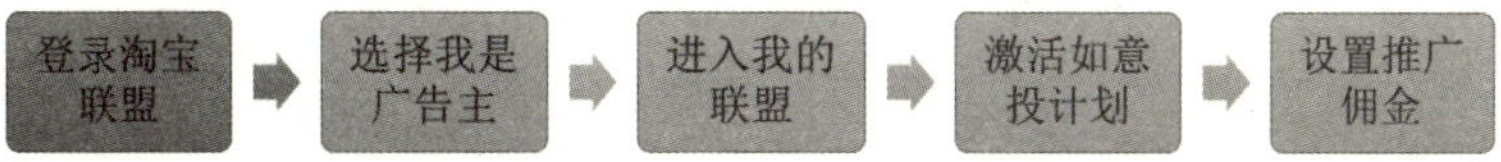

图8-51　如意投加入流程

如意投主要有以下特点。

（1）如意投推广按成交计费，不成交不计费，对于商家没有任何推广风险。

（2）使用如意投，商家只需要启用如意投推广，并设置相应的类目佣金即可。

（3）系统智能分析，根据买家的行为进行精准投放，让商家的商品轻松展现在买家面前。

（4）系统自动投放，省去了寻找淘客的漫长过程，调整佣金设置可以影响流量多少。

（5）如意投依托联盟自有媒体和合作伙伴的推广渠道，为商家带来更多站外优质流量。

如意投在淘宝展现的位置，主要有淘宝特卖频道（见图 8-52）、搜索页面、中小合作媒体的橱窗推广（见图 8-53）、热卖推广页面单品版以及热卖推广搜索版。

图 8-52　淘宝频道热卖

图 8-53　媒体橱窗推广页面

3. 淘客群计划

淘客群计划是由优质淘宝客群体里的人进行推广，如图 8-54 所示。其中，服饰精品群对佣金率要求很高，一般低于 30% 的佣金率是没有效果的。淘宝客群内含有大量优质的自助淘客，加入大淘客群后可以免去商家自主招募淘宝客的精力。

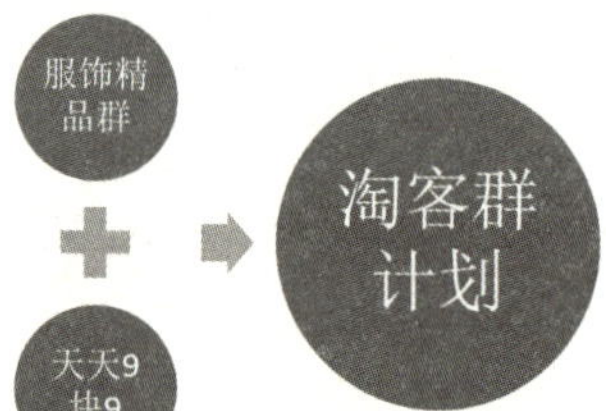

图 8-54　淘客群计划内容

4. 定向计划

定向计划是商家为淘宝客中某一个细分群体设置的推广计划。它可以让淘宝客在阿里妈妈前台看到推广，并吸引淘宝客参加；也可由商家不公开与某些大网站协商好，以让商家获得更多的流量，从而让淘客获取较高的佣金。

新建自选淘客计划是商家根据自己店铺的实际情况制订的个性化淘宝客计划，一般称为定向计划。这个计划可以邀请某些淘宝客来参加，设置的佣金比例比通用计划要高。例如，某些店铺的爆款商品要推广，但是想筛选一些优质的淘宝客帮忙推广，也可以设定这个计划。该计划主要的特点如图 8-55 所示。

图 8-55　定向计划特点

注 意

（1）开通淘宝客的商家，其信用等级要在一星级以上，动态评分各项分值均不低于 4.5 分，而且店铺正常出售中的商品数要大于等于 10 件。

（2）定向计划最多只能设置 10 个。

（3）定向计划过期或已经删除或暂停等，都无法开启。如果需要该计划，商家只能重新新建定向计划继续使用。

（4）新建定向计划后，第二天系统自动生效，所以建立的当天在该新建计划处会显示计划待执行。

8.6.2 设置淘宝客推广计划

了解淘宝客和淘宝客的推广计划类型后，商家就可以登录阿里妈妈设置淘宝客计划以及具体的佣金了。

1. 新建计划

❶ 登录天猫卖家工作台，单击左侧“营销中心”下的“我要推广”链接，打开营销入口，如图 8-56 所示。

❷ 单击“淘宝客推广”打开阿里妈妈登录页面，输入账户和密码并单击“登录”按钮，如图 8-57 所示。

图 8-56 单击 “我要推广” 链接

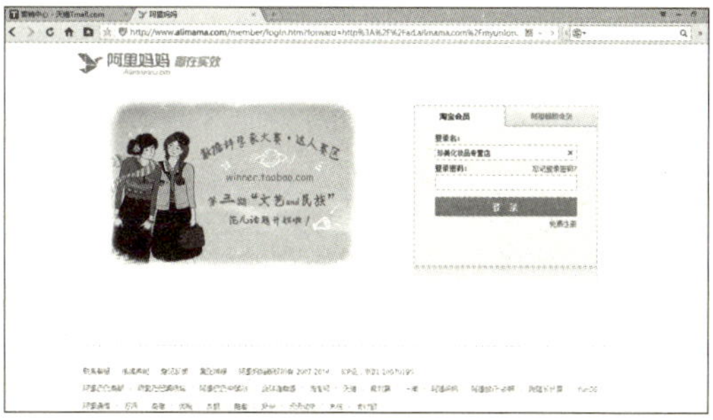

图 8-57 阿里妈妈登录页面

❸ 进入淘宝客卖家平台，在“推广计划”下单击“新建自选淘宝客计划”按钮，打开新建推广计划页面，分别设置计划名称、计划类型、审核方式、起止日期等，如图 8-58、图 8-59 所示。

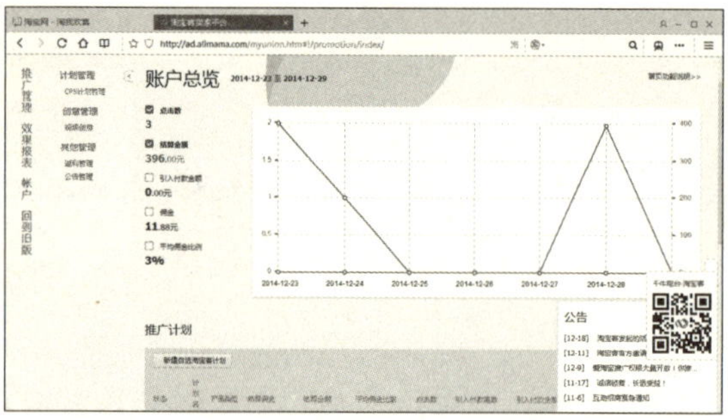

图 8-58　单击“新建自选淘宝客计划”按钮

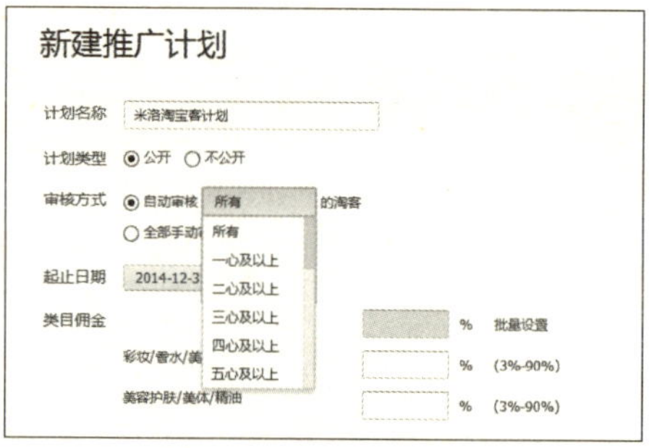

图 8-59　新建推广计划页面

❹ 输入类目佣金并单击“创建完成”按钮，即可完成淘宝客计划创建，如图 8-60 所示。

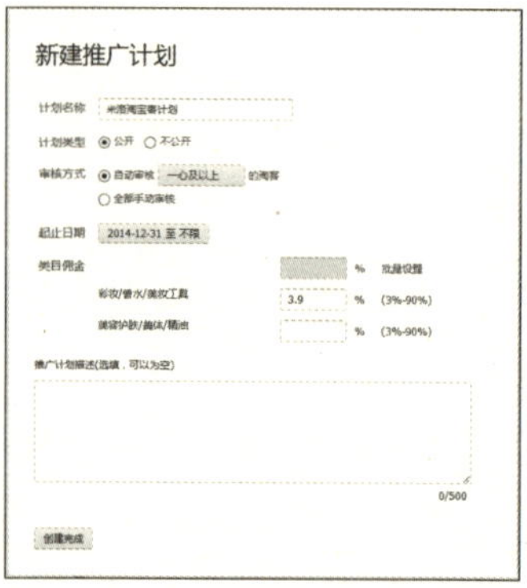

图 8-60　完成淘宝客计划创建

2. 设置佣金

佣金是在淘宝客推广成功，买家购买商品确认收货之后，商家支付给淘宝客的费用。买家没有确认收货之前，是不收费的。下面具体介绍如何设置佣金。

❶ 在“推广计划”下单击“通用计划”链接（见图 8-61），在打开的“佣金管理”页面显示了主推商品列表，将鼠标指针指向商品右侧区域，单击“编辑佣金比”即可重新更改佣金数据，重新输入佣金比即可，如图 8-62、图 8-63 所示。

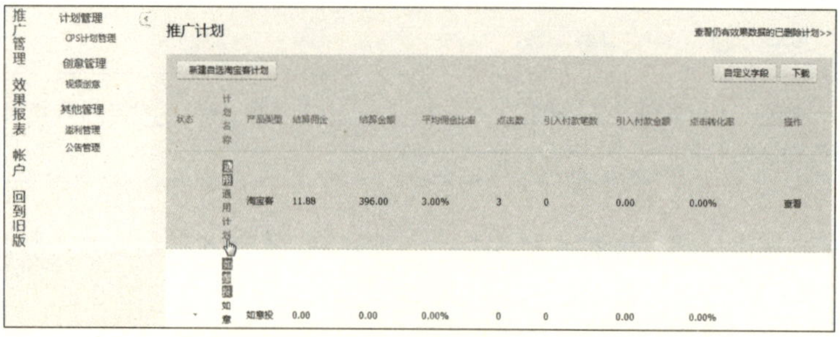

图 8-61　单击“通用计划”链接

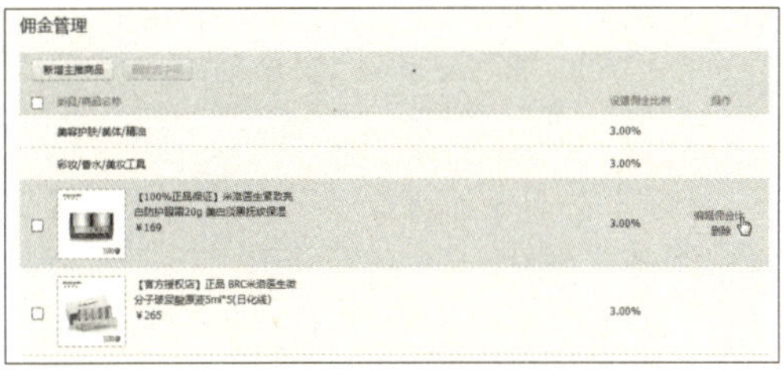

图 8-62　主推商品列表

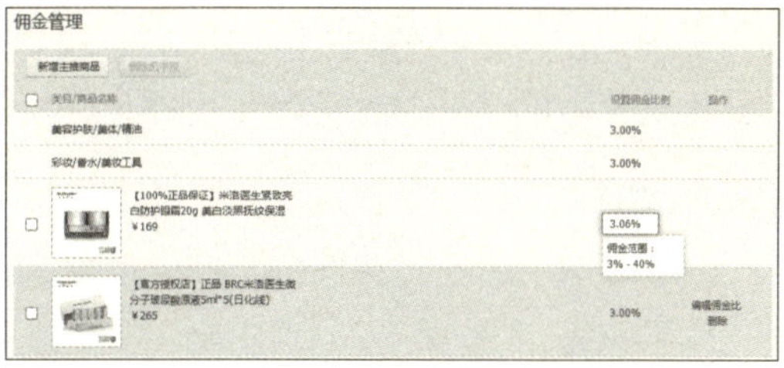

图 8-63　单击“编辑佣金比”更改佣金

注　意

（1）通用计划是由淘宝客自行选择投放的页面，随意性大。

（2）如意投计划是系统根据商品的综合情况以及佣金比例进行匹配，由系统精准投放到一些渠道上。例如，特卖频道底部的热卖推荐或者一些网站的推广位上，无需再寻找资源投放，系统将智能进行投放。

❷ 单击“新增主推商品”按钮打开“选择主推商品”窗口，可以在商品列表添加其他商品，如图 8-64 所示。

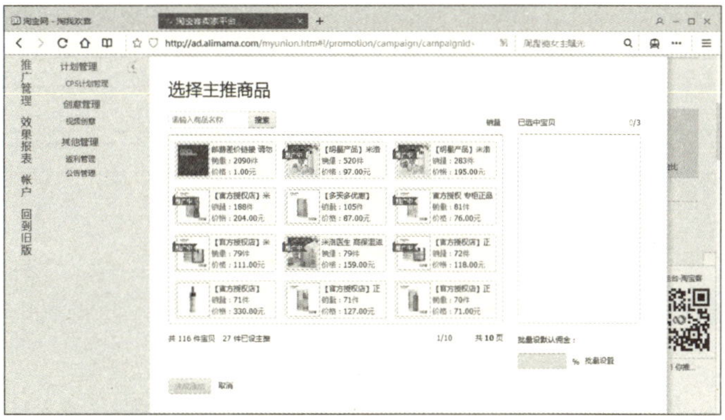

图 8-64　“选择主推商品”窗口添加其他商品

8.6.3　佣金设置规则

商家如想利用淘宝客推广店铺，首先需要了解淘宝客的佣金设置规则。佣金设置的额度，直接决定了淘宝客是否选择推广该店铺的商品。商家可以在前期建立高佣金计划以吸引淘宝客的加入，至于佣金的设置就要根据商品的利润来确定（假设商品的利润是 30%，那么，佣金就可以设置为 10% ~ 25% 不等）。佣金设置好之后，商家可以随时在佣金范围内调整主推商品的佣金比例，买家从淘宝客推广链接进入起 15 天内产生的所有交易都是有效的。下面介绍淘宝客佣金的设置规则。

1. 规则一

（1）商家可以随时在佣金范围内调整主推商品的佣金比例。

（2）商家可以随时在佣金范围内调整店铺各类目的佣金比例。

（3）买家从淘宝客推广链接进入起 15 天内产生的所有交易均为有效，淘宝客都可得到由商家支付的佣金。

（4）如掌柜退出淘宝客推广，退出后的 15 天内推广链接仍然有效，买家在此期间点击推广链接拍下商品后仍会计算佣金。

（5）佣金根据支付宝实际成交金额（不包含邮费）乘以佣金比例计算。

（6）如买家通过淘宝客推广链接直接购买了该件商品，则按照该商品对应的佣金比例结算佣金。简单地说，就是如果买家通过淘宝客推广链接购买了店铺内主推商品中的某一件商品，则按照该商品对应的佣金比例结算佣金给淘宝客。

（7）如果买家通过淘宝客推广链接购买了店铺内非主推商品中的其他商品，按照店铺各类目统一的类目佣金比例结算佣金给淘宝客。

2. 规则二

淘宝客推广单件商品时，也有可能通过这件商品为店铺中的其他商品带来成交量。所以，商家还需要支付为其他商品带来成交的佣金，并按照其他商品所在类目的佣金进行计算。没有设置的商品，按照类目的最低佣金比例计算。

注　意

（1）如意投推广成功的佣金是支付给推广的淘宝客。佣金还是按照买家支付宝实际付款金额减去运费，然后乘以如意投设置的佣金比例来计算的。

（2）如意投的佣金和通用计划里的佣金不叠加，也不冲突。通过如意投投放页面进来成交的，按照如意投的佣金比例计算；反之，不是如意投的，则按照正常淘宝客通用计划里的佣金比例计算，或者按照定向计划里的佣金比例计算。

8.7 通过“淘宝试用”进行推广

淘宝试用中心是一个专业的试客分享和营销导购平台（见图 8-65），为数百万商家提升了品牌价值与影响力。试用中心聚集了上百万个试用机会，以及亿万买家对各类商品最全面、真实、客观的试用体验报告，为买家提供购买决策。

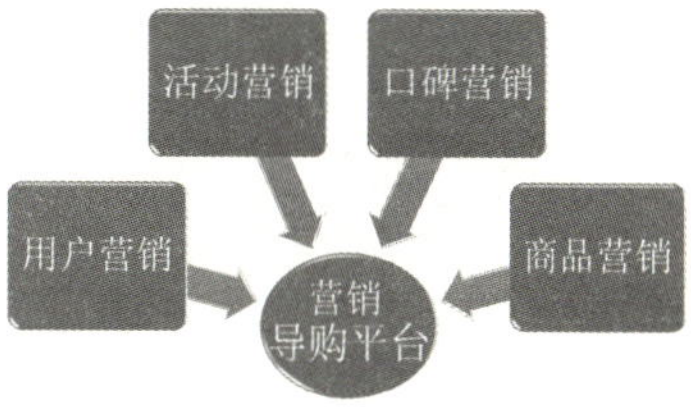

图 8-65 营销导购平台

1. 免费试用

实体店铺里的食品可以试吃，化妆品可以试用，衣服可以试穿，这些都是商家的促销推广活动。在天猫店铺，商家也可以报名参加免费试用，如图 8-66、图 8-67 所示。这样既可以招揽买家申请试用并反馈优质的试用报告，也可以间接提升商品的知名度。

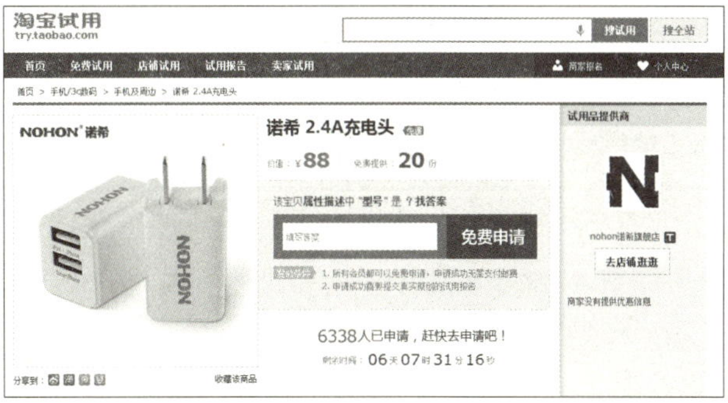

图 8-66 天猫参加免费试用页面 1

图 8-67 天猫参加免费试用页面 2

2. 试用报告

试用中心主要提供免费试用和试用报告两种业务。

试客在成功申请到免费试用品后，需要提交试用报告。试用报告是会员对商品品质、性能等试用体验后作出的客观真实的试用感受，它支持文字、图片、视频等多种呈现方式，富有真实的场景感，可以为其他买家提供购物参考，帮助其找到真正适合自己的商品，如图 8-68 所示。

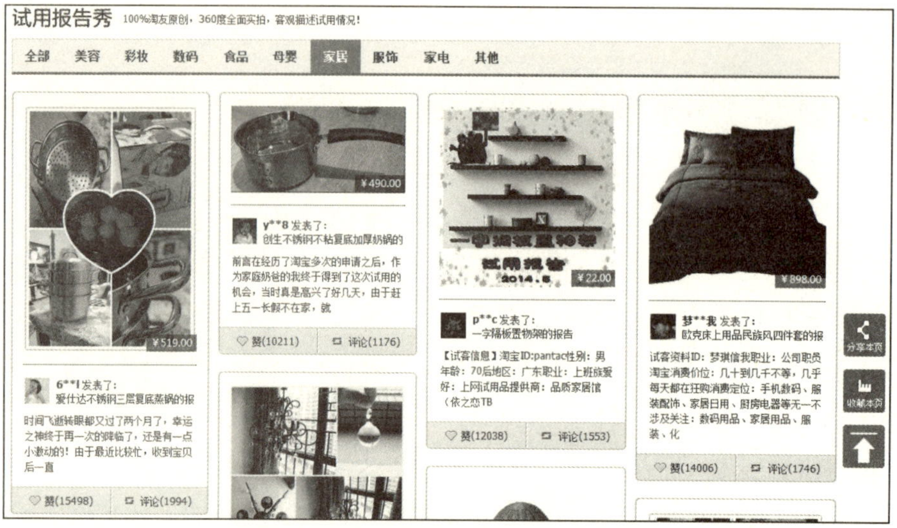

图 8-68 买家试用报告展示页面

3. 参加要求

商家报名试用品总价值及单价要求，如图 8-69 所示。

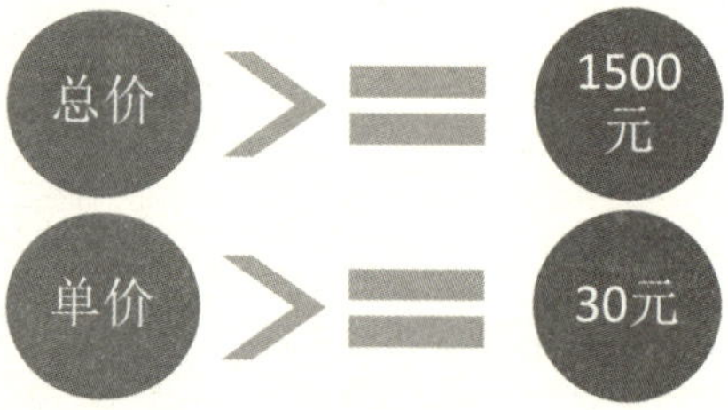

图 8-69 报名试用品的价格要求

参加免费试用的商家必须满足以下资质要求，如表 8-1 所示。

表 8-1 商家参加免费试用的资质要求

资质要求
商城（良品）店铺：店铺综合评分4.6分以上
商家确保报名的所有试用产品必须为原厂商出产的合格、全新产品，在良好保质期内，谢绝分装、DIY自制、无商标无品牌
食品商家必须填写“食品生产许可证编号（QS编号）”属性
美容、彩妆及日化洗护类商品必须有假一赔三资质或分销平台品牌授权标识

下面介绍天猫商家报名参加免费试用的设置步骤。

❶ 登录天猫卖家工作台，单击左侧“营销中心”下的“我要推广”链接，打开营销入口页面，如图 8-70 所示。

❷ 单击“免费试用报名”图标，打开“免费试用”报名入口，如图 8-71 所示。

图 8-70　单击“我要推广”链接

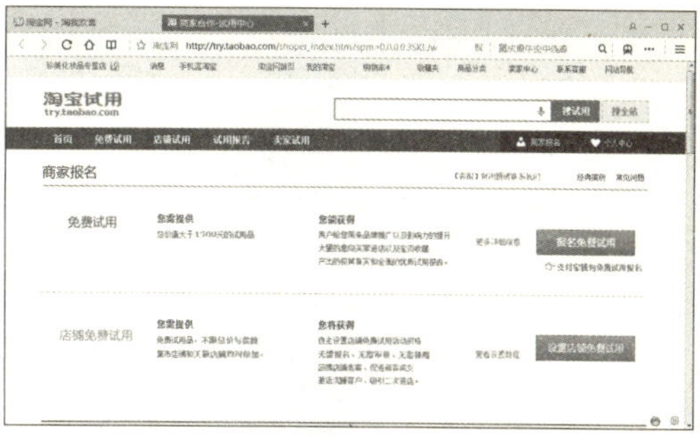

图 8-71　免费试用报名入口

❸ 单击“设置店铺免费试用”按钮，打开创建活动页面，设置活动名称、时间以及活动内容，如图 8-72 所示。

❹ 单击“下一步”按钮，进入第二步设置页面，如图 8-73 所示。

图 8-72　创建活动页面设置 1

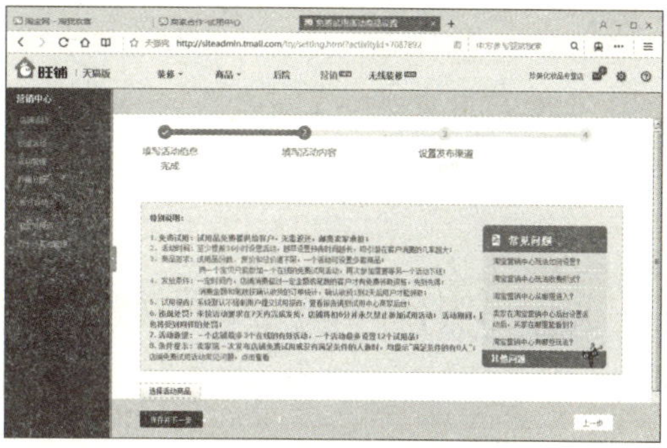

图 8-73　创建活动页面设置 2

❺ 单击下方的“选择活动商品”按钮，打开“选择商品”对话框并选择参加活动的商品，如图 8-74 所示。

❻ 单击“确定”按钮，即可在添加至活动的商品中设置份数以及发放人群等信息，如图 8-75 所示。

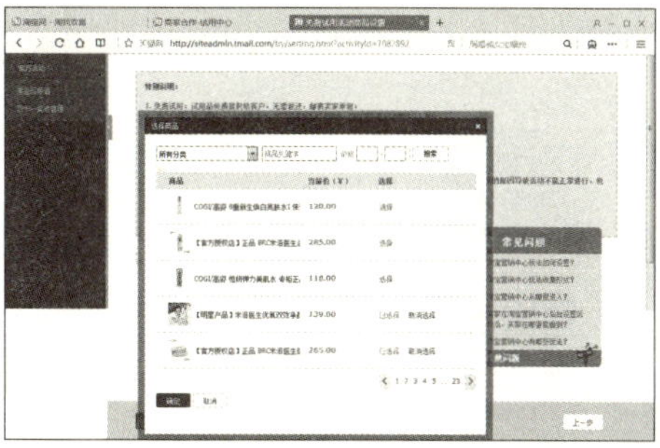

图 8-74　选择参加活动的商品

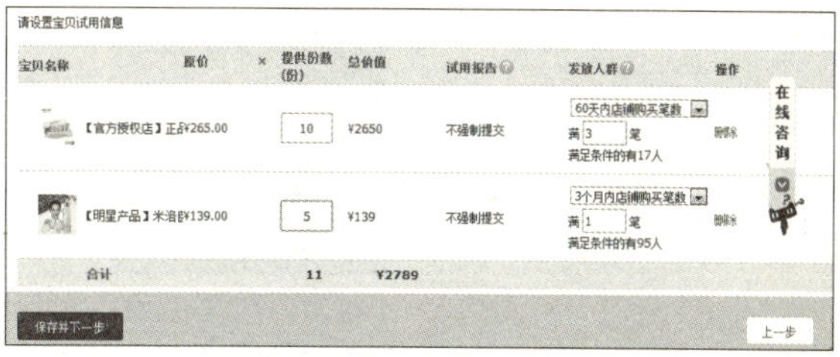

图 8-75　设置份数以及发放人群

❼ 单击“保存并下一步”按钮，进入第三步设置页面，设置发布渠道并单击“发布”按钮，即可完成商品试用设置，如图 8-76 所示。

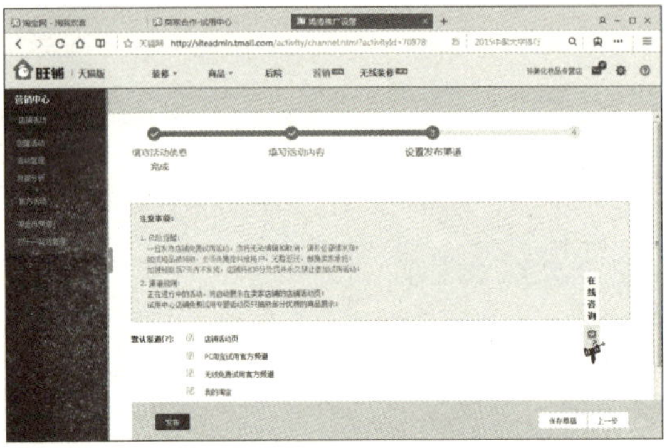

图 8-76　设置发布渠道，　完成商品试用设置

注　意

参加“双十一”当天活动的商家和非活动商家，都不能生效付邮试用和免费试用活动。

8.8　通过“拍卖会”进行推广

拍卖会是为淘宝会员提供的具有独特性或有较高附加值的特殊拍品的拍卖营销活动平台。淘宝拍卖会页面如图 8-77 所示。

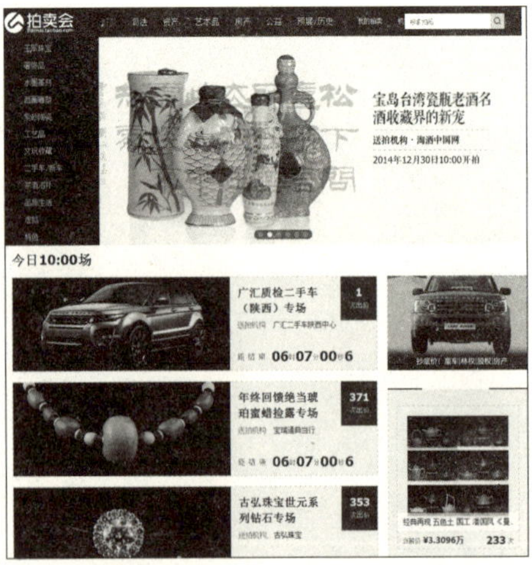

图 8-77　淘宝拍卖会页面

买家在参加拍卖会时，需要遵循以下拍卖流程，如图 8-78 所示。

图 8-78　拍卖流程图

目前，淘宝拍卖会提供增价拍、荷兰拍、降价拍三种拍卖形式。

（1）**增价拍**：拍卖商品数量为 1，拍卖价格从低到高自由竞价；拍卖结束时，出价最高者获得拍卖的胜利。

（2）**荷兰拍**：拍卖数量大于 1，价高者优先获得商品；价格相同时，先出价者先得；最终商品成交价格是最低成功出价的金额；如果最后一位获胜者可获得的商品数量不足，则可以放弃购买（发布荷兰拍商品的商家，其信用分数必须大于等于 11 分）。

（3）**降价拍**：拍卖商品的竞价由高到低依次递减，直到竞买人应价时成交的一种拍卖方式。如果商品数量为 1，则拍卖在第一个竞买人应价时成交且拍卖结束；如果商品数量大于 1，则拍卖在所有商品被竞买人应价完后结束。

注　意

买家参与拍卖需要缴纳保证金，缴纳保证金分为按比例缴纳和按固定金额缴纳两种形式。

8.9　通过“天天抢拍”进行推广

买家通过天天抢拍平台（见图 8-79）可以抢拍到物美价廉的商品。天天抢拍通过小投入、高流量，吸引买家。设置了抢拍的店铺商品页面，如图 8-80 所示。

图 8-79　天天抢拍平台

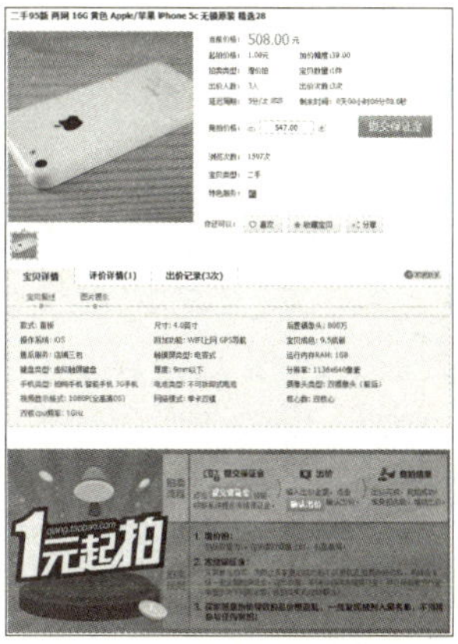

图 8-80　抢拍商品店铺页面

参加抢拍的商家需要保证提供1~5件商品，商品价值在30元以上，活动商品必须全国包邮，商品不是橱窗商品（未参加“双十二”活动）。商家的成功案例展现，如图8-81所示。

图 8-81　天天抢拍成功的商家

1. 玩法及规则

淘宝天天抢拍（http://qiang.taobao.com）是为淘宝会员提供商品创意抢购玩法的促销平台，所有商品在这里的最终成交价格由买家来定。平台整体分为“时时降”区和“值得拍”区，如图8-82所示。“时时降”于每天10:00、11:00、14:00、15:00、16:00、20:00、21:00七场开始抢拍，“值得拍”最终商品成交价格是最低成功出价的金额。

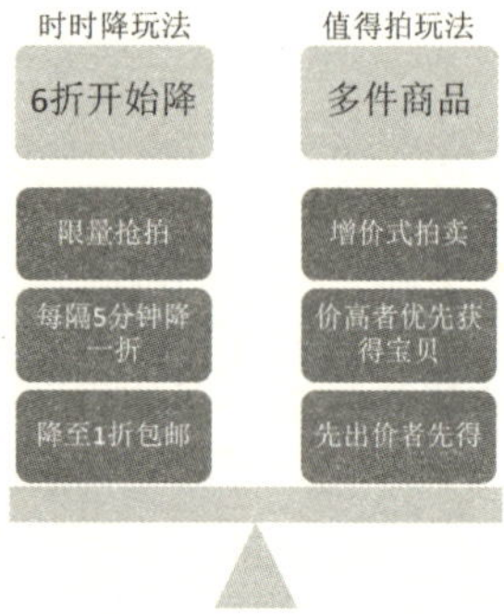

图 8-82　天天抢拍平台玩法

2. 参加条件

参加天天抢拍的天猫商家需要满足以下条件。

（1）商家DSR评分：4.6分及以上（包含4.6分）。

（2）开店时间≥ 90天。

（3）实物商品交易≥ 90%。

（4）品牌商需持有该品牌的产品销售资质证明。

（5）B类侵权（发布违禁信息、出售假冒商品、盗用他人账户、泄露他人信息、骗取他人财物）扣分为0分。

（6）因炒信被处罚的商家，永久禁止参与活动；因为各种违规，店铺被搜索屏蔽的商家，暂时禁止参与活动。

注　意

天天抢拍规定，活动商家必须在抢拍活动当天起72小时内完成发货（定制、预售、大家电、家具等特殊商品除外）。商家如出现逾期不发货、虚假发货或缺货的情况，天天抢拍将根据《天天抢拍卖家处罚规则》“卖家未及时发货”进行处罚。

8.10　通过“值得买”进行推广

“值得买”汇聚了淘宝上的最热促销活动，是买家购买商品的优惠购物指南入口。下面介绍如何报名参加“值得买”。

❶ 进入天猫“我的工作台”后，在页面下方找到并单击“值得买”链接，打开“值得买商家管理后台”，在其中可以看到参加“值得买”的流程和报名条件，如图 8-83、图 8-84 所示。

图 8-83　值得买商家管理后台 1

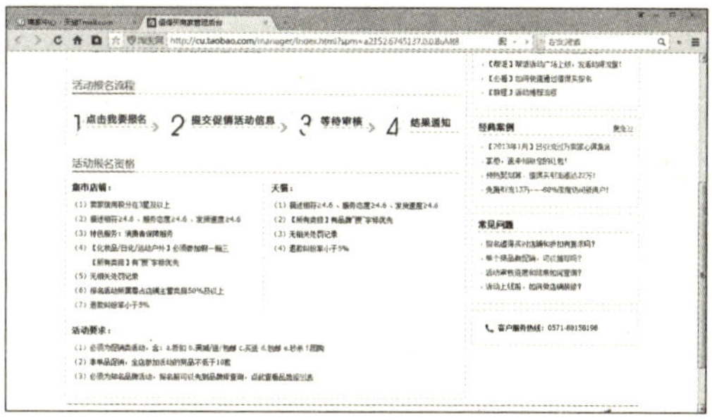

图 8-84　值得买商家管理后台 2

❷ 浏览结束后，单击最下方的“开始报名”按钮即可，如图 8-85 所示。

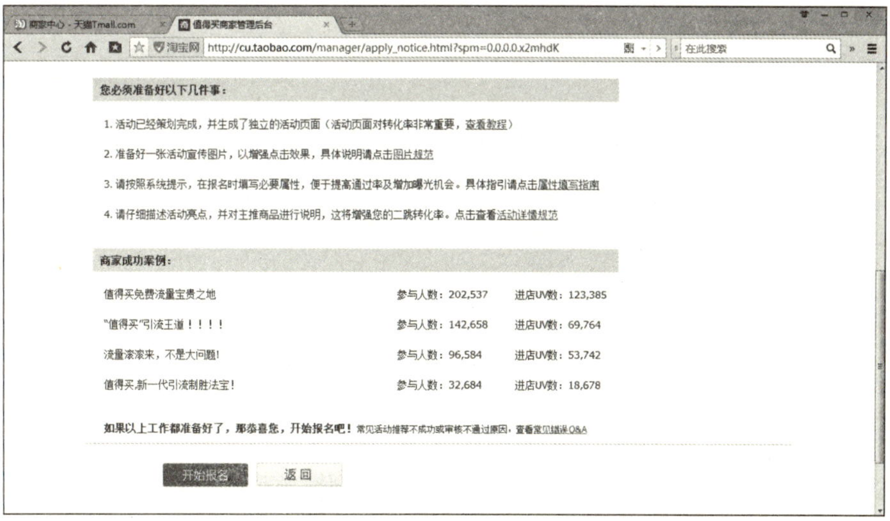

图 8-85　单击　“开始报名”　按钮报名

8.11 通过“聚划算”进行推广

聚划算类似于团购商品，以一个较低的价格吸引众多买家。聚划算每天都为买家带来超级划算的团购商品，参加的商品都有购买时间限制，先抢先得，如图 8-86 所示。

图 8-86 聚划算页面

商家利用好聚划算，不仅可以为店铺和商品带来海量流量，还能打造爆款，提高销售额，增加店铺的人气和利润。

1. 了解聚划算

聚划算是一个免费的优质团购平台，天猫对于报名的商家有严格的资质要求。参加聚划算的店铺指标要求，如图 8-87 所示。

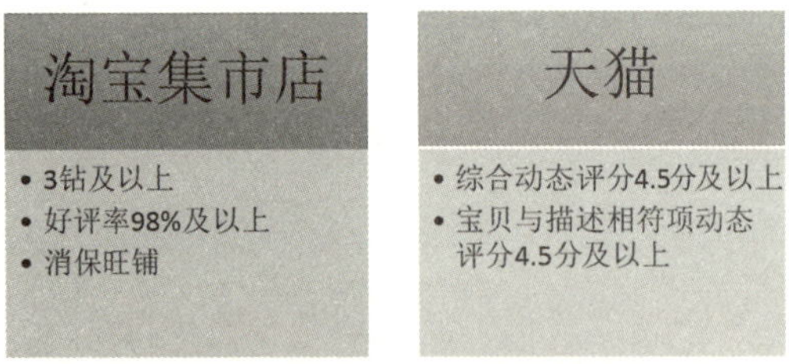

图 8-87 参加聚划算的指标要求

参加聚划算的商家需要缴纳一定的保证金，即商家参加聚划算活动，需要冻结一定的款项至商家店铺绑定的支付宝账户；或通过购买参聚险，由商家缴纳一定的保费至保险公司，并由保险公司对商家的参团商品进行品质及服务保障。商家在参聚后需要保证一定的服务质量，否则官方有权延长解冻时间。聚划算保证金的分类，如图 8-88 所示。

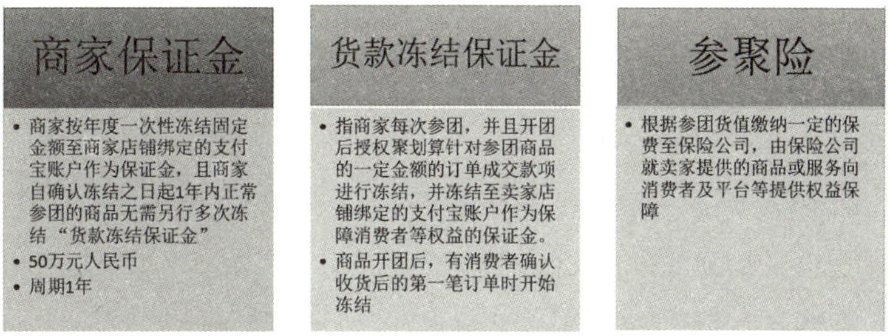

图 8-88　聚划算保证金分类

2. 聚划算业务类型

聚划算业务类型主要有“生活汇”“整点聚”“商品团购”和“品牌团购”，不同的业务都对应不同的参加条件要求。其中，“生活汇”和“整点聚”业务类型的说明如图 8-89 所示。

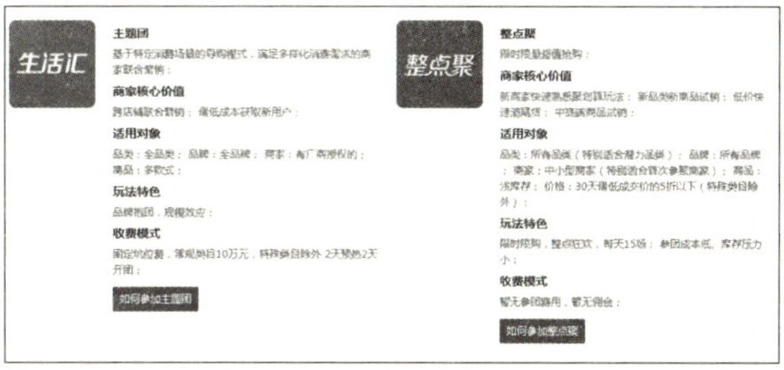

图 8-89　“生活汇”和“整点聚”业务类型说明

除此之外，还有“整点聚”和“聚定制”。“整点聚”即限时限量超值抢购，商家可以设置限时限购、整点狂欢等，而且参团成本低、库存压力小。“聚定制”是海量买家个性化需求的集中采购及批量定制，它可以申请商品置顶，而且流量集中。商家需要提供完整的定制方案，并且备货周期更长（一般一个月以上），还支持预售。

3. 聚划算准备活动

在完成聚划算报名审核后，商家还需要提前做好以下几项准备活动。

活动策划：策划买二送一、消费满 × 元减 × 元、满 × 元送礼品、折扣专区、搭配套餐等营销活动，最大程度转化流量。

提前预热：优惠券提前领取、收藏店铺即送 5 元无门槛优惠券等。

确定关联商品：关联商品尽量不要和报名商品的风格太类似，以吸引买家。

营销活动氛围：首页专题、活动专题页、详情页都做好聚划算活动的相关指引，并创造紧张抢拍的气氛。

老客营销：提前短信、邮件、旺旺通知老客户。

人员安排：活动当天流量会激增，商家要提前安排好客服、仓储人员、联系快递等。

4. 报名聚划算

了解聚划算的保证金规则和业务类型之后，符合报名条件的商家就可以进入相关页面报名参加聚划算。

❶ 登录天猫卖家工作台，单击左侧“营销中心”下的“我要推广”链接，打开营销入口页面，单击“报名聚划算”图标，打开“聚划算”报名入口，如图 8-90 所示。

❷ 单击“我要报名”按钮，在打开的页面单击“业务类型介绍”下的“商品团购”链接，打开“商品团购”页面，如图 8-91、图 8-92 所示。

图 8-90 “聚划算”报名入口

图 8-91 单击“商品团购”链接

图 8-92 “商品团购”页面

❸ 单击“现在入驻”按钮，进入商家资料填写页面，单击“现在入驻”链接，进入店铺信息填写页面，输入联系方式并单击“保存”按钮即可，如图 8-93、图 8-94 所示。

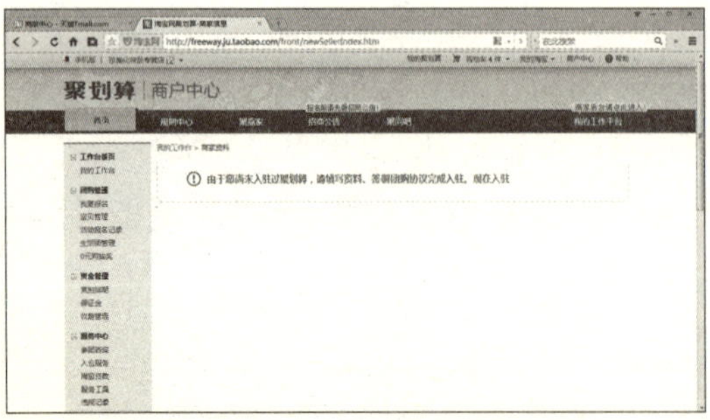

图 8-93 单击“现在入驻”链接

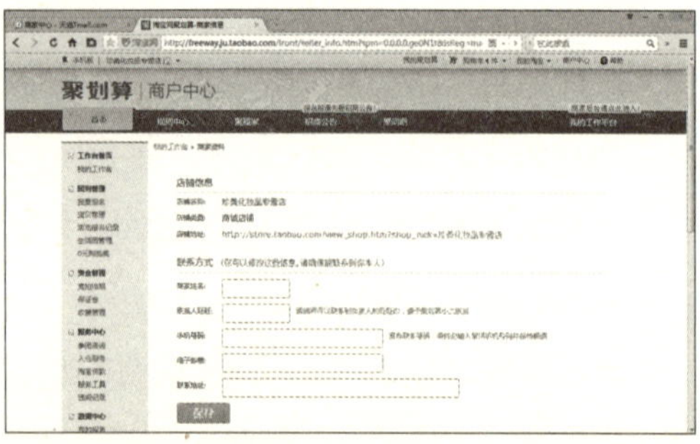

图 8-94 填写参加“聚划算”店铺信息

注 意

"店铺优惠"与"聚划算"可以叠加使用。

8.12 通过"钻石展位"进行推广

"钻石展位"是一种图片类广告位，也是一个帮助商家引进高流量、提高曝光率的广告平台，专门为商家量身定制精准的广告位投放。它精选了淘宝站内外各大最优展示位置以便商家投放，类似于高速公路上的广告牌，具有成本低、流量大的推广优势，并能够迅速在淘宝打造起品牌意识。

同时，"钻石展位"还是一种按照展现流量竞价售卖的推广位，它按照展现次数计费，计费单位为CPM(每千次展现单价)，即创意被展现1000次所需要收取的费用，如图8-95所示。

图8-95 "钻石展位"计费原理

例如，商家花一块钱竞得了1个CPM，就意味着其推广图片将被展现一千次，展现后将需要支付1元钱。点击率高的位置，相应的CPM出价也会提高。钻展的投入与产出是成正比的，好的钻展位置犹如一个高地，占领一个制高点就能获得更多的浏览点击量，对店铺及产品宣传也就更有利。其浏览量到点击的换算方法，如图8-96所示。

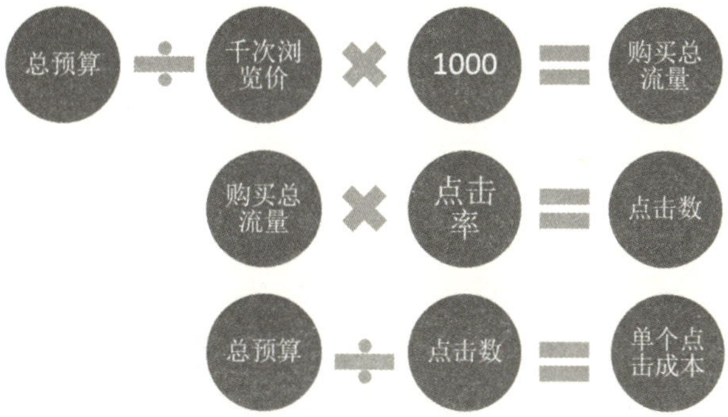

图8-96 "钻石展位"浏览量到点击的换算方法

目前，"钻石展位"有上百个资源位，分布在各大知名门户网站。其依靠图片创意吸引买家点击，获取巨大流量。天猫商城页面中的钻石展位如图8-97所示，收藏夹页面底端显示的钻石展位如图 8-98 所示。

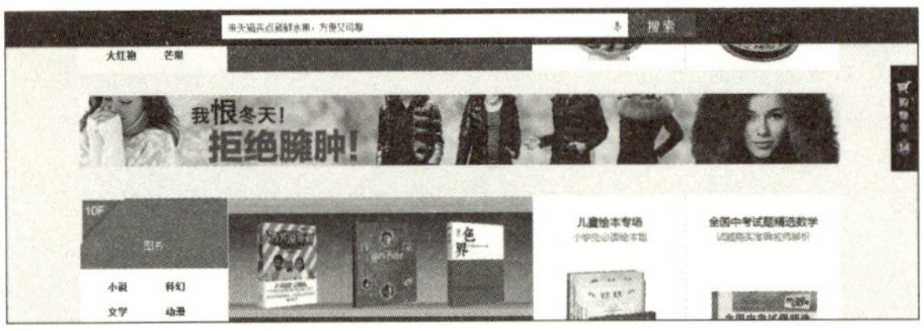

图 8-97　天猫页面中的钻石展位

图 8-98　收藏夹页面底端钻石展位

注　意

钻石展位毕竟只是通过一张图去吸引买家点击以增加流量，所以商家应设计一些吸引眼球的图片，如给予较大的折扣、设计一些创意十足的图片等。

8.12.1　了解钻石展位

1. 钻展规则

商家参加钻展需要遵循一定的规则，下面介绍几点。

（1）系统每天 15 点后自动提交计划进行竞价投放。

（2）系统会提供最近 7 天可以被竞价的预测数据以供商家查看。

（3）如果没有足够的余额，自动停止第二天的计划投放。所以，商家在计划投放前一天的 15 点之前，要保证消费账户有一天预算金额，否则将会因为金额不足而停止投放。

（4）由于金额不足而停止投放的计划，系统允许商家继续充值恢复投放，前提是该计划还在投放期内。

（5）在同一天同一个时段内 CPM 出价高的计划优先投放。

（6）如果计划分为多个小时段投放，系统将会根据实际的流量情况以小时为单位平滑消耗。

（7）如果计划的投放达到日预算限制，则自动停止投放，系统保证每天消耗不超出日预算限制。

（8）如果计划有多个展示图片将会被随机轮播显示。

（9）允许在 15 点之前调整计划的基本信息，具体内容包括 CPM 出价、日预算、展示图片、开始结束日期、时段等信息，修改完成后需要等到次日才能生效。

2. 投放因素

下面介绍影响钻展投放的五个因素。

（1）资源位置是决定钻展能否成功的第一因素。一个好的位置相当于一个好的战地，把握制高点定能赢。

（2）出价直接决定了商家的钻石展位投放在第几位展出，也是决定其钻石展位营销计划能否成功的第一要素。而且，商家要确保自己的出价能给店铺带来足够的流量。

（3）预算决定占据流量比的第一要素。PV 越多，则对商家越有利，并且能得到的点击相对越多。

（4）时间段是根据买家网购时间习惯进行选择，以避免不必要的浪费。

（5）广告图的点击率是广告成本控制的第一要素，单次点击价格基本上根据这个点击率决定。

3. 如何报名

如果商家确认自己有发布商品信息的需求，则可以进入系统挑选合适的展示位并制作展示图片，然后创建推广计划、充值消费账户。系统会根据设置的价格、日期、时段竞价，来投放商家的展示图片。开通钻展的具体步骤，如图 8-99 所示。

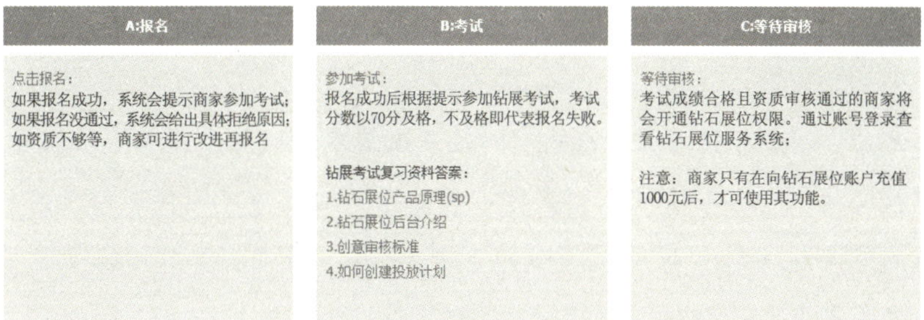

图 8-99　开通钻展的具体步骤

下面介绍如何报名参加钻石展位。

❶ 登录天猫卖家工作台，单击左侧“营销中心”下的“我要推广”链接，打开营销入口，单击“钻石展位”打开钻石展位营销平台，如图 8-100 所示。

图 8-100　钻石展位营销平台页面

❷ 单击“加入钻石展位”按钮即可根据提示添加钻石展位，如图 8-101、图 8-102 所示。如果报名成功，即提示请参加考试；如果报名不通过，系统会给出具体的拒绝原因，可改正后继续报名；在报名成功后参加考试，考试 70 分及格；考试不通过，报名不成功。

图 8-101　参加考试页面 1

图 8-102　参加考试页面 2

注　意

天猫店铺参加钻石展位也是有一定资质要求的。对于分属不同类目的商品，商家需要提供合格的资质证明文件，并在审核通过后才能提交创意素材。钻石展位的每期报名统计时间是周四的下午 14 点，超过这个时间报名自动计入下个报名周期中。

8.12.2　精确投放钻展

商家要想通过参加钻展获得精确流量，就要定向精准，按照广告发布者的要求更精准地找到潜在客户。根据提供的展位资源，对应的店铺定向功能也需要提供对应的策略。下面简要说明如何精确投放钻展。

1. 地域投放，分析优化

地域分析的目的在于将广告精准投放到成交人群密集的地区，以提升转化率。买家地域分布中的成交金额占比、成交人数以及成交笔数等数据，可以帮助商家更好地选择地域投放，如表 8-2 所示。

表 8-2 不同地区成交金额占比数据

排名	省份	成交金额占比	排名	省份	成交人数	排名	省份	成交笔数
1	广东	11.63%	1	广东	7,556,279	1	广东	12,106,090
2	浙江	9.90%	2	浙江	6,290,070	2	浙江	9,964,416
3	江苏	9.73%	3	江苏	6,283,438	3	江苏	9,914,440
4	北京	7.13%	4	山东	4,258,739	4	山东	6,840,231
5	上海	6.38%	5	北京	3,572,645	5	北京	6,135,328
6	山东	5.81%	6	河南	3,092,777	6	上海	5,327,239
7	福建	3.97%	7	上海	3,086,671	7	河南	4,879,524
8	四川	3.76%	8	河北	2,896,789	8	河北	4,538,097
9	河南	3.74%	9	福建	2,854,282	9	福建	4,455,530
10	辽宁	3.55%	10	四川	2,802,131	10	四川	4,418,520

2. 推广目的深度分析

钻展 ROI（投资回报率）低，绝大多数原因在于广告投放过程中，前端广告与后端承接页不一致或相关度不高。大部分商家将钻展投到店铺首页或结合页，这通常是大商家的做法，因为买家看中的是大品牌知名度。而对于天猫里的中小商家，买家对于其品牌粘度没那么高，更多的是对于产品本身性价比的诉求，因此将绝大多数流量投给单品会更精准。例如，推广一家天猫店铺的手机产品，投放钻展的两种策略如表 8-3、表 8-4 所示。这里分为新买家和老客户两种类型。

表 8-3 新买家策略

新买家	
定向对象	竞品对手、款式相似、客单相似、风格相似，客户群体相似店铺
推广目的	抢占新客户，挖墙脚

（1）推广新店铺新产品，一定要是引流款或清仓特价款，而且是单品爆款，这样容易催成爆款。爆款、特价款、秒杀款往往是新买家成为老客户的第一接触产品，很少有买家进一家陌生店铺第一次就选择其高价形象款，因为这个阶段客户对店铺并没有很熟悉。

表 8-4 老客户策略

老客户	
定向对象	自己
推广目的	维护老客户，推动新品

（2）这里更多的是推广店铺的新品以及活动集合页，因为该阶段客户已经对店铺有了一定的了解，在优惠券和折扣以及新品首发的诱惑下更容易下单，为产品前期作销量积累是再合适不过了。

3. 挖流量

直通车属于被动搜索。例如设置了关键词为纯色保温杯，那么商家只能等待买家搜索关键词，而且刚好看到并点击。同时，只能够在指定类目，因为保温杯不可能跑到家装类目中。这时候，商家可以利用钻石展位的定向功能，直接将保温杯广告主动推送给喜欢吃零食的人群。这样商家就可以成功挖到其他类目的潜在客户，实现跨类目广告投放精准营销。例如，买保温杯送零食，这一点是直通车以及淘宝客推广方式都无法实现的。

8.13 通过“硬广”进行推广

每到节日和新年，淘宝网和天猫商城都会在电视上密集播放广告，宣传折扣信息，这些是媒体广告投放。商家每天打开淘宝网页，面对的是成千上万的庞大流量，因此可以利用这一点通过淘宝广告服务提高自己的店铺流量。

对于天猫的部分大商家来说，可以做一些品牌硬广告，这些硬广告整合了淘宝网、支付宝等推广资源。而且，天猫商家可以自主选择广告位，这里是按天计费的。如图 8-103、图 8-104 所示，都是天猫商家在淘宝首页相应位置做的硬广告投放。

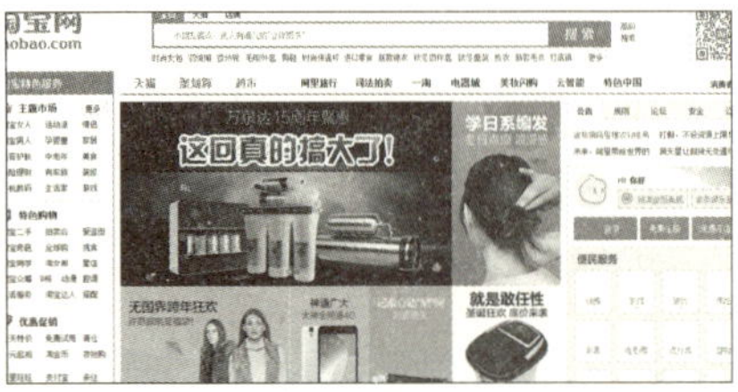

图 8-103　天猫商家的硬广投放位置 1

图 8-104　天猫商家的硬广投放位置 2

（1）打开如图 8-105 所示的页面，进入淘宝广告服务，单击“下载广告价格单”按钮，即可下载最新淘宝广告资源位及价格表。

图 8-105　淘宝广告服务页面

（2）文件中提供了几类广告资源的详细情况及报价，分别是淘宝硬广资源、定价CPM资源、旺旺客户端资源和支付宝硬广资源等。其中，淘宝硬广资源如图 8-106 所示。

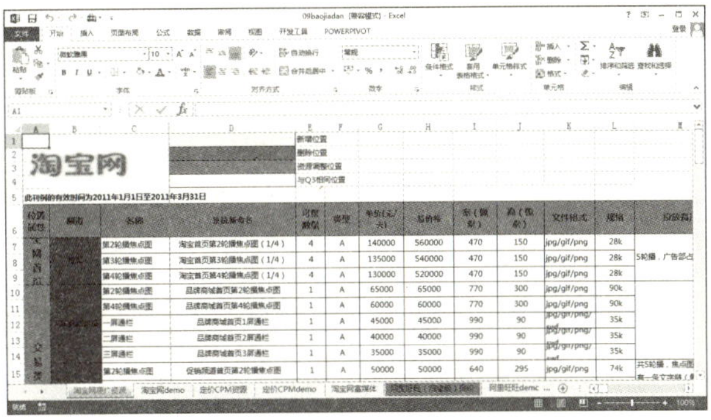

图 8-106 淘宝硬广资源

（3）淘宝广告不同位置的投放价格（见图 8-107），主要包括广告位置、所在频道、名称、每天的单价，以及广告图片的格式和尺寸规格等。

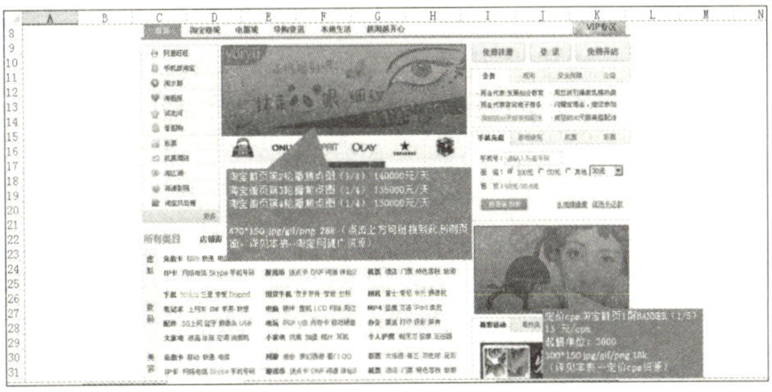

图 8-107 淘宝广告不同位置的投放价格

（4）买家在登录旺旺时都会弹出每日焦点图，可见其浏览量是非常大的。焦点图中不同位置的详情及价格，如图 8-108 所示。买家在使用支付宝付款成功后都会进入支付宝页面，在该页面的最下方也可以设置硬广，如图 8-109 所示。

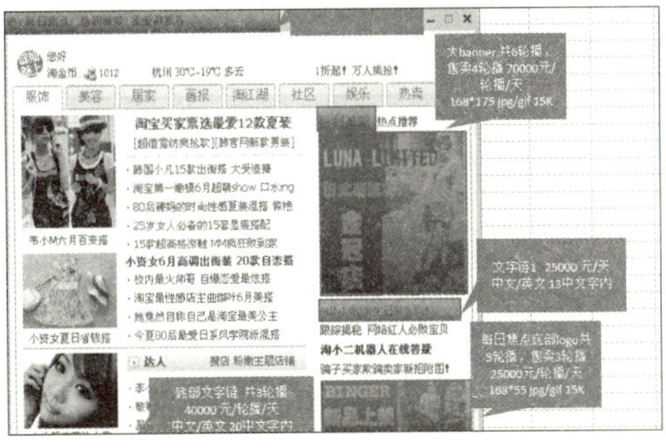

图 8-108 焦点图中不同位置的详情及价格

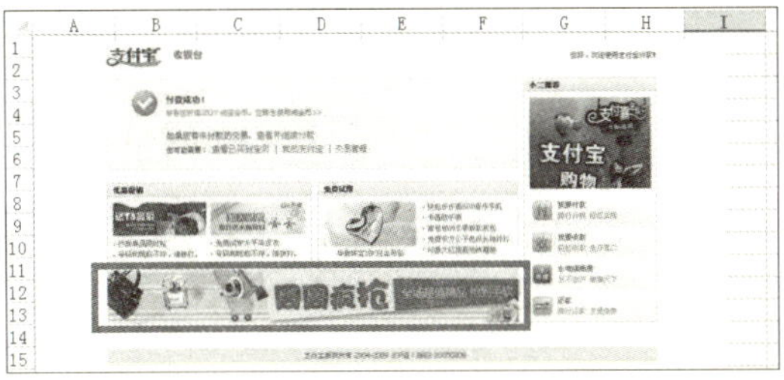

图 8-109 支付宝页面下方设置硬广价位

一些有经济实力的天猫大商家可以选择合适的硬广进行推广，而且庞大的流量对于店铺来说也是一个大考验。大流量带来的必然是高咨询量、发货量以及库存要求等，所以商家应做到有备无患，有更好的服务团队，并且各个环节都要经得起考验。

注　意

每个广告位的具体价格都需要事先下载最新的广告价格单，通过谈判还可以拿到折扣价。

8.14　通过“橱窗推荐”进行推广

橱窗推荐（又称为卖家热推）是指商家根据店铺的实际经营情况，将店铺内最有竞争力的商品设置成橱窗推荐的一种方式。在淘宝搜索排序中，其他条件相同的情况下，橱窗推荐商品会获得优先展示的机会。

根据销售情况，商家可以获得不同数量的橱窗推荐位。根据天猫商家每月的销售金额，橱窗推荐共分设七个层级，每个层级有不同的橱窗推荐位数量，如表 8-5 所示。

表 8-5　不同层级的橱窗推荐位数量

月销售金额（M）	橱窗推荐位（个）
M<1.5万	60
1.5万≤M<10万	100
10万≤M<30万	200
30万≤M<100万	300
100万≤M<300万	500
300万≤M<500万	1000
M≥500万	2000

注　意

月销售金额是指上个自然月成交并且已成功的交易。

了解了橱窗推荐规则之后，下面介绍如何在天猫店铺中设置橱窗推荐。

❶ 进入天猫“我的工作台”后，单击页面左侧“宝贝管理”下的“橱窗推荐”链接，

打开橱窗推荐设置页面，如图 8-110、图 8-111 所示。

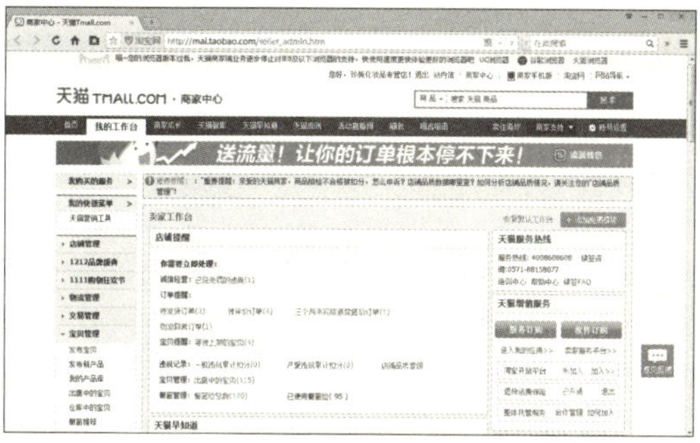

图 8-110 单击 “橱窗推荐” 链接

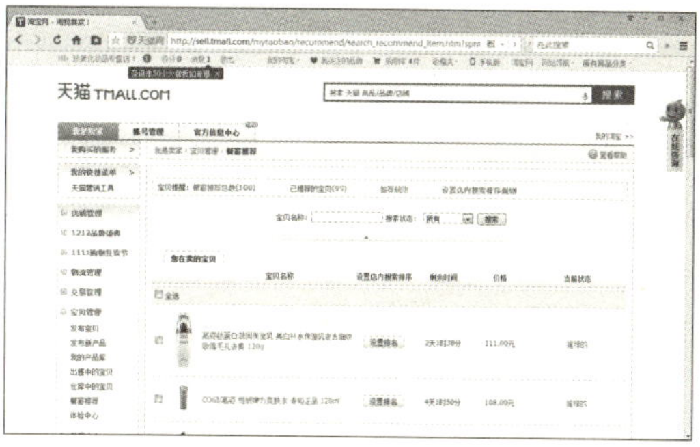

图 8-111 橱窗推荐设置页面

❷ 勾选下方的“全选”复选框，再单击“推荐”按钮，即可将所有商品添加至橱窗推荐，如图 8-112 所示。

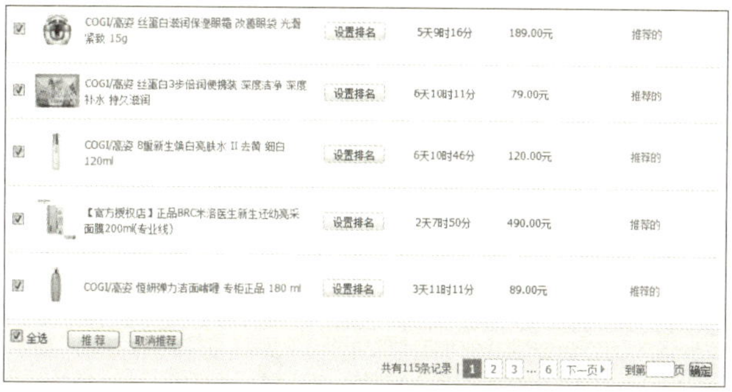

图 8-112 添加商品至橱窗推荐

注 意

系统会自动获取店铺的推荐商品，并将其展示在旺旺聊天对话框右侧的推荐商品中，商家无法对其添加和修改，如图 8-113 所示。橱窗推荐规则仅应用在淘宝搜索排序下，不影响天猫搜索排序。

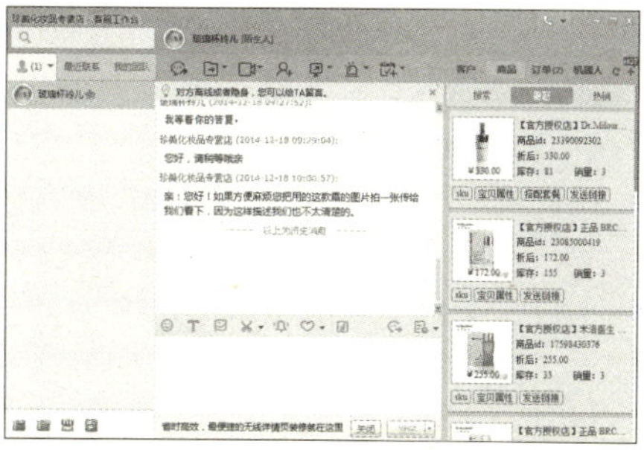

图 8-113 旺旺窗口右侧的推荐商品

第9章 “猫”店客服，打造最专业的“猫”客服

9.1 天猫客服应具备的素养

在平日的购物中，买家会发现小店的服务和大品牌店的服务是有明显差别的。为了打造从商品到服务都一流的天猫店铺，客服自然是非常重要的一环。合格的天猫客服应具备一些基本的素质，如心理素质、品格素质、技能素质、服务态度以及规则制度，如图 9-1 所示。

图 9-1 天猫客服应具备的素质

1. 心理素质

天猫客服在服务买家的过程中会面对各种压力和挫折，因此应具备良好的心理素质。如果遇到无理取闹的买家，客服人员应放宽心态，培养以下能力。

（1）较好的应变力。

（2）承受挫折打击的能力。

（3）情绪的自我掌控及调节能力。

（4）满负荷情感付出的支持能力。

（5）积极进取、永不言败的良好心态。

2. 品格素质

面对形态各异的买家，客服人员需要有十足的耐心去应对，让每一位买家能够满意而归。在与买家沟通的过程中，客服人员一定要态度谦和，因为谦和的服务态度是赢得买家满意的重要保证。

不轻易承诺，说了就要做到。言必信，行必果。要有博爱之心，真诚对待每一位买家。要勇于承担责任，有强烈的集体荣誉感，如果是其中的一位客服人员态度不好，势必会影响到整个团队的素质，给买家留下不好的印象，拉低店铺的整体好评度。

客户服务人员还应具备对买家热情主动的服务态度，不要觉得做不成这一单就消极怠慢，而要对每一位买家都积极热情，让他们感受到商家真诚的服务，在接受商家的同时也接受商家的产品。

3. 技能素质

合格的天猫客服人员必须对店铺的商品了如指掌，这样才能做到胸有成竹，解释起来才更有说服力。这种专业的技能素质不是短时间就能形成的，客服人员需要在与买家交流时以及商品描述中不断地积累和总结，平时也可以多在论坛上学习一些与买家沟通的技巧。

天猫商城的商品种类繁多，客服人员需要具备相应的专业知识。例如卖电子产品，客服人员就应多学习电子产品的基本知识和发展趋势，顺便还可以根据所掌握的丰富知识为买家推荐合适的产品。当然，客服人员毕竟不是专业型科技人才，遇到不懂的地方完全可以请教专业买家，这样不仅学习了知识，还会更容易与买家建立良好的关系。

4. 服务态度

无论在何时何地，态度决定一切。作为合格的天猫客服人员，态度非常重要。由于买卖双方均是在虚拟的环境下进行交易，整个交流过程都只能通过语言文字进行。其中，客服人员的态度会给买家形成最直接的印象，是决定买家是否愿意购买的关键因素。不管什么情况，客服人员都不要冷落任何一位买家。对于自己的过失，客服人员应主动向买家道谦；对于买家的过错，则应积极引导。

5. 规则制度

任何事情都有规则，天猫客服人员除了要熟悉规则，更应懂得如何灵活地运用规则。

首先，客服人员自己必须对规则很清楚，在处理问题时才会沉着冷静，思路清晰；其次，要学会抓住对自己有利的证据，引导买家说出对自己有利的话。买家在快递单上签字，即表示其对商品的型号、数量、完好程度无异议。如果买家以此为依据给出中差评，也是无效的，这就是最简单、最基本的天猫规则。

9.2 定制“客户至上”的客服制度

企业能否正常运转并发展壮大，除了其雄厚的经济实力之外还有一个关键因素，就是客户对企业的满意度。而对于天猫客服人员来说，尤其需要注重“客户至上”的服务态度，要将“优质、方便、规范、真诚”的服务方针落实到日常工作中，将“四个服务”宗旨铭记在心。

所谓客户至上，就是以客户的需求为中心，做到在符合一定原则的前提下最大限度地满足客户。下面分别从四个方面说明如何在沟通过程中做到客户至上。

1. 及时处理问题

交易前后会出现大量问题，大部分都是售后问题。客服人员千万不能在交易达成后就对客户爱理不理，而要能够及时解决客户出现的问题，使其变成长期客户，并在处理问题时了解客户需求以便更好地改进。

2. 关注客户

关注客户的要点就是要了解客户的需求，特别是细微的需求。两位客服人员同样向客户介绍一样东西，一位知道客户最关心的要点，然后重点介绍那个要点，而另一位没有重点，介绍了一大堆没有用的信息，那么谁的成交率高呢？所以，客服人员应了解客户心理，解决客户问题，才能获得客户的信任。

3. 长期关系

如果买家在光顾一次店铺之后，无论售前售中售后都很满意，最重要的是对产品满意，就很有潜力成为店铺的长期客户。客服人员只有提升服务态度，才能留住老客户，扩展新客户。

4. 优惠政策

实体店铺经常会设置普通会员、店铺 VIP 等制度，这是最直接地让客户感觉到高级别服务的一种制度。而这些活动制度通常会对应一系列优惠政策，让客户感受到商家的真诚。因此，商家可以为老客户定制一些特定的优惠政策。

9.3 端正服务态度与注意文明用语

客服人员最基本的素养是端正服务态度，以及注意文明用语。为了营造良好的网上购物环境，天猫客服人员不能以随意的态度和语言应付客户。

9.3.1 端正服务态度

作为天猫客服人员，服务态度是第一位的，对待任何客户都需要保持同样的心态，并隐藏所有负面情绪。

（1）礼貌先行，态度决定一切。买家对店铺的了解，大部分都是通过客服人员形成的。当买家向店铺发起咨询时，客服人员的第一次回复会给买家造成很大的影响。所以，天猫客服人员可以将“欢迎光临”设置为首次回复；接待的过程中，把“你好”改成“您好”，把所有的“你”都改成“您”。

（2）微笑服务，利用旺旺表情将耐心和热情传递给买家。在回答买家提出的问题时，客服人员可以多用语气词，如“哦”“呢”等，要多用“亲”，这样可以向买家传递亲切感。最重要的一点，就是一定要多运用表情。毕竟聊天过程中看不到对方的表情，一句话有没有表情会给人截然不同的感觉。客服人员给买家一个微笑，会让整个对话充满温馨。

（3）尽量满足买家的需求。这里说的是尽量，不是一味地满足买家。对于提出无理要求的买家，客服人员可以委婉拒绝，切忌恶言相向。即使买家提出的要求不合理，客服人员也不要与其争辩，一切以客户至上为原则。

9.3.2 常用文明用语

天猫客服人员的服务有一套常用的不会出错的标准用语，下面介绍各类环节常用的文明用语。

1. 欢迎用语

天猫客服人员与买家沟通过程中离不开礼貌用语，下面是一些常用的礼貌用语。

（1）“亲，您好，请问需要什么帮助吗？”

（2）“您好！欢迎光临 ×× 店！”

2. 对话用语

对话也是一门学问，天猫客服人员应快速找到买家的诉求点并有针对性地给予回答。

（1）“亲，这款货源很充足哦，卖得也很好！”

（2）“您好，很高兴为您服务，您刚才说的商品有货。我们现在正在做活动：满 100 元减 5 元，满 200 元减 10 元，很划算哦！”

（3）“不好意思，亲，您正在看的宝贝已经没货了，等有货时我们会立刻通知您。或者您可以看看这款宝贝，和您喜欢的是同一风格的呢？”

3. 支付用语

达成支付，完成一笔订单后并不代表结束，客服人员应注意以下礼貌用语，给买家留下好印象。

（1）“亲，已经为您算好价格了，一共是 ×× 元，您方便时付款就行，感谢您购买我们的产品！”

（2）“亲，已经看到您支付成功了，我们会及时为您发货，感谢您购买我们的产品，有需要请随时招呼我。”

（3）“不客气，期待能再次为您服务，祝您每天好心情！”

4. 物流用语

有些买家会询问物流问题，客服人员可以按照以下用语进行回复。

（1）“江浙沪一般 1~2 天，如快递公司不耽误，发货第二天就可以收到。”

（2）“江浙沪以外的一般 3~5 天，偏远地区一般 5~7 天。”

（3）“亲，本店默认为 ×× 快递哦。”

5. 售后用语

买家收到货物后，客服人员还要注意售后沟通，以下为常用的售后用语。

（1）“您好，是有什么问题让您不满意吗？如果是我们快递公司的原因给您带来不便，很抱歉给您添麻烦了，我们公司实现无条件退换货。亲，请您放心，我们一定会给您一个满意的答复。”

（2）“亲，请您放心，我们公司会给您一个满意的解决方式。”

（3）“您认为瑕疵不可以接受，根据您的照片情况，您可以选择退货或者是给您补发。这件事情给你添麻烦了，请接受我的歉意！”

9.3.3　客服用语注意事项

只靠一些常规用语是无法在复杂的客户交流中做到游刃有余的，客服人员还应注意一些用语注意事项。

（1）选择积极的用词方式：客服人员在保持积极的态度时，在沟通中也应尽量选择体现正面意思的词。例如，要感谢买家在电话中的等候，常用的说法是“很抱歉，让您久等了”（这个效果是好像我们真的做错了）。一句“抱歉久等”，实际上在潜意识中强化了对方“久等”这个感觉。比较正面的表达可以是，“非常感谢您的耐心等待”。这里通过赞扬的方式来表现买家真的很善解人意，对方听起来就会舒服很多。

（2）善用“我”代替“你”，用前者让人交流起来会更舒服且无压力。例如，买家在询问产品是否有货时，客服人员可以将“你要的产品已经断货了”改成“产品到货时，我们会最快地通知您！”这样表达，效果会更好。

9.4　面对买家退换货要耐心

在货物寄出前，天猫商家最好要认真检查一遍，千万不要发出残次品，也不要发错货。如果因运输而造成货物损坏或其他确实是产品本身问题导致买家要求退换货时，商家应做到大度，有足够耐心，及时地解决买家的问题。

商家在接受买家退换货要求时，应做到以下几点：

（1）询问买家退货的具体原因；

（2）通过推荐其他同类商品变“退”为“换”；

（3）通过优惠手段打消买家换货的念头。

9.4.1 7天无理由退换货

根据最新信息，天猫调整了《天猫预售业务管理规范》中关于退换货的规定。第十六条《退换货说明》，由“天猫预售商品不支持 7 天无理由退换货服务”，变更为“天猫预售商品中的定制类商品不支持 7 天无理由退换货服务，其他商品适用天猫 7 天无理由退换货服务的规定”。该规则的变更已于 2014 年 11 月 13 日进行公示通知，并于 2014 年 12 月 1 日生效。

但是，预售期间买家支付的定金，按照《天猫预售业务管理规范》规定，支付定金后，买家未如期支付尾款，或买家申请退款且根据《天猫规则》《淘宝争议处理规范》等相关规则判定为非卖家责任的，定金均不退还。卖家义务及相应的违规处理方法，如图 9-2 所示。

卖家义务及违规处理

1. 天猫支持或卖家自行承诺提供“7天无理由退换货”服务的商品，就必须提供售后服务，并严格遵守；
2. 如买家向卖家提出“7天无理由退换货”，卖家需积极响应，并主动协商，根据天猫要求提供相关证明，以期双方自愿友好地达成退货退款协议；
3. 当天猫使用保证金强制卖家履行其“7天无理由退换货”服务，即视为卖家违规。天猫有权给予卖家相应处罚，对于天猫商家有权立即终止《天猫服务协议》，停止提供相应的服务；
4. 如买家提出“7天无理由退换货”的申请发生于买家在收到货后申请退货的退款过程中（以买家在退款协议中选择“已经收到货”且“我需要退货”的选项为准），卖家必须做好售后服务，并自动达成退款协议；在卖家拒绝履行“7天无理由退换货”承诺的情况下，天猫有完全的权利按照协议约定和天猫规则进行处理；
5. 如买家提出“7天无理由退换货”的申请发生于买家已点击交易成功付款完毕后，或发生于货款因支付宝服务付款流程中的到期强制打款规定而被强制打款后，在卖家拒绝履行“7天无理由退换货”的承诺的情况下，天猫有完全的权利依其独立判断使用保证金强制卖家履行其“7天无理由退换货”的承诺；
6. 买家自收到商品之日起7天内根据卖家或系统提供的退货地址进行无理由退货的，卖家收到所退商品之日起7天内未有异议且未退款的，天猫介入后有权退款买家。

图 9-2 卖家义务及违规处理

注 意

原则上，关于退换货的邮费是谁的责任谁承担。例如，商品质量问题、实物与描述不符等卖家责任导致的，邮费由卖家承担；而由于大小没选合适或不喜欢需要退货的，则邮费由买家承担。

天猫 7 天无理由退换货需要遵循以下条件：

（1）买家在签收商品之日起 7 天内（按照物流签收后的第二天零时起计算时间，满 168 小时为 7 天）发起申请；买家在 7 天内已要求卖家提供“7 天无理由退换货”服务而被卖家拒绝，或无法联系到该卖家，或卖家中断其经营或服务；

（2）买家的申请在形式上符合相关法律法规的规定；

（3）申请金额仅以买家实际支付的商品价款为限；

（4）买家提出“7 天无理由退换货”服务申请的商品需满足相关条件。

9.4.2 退换货流程

在了解了退换货规则之后，买家满足退换货要求就可以申请退换货。买卖双方都需要遵循流程规则执行，其基本流程如图 9-3 所示。

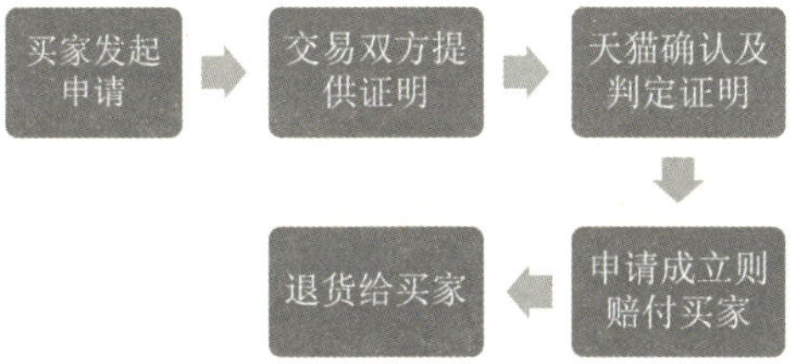

图 9-3 天猫退换货流程

（1）在满足上述申请条件的前提下，买家会通过投诉维权通道向天猫发起“7 天无理由退换货”申请；

（2）收到买家“7 天无理由退换货”申请后，天猫有权根据协调情况要求交易双方提供必要证明，并确认及判定；

（3）当天猫根据相关规范判定买家“7 天无理由退换货”申请成立，则有权通知支付宝公司自卖家的支付宝账户直接扣除相应金额款项先行赔付给买家；

（4）天猫支持或卖家自行承诺提供“7 天无理由退换货”服务的商品，买家以无理由形式退货或拒签的，来回运费均由买家承担。如商品提供包邮服务，买家仅承担退货运费。

9.4.3 退款管理

退货成功之后，卖家就需要将款项退还给买家。下面介绍如何在天猫工作台查看需要处理的退款。

❶ 进入天猫工作台后，单击左侧“客户服务”下的“退款售后管理”链接，打开退款售后管理页面，在原因下拉列表可以选择需要查询的退款原因，如图 9-4、图 9-5 所示。

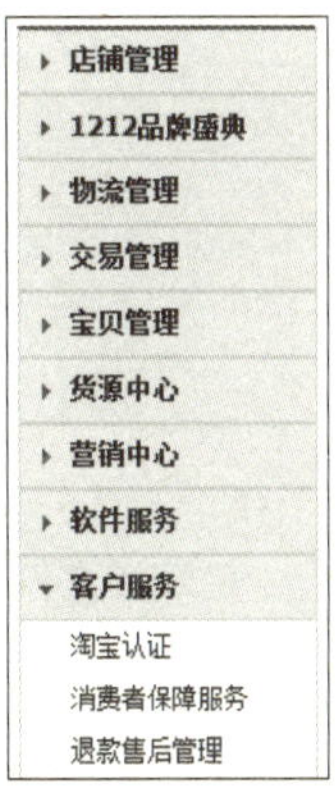

图 9-4 单击“退款售后管理”链接

图 9-5 退款售后管理页面

❷ 该页面中会显示指定日期下未完成的退款处理，还可以查看待退款的订单详情，如图 9-6 所示。如果同意退货，可以勾选上订单前的复选框，在单击“批量同意退货”或“批量同意退款”即可。

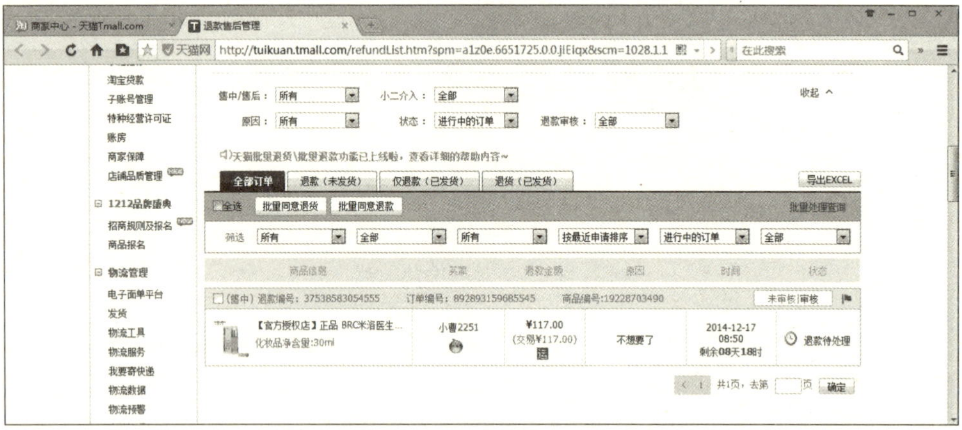

图 9-6　查看退款订单详情

提　示

订单必须要通过审核后才可以批量同意退款，但是单笔的同意退款，没有这个限制。在退款售后管理页面中通过单击订单右侧的“审核”按钮，对该笔订单审核通过就可以了。如果审核失误还可以再次取消，并且无限制操作。

第10章
"猫"店物流，选择最佳物流合作伙伴

10.1 掌握发货方式

买家在天猫商城下单并付款后，接下来就需要商家根据订单信息完成发货。发货是交易中非常重要的环节，商家需要寻找最合适的发货方式，使商品能够快速、安全地到达买家手中。

1. 平邮

平邮是最慢的一种发货方式，却是最便宜的。它不像快递可以送货上门，邮递员事先会将通知单发送至平邮普通信封的家庭信箱或门卫，用户需要凭通知单和收件人身份证去就近邮局领取包裹。这种方式在淘宝中是运用最少的。

2. 快递

快递又称为速递、快件、快运，是指具有独立法人资格的企业将进出境内外的货物或物品，从发件人所在地通过自身或代理的网络送达收件人的一种快速运输方式。

图 10-1　追踪订单

在很多方面，快递要优于邮政的邮递服务。除了较快送抵目的地及必须签收之外，现在很多快递业务均提供邮件追踪功能（见图 10-1）、送递时间的承诺及其他按客户需要提供的服务。因此，快递的收费比一般平邮昂贵。快递业务可以不同的规模运作，小至服务特定市镇，大至区域、跨国甚至是全球服务。因此，快递业务是目前淘宝商家选择的主流发货方式。

快递主要有以下特点。

（1）上门取货，随叫随到，而且比邮局下班晚了足足两三个小时。

（2）速度一般都和 EMS 差不多，有时候甚至比 EMS 快。

（3）一般是 1kg 起步，而不是 EMS 的 500g 起步。

（4）资费由快递公司自行制定，但可以讨价还价。综合来看，价格适中。

（5）包装、快递单据不要钱（建议商家自己包装比较稳妥）。

（6）对邮寄物品属性有严格规定，但实际操作中检查不是很严格。

（7）安全保障性能参差不齐，服务态度等也有很大差别。

3. EMS

EMS 即邮政特快专递服务，它是由万国邮联管理下的国际邮件快递服务，是中国邮政提供的一种快递服务。该业务主要是采取空运方式，加快递送速度，根据地区远近，一般 1~8 天到达，而且在海关、航空等部门均享有优先处理权。它以超高速、超高质量为用户传递国际国内紧急信函、文件资料、金融票据、商品货样等各类文件资料和物品，也是淘宝中常用的一种发货方式。

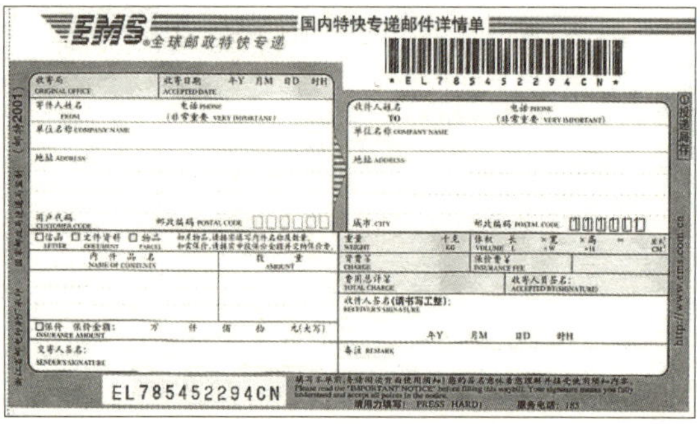

图 10-2　邮局特快专递蓝单

EMS 是按中国邮政特快专递资费标准执行，即包裹重量在 500g 内收 20 元，超出部分每递增 500g 按所在地区不同而收费标准不同。EMS 收费相对比较高，但是时间快，为用户提供网上跟踪查询、送货上门服务，物品安全有保障。邮局的特快专递蓝单，如图 10-2 所示。

4. 物流

物流是指物品从供应地到接收地的实体流动过程中，根据实际要求，将运输、存储、装卸、搬运、包装、流通加工、配送、信息处理等基本功能有机结合起来实现用户要求的过程。

在运送的过程中，物流主要考虑的是成本。因此，物流都是等货物集中达到一定量后再一起发到目的地，而不是提供门对门服务。快递追求的是速度，它以小件为主，支持上门收件，送货上门。一般走物流都是大客户，而且物流比较适合大宗物品，比快递会稍微慢一两天。快递收费是按公斤计算，收费贵，速度快；物流收费一般是按吨计算，收费便宜，速度慢。

商家发物流需要把货物送到物流公司，而发快递只需要致电快递公司即可享受上门取件服务。到达收件地区后，物流公司会打电话通知收件人去取，而快递公司会自主联系收件人并送货上门。

提　示

物流包括的范围比较广，快递属于物流，是一种特殊的物流方式。快递与物流是相辅相成的，而且两者都依赖交通工具。

10.2 选择最佳快递公司

快递是天猫淘宝中应用最广泛的一种发货方式，它支持货到付款、送货上门等服务。天猫商家选择快递公司并不是随意的，需要结合地域、口碑等各种因素。

10.2.1 如何选择快递公司

选择一家合适的快递公司，需要考虑众多因素。接下来介绍天猫商家选择快递公司时需要掌握的几个要点，如图 10-3 所示。

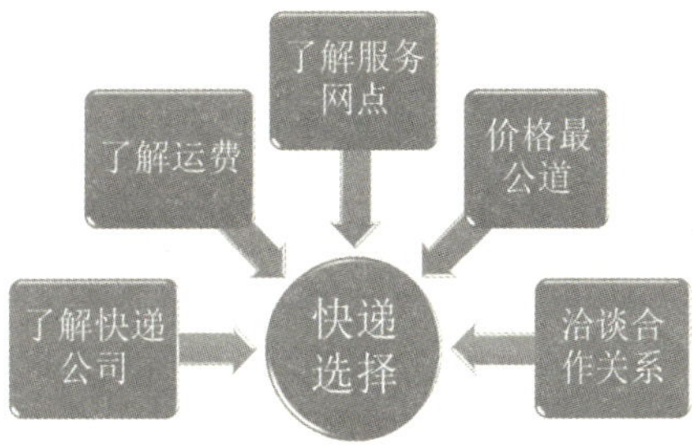

图 10-3 快递公司选择要点

（1）了解有哪些快递公司，哪些是天猫商家的主流选择。多逛论坛，了解哪些是口碑好、效率高的快递公司。但是，这只能作为参考，毕竟由于具体到人和地域，可能会有一些不同。

（2）通过淘宝提供的物流运费查看器可以了解快递收费情况，防止被多收运费。打开天猫工作台的物流工具后，切换至运费 / 时效查看器，可以查看淘宝价格，如图 10-4 所示。

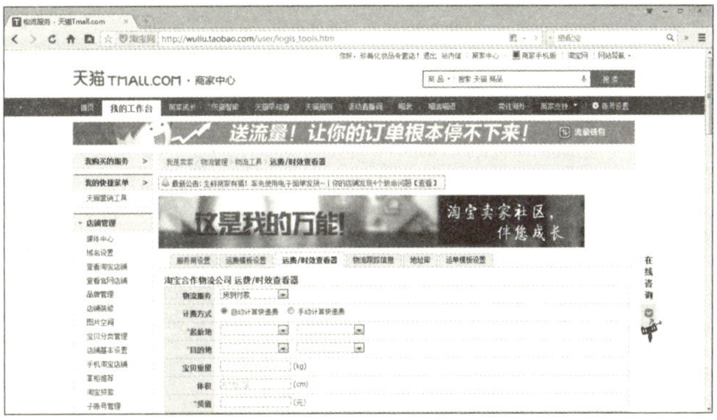

图 10-4 运费 / 时效查看器

（3）了解不同快递公司的服务区域（网点）很重要，因为买家是分布在全国各地的，所以天猫商家必须提前了解情况并做好功课，可以在发货之前事先确认哪家快递公司可以到达。

（4）每家快递公司的价格都是不同的，收发件单价高，服务自然比较到位，也更快捷安全。很多商家都是和多个快递公司合作，在长期合作中可以了解哪家的反响更好，价格更公道。

（5）叫快递分为线下联系和在线下单。商家可以找到合适的快递公司后再谈判，与快递公司建立长期的合作关系，争取拿到较低的价格。或者使用在线下单，只要有交易并下单后，淘宝系统会根据订单的收件地址列出可以到达目的地的快递公司并注明淘宝价格，商家选择能够接受的快递价格和服务就可以了。

10.2.2　快递设置

根据初步考量选择了满意的快递公司后，接下来就需要在天猫工作台设置快递公司、运费以及运单模板。

1. 选择服务商

❶ 进入天猫“我的工作台”后，单击页面左侧“物流管理”下的“物流工具”链接，打开服务商设置页面，如图 10-5 所示。

❷ 页面中显示了可供选择的不同服务商，单击右侧的“开通服务商”按钮即可选择指定服务商，如图 10-6 所示。

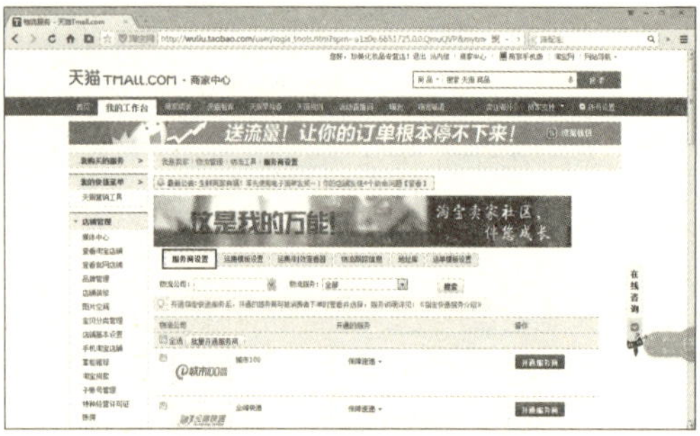

图 10-5　服务商设置页面

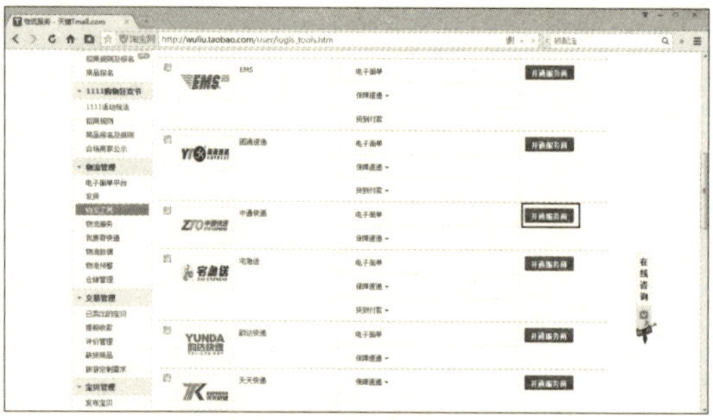

图 10-6　可供选择的不同服务商

2. 运费模板设置

❶ 进入天猫“我的工作台”后，单击页面左侧“物流管理”下的“物流工具”链接，打开物流工具设置页面，切换至“运费模板设置”选项，可以看到之前设置的模板，如图 10-7 所示。

❷ 单击“新增运费模板”按钮，打开“修改运费模板”，可以重新修改之前设置的模板名称、地址以及运送方式等，如图 10-8 所示。

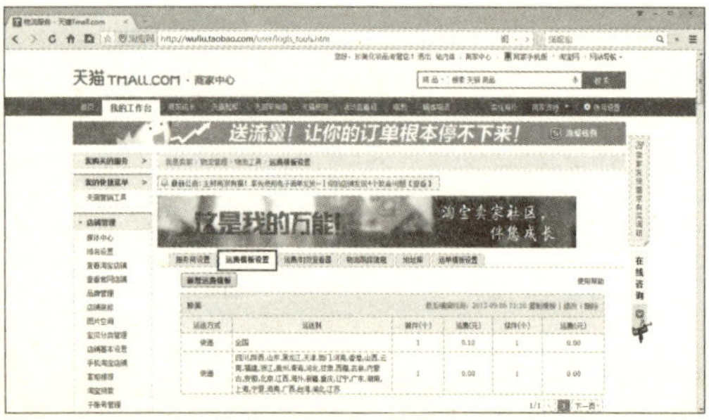

图 10-7　运费模板设置

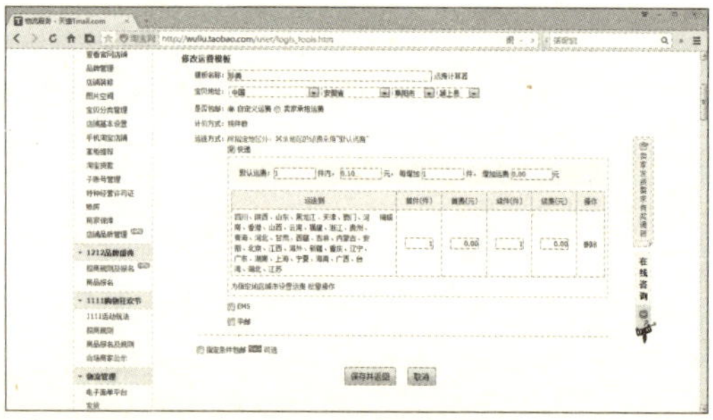

图 10-8　修改运费模板

3. 设置运单模板

❶ 进入天猫“我的工作台”后，单击页面左侧“物流管理”下的“物流工具”链接，打开物流工具设置页面，切换至“运单模板设置”选项，单击“新建模板”按钮，打开运单模板设置页面，分别设置模板名称、快递公司、打印项等，如图 10-9、图 10-10 所示。

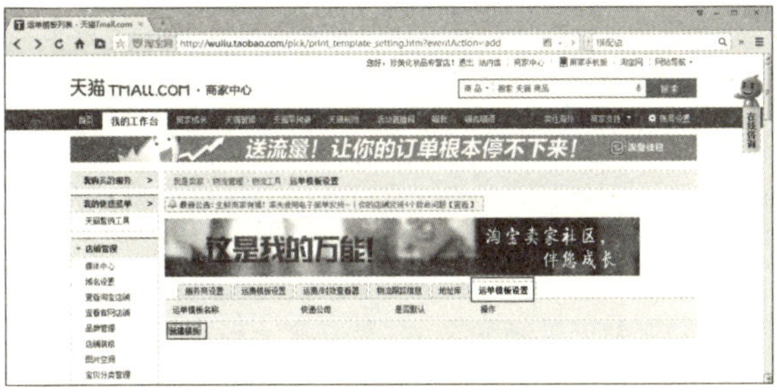

图 10-9 物流工具设置页面

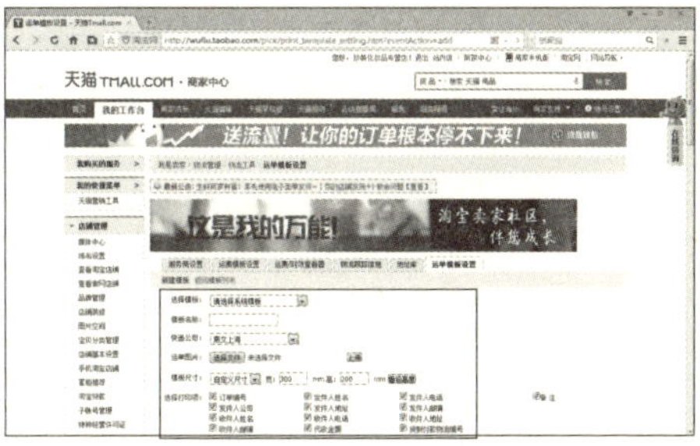

图 10-10 运单模板设置页面

❷ 在最下方可以调整打印效果，即打印偏移校正，如图 10-11 所示。

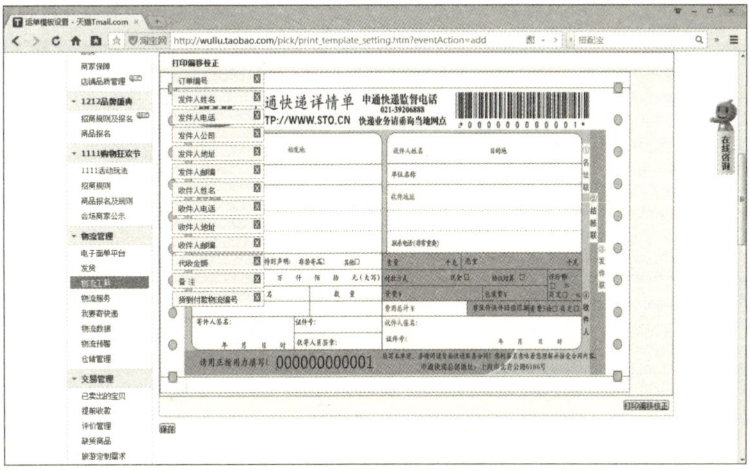

图 10-11 物流单打印偏移校正

❸ 设置完成后，单击“保存”按钮即可完成运单模板设置。

10.3 选择物流服务

随着天猫业务的发展，物流公司的发展也是如火如荼，各大物流公司之间的竞争非常激烈。天猫商家经常合作的一些物流公司，如图 10-12 所示。

图 10-12　天猫合作的一些物流公司

天猫还为商家提供了一些方便的物流服务，下面就来简单介绍几种常用的物流服务及其订购方法。

10.3.1　订购物流服务

天猫物流服务主要有时效服务、上门服务和物流工具三大类（见图 10-13），商家可以根据店铺的实际情况选择合适的物流服务。使用天猫物流服务，可以更好地为买卖双方服务，同时也可以为其提供保障。例如，大家电天猫商城可以选择家装服务、送货上门，生鲜类商家可以选择生鲜配送。

图 10-13　天猫物流服务

接下来介绍如何通过天猫工作台订购需要的物流服务。

❶ 进入天猫“我的工作台”后，单击页面左侧“物流管理”下的“物流服务”链接，打开物流服务订购页面，如图 10-14 所示。

❷ 页面中显示了已订购和未订购的物流服务，单击右侧的“立即订购”按钮即可订购指定物流服务，如图 10-15 所示。

图 10-14　物流服务订购页面

图 10-15　订购指定物流服务

1. 电子面单服务

电子面单服务，是指由快递公司向商家提供的一种通过热敏纸打印输出纸质物流面单的物流服务。它是由快递公司向菜鸟预发物流单号，快递公司在预发的物流单号范围内，授权菜鸟向开通此项服务并通过“物流宝”系统向菜鸟申请物流单号的商家下发物流单号。当产生销售订单并产生物流需求时，商家可在绑定物流面单号后生成物流面单信息，并通过热敏纸打印输出纸质物流面单。

电子面单的开通流程如图 10-16 所示。通过如图 10-17 所示的表格，可以看到电子面单比普通的线下面单打印速度更高，噪音和出错率更低，而机器成本却并没有消耗更多。

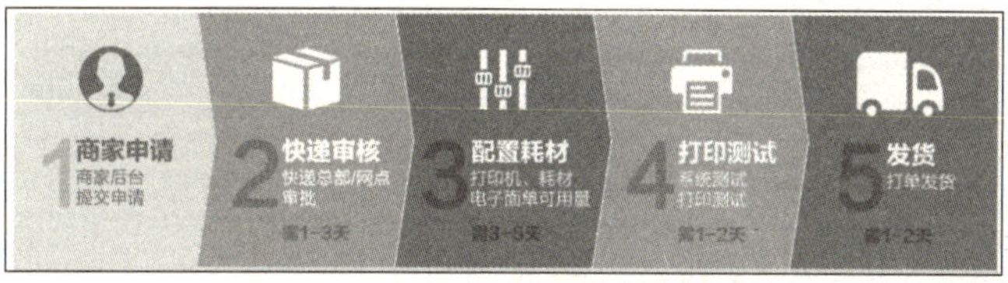

图 10-16　电子面单的开通流程

类型	打印速度（张/分钟）	机器成本（元/台）	噪音（高低）	出错率（高低）
普通面单	8-14	800-1200元	高	中
电子面单	35-60	800-1500元	低	低

图 10-17　电子面单与普通面单比较

电子面单示例图，如图 10-18 所示。

电子面单主要具有以下优势：

（1）打印速度提升；

（2）运单与运单号智能匹配；

（3）优化检验路径并提升捡货效率；

（4）打印的未使用运单可以收回，避免了浪费；

（5）省略了抽单环节，提高工作效率；

（6）信息直接打印在面单上，包裹流转速度更快；

（7）可以作为有效的维权凭证。

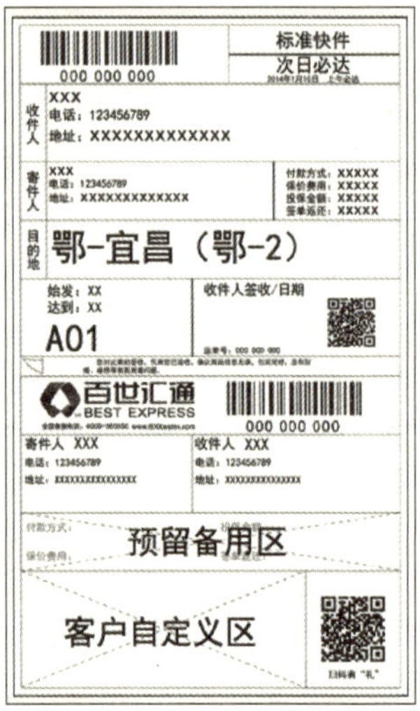

图 10-18　电子面单示例图

2. 保障速递服务

保障速递服务是商家为了提升买家的购物体验，在保障发货准时的基础上，通过与天猫物流认证的物流公司合作，以及使用天猫物流提供的相应技术服务，向买家提供的在预计到货时效内到货的物流服务。商家成功订购该服务后，可以对商品配置保障速递服务。加入保障速递服务的条件以及具体的加入流程，如图 10-19 所示。

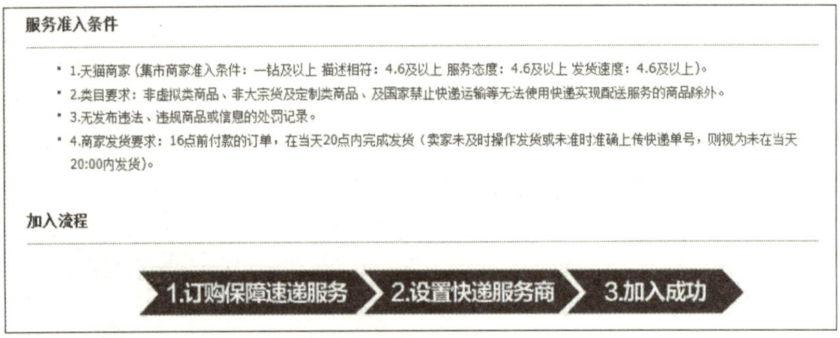

图 10-19　保障速递服务的条件及加入流程

在天猫物流市场服务页面中找到保障速递页面，并单击“立即申请加入”按钮即可添加该物流服务，如图 10-20 所示。

图 10-20　保障速递页面

注 意

商家对于买家在当天 16:00 前下单并确认付款的时效订单，应于当日 20:00 前操作发货，完成与保障速递物流公司的揽收交接。

本服务免费向商家开放使用，不介入商家和物流网点之间的合作，具体的运费仍由商家和物流网点线下单独结算。

3. 送货上门服务

订购了送货上门服务后，买家在天猫平台上购买大型家电等商品时，商家对于其天猫店铺内自动带有“送货上门”标识的商品，如收货地址在商家承诺的销售区域内（例外区域除外），则须向买家提供送货到买家购买时填写的详细收货地址，并送货上楼（无电梯 7 楼及以下）、送货入户的特殊服务。该服务由天猫全程担保，保证该服务有市场竞争力的价格、确定性的物流承诺以及专业物流咨询与投诉。

速链通合作服务商提供 2600 个区县的送货上门服务，并包含旺旺及时沟通、400 热线咨询、物流节点回传、物流跟踪详情展现等服务。其服务商概况如图 10-21 所示。

服务商	发货及时率	揽收及时率	配送准点率	是否送货上门	配送区域
日日顺	99%	99%	91%	是	2300区/县
中远	99%	99%	89%	是	河南、湖北、上海、山东全境覆盖

图 10-21 服务商概况

涉及赔付时，商家如未提供“送货上门”服务的订单，则需要向买家支付 100 元 / 单的违约金。该违约金将会以天猫积分的形式支付。商家向买家支付违约金之后，不再属于天猫规则违背承诺的投诉受理范围。

4. 统仓统配

统仓统配是天猫平台大家电从 2014 年起启用的全新业务运营模式，用于支持天猫平台未来大家电市场的发展战略，简述为“前端开放平台，后端统仓统配”，在原有“好货、好价”的基础上打造“好服务”的口碑，致力于为买家在平台购物带来服务体验的确定性，为未来平台大家电市场的发展作好铺垫。

订购该物流服务的准入条件如图 10-22 所示。商家可以从统仓统配服务订购页面简单了解并申请加入该物流服务，如图 10-23 所示。

- 1.发起店铺必须为天猫旗舰店或专卖店，且开店时间必须在90天以上；
- 2.发起店铺大家电类目下近三个月的平均支付宝成交金额不低于100万元（“双十一”大促当日成交不计入）；
- 3.发起店铺的主营类目必须为大家电类目且各二级类目退款纠纷率小于或等于1.5%，店铺DSR评分除物流项外，不得低于行业平均水平；
- 4.发起店铺已加入电器城基础服务：送货入户，无忧退换货，全国联保；
- 5.发起店铺承诺所售商品均可以开具发票，且在确认收货后7个工作日内寄出；
- 6.发起店铺不处于处罚期且不存在《淘宝规则》《天猫规则》中规定的其他违规情形。
- 注意：黑电不作入驻资质审核，仅作不达标清退，以上入驻资质不针对TV及家庭影院品类

图 10-22　统仓统配准入条件

图 10-23　统仓统配服务页面

5. 货到付款

货到付款服务即买家收到货并验货后再付款，是天猫推出的一种支付和物流方式。支付方式为现金支付（部分区域支持刷卡），支持现金支付的合作物流有宅急送、联邦快递 FedEx、顺丰速运等。物流公司的具体服务标准，如图 10-24 所示。

图 10-24　物流公司的具体服务标准

10.3.2 使用物流预警

物流预警是天猫物流与经过认证的物流公司合作，将物流运输过程中的异常信息披露给商家和买家，提升买家的购物体验。天猫物流提供相应的技术服务，通过包括但不限于“物流详情页”等渠道向买家提供物流异常信息的服务。

物流预警的功能首先是订单跟踪，商家可以在物流预警服务中查看处在运输各环节的订单情况；其次是应对异常订单情况。目前，异常分为“商家处理”“商家通知”“商家知晓”三种等级，如图 10-25 所示。

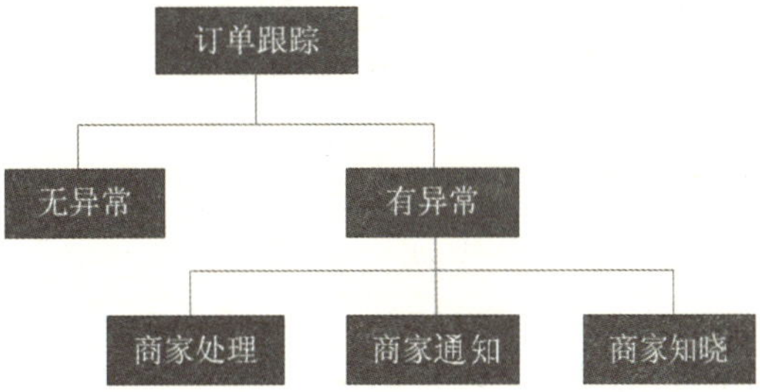

图 10-25 订单跟踪流程

下面介绍如何使用天猫物流预警服务。

❶ 进入天猫“我的工作台”后，单击页面左侧“物流管理”下的“物流预警”链接，打开物流预警设置页面，如图 10-26 所示。

❷ 在“异常监控”选项下可以看到异常次数、异常原因以及具体的异常配送商品详情，如图 10-27 所示。

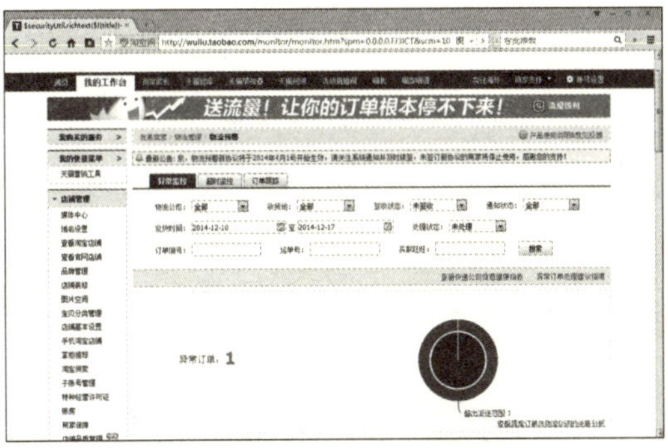

图 10-26 物流预警设置页面

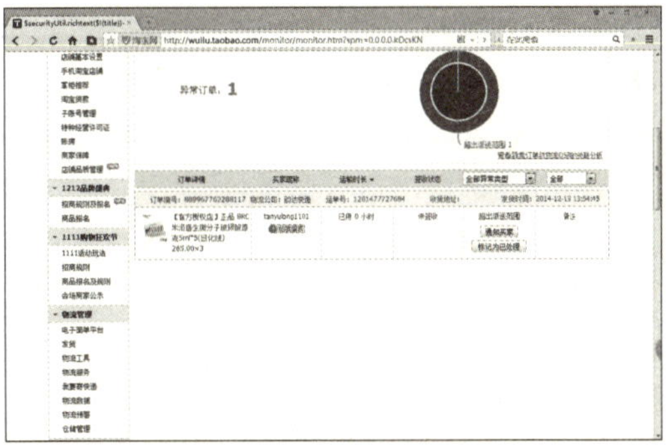

图 10-27 查看物流预警异常

❸ 切换至“超时监控”选项，可以在“物流信息 3 天未更新”下查看具体订单，也可以在“7 天未签收”“已发货超时”“即将发货超时”选项下查看具体订单异常原因和详情，如图 10-28 所示。

❹ 在“订单跟踪”选项下可以查看待发货订单、已发货、已揽收和已签收订单详情，如图 10-29 所示。

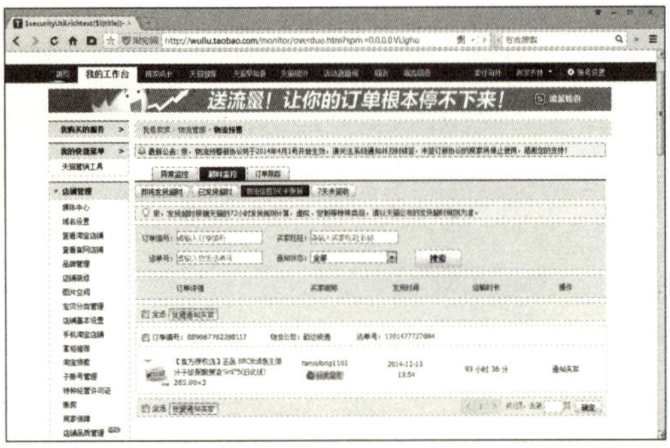

图 10-28　超时监控

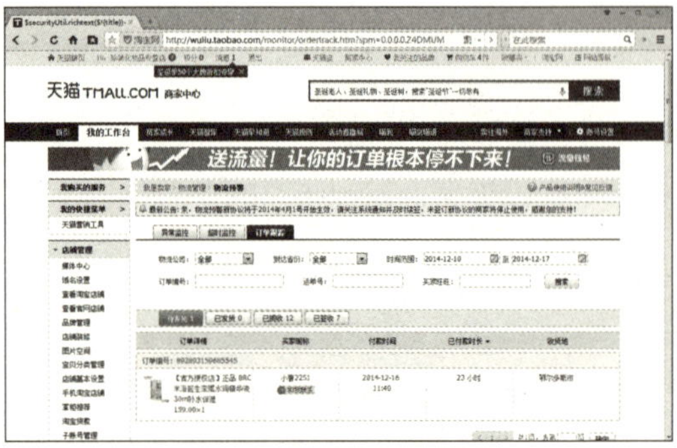

图 10-29　订单跟踪

提　示

（1）物流预警一期上线的快递公司有 7 家（申通快递、中通快递、韵达快递、百世汇通、天天快递、宅急送、EMS），商家只要签约合作的快递公司在以上名单中，都可以使用物流预警服务。第一次使用物流预警服务时，商家需要在线签署服务协议。

（2）天猫物流向商家提供的物流异常信息全部来源于认证的物流公司。

10.3.3　运费险

退货运费险是指买卖双方在交易未完结前，买家发起退货请求时，保险公司对退货产生的单程运费提供保险的服务。退货运费险目前只针对加入消费者保障服务并交保证金的商家和天猫商家（机票、酒店、直充等虚拟类商家除外），其他类商家一律不支持。商家加入成功后在商品详情页面会有运费险标志，如图 10-30 所示。

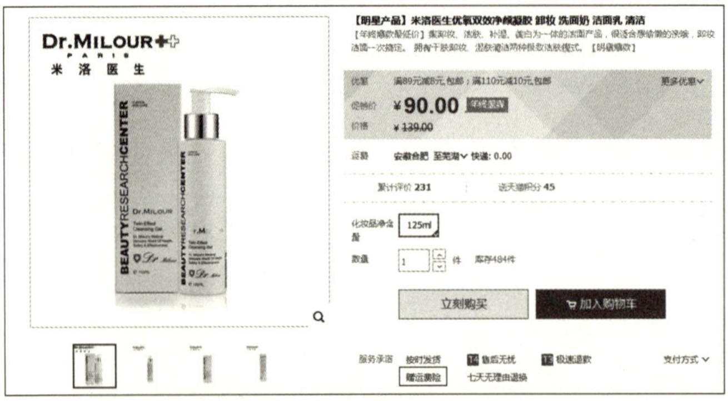

图 10-30　天猫商品页面的运费险标志

注 意

如果商家参加了“退货运费险（卖家版）”，对于想购买消费者保障服务商品的买家来说，购买前可以增强购买信心，购买后可以降低退货的沟通成本和经济成本，提升退货体验。而且，目前只针对交易未完结时发生的退货运费损失给予赔付，交易完结后由于维权造成的退货运费暂时不在理赔范围内。

1. 如何计算运费险

商家初次加入运费险后，系统会根据商家加入运费险前三个月的交易、退货及经营范围等情况计算商家的风险率，再根据风险率得到每笔订单的保费。

在每个自然日，系统会根据商家风险率对应的保费进行调整。商家无法对店铺内的商品选择性投保，但可以根据风险率的高低按照如图 10-31 所示的要求设置运费险。

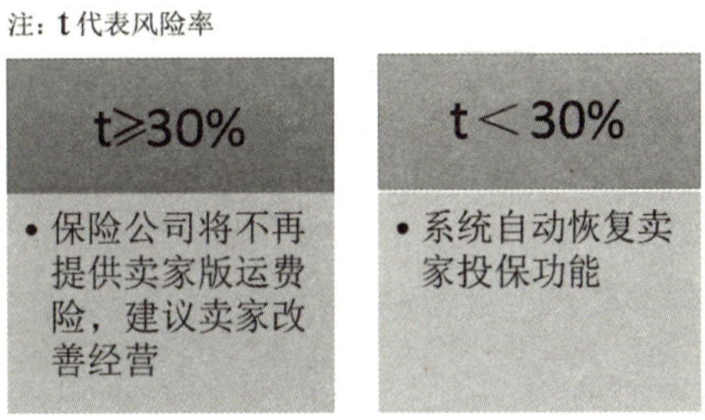

图 10-31 风险率对保费的影响

2. 添加运费险

运费险可以更好地保障买家利益，大部分天猫商家都会赠送买家运费险，而且买家也会优先选择赠送运费险的商家。下面介绍如何添加运费险。

进入天猫“我的工作台”后，单击页面右侧“天猫增值服务”下的“退货运费保险”链接即可添加运费险，如图 10-32 所示。

图 10-32 添加运费险

提　示

商家在以下两种情况中是无法成功添加运费险的：

（1）如保险公司评估的风险率大于等于30%时，则商家无法加入运费险，建议改善经营状况后再申请加入；

（2）经保险公司评估存在其他潜在风险的商家也无法申请加入运费险。

3. 退货运费险被拒赔的原因

由于各种各样的原因，会导致退货运费险被拒赔。图10-33详细解释了出现拒赔的原因和具体情况，天猫交易双方可以事先了解并避免这种情况的发生。

1. 物流信息原因

- 买家在填写物流信息时随意填写，导致该笔物流状态无法验证，因此被拒赔

2. 重复理赔

- 多次投保运费险并多次申请退货，但是只走一次物流，只能赔付一笔

3. 交易行为异常

- 保险公司会对其判断存在潜在风险订单进行二次审核

图10-33　拒赔的原因和具体情况

10.4　如何降低物流成本并避免纠纷

网上购物的特点决定了商品的运输必须通过物流。除了商品定价、商品包装的进货成本之外，物流成本往往也是影响网店竞争力的重要因素。如果运费过高，买家就不愿意购买商品。所以，商家要想方设法降低运费。买卖双方在物流过程中也会发生一些纠纷，本节将简要介绍常见的纠纷，以便于商家能够有效避免。

10.4.1 如何降低物流成本

完整的商品费用包括商品本身的价值以及物流费用，特别是对于中小商家来说，如何降低物流成本刻不容缓。降低了物流成本，商家自然就会赚取更多的利润。

1. 尽量压低快递价格

一般情况下，快递的价格不是固定不变的，快递公司给出的价格表还有商量的余地。商家可以通过以下方法压低价格：

（1）直接找快递业务员砍价，不要找接电话的客服人员砍价；

（2）可以告诉快递业务员每个月都有很多快递要发，这样会让业务员产生遇到大客户的感觉，从而愿意降低价格；

（3）多找几家快递公司进行比较；

（4）告诉业务员有很多快递公司的价格比他们低，最好将这些公司列举出来，让他也降低到人家的价格。

2. 降低快递材料成本

快递的包装材料一般都是由商家自己掏钱购买的，也是快递成本的一部分。所以，商家要想降低物流成本，一定要想办法压低快递的材料成本。

快递公司的包装材料一般分为两种。

文件袋：卡纸做的，一般是用来装文件。不过稍微改装一下，也能装一些体积不是很大的物品。因为这种文件袋是免费的，商家每次还可以向快递业务员多要几个，然后再改造一下，就可以不用另外买箱子了。

塑料袋：塑料做的，容积比文件袋大一点，也是免费提供。商家可以向快递业务员多要几个，用来装一些体积大一点且不怕摔的东西，同样可以省去买箱子的费用。

10.4.2 如何避免发生物流纠纷

物流是商品能否到达买家手中的重要环节。尽管商家在前期做好一切准备工作，但仍有很多纠纷是发生在物流环节。例如，收到的商品已经在运输途中损坏；物流异常，很久收不到货物；或者是明明没有收到货物，却在物流公司网站的订单记录中显示已经签收。下面介绍产生物流纠纷的几种主要原因，商家应注意吸取教训避免这类情况的发生。

1. 避免快递爆仓

商家在分批发货时，多选几家物流公司，关注其收纳和运送能力，及时调整以选择最佳的物流公司，避免单一物流出现爆仓，导致所有货物都在途中延误。例如，天猫“双十一”“1212 品牌盛典”和天猫年货节时最容易出现快递爆仓现象。所以，商家在这时应事先向买家说明可能出现的情况，并合理分配发货时间，使商品能够及时安全地送到买家手中。

2. 加强包装和衬垫

首先，商家在包装时一定不要舍不得包装盒或怕麻烦，能包装得厚实一些就包装得厚实一些，这样会让商品更有保障。几千元的成本和几元的包装一定要衡量好，切不可避重就轻，一旦摔坏就后悔莫及。

其次，包装时要做到严丝合缝。如果是小饰品类或衣服类，可以在快递公司给的包装袋中再多加一层包装（如信封、纸、塑料袋等）；如果是一些需要用到箱子的大件东西，就要检查箱子是否封牢；如果是梅雨季节，记得一定要保证商品不会受潮。

包装盒内部都处理好之后，接着开始封胶带。注意一定要封得整齐漂亮些，切勿乱缠。乱七八糟的包装会让买家感觉商家很不专业，因而大大降低对商家的印象。

3. 发货前仔细检查

在快递发出之前，商家一定要仔细检查，主要从以下两个方面着手。

商品和包装：检查商品是否有损坏。例如，卖饰品，主要检查饰品是不是有镶钻掉了，或者链子是否有松动等。

核对信息：核对商品的尺寸、款式、颜色是不是买家所拍下的，检查收件人的姓名、详细地址、电话等信息是否填写正确。

4. 高价值、易损坏的物品最好保价

选择保价，可以防止包裹丢失。如果包裹丢失，商家可以多得赔偿。不要存在侥幸心理，给自己造成不必要的经济损失。

5. 时刻关注订单

关注每个订单的物流情况，针对未及时送达或路上延误的快件，商家要能够有针对地发送安抚短信通知到买家，使其能够安心等待；不要以为延误是正常，就忽视了买家的心理变化。

在快件到达目的地后安排派送时，商家要能够有温馨短信向买家因延误致歉，并提醒签收注意事项，努力提升客户满意度。

10.5 如何包装商品最安全、最节省

要想在物流环节将商品安全送到买家手中，除了靠谱的快递服务之外，商家需要做的就是确保商品的包装能够到位。商品包装是在流通过程中保护商品，方便运输，促进销售，按一定的技术方法而采用的容器、材料及辅助等物品的总体名称。包装费也是商

家的一笔额外支出费用，下面分别通过包装的基本知识和注意事项来介绍如何选择最佳的包装方式。

10.5.1 为什么要注重包装

正规的天猫旗舰店一般都会单独印刷美观大气的包装盒。这样做的好处是可以加强品牌形象，让买家能产生良好的第一印象，同时也能展现自身的专业性，提高买家的信任感和满意度。商品包装需要掌握的要点，如图 10-34 所示。

图 10-34 包装要点

譬如，买家购买化妆品，如果包装能够做到细心大方，并能够以保护内在的化妆品为主，自然会给买家留下好的印象。那么，在同等商品前提下，买家自然就会选择包装人性化的店铺购买。在一些店铺的买家评语中，经常会有买家对包装的夸赞。所以，一个小小的投资会带来隐藏的收益，那么何乐而不为呢?

10.5.2 如何包装

完整的商品包装包括内部包装、填充层（保护层）以及外部包装。有经济实力的天猫商家可以与工厂合作，大批量印制符合店铺形象和品牌形象的 LOGO 包装盒及包装袋，也可以在淘宝上找到批发包装的商家。

1. 内包装

精细、容易变质的商品，如食品，一般都需要内包装。内包装是完全贴近商品本身的那一层材料，直接关系到商品的综合品质。下面介绍几种常用的内包装材料。

（1）OPP 袋

作用：保证商品整洁，增加商品美感。

优点：透明度特别好，使商品显得很干净、美观且上档次。

缺点：两边封口处易撕裂，且不能反复使用。

适用范围：小饰品、文具、电子产品、衣服等，如图 10-35 所示。

图 10-35 OPP 袋

使用方法：袋子封口处自带一条粘胶，撕下覆盖膜一贴就粘上了，非常方便。

（2）PE 袋

作用：防止物品散落，防水防潮。

优点：材质柔软、韧性好、不易破损且可反复使用。

缺点：透光度稍差。

适用范围：小饰品、文具、散称食品等，如图 10-36 所示。

使用方法：自封口，轻轻一按就能闭合。

图 10-36　PE 袋

（3）热收缩膜

作用：稳固、遮盖和保护商品。

优点：收缩率大、防潮 / 防水 / 防尘、不易破损、柔韧性高。

缺点：热收缩后会变脆，非常容易损坏。

适用范围：药品、饮料、啤酒、复合地板、金属制品、乳品、玻璃瓶等，如图 10-37 所示。

图 10-37　热收缩膜

2. 填充层

填充层是指用来填充商品与包装箱之间空隙的材料。一般情况下使用报纸、纸板就可以，此外还有下面几种比较常用的填充材料。

（1）气泡膜

气泡膜是一种质地轻、透明性好、无毒、无味的新型塑料包装材料，可对商品起到防湿、缓冲、保温等作用，主要用于电子数码产品、化妆品、工艺品、家电家具、玩具等商品的包装，如图 10-38 所示。

图 10-38　气泡膜

（2）珍珠棉、海绵

珍珠棉：常用于玻璃品、手机、数码产品等包装，具有防刮、防潮、轻微防震作用。薄的珍珠棉可以拿来包裹商品，厚的珍珠棉则可以切成泡沫块作为填充材料，如图 10-39 所示。

海绵：和珍珠棉的作用差不多，密度比较低，相对珍珠棉来说更加柔软，如图 10-40 所示。

图 10-39 珍珠棉

图 10-40 海绵

3. 外包装

外包装是指在商品内包装外面又重复进行的包装，其作用是方便运输、装卸和储运，减少损耗，便于检核。常用的外包装主要有以下几种。

（1）包装袋

作为外包装的袋子，要有较高的韧性、抗拉强度和耐磨性。常见的包装袋有快递公司提供的包装袋和邮政复合气泡袋两种。

对于一些不容易摔坏的商品，如被子、枕头、衣服等，可以直接用快递公司提供的包装袋进行包装，如图 10-41 所示。

邮政复合气泡袋是由邮局出品的一种美观且价格比较高的外包装袋，里面还有非常厚的气泡，防震效果较好，如图 10-42 所示。

图 10-41 快递公司提供的包装袋

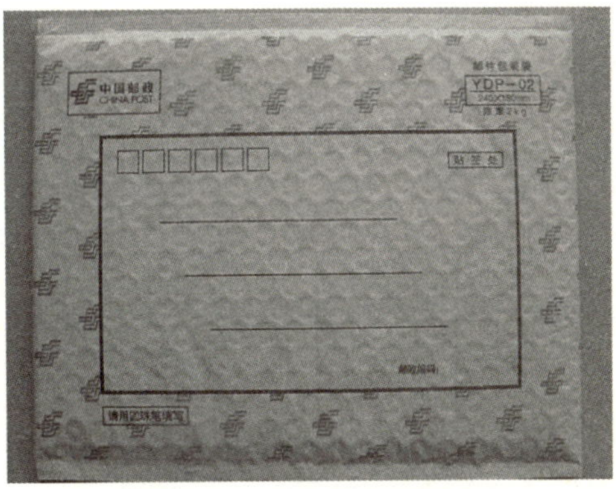

图 10-42 邮政复合气泡袋

（2）包装箱

目前，正规淘宝店铺很多都用包装箱来进行商品的包装。根据物品大小，各种规格的包装箱都有，如图 10-43 所示。有的商家还在箱子上印刷店铺名称、LOGO 等，为店铺作宣传。

图 10-43　包装箱

10.5.3　包装注意事项

了解了包装的重要性和包装基本知识后，商家还需要了解包装的注意事项，做到在运输过程中能够万无一失，其具体的注意事项如图 10-44 所示。

1. 避免过度包装

虽然好的包装在保护商品的同时也给买家带来好感，但商家也要避免为了讨好买家而花费大量时间和精力去过度包装。虽然过度包装在一时能够吸引买家的视线，但最重要的还是要把重点放在提高商品质量上。总之，商家在买卖中应尽量以节省包装费为主要原则。

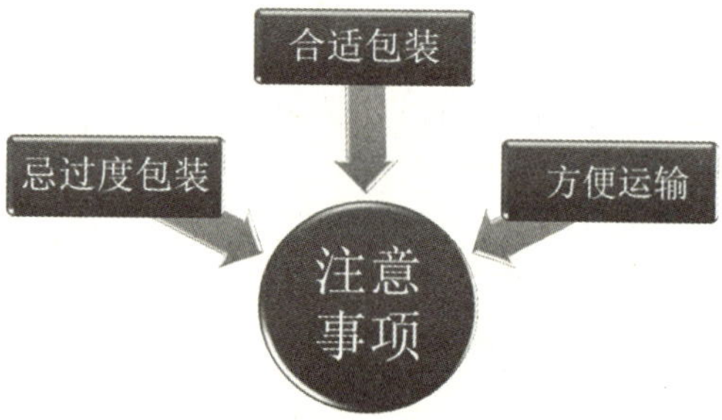

图 10-44　包装的注意事项

2. 有利于运输安全

天猫商家毕竟是通过第三方快递、物流运输商品，所以无法对运输过程实时监控。这就需要在包装时注重加强对商品的保护，避免在运输途中由于颠簸和磕碰导致货物损伤。

3. 根据商品特性选择合适的包装

对于一些防水、不能挤压的商品，商家在包装上一定要注明注意事项，如“小心易碎”“避免淋湿”“请勿挤压”等字样，以方便在运输时起到提示和警示作用。对于生鲜类食品，商家在包装上可以提示生鲜类，保证在最快的时间达到，防止变质。

第11章 网上"猫"店经验谈

11.1 营造良好的团队氛围与工作环境

团队就是指能够相互信任、相互支持、目标一致、技能互补，并且能够为完成一定任务而组成十分默契合作关系的群体。

一群人在一起构成不了团队，一群人在一起共同做一件事情也构成不了团队。团队具有清晰的组织结构，每位成员都有明确的职责：明确自身的位置，知道该做什么，知道出了问题该去找谁，团队需要有明确的共同目标。团队需要的不仅仅是人才，更重要的是一种精神。

团队需要靠目标来凝聚。有了一致的目标，有了价值观的认同，这个团队就不会散。一个成功的团队有着多方面的技巧，接下来详细介绍如何营造良好的团队氛围和舒适的工作环境。

11.1.1 如何营造团队氛围

愉快的团队氛围是高效率工作的重要影响因素，它对于提高员工的工作积极性有着不可忽视的作用。良好的工作氛围是真诚和平等的，宽松而不散漫的，员工可以各抒己见、取长补短。在员工对自身工作满意的基础上，与同事、上司之间关系融洽，互相认可，有集体认同感，才能充分发挥团队合作。在这种氛围里，每位员工在得到他人认可的同时都能积极地贡献自己的力量，并全身心地朝着共同的方向努力。下面介绍几种营造团队氛围的方法。

（1）**明确分工，各司其职**：团队中的成员都扮演不同的角色，也就是每个人都有明确的分工，如店长负责统筹管理、美工负责美化设计商品描述页面等。分工是为了确保事事有人做，事事有人管。职责明确并不意味着互不相关，而是代表所有的事都是团队的事。分工仅仅是说明某道工作程序是具体由谁来执行，这样才不会发生互相推卸责任等影响团队氛围的情况，而且每一个分工环节都是互相影响、环环相扣。

（2）**团结互助**：除了分工划分领域，团队内部如果缺乏友爱，成员我行我素、互相争利，也会导致纪律松散、人心涣散。如果将大量精力浪费在内耗上，那么不仅团队利益受损，个人也会一事无成。心理学研究表明：60% 以上的员工把安定、团结、和谐、相互尊重的团队，以及领导的信任、支持、理解，作为最迫切的需要；40% 左右的员工把这些作为最能激励工作积极性的因素。

（3）**内部的沟通协调**：每个团队都是一个大家庭，团队中的人都是性格迥异的个体，想要融洽合作，有效沟通是必不可少的。沟通的过程就是相互理解、相互传达的过程。为了有效协调内部沟通，除了个人的努力之外，管理者也要通过有效的沟通来影响甚至改变员工对工作的态度。做到让交流成为团队的优先事项，让每位员工都重视交流，为员工提供一个互相帮助与支持的机会。

（4）**思想上的引导**：需要让团队中所有成员都能深刻理解企业文化。企业文化不只是领导团队的性格，而且在团队建设中必须成为每位员工及整个团队的性格。例如，要让团队了解客户至上的服务态度，有正确的思想引导，才能够将团队向正确的道路上指引，发挥更大的团队作用。

（5）**激励的作用**：要想发挥团队的最大作用，还需要对员工实施激励。当团队成员碰到困难和挫折时，就需要激励他们；当团队成员获得进步和成长时，要及时给予鼓励，让他们能够感受到成功的喜悦并分享成功的喜悦，这样才能更好地增强其取得成功的信心。

11.1.2 工作环境

由于网店的特殊性，工作环境结构比较简单，基本是人与机器，客服人员占据大多数。下面分别从硬性和软性条件来讲述网店工作环境的重要性。

（1）**硬件条件**：工作场所和工作设备是企业需要提供给员工的基本工作环境，没有良好的工作环境，其他一切都是空谈。工作环境优越与否，往往与企业的资金实力有关系。网店离不开计算机等科技设备，所以为员工提供性能优越的计算机设备是重中之重，这样也可避免设备低端造成的一系列问题。因此，商家应注重从细节入手，给员工更多的人文关怀。

（2）**薪酬待遇**：薪酬是工作环境中的软性条件，高薪自然会吸引更多的优秀人才，员工都会真心实意地为企业的发展贡献力量。薪酬也是决定员工工作效率的重要因素，为了留住人才，商家也需要在薪酬上给予关注。

（3）**规章制度**：无规矩不成方圆，网店也需要为员工树立合理的公司制度规范。例如，员工在对待买家时，不准恶言相向甚至辱骂，而应以客户至上的态度和理念服务每一位买家。

（4）**晋升路径**：留住人才的一种重要方式，就是为员工提供优良的晋升路径。如果员工在贡献了很多年后仍然看不到上升的机会，无疑是对员工积极性的打击。所以，企业应为员工提供广阔的发展空间和晋升路径，这样才能留住人才。

11.2　树立品牌的影响力与口碑

传统意义上的口碑，主要是指非商业的相关个人之间关于产品和公司的面对面交流。由于多发生在亲戚朋友等关系人群中而具备很大的影响力，因此“口碑传播”被广泛应用于现代营销推广中。随着传播技术和现代网络的发展，网络口碑的概念被提出，冲击并完善了传统口碑的概念。口碑价值能够让企业了解口碑对品牌和产品的市场表现产生的影响力。其中，口碑的特征如图 11-1 所示。

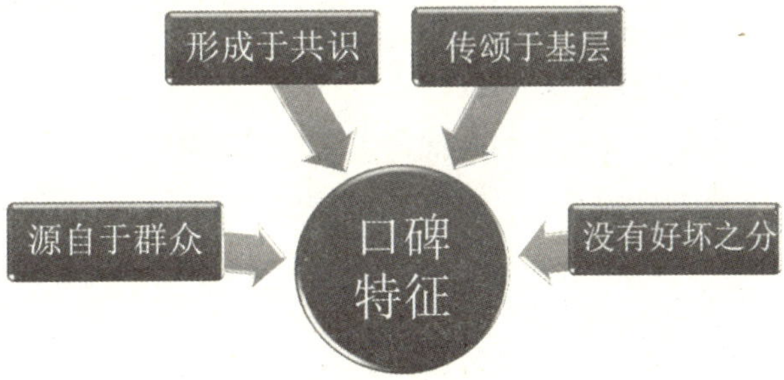

图 11-1　口碑的特征

研究表明，影响力高的推荐导致购买行为的可能性是低影响力推荐的 50 倍。口碑营销价值所具有的灵活性可以帮助衡量它对企业、产品和品牌的影响，而不论其所在的产品类别或行业如何不同。由于它衡量的是市场表现，而不仅仅是信息的数量，因而可用来分辨是何种因素推动或损害了口碑影响力。

图 11-2 所示指标都来源于买家对品牌的直接评价和认可，其中核心指标是品牌忠诚度。因为品牌忠诚度决定了买家对品牌的选择偏好，更重要的是品牌忠诚度决定了买家对品牌的关注程度，会促使买家对公司、品牌的相关背景进行主动探究或了解。

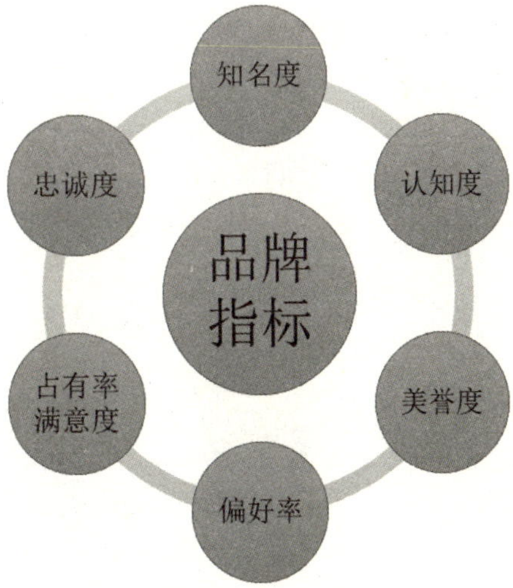

图 11-2　品牌指标

11.2.1　品牌影响力

品牌影响力是指品牌开拓市场、占领市场并获得利润的能力。品牌不是短时间内就可以做到家喻户晓的，它需要经过很长时间的沉淀。对于天猫商家来说，做好品牌影响力非常重要，因为大部分买家都是冲着天猫的品质和品牌来消费的。下面介绍几个提高品牌影响力的方式。

1. 根据品牌设计店铺

如今的品牌店铺会有自己的特色，它拥有固定的店招，还有固定的色系和装修。如果想要让店铺装修形成一个固定的形式，天猫商家可以将店招设计成自己的品牌名称，如图 11-3 所示。这样可以让买家更好地记忆，慢慢也就形成了很大的影响力。

图 11-3 店招设计

2. 利用老客户

所谓有影响力的人就是指“意见领袖”，在网店中就是指有过消费记录的老客户，这些老客户会成为带动新客户消费的重要一环。天猫商家可以与老客户频繁互动并给予适当优惠，通过老客户的口口相传，自然就扩大了影响范围。

3. 店铺管理

要想做好品牌推广，店铺必须首先拥有自己的品牌。不管是哪一个行业，都有很多知名的品牌。所以，店铺首先最好是创立自己的品牌，后续的工作才能更好地展开。这样也有利于店铺管理，更好地确立客户与店铺之间的关系，也更有利于店铺的口碑营销。

4. 网络传播

微博一直都是社区里口碑营销的重点，天猫商家可以为自己的店铺进行推广，以增加人气。因此，商家也必须尽可能多地关注时事，关心一下网友关注的热点是什么，然后结合自己的店铺，借助这些热点开展一系列的推广和营销，借此打响店铺的知名度，提高品牌推广的力度。

11.2.2 口碑营销

现在很多网店都在利用口碑营销作推广，在口碑营销传播中，有两个最根本的因素，一个是人，一个是传播点，如图 11-4 所示。

图 11-4 口碑营销因素

除了这两个因素，还需要有完整可行的口碑营销方案。但是，怎样设计出切实可行的口碑营销方案，这是一个仁者见仁、智者见智的问题。下面简单介绍网店口碑营销方案需要具备的几个要素。

1. 确定传播群体

任何营销活动都需要准确定位消费对象，否则不但起不到效果还会造成浪费。传播群体选定不清或错误，传播效果往往会大打折扣，有时候还会起到相反的作用。

2. 传播点

天猫商家需要对自己的产品进行分析加工，并找到卖点。这个卖点要值得买家去讨论，让买家感兴趣，刺激买家的兴奋点。这个传播点要尽量是独一无二的，或者是服务最好的。例如，现在很多天猫旗舰店都会有一些独立设计师品牌，这些服饰强调了独特性，对于摒弃淘宝爆款和追求个性的年轻人来说自然是一个很大的卖点。也有一些农家店铺贩卖自己生产的绿色无污染食品或日用品，也拥有一大批忠实的买家。

3. 传播渠道

如果商家担心对自己的品牌造成负面影响，就需要尽量避免类似于邮件群发、短信群发等让人反感的方式。除了口口相传，还有什么传播渠道比较流行呢？当然是时下一些占据主导地位的网络服务了，例如 QQ、BBS、微博、微信等。

4. 让买家受益

对于商家来说，产品只有价值是不够的，关键还是要让买家受益。受益有很多种，学到东西是受益，买到物美价廉的产品也是受益。受益的群体自然会争相在网络、朋友圈里宣传商家的产品，适当的利益也是买家为自己的产品进行口碑营销的动力。

11.3　避免店铺装修的误区

天猫店铺装修不可太豪华，因为装修太豪华，会让买家以为店主把心思全用在店铺的装修上，从而冷落了自己，这是得不偿失的。有的店铺装修过于花哨，让人无所适从，无法理解店主到底想卖什么。买家也是不会花太多的时间浏览这种店铺的，因为他们既然选择网上购物，就不会太在意店铺装修是否华丽炫目。某化妆品和服饰的店铺首页装修设计如图 11-5、图 11-6 所示，总体设计大气简洁，而且很方便让买家快速找到需要的区域。

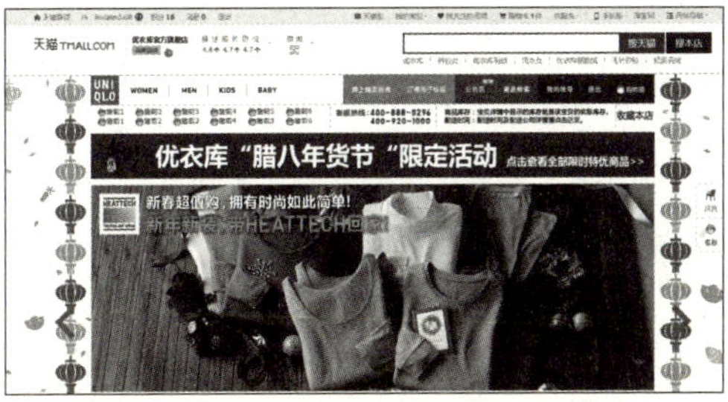

图 11-5　首页装修设计 1

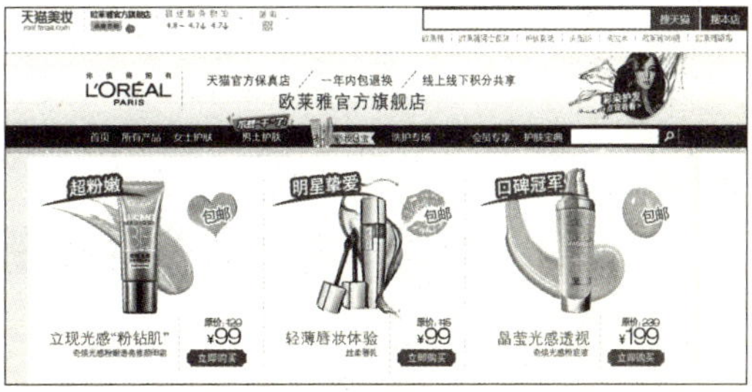

图 11-6　首页装修设计 2

很多天猫商家对于店铺装修都非常关注，因为好的视觉效果能提升买家对店铺和商品的关注度，提高成交率。但是，商家对于店铺装修需要保持理性。适当的装修可以提高店铺浏览量和商品成交量，但装修过度反而会起到适得其反的作用。下面介绍几种商家初次装修店铺时容易进入的误区。

1. 过于花哨

天猫店铺装修应大气、简洁，突出重点。使用过多的大图、闪图、轮播效果以及过多的颜色设计，都会起到适得其反的作用，导致买家的目光不在商品本身，从而丧失流量。某品牌在天猫的官方旗舰店如图 11-7 所示，其店铺装修十分简洁但不失品位，也不会引起买家的视觉疲劳。

图 11-7　首页装修设计 3

2. 导航栏混乱

导航栏是引导目标买家进入相应页面的重要环节，其在天猫店铺的装修上显得尤其重要。在顶部的导航中，商家应充分运用宝贝的分类、搜索栏、自定义页面、品牌故事、会员专区这些词语，以引导目标买家快速进入对应的页面中。所以，导航栏应设置清晰并起到明显的引导作用，如图 11-8、图 11-9 所示。

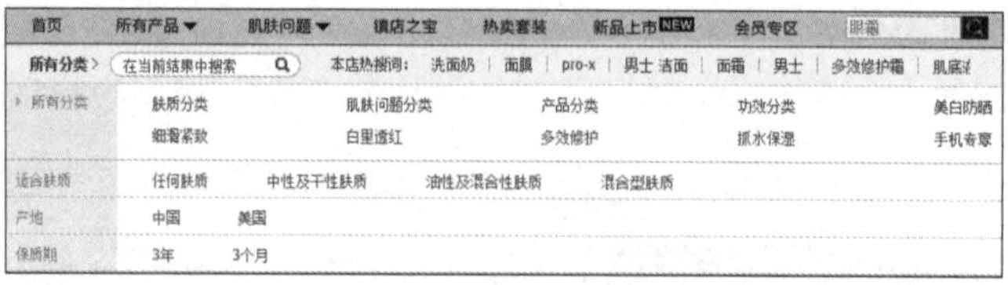

图 11-8　导航栏设计 1

图 11-9　导航栏设计 2

3. 首页搜索

天猫店铺应在首页设置搜索功能，方便买家能在众多商品中快速找到合适的颜色、尺码、款式等。

4. 商品详情页

商品详情页的设计排版是否能让买家下订单，就要看其设计是否深入人心。商品实拍是最基本的，这样才能让买家明白这是商家的直销产品，质量是可以信得过的，并且都是由商家一手发出。商品详情页的文案与设计尤为重要，再好的商品没有漂亮的文案与精致的设计，也无法打动买家的心。

通过设计师的设计排版，可以让商品详情页更加美观，并展示出更多的商品信息。同时，商品的推广页面中还可以设置些促销信息或促销图片信息，这样可以让买家更直观地看到店铺的其他优惠打折信息，如图 11-10 所示。

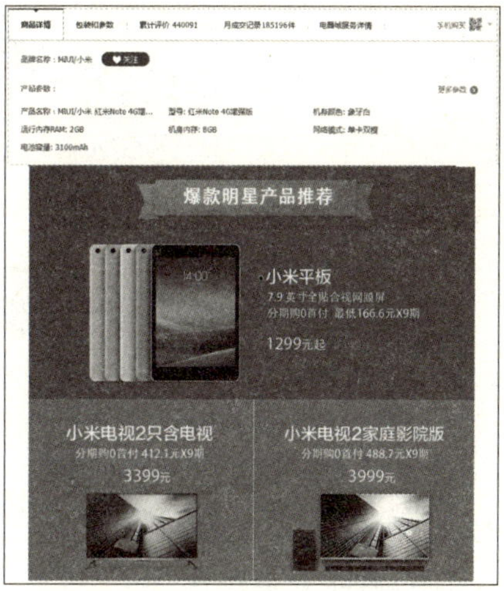

图 11-10　店铺打折信息

5. 自定义产品推荐

在设置自定义产品推荐区域时，天猫商家容易进入的误区就是放置图片过多，导致买家没有耐心看完，并觉得店铺设计过于杂乱无章。所以，商家应尽量优化自定义模块，以突出店铺商品、优惠价格和款式为主，品牌诉求应简单、清晰、直接、一目了然。自定义产品推荐区设计效果如图 11-11 所示，自定义模块的设置方法如图 11-12 所示。

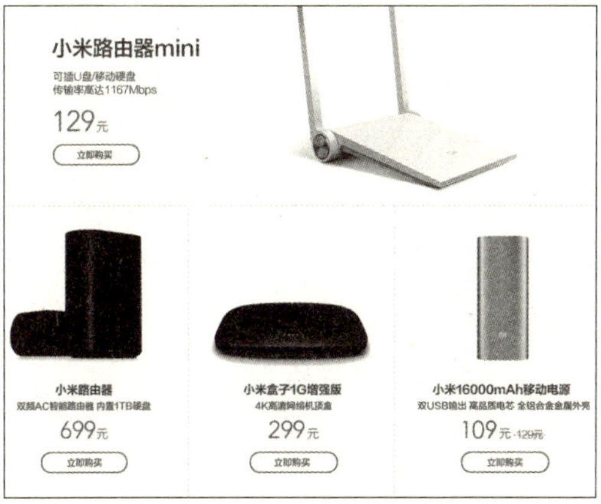

图 11-11　自定义产品推荐区设计

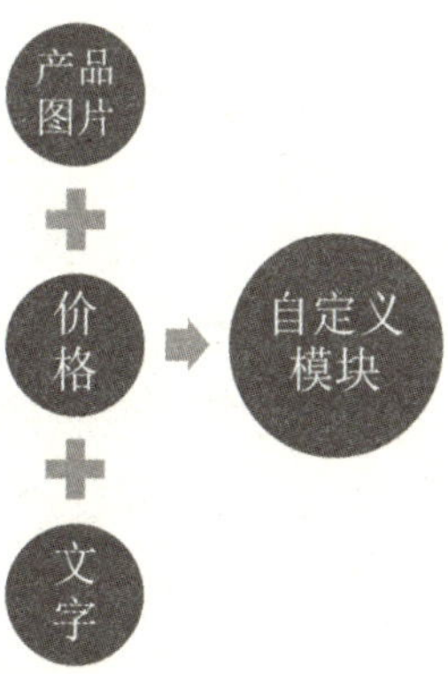

图 11-12　定义模块设置方式

6. 系统推荐模块

对于系统推荐模块，天猫商家应避免只显示价格而忽略对图片的修饰和设计，还需要避免因页面设计过于简洁而忽略了产品核心信息的传达。所以，商家可以使用淘宝系统自带的推荐模块。这些模块中的价格、销售数、星级等都可以一目了然，还可以为买家提供很好的引导，其效果如图 11-13 所示。

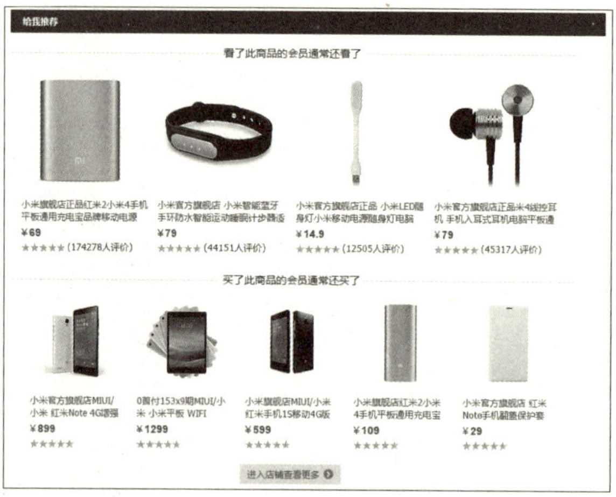

图 11-13 系统推荐模块

7. 商品分类过度

为了让买家可以更好地搜索到需要的商品，很多新手商家在设置商品分类时容易对商品过度分类（有些店铺的商品分类高达三四十个）。商品分类过于繁杂，就会失去分类的意义，买家还是无法快速找到自己想要的商品，自然也就降低了店铺的浏览量和商品成交率。商家在为店铺商品分类时应注意以下几个要点，如图 11-14 所示。

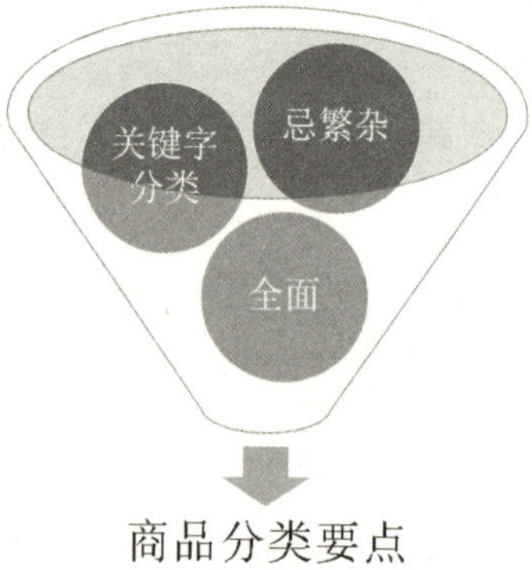

图 11-14 商品分类要点

另外，有些商家会使用图片进行商品分类。这种方式虽然更能体现店铺的个性，但是作为新手商家，更重要的是提高浏览量和人气。而使用图片分类往往会使店铺首页的关键字缩水，买家搜索到的机会也就会很小。为了保险起见，建议商家还是使用关键词来给商品进行分类命名。

11.4 细节决定成败

成也细节，败也细节。什么是细节？一般来讲，细节就是细小的事物、环节或情节。下面分别从店铺装修、客服沟通、发货验货等几个方面介绍如何注重细节。

11.4.1 店铺装修方面

店铺装修并不是店主一个人的事情，它关系到买家对店铺的整体印象。做好这方面的细节工作，除了可以取得买家的信任，更重要的是可以使后面的工作变得更加轻松。

1. 商品描述要完整具体

商品描述是买家了解商品的主要途径，所以他们所关心的商品产地、质地、规格尺寸、颜色款式、使用方法及保修说明等问题，都要在商品详情页中一一进行描述，以帮助他们更加了解商品，从而激发购买的兴趣。

2. 商品图片要清晰明朗

网络购物中，买家只能通过图片了解商品，所以商品图片不仅要漂亮、精美，更重要的是还要让买家能够了解商品的功能、细节。

商品的图片一定要做到清晰明朗，而且要将其正面、反面、内部、外部，特别是局部等细节完美地展示给买家，这样才能让他们真正了解商品的整体结构、质地以及各方面细节。

3. 店铺中添加联系方式等重要信息

天猫商家可以通过在店铺中添加QQ、手机、邮箱等联系方式，让买家在遇到问题时能及时地联系到自己，从而快速地解决问题。同时，天猫商家还可以添加发货地址、发货方式等重要信息，让买家对所购买商品的物流信息做到心知肚明，减少他们在等待到货过程中出现的着急、烦躁等情绪。

11.4.2 客服沟通方面

在网店交易的过程中，售前需要沟通，售后还要沟通，出现纠纷更要沟通。总之，客服沟通无处不在，而且沟通技巧直接决定了交易的成败。

1. 对待买家要礼貌大方

天猫客服人员与买家交谈时要不卑不亢、自然大方、面带微笑（可以运用阿里旺旺的表情库），运用基本的礼貌用语，保持诚恳的态度，以营造轻松愉快的沟通氛围。

2. 为买家诚心推荐商品

当买家无法在多个商品中进行选择时，天猫客服人员要站在买家的角度，以其消费需求为原则，诚心诚意为其推荐介绍，切勿只顾自己的利益，推荐一些价格偏高或销售情况不好的商品。

3. 实事求是，切勿夸大宣传

有的客服人员在买家不厌其烦地咨询下往往会变得没有耐心，为了尽快成交，他们容易违心夸耀、信口承诺、偏离事实。这种做法是万万不可取的。

实事求是不仅仅是做人的基本要求，也应该是开店的基本要求。每个人心里都有一杆秤，买家可能会在客服人员的夸大言辞中一时失去正确判断，但是等事后反应过来，他们往往会对店铺及商品失去信任并再也不会光顾。这种做法是很得不偿失的。

11.4.3 发货验货方面

买家付完款之后并不代表交易结束，还有最后一个最重要的环节——发货，这个环节决定了买家能否安全收到购买的商品。如果买家没有安全收到商品，那么商家也将无法收到买家的货款。

1. 发货前确认买家信息

为了避免发错货以及今后可能产生矛盾纠纷，交易达成之后，天猫客服人员一定要再次向买家再次确认所购货物的有关信息，如名称、款式、大小、件数、颜色、收货地址、收货人姓名以及联系电话等。

2. 发货前检查商品

在发货之前，天猫商家一定要细心地检查商品，看看是否有瑕疵。例如，销售服装的商家要在发货前为买家剪去线头并熨烫整齐。这些虽然是比较繁琐的事情，但小小的细节可以让买家感觉到很贴心、温暖，因而更有利于提高买家对店铺的信任与满意度。

3. 提前告知买家商品需自提

有的买家因存在派送地区偏远、无站点等问题，需要自己上门提货，客服人员在发货前应提前告知，以避免造成不必要的纠纷。

4. 主动向买家说出自己的承诺

以肯定的语气和坚定的信心对买家承诺和保障自己的商品是“包退包换”的，消除买家心中的顾虑，提高成交率。

5. 额外配送一份小礼物

在可能的情况下，天猫商家可以在寄给买家的商品包裹中额外送上一份小礼物或小卡片，为他们送去一份惊喜和快乐。

6. 提醒买家先检查后签收

为了避免日后纠纷，客服人员应记得提醒买家当着快递员的面先检查再签收，或打印收货说明贴在包裹件上，减少退换货的概率。

7. 主动询问买家的使用意见

当买家收到商品后，客服人员可以主动询问其对商品的满意度及其他意见，时刻了解买家的心理需求，虚心接受他们的意见，以积累经验。

11.4.4 其他方面

除了以上一些服务细节，还有以下几个方面的细节需要引起天猫商家注意。

（1）在重要的节假日里，记得向买家送去真诚的祝福和问候。

（2）对于已成交买家的基本情况应有所记忆，如性格、身高、身材胖瘦、是否爱讲价、评价付款是否及时等，以便其下次来店购物时能提高成交率。

（3）空闲的时候，试着与买家做朋友，耐心倾听他们的家长里短甚至抱怨叹息。

（4）不漏掉任一个买家的留言，包括宝贝留言、店铺留言、旺旺留言、E-mail留言等。对于这些留言，要认真耐心地回复解答。

（5）当不在电脑旁边时注意使用“自动回复”功能，用心、周到地为买家服务，不能有一丝怠慢。

（6）当买家提出批评建议时，要虚心改善，不能嗤之以鼻。

（7）当买家累计购物达到店铺定制的VIP会员标准且不知情的情况下，主动为其打折优惠。

11.5　做好计算机安全保护

对于天猫商家来说，不管是淘宝账号还是支付宝账号，保护措施都是很有必要的。与其事后补救，不如开店之前就掌握一些基本的计算机安全防护知识，做到万无一失。

11.5.1　使用杀毒软件

杀毒软件，也称“反病毒软件”或“防毒软件”，是用于消除电脑病毒、特洛伊木马和恶意软件等计算机威胁的一类软件。杀毒软件通常集成监控识别、病毒扫描和清除、自动升级、防火墙等功能，有的杀毒软件还带有数据恢复、防止黑客入侵、控制网络流量等功能。目前，市面上的杀毒软件很多，比较常用的有金山毒霸、360安全卫士、QQ电脑管家、瑞星杀毒软件、卡巴斯基等。

天猫商家在使用杀毒软件时，需要注意以下一些问题。

1. 及时升级

很多商家在安装了杀毒软件之后，由于怕麻烦，往往忽略了最关键的环节——软件升级。

杀毒软件中的病毒库是动态的，随时都会添加新的病毒查杀程序。一旦发现有新的病毒，杀毒软件的厂商都会在第一时间对病毒进行分析，然后扩展自己的病毒库。所以，商家可以及时进行杀毒软件升级，从而使自己的计算机更加安全。

2. 设置更多备选功能

在使用杀毒软件之前，商家可以对其中的各项备选功能进行相关设置，以提高对病毒的防范能力。例如，QQ电脑管家拥有定时全盘查杀病毒、指定位置查杀病毒、云查杀木马等多项功能。商家如果忽略了这些设置，就会使杀毒软件的功效大打折扣。

3. 正确使用防火墙

防火墙实际上是一种“隔离”技术，是在两个网络通信时执行的一种访问控制尺度。它能允许你“同意”的人和数据进入你的网络，同时将你“不同意”的人和数据拒之门外，最大限度地阻止网络中的黑客来访问你的网络。

使用防火墙可以过滤安全的服务，从而提高网络安全和减少主机被攻击的风险，使系统具有抵抗外来非法入侵的能力，保护数据的安全。

4. 要重视数据备份

许多病毒都会选择计算机的硬盘作为破坏的目标，如有的病毒可以在发作时顷刻间毁掉所有数据。所以，用户应提前对硬盘的数据进行备份，避免数据丢失造成损失。

对于天猫商家来说，和买家的聊天记录、采购订单、发货订单等都是十分重要的数据。商家要及时利用杀毒软件中的数据备份功能对这些重要数据进行备份。

5. 勿忽略邮件保护

邮件是日常生活和工作中必不可少的联络和文件传达工具。对邮件的实时保护往往被很多商家所忽略。为了防止病毒入侵电子邮件，影响个人的生活和工作，可以使用杀毒软件对邮件进行实时监控。如瑞星杀毒软件的邮件监控代理、静态有些扫描、邮件文件查杀功能，就可以坚固地防止邮件病毒。

11.5.2 支付宝安全

天猫商家与买家的交易都需要经过支付宝，因此支付宝的安全问题不容忽视，需要引起商家足够的重视。如安全保护问题、系统消息定制、手机绑定、手机动态口令及数字证书等，这些都是不需要任何费用的。如果经济条件允许，商家也可以买个支付盾，以加强对账户的保护。尤其是数字证书，需要申请并安装在电脑上。安装了证书后，只有通过证书验证，支付宝才能够正常付款。这个证书是安装在本地的，而且安装时需要手机短信验证，这样就算盗号者有被盗者的支付密码，但由于没有手机无法接收验证短信而无法安装证书，也是无法完成付款的。

通过支付宝安全中心可以为账户安全保驾护航，如使用安全工具、学习安全知识等。下面介绍如何在支付宝安全中心进行设置。

❶ 登录支付宝页面，单击右上角的“安全中心”选项，在支付宝安全中心页面会自动打开安全管家，在这里可以查看账户安全等级，如图 11-15 所示。

❷ 单击页面左侧的“数字证书”，进入数字证书详情页面，商家可以申请数字证书如图 11-16 所示。

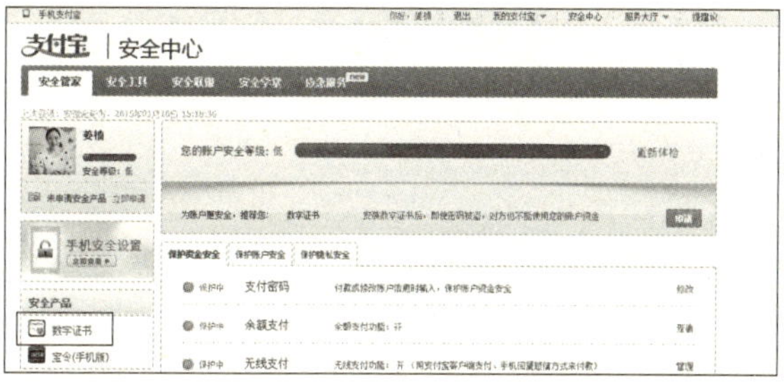

图 11-15　单击“安全中心”选项

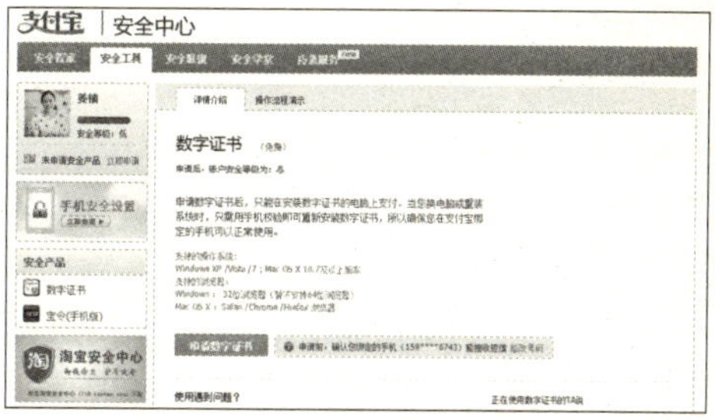

图 11-16　数字证书详情页面

❸ 单击“申请数字证书”按钮，进入数字证书申请页面，按照步骤提示分别填写信息、接受短信校验码、安装证书即可申请成功，如图 11-17 所示。

❹ 安全工具页面还提供了数字证书、宝令、短信校验服务，以及支付盾等免费和收费服务，如图 11-18、图 11-19、图 11-20 所示。

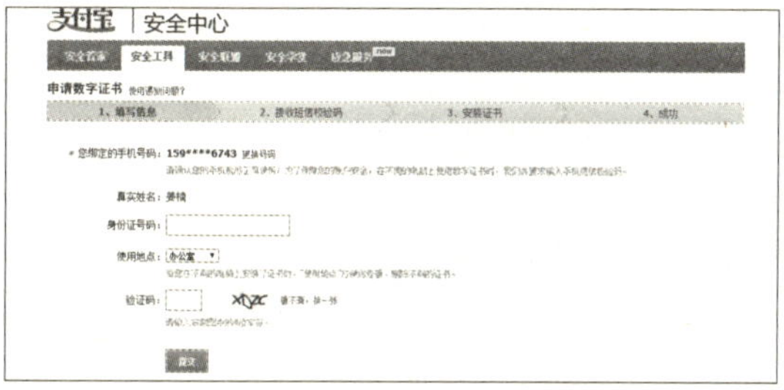

图 11-17　数字证书申请页面

图 11-18　安全工具选项页面 1

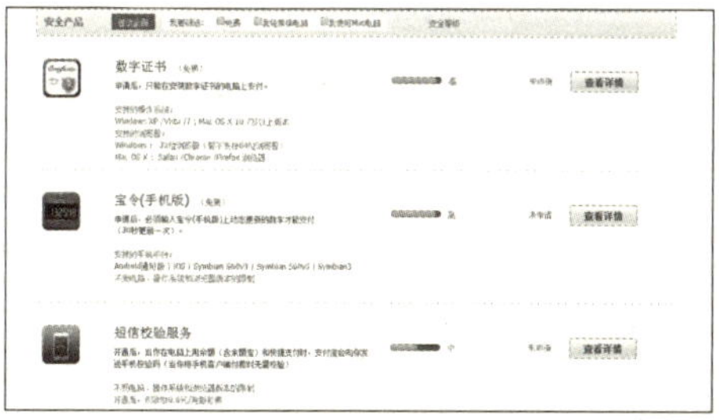

图 11-19　安全工具选项页面 2

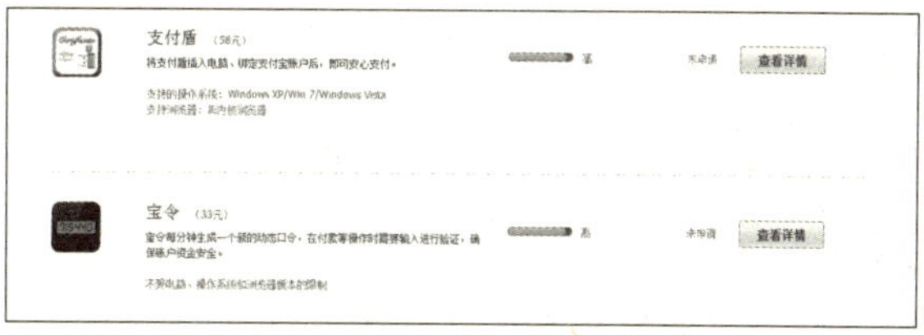

图 11-20　安全工具选项页面 3

❺ 在客户端安全产品选项卡，即可选择安装安全控件，如图 11-21 所示。

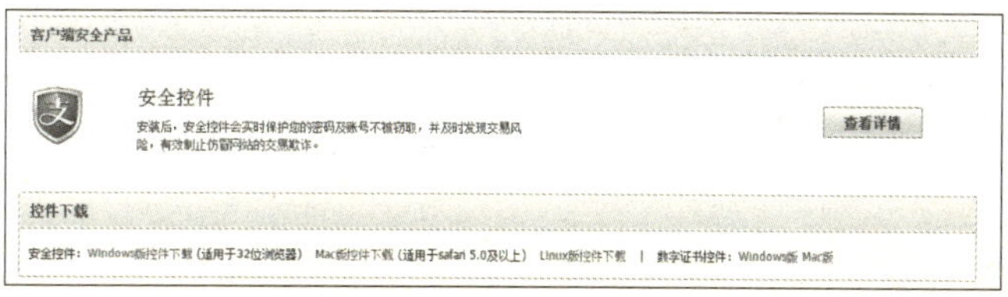

图 11-21　选择安装安全控件

❻ 切换至“安全联盟”选项卡，即可查看和支付宝合作的浏览器详情，如图 11-22 所示。

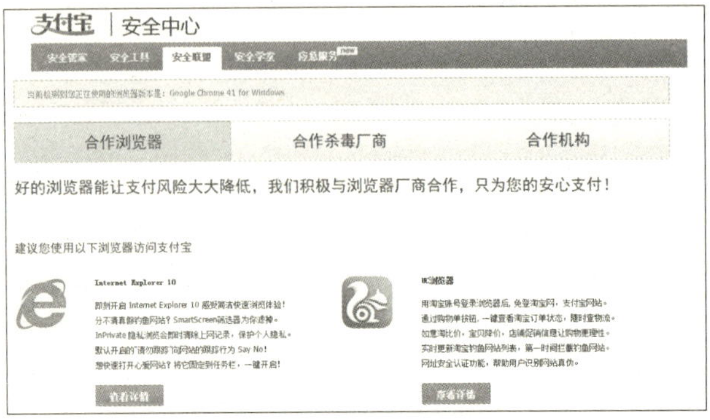

图 11-22　切换至 “安全联盟” 选项卡

❼ 切换至“安全学堂”选项卡，即可通过相关测试掌握各种安全知识，如图 11-23 所示。

图 11-23　切换至 “安全学堂” 选项卡

❽ 如果账号丢失，可以切换至“应急服务”选项卡，再选择挂失类型，如图 11-24 所示。如单击“账户风险”选项下的“快速挂失”按钮，进入快速挂失页面，根据提示输入支付宝支付密码，再单击“快速挂失”按钮即可，如图 11-25 所示。

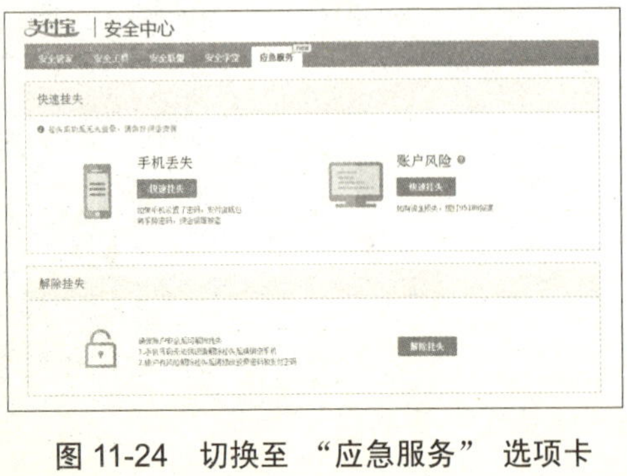

图 11-24　切换至 “应急服务” 选项卡

图 11-25　快速挂失页面

第12章 最优秀的“猫”店推荐案例

12.1 旗舰店推荐案例

12.1.1 服饰类推荐案例

韩都衣舍天猫旗舰店在 2014 年“双十一”的销量如图 12-1 所示，其销售额荣登女装类目冠军。

韩都衣舍旗舰店以“款式多、更新快、性价比高”为特色，深受买家喜爱，被誉为“韩风时尚专家”。目前，很多天猫旗舰店都是由线下发展到线上，线下渠道的建设基本没有，在市场上并没有自己的实体专卖店。韩都衣舍天猫旗舰店首页如图 12-2 所示，其风格简约不单调，一眼就可以了解女装的风格品味。

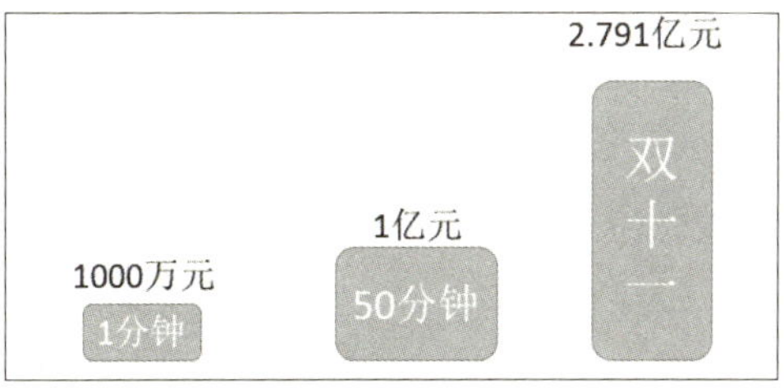

图 12-1 韩都衣舍 “双十一” 销售额

图 12-2 服饰类店铺装修页面 1

韩都衣舍抓住了时下火爆的韩国电视剧和电影元素，将其服饰风格定位为韩风，也顺应了市场需求。其目标客户大多是 18~35 岁的都市时尚人群，经营以女装、男装、童装、女鞋、女包以及配饰为主的商品。如图 12-3、图 12-4 所示页面中，抓住韩风这个卖点，请韩国时下炙手可热的明星代言，主打韩风服饰，吸引了更多年轻人群。

图 12-3　服饰类店铺装修页面 2

图 12-4　服饰类店铺装修页面 3

韩都衣舍集团旗下拥有韩风系品牌群、欧美系品牌群、东方系品牌群，如图 12-5 所示。除此之外，其还涵盖了女鞋、女包、女式假发等领域，这些产品整体都走韩式风格，如图 12-6 所示。

图 12-5　服饰类店铺装修页面 4

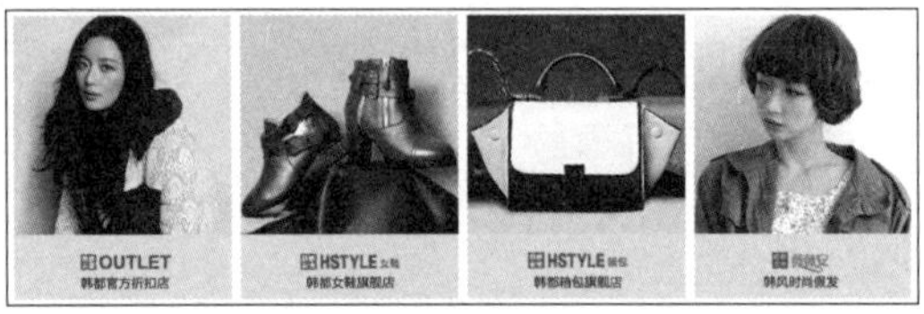

图 12-6　服饰类店铺装修页面 5

韩都衣舍属于从淘宝平台成长起来的标杆性淘品牌。在价位方面，韩都衣舍涵盖了不同类型、层次的消费者（见图 12-7），并且涵盖女装、儿童以及男装等多类目，产品不但种类丰富，而且符合时下流行趋势。相对于韩代的高价格服饰，韩都衣舍的服饰涵盖 50 ~ 300 元普通价位之间（见图 12-8），更易被消费者所接受。店铺整体装修风格简洁、活泼、时尚，符合当下年轻人的购物选择。

图 12-7　服饰类店铺装修页面 6

图 12-8　服饰类店铺装修页面 7

男士服装一般包括休闲类、商务类、潮流类等。某潮流服饰的宝贝目录分类如图 12-9 所示，图片的设计紧扣时尚潮流主题。如图 12-10 所示，将不同风格的男装分为都市类、嬉皮类等，并在下方设置宝贝轮播页面，展现相关风格的服饰。

图 12-9 服饰类店铺装修页面 8

图 12-10 服饰类店铺装修页面 9

12.1.2 鞋类推荐案例

某品牌男女鞋天猫旗舰店首页如图 12-11 所示，其风格十分简约。

图 12-11 鞋类店铺装修页面 1

店铺在首页将不同类型的鞋子打上招牌图片，让买家一眼就看到该店铺的鞋类主打风格和款式，再配上文字说明能够更好地引导买家查找需要的类型款式，如图 12-12 所示。

图 12-12 鞋类店铺装修页面 2

在宝贝展示页面显示价格和图片，以最简单的方框配图片格式，符合休闲时尚的诉求风格，如图 12-13 所示。该店铺还将不同系列的鞋类单独设计成一个展示页面，并同时放上该系列鞋子的图片和价格，方便买家挑选相同系列的鞋子，如图 12-14 所示。

图 12-13　鞋类店铺装修页面 3

图 12-14　鞋类店铺装修页面 4

12.1.3　护肤品类推荐案例

某护肤品牌的天猫旗舰店首页如图 12-15 所示，该护肤品是国货老字号，首页整体是一种古色古香风格，有一种文化沉淀感，十分符合其产品的品牌理念和宣传理念。

图 12-15　护肤品类店铺装修页面 1

店铺页面全部采用实木柜台的装修设计，将宝贝放置在打开的木柜中（见图 12-16），给买家一种值得拥有的感觉。店铺将不同类别的护肤品名称显示在木柜的小抽屉上，单击后就可以打开对应的柜门并展示宝贝，如图 12-17 所示。

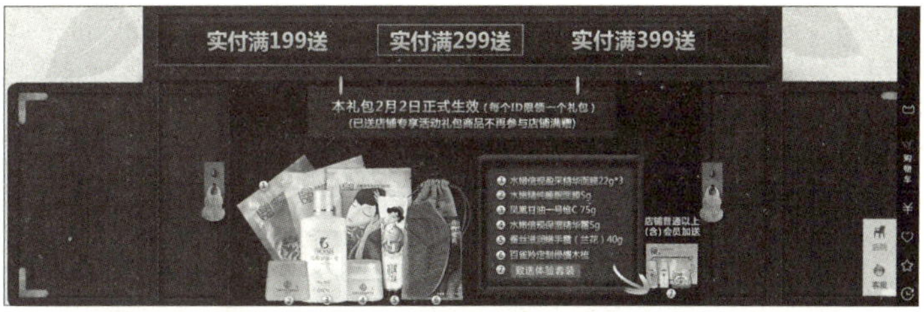

图 12-16　护肤品类店铺装修页面 2

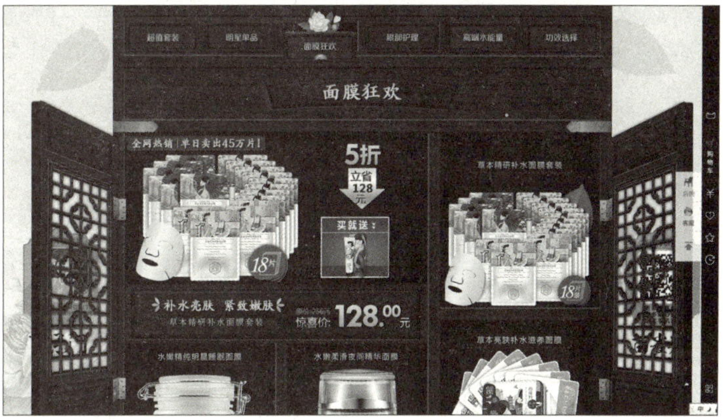

图 12-17　护肤品类店铺装修页面 3

图 12-18 的左侧显示了所有商品类目，右侧在每一列商品上方都会显示一张图片，并添加文字说明以下商品所属系列，如补水系列、抗氧化系列等，这样可以方便买家快速找到需要的商品。

图 12-18　护肤品类店铺装修页面 4

图 12-19、图 12-20 分别在页面下方展示了其他类型的商品。

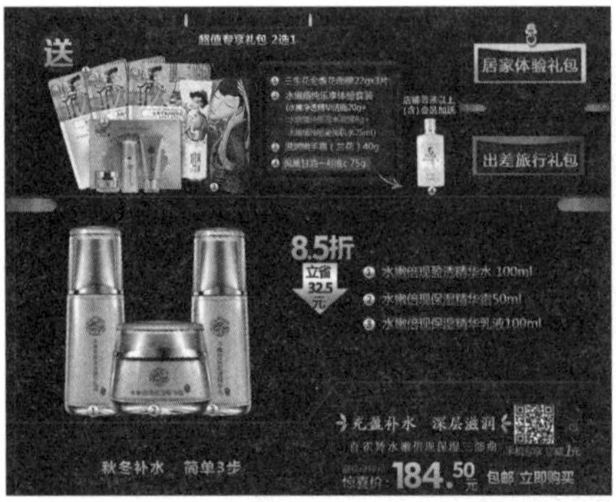

图 12-19　护肤品类店铺装修页面 5

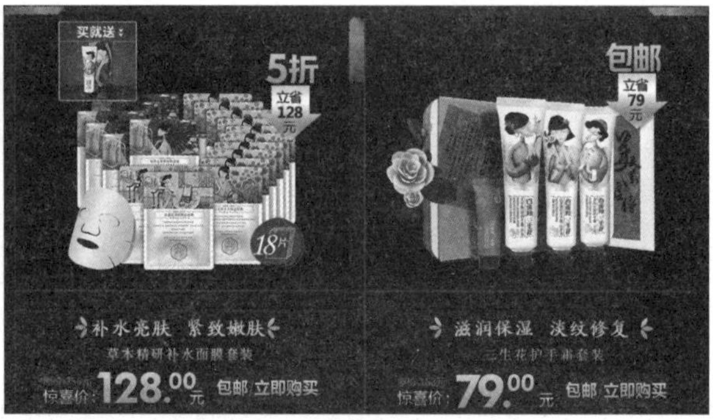

图 12-20　护肤品类店铺装修页面 6

12.2　专营店推荐案例

12.2.1　家居类推荐案例

家居类通常会给人温暖的感觉，图 12-21 所示首页中将儿童和温馨的灯光搭配，让人感觉到一种家的情调。

图 12-21　家居类店铺装修页面 1

图 12-22 展现了店铺中的具体产品，以黑底突出显示白色灯具并配上文案。该店铺的整体是黑色的夜晚和蓝、黄色的灯光，给人一种温暖如家的感觉，如图 12-23 所示。

图 12-22　家居类店铺装修页面 2

图 12-23　家居类店铺装修页面 3

12.2.2　家纺类推荐案例

家纺类注重的是舒适度和美观度，某家纺店铺的首页如图 12-24 所示。

图 12-24　家纺类店铺装修页面 1

店铺将家纺类分成春夏秋冬四个季节类目，如图 12-25 所示。买家通过选择不同的类目，可以快速找到不同季节应购入的家纺用品。

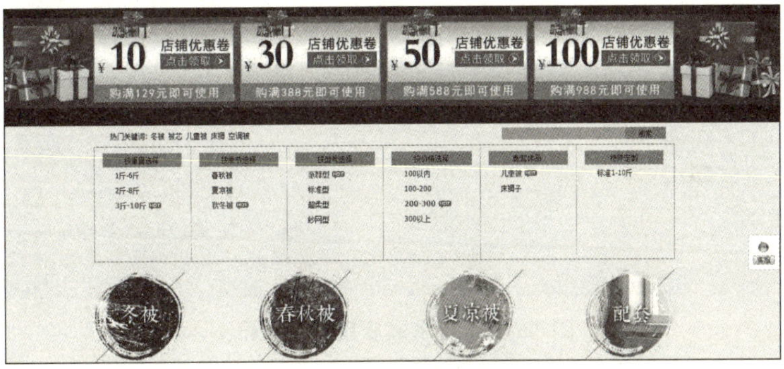

图 12-25　家纺类店铺装修页面 2

图 12-26 展示的是冬被产品页面，店铺将代表性的商品图片显示在其中，同时在图 12-27、图 12-28、图 12-29 中设计成其他季节的商品展示页面。

图 12-26　家纺类店铺装修页面 3

图 12-27　家纺类店铺装修页面 4

图 12-28　家纺类店铺装修页面 5

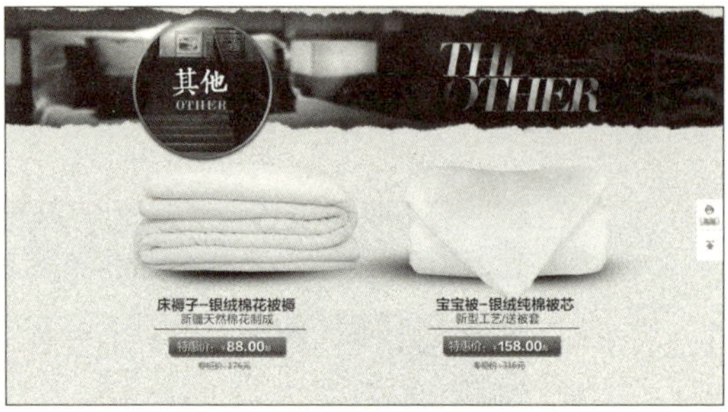

图 12-29　家纺类店铺装修页面 6

12.2.3　图书类推荐案例

图书分为儿童读物类、青少年读物类等，根据不同的人群可以有针对性地设计店铺页面。图 12-30 所示为儿童读物天猫专营店首页，它以鲜艳明亮的色彩和卡通人物修饰，传达轻松活泼的店铺风格，很符合儿童的特性。

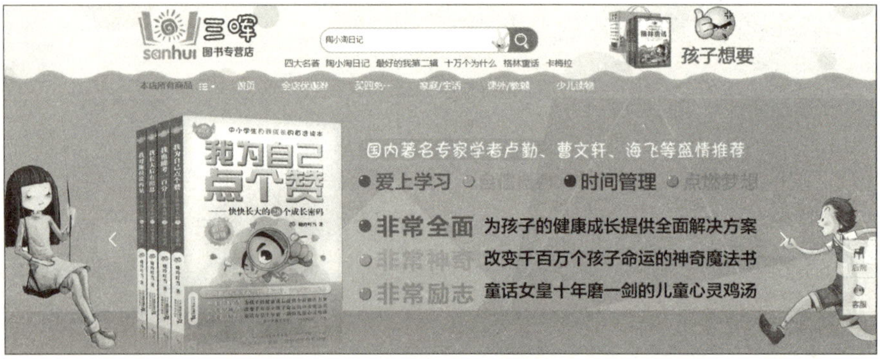

图 12-30　图书类店铺装修页面 1

图 12-31 将图书分类为几个大专场，方便买家快速找到指定类别入口，在图 12-32 所示的图书目录中将其分类为不同年龄段对应的读物。

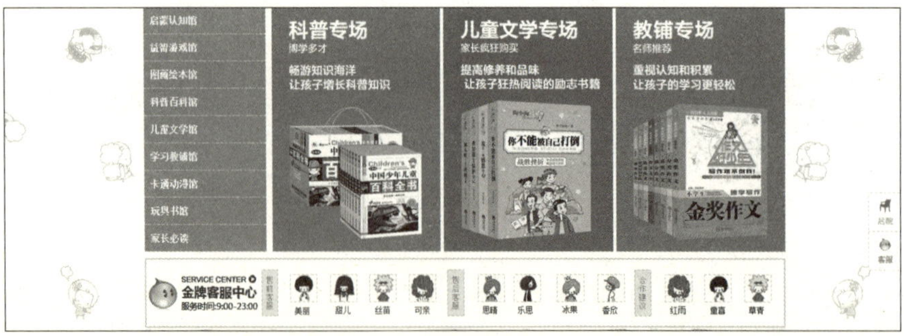

图 12-31　图书类店铺装修页面 2

图 12-32　图书类店铺装修页面 3

图 12-33 分别展示了启蒙馆、故事馆、科普馆、绘本馆等不同馆名称，并在每一个类别下对应着相应的图书，如图 12-34 所示。

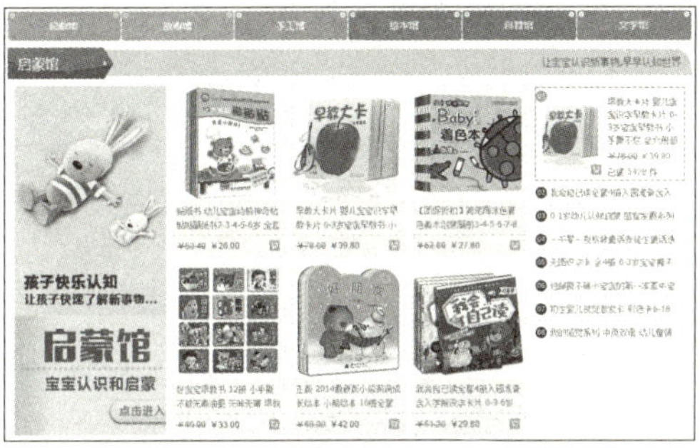

图 12-33　图书类店铺装修页面 4

图 12-34　图书类店铺装修页面 5

12.3　专卖店推荐案例

12.3.1　日用百货类推荐案例

图 12-35 和 12-36 所示店铺页面中将店内的日用品分门别类，将商品图片展示在其中并配上精彩的文案。

图 12-35　日用百货类店铺装修页面 1

图 12-36　日用百货类店铺装修页面 2

12.3.2　户外运动类推荐案例

户外运动类包含鞋类、服饰类、装备类等，为了让这些商品在户外专卖店被买家快速找到，分门别类就显得很重要了。图 12-37 为店铺首页展示的出游户外鞋推荐，图 12-38 为夏季徒步必备装推荐商品页面。而且，店铺的整体背景为空气清新的户外场景，如图 12-39 所示。

图 12-37　户外运动类店铺装修页面 1

图 12-38　户外运动类店铺装修页面 2

图 12-39　户外运动类店铺装修页面 3

12.3.3 汽车配件用品类推荐案例

汽车配件用品类专卖店首页展示的是新品上架预告，如图 12-40 所示。商品分类则以不同车型、不同部位的汽车类产品进行分类导航，如图 12-41，能够方便买家快速找到合适的用品。

图 12-40 汽车配件用品类店铺装修页面 1

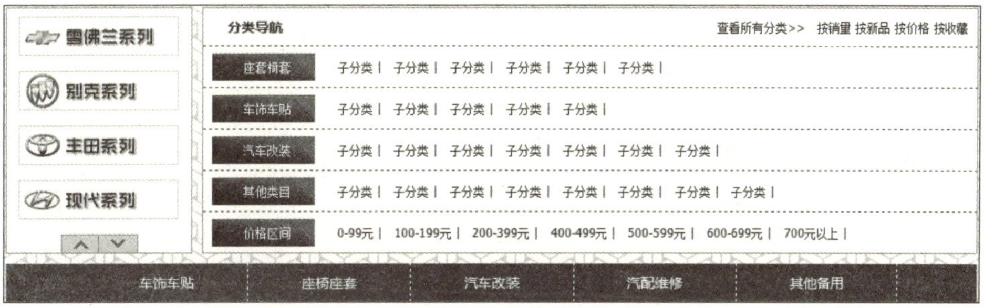

图 12-41 汽车配件用品类店铺装修页面 2

好书推荐

基本信息

书名：《大融合：互联网时代的商业模式》

作者：【美】鲍勃·罗德（Bob Lord）

　　　【美】雷·维勒兹（Ray Velez）

定价：49.00 元

书号：978-7-115-37625-1

出版社：人民邮电出版社

出版日期：2015 年 1 月

推荐理由

★ 世界最大的数据营销机构、移动互联网时代最强大的商业模式改革者——睿域公司前任全球 CEO 以及现任全球 CTO 合著。

★ 总结了思科、奔驰、谷歌、微软、亚马逊、苹果等科技创新型企业所推崇的融合理念。

★ 帮助普通企业画出了商业融合路线图，指引企业创造极致客户体验，抓住下一波创新机遇。

媒体评论

《大融合》很好地解释了为什么营销和科技以前所未有的态势交织，你的企业该如何做才能更好地适应这一趋势。如果你的工作是代表品牌进行沟通，如果你正在寻找互联网时代的创新商业模式，让企业在市场秩序被打乱的时代繁荣发展，那么这本书就是为你准备的。

蒂姆·阿姆斯特朗　AOL 公司主席兼 CEO

我们正处于科技和营销相互交融的时代，作为 CEO，我知道理解和适应这种强大的变化是至关重要的。《大融合》不仅仅解释了诸如大数据、云计算、普适计算等最新科技手段的价值；还解释了领导者该如何赋予团队持续发展的力量。它应该会引发一些非常有意义的交流。

山塔努·纳拉延　Adobe 公司总裁兼 CEO

《大融合》展示了建立在合作创新基础上的未来视角，通过剖析 AXE、奥迪、奔驰、亚马逊、苹果公司、谷歌等企业植入融合性思维、带来市场新秩序的过程，展示了令人信服的未来图景，那时创意与科技相互交融，大数据成为最有力的武器。

保罗·肯普罗宾逊　*Contagious Communications* 杂志共同创办人兼主编